多年冻土地区
公路路基稳定性技术问题与对策

● 章金钊　霍 明　陈建兵

人民交通出版社

内 容 提 要

本书以青藏高原多年冻土区公路建设的工程应用研究与工程实践为基础,吸收了近几年东北多年冻土地区公路建设的研究与工程经验,同时参考了国内外近几年冻土工程研究成果,全面系统地介绍了我国多年冻土地区公路建设的科研、设计、施工成果。该书是多年冻土区进行公路、铁路、建筑工程必备的参考书。

图书在版编目(CIP)数据

多年冻土地区公路路基稳定性技术问题与对策/章金钊等.—北京:人民交通出版社,2008.4
ISBN 978-7-114-07115-7

I.多… II.章… III.多年冻土-冻土区-公路路基-稳定性-研究 IV.U416.1

中国版本图书馆CIP数据核字(2008)第054035号

书　　名: 多年冻土地区公路路基稳定性技术问题与对策
著 作 者: 章金钊　霍　明　陈建兵
责任编辑: 谢仁物
出版发行: 人民交通出版社
地　　址: (100011)北京市朝阳区安定门外外馆斜街3号
网　　址: http://www.ccpress.com.cn
销售电话: (010)85285838,85285995
总 经 销: 北京中交盛世书刊有限公司
经　　销: 各地新华书店
印　　刷: 北京市密东印刷有限公司
开　　本: 787×1092　1/16
印　　张: 16
字　　数: 386千
版　　次: 2008年5第1版
印　　次: 2008年5月第1次印刷
书　　号: ISBN 978-7-114-07115-7
印　　数: 0001~2000册
定　　价: 66.00元

前言 QIANYAN

雄浑高耸的青藏高原和广袤宽展的大小兴安岭地区，在其地表之下千万年来形成的多年冻土，成了公路交通建设躲不过避不开的“拦路虎”。回首西藏交通历程，翻开50多年中国交通建设的篇章，这里记载着数十万军民响应毛泽东同志“一边进军，一边筑路”的伟大号召，克服重重困难修筑青藏公路、川藏公路，记载着全国人民欢欣鼓舞欢庆进藏公路胜利通车的热烈场面。然而，通向“圣地”的天路，西藏人民心中幸福的金桥，自通车之日一直拌随着多年冻土安全隐患的困扰。1956年青藏公路首次改建时发现多年冻土问题，1972年青藏公路再次改建时，交通部正式成立青藏公路科研组开展科学研究。其后的30多年里，经过几代科研人员的艰苦努力，取得了一系列成果，并以多年冻土区黑色路面修筑技术为标志，确立我国多年冻土区工程研究与建设水平一直处于世界领先地位。

党中央一直十分重视西藏公路交通建设，江泽民总书记等国家领导多次关注青藏公路的建设，交通部历任领导都非常关心高原公路建设。然而，全球气候升温加速多年冻土退化，人类活动加剧多年冻土退化，使多年冻土地区公路工程建设与养护面临更加严峻的考验。

《多年冻土地区公路路基稳定性技术问题与对策》一书，是在中交第一公路勘察设计研究院、中国科学院寒区旱区环境与工程研究所、青海省公路科研勘测设计院、黑龙江省公路勘察设计院与绍兴文理学院2006年完成的交通部西部交通建设科技项目《多年冻土地区路基稳定性技术研究》成果的基础上，经过作者又一次系统科研攻关，提炼、再创新的技术成果；是配合交通部西部交通建设科技项目《青藏公路改建技术研究及应用示范》的实施，为青藏公路改建完善工程冻土路基设计提供的技术指导文献。这些成果是交通行业应对西部大开发和振兴老工业基地战略需求，是应对当今全球气候升温变暖对多年冻土区工程影响的挑战需要。在多年冻土工程、高原生态环境保护等技术领域，实现了继承基础上的全面超越，发展基础的重点突破，集成基础的系统创新；提升了我国多年冻土地区公路工程建设与养护技术水平，体现了冻土工程与自然环境和谐相处的全新境界。

本书得到了交通行业“多年冻土区公路建设与养护技术”重点实验室研发基金与交通部西部交通建设科技项目《青藏公路改建技术研究及应用示范》资助，由章金钊组织撰写。全书以青藏高原多年冻土区公路建设的工程应用研究与工程实践为基础，吸收了近几年东北多年冻土地区公路建设的研究与工程经验，同时参考了国内外近几年冻土工程研究成果。

本书可作为高等院校的土木工程、工程地质、道路工程等相关专业本科生及研究生的参考资料，也适合于从事寒冷地区公路勘察设计、施工与养护管理工作的工程技术人员及科研人员学习参考。

全书共九章组成。第一章由章金钊、霍明撰写；第二章由霍明、陈建兵撰写；第三章由章金钊、霍明、陈建兵撰写；第四章由章金钊、陈建兵、马君毅撰写；第五章由章金钊、樊凯撰写；第六章由陈建兵、刘戈、朱东鹏、符进、张斌撰写；第七章由陈建兵撰写；第八章由章金钊、樊凯、陈建兵撰写；第九章由章金钊、霍明、陈建兵撰写。

全书由章金钊、陈建兵统稿，章金钊、霍明审核，符进、张济民负责编辑与校对工作。

同时，张春光、左强、林文满等对本书的撰写提供了有益的帮助，在此一并致谢。

著作者

2008 年 2 月

目录 MULU

第一章　绪　论

第一节　概　述

随着西部大开发战略的不断深入和东北振兴计划的推进,我国寒区道路工程建设呈蓬勃发展的势头。目前青藏高速公路已经列入国家规划,西藏高原以及东北地区的寒区道路建设都处于跨越式发展时期。从已建成的公路、铁路、管道等交通基础设施运营效果看,多年冻土工程建设面临着许多新的问题。尤其在高温冻土区,如何在解决冻土路基热稳定性的前提下,保持路基工程的长期稳定性,是目前冻土区道路工程研究的重要课题之一。同时,多年冻土地区的路基变形问题,特别是高温多年冻土区的公路路基的热融下沉问题,是至今尚未彻底解决的一大难题;而且以宽幅路面为特征的高等级公路,路基的热扰动更为强烈,所引发的工程问题更为复杂。

由于全球气候异常,受印度洋和孟加拉湾暖湿气流影响,青藏高原气候环境进入了一个相对湿润和气温转暖的时区,促使多年冻土退化趋势加剧。随着西部大开发战略的实施,人类活动的影响在不断升级,全球气候转暖对多年冻土的影响正逐渐显现,路基下的冻土迅速退化。据 2001 年调查,青藏公路高温、高含冰量多年冻土区路基失去稳定性而产生严重的热融沉陷及纵向裂缝等病害累计长度已达 60 多公里。对全球气候背景下多年冻土变化趋势预测,对公路工程作用下多年冻土变化预测,对两种状态叠加后公路路基下多年冻土的变化趋势预测,对多年冻土变化后公路工程如何来适应这种巨大的变化等问题,目前仍应进一步研究探讨。

地球上多年冻土分布面积约 3 710 万平方公里,占陆地面积的 25%。我国多年冻土的分布面积约 215 万平方公里,位居世界第三。公路是多年冻土开发与建设的先驱,解决多年冻土地区路基稳定性技术问题,对多年冻土区的开发与建设,确保多年冻土地区公路交通基础建设的顺利实施,加快中西部经济建设,推动中西部国民经济发展等,有着十分重要的意义。

我国多年冻土地区,地域辽阔,人烟稀少,是欠发达地区之一。由于特殊的历史、自然、地理、社会等各方面因素的影响,多年冻土地区经济开发建设活动受交通基础设施落后的制约。青藏高原和东北大、小兴安岭地区,丰富的铁矿、铬铁矿、铜矿、湖盐、硼矿、水电、森林,以及前景广阔的石油、天然气等自然资源,都具有很高的开发和开采条件及重要的经济价值。由于受交通基础设施滞后的制约,不仅使这些资源的开发利用程度非常低,而且严重影响着多年冻土地区国民经济的发展。

随着贯彻实施党中央、国务院关于西部大开发的战略决策,西部公路交通基础设施建设进度明显加快。在多年冻土广泛分布的西藏、青海、内蒙、新疆、黑龙江等省区,近几年来投入大量资金进行公路交通建设,而这些公路(中尼公路、新藏公路、黑北公路等)穿越多年冻土区的路段占有相当比例,若不考虑多年冻土这一特殊地质条件,不考虑当地的气候特征与地质特点,不仅会给公路建设本身带来极大的困难,也将使建成的公路产生严重破坏,同时给国家造成巨大经济损失和不良的社会影响。

青藏高原多年冻土区的生态环境是严酷和脆弱的,在自然和人为因素干扰影响下,将发生重大变化。如20世纪70年代修筑石油管道开挖的植被至今没有恢复;又如1985年以前实施的青藏公路改建工程,由于缺乏施工机械,路基填土绝大部分是由人力或推土机直接从路基坡脚两侧就地挖掘堆筑而成,开挖宽度5~40m,深度达1~3m,这种大面积铲除原地表植被的施工方法,改变了公路两侧脆弱的冻土生态环境,改变了地表状态和土体内部的水—热平衡条件,导致冻土中的地下冰融化,产生了人为干扰的热融湖塘和洼地,引起路侧地表积水和季节融化层中含水率增加。热融湖塘和洼地积水长期暴露在大气中,水温较高,水分渗入冻土上限附近,促使多年冻土上限处地下冰继续融化,使路基两侧地面下沉而逐渐形成热融湖塘,且逐渐向靠近路基方向发展。公路沿线的水分变化对路基稳定性和冻土的稳定性有较大的影响。在大多数路基病害较为严重的路段,路基地基的水分含量较高,融化盘内水分场发生变化使地基(路基)产生较大的融沉变形,甚至在有些路段形成反拱变形。在路基较高、路侧地势低洼积水的一些路段,路基下多年冻土上限下移,融化盘左右不对称,导致路基产生不均匀下沉或纵向开裂而失去其稳定性。

公路所产生的严重病害,均是由于多年冻土路基失去稳定性而产生的。多年冻土路基稳定性,涉及多年冻土区的气候、地质地貌及路基合理高度和冷却多年冻土路基的工程措施等多种因素,是多年冻土区修筑公路的关键技术,只有路基稳定性这一多年冻土区修筑公路的关键技术得到解决,公路的病害才能大大减少,才能发挥公路这一交通基础设施,在加快中西部经济建设,推动中西部国民经济快速发展的作用。

长期的工程实践表明,多年冻土区公路成败的关键在路基工程,而路基工程的关键是冻土问题。冻土路基的稳定性经常受到气候变化影响下的冻土环境变化的极大挑战。近年来,冻土退化已被诸多的研究结果所证实。青藏公路沿线冻土地温监测结果表明,从20世纪70~90年代,青藏公路沿线的季节冻土、融区及岛状多年冻土区的年平均地温升高了0.3~0.5℃,连续多年冻土区年平均地温升高了0.1~0.3℃。天然状态下北界向南退化0.5~1.0km,南界向北退化1~2km。在工程作用下,多年冻土北界向南退化约5~8km,南界向北退化约9~12km。在多年冻土分布的南北界,公路两侧50m范围内和路基下冻土退化速度明显高于天然状态。人为上限、融化夹层和路基中的地温特征也经历着不同的变化,在高温多年冻土区,人为上限变化极大,上限在路基热状况的影响下处于不稳定状态。在高路基的路段,路基中心融化盘已向阳坡方向偏移,导致纵向裂缝的产生。建于高温冻土区的青康公路、黑北公路沿线的多年冻土也有类似的问题。区温的升高直接影响冻土工程环境,对于正在运营的建筑物,将增大冻害的破坏强度和数量,而对于拟建的建筑物,这种不稳定的寒区工程环境将增大建筑物设计原则的选取及冻土稳定性确定的难度,使寒区建筑物的工程设计面临着较大的挑战。对于多年冻土年平均地温为0~-0.5℃,-0.5~-1.0℃极不稳定和不稳定地温带来说,特别是这些地温带中高含冰量地段,多年冻土退化,将会造成路基下沉、桥基失稳。2001年IPCC发布的预测称“全球表面温度预计在1990~2100年间升高1.4~5.8℃”。预测2050年以后,青藏高原可能升温2.2~2.6℃,这将使高原目前厚度小于10m的多年冻土层基本消融,多年冻土下界将升高150~200m;目前岛状冻土区大部分将不复存在,局部地段变为深埋藏(埋深大于10m)的多年冻土,青藏高原多年冻土总面积明显减小;目前不稳定型和过渡型多年冻土将大部分演变为“高温冻土”,同时冻土强度降低,承载力下降,工程稳定性变差,冻土退化过程将对冻土路基稳定性产生极大的破坏作用。因此,多年冻土区路基的设计就面临着更严峻的挑战。

我国广大的多年冻土区,绝大部分属于未开发的处女地,本书涉及的内容是多年冻土区公路建设的关键技术,对指导多年冻土地区公路路基设计与处治路基病害具有借鉴与指导意义。

第二节　国内外多年冻土地区路基稳定技术状况

一、国外多年冻土地区路基技术状况

冻土是温度敏感性岩土介质。影响其稳定性的因素除温度外,还包括岩性、含水率、地热以及工程作用。这些因素中,只有工程的影响是人为因素,也是维持和保持路基稳定性的主动因素。目前已有的工程措施,从对地温影响的方式角度出发,可以划分为被动措施和主动措施。前者主要指维持地温的原始状况或减缓冻土的退化;后者是积极主动地改造冻土的热状况,使其向有利于工程稳定性的方向发展。

(1)被动工程措施,除填筑一定的路基高度以保护其下冻土不致退化外,其出发点在于克服或延缓由于冻土退化造成的路基破坏,主要包括以下内容。

• 改变土体表面热辐射条件。已经采用的改变地表条件的主要技术包括:抬高路堤高度、使用遮阳棚、将沥青路面粉刷成浅色来增加反射率(Reckard,1985、Kontratjev. V. G,1996),将路基表面或边坡面涂刷白色油漆,或在路基面处铺设白色碎石等;利用雪盖阻止热量向地基传送,以及去除路基边坡的雪(Zarling&Braley,1986)。采用遮阳棚保护路堤的方法已经用于贝-阿铁路和西伯利亚铁路建设中。在铁路上修筑遮阳棚是加固路堤基底、防止其变形的一种方法。用遮阳棚来预防路堤堤身与基底土免受直接的太阳辐射和雨雪水的影响。康德拉特耶夫(1996)提出了在富冰多年冻土上加强路基的新方法,其中就明确提出采用遮阳棚的优越性。他对遮阳棚这一方法提出三种模式:圆形、多边形和单一形。它们都能有效地保护路堤、边坡和邻近的区域。为了提高遮阳棚对太阳辐射的反射率,增加遮阳棚的防辐射效果,在遮阳棚外表面涂上具有高反射性质的涂料,例如涂上白色或银白色的油漆材料,效果会更佳。

• 改变路基土体与大气及原冻土热传导状况。基于这一原理的工程措施应用较为广泛,其中最为广泛的是保温材料措施。早在20世纪60年代,美国就有将保温层用于保护多年冻土的专利提出。60年代末,在美国阿拉斯加Kotzebue机场建设中,在路道填土中采用了聚苯乙烯保温层;70年代初,加拿大在多年冻土区砾石公路上进行了保温层试验研究;俄罗斯在修建贝阿铁路时,在部分区段道渣下及边坡上使用了泡沫板材料。上述工程实践表明,隔热层的工程效果较好。

(2)主动地温调控措施,主要包括调控传导和调控对流的方法。已有的调控对流的方法包括通风路基、碎(片)石路基及热棒路基。

通风基础曾被广泛地应用于车库、仓库、储油罐以及房屋建筑物。早在1959年,Willians就曾著文介绍了在格陵兰冻土地区应用通风基础的情况,并认为对小型或轻型建筑物,管道通

风系统可以简单地由一系列平行、开口的通风管组成；对于大型或重型建筑物，尤其是在年均气温较高的地区，通风管必须用风扇驱动其内的空气流动，并要建造相应独立的进风口和出风口。1966 年，Lobacz 等对架空通风基础距地面的净空给出了建议值，并指出，由于架空基础的遮阳、夏凉、冬季无积雪覆盖及冷空气的对流等因素，可促使其下冻土的热耗散。对于通风路基的研究，1974 年美国曾在阿拉斯加的费尔班克斯（Fairbanks）西 40km 的公路上进行过现场试验，试验场冻土为富冰冻土，试验选用了内径 20～50cm 的金属波纹管。通风管道小坡度倾斜并平行于公路埋放于坡脚附近，并在一段还设置了一段竖向管，以发挥“烟囱效应”，促进空气的流动。研究中对热复流以及管体的热影响范围进行了解分析，并对管体埋放的最佳位置进行了数值模拟分析。结果认为应用通风管路基具备可行性。但目前通风管在冻土区公路路基上的使用效果研究有限，冻土大国俄罗斯亦尚未见使用通风管的报道。

• 碎（片）石路基，其原理是应用碎（片）石堆砌体冬季蓄冷夏季隔热的效能，曾应用于贝加阿铁路Ⅳ级融沉性富冰地区和永久冻土地区；美国在阿拉斯加公路路基上也进行了试验。

• 热棒是利用汽液两相转换，通过对流循环换热来实现热量传输的装置。早在 1963 年，美国的 Long. E. L 就曾介绍将热棒应用于保护冻土地基稳定性的方法，之后就得到了较为广泛的应用。

国外在多年冻土区修筑铁路已有一百多年的历史。世界上第一条横贯西伯利亚冻土区的铁路，自 1892 年开始兴建，到 1905 年日俄战争期间，莫斯科与海参威之间已开行了直通列车，至今已运营了 95 年。为适应西伯利亚的大规模开发，前苏联在 1941 年颁布了第一部多年冻土地区铁路勘测、设计和施工的技术规程。目前俄罗斯在多年冻土区修建线路长达 1 800km 以上的铁路干线有 7 条，其中最著名的是第一条修建的西伯利亚大铁路，此线跨越多年冻土地区 2 200km 以上；20 世纪 70 年代末期建成的新西伯利亚铁路则通过多年冻土地区 3 800km 以上；目前还在向北延伸的秋明至鄂毕湾、腾达至雅库茨克两条铁路几乎全部是在多年冻土上修建；在俄罗斯欧洲部分也有三条铁路穿越多年冻土区，其中最著名的是莫斯科至沃尔库塔并延至亚马尔半岛的铁路。仅这 7 条铁路干线直接以多年冻土为路基就达 15 000km 以上。

在加拿大也有三条铁路干线，即埃德蒙顿至海里弗、里贾纳至丘吉尔港及七岛港至谢弗维尔，此三条干线由南向北实际穿越冻土区在 2 000km 左右。

美国在阿拉斯加南部的苏厄德至中部的菲尔班克斯多年冻土区，也修筑了全长 750km 的阿拉斯加铁路。

二、国内多年冻土地区公路路基稳定技术状况

1. 青藏高原多年冻土区路基稳定性问题

我国多年冻土区公路工程问题以青藏公路高原冻土环境为典型代表，受海拔和纬度双重控制，具有不同于高纬度冻土的特殊性。中国在公路建设中第一次遇到高原多年冻土是 1954 年 7 月修建青康公路（214 国道）查拉坪段时，由于当时缺乏对多年冻土及其工程防治措施的认识，按一般沼泽地段施工常用的挖淤换土的处治方法处理，结果造成多年冻土大面积暴露融化，后经改移路线填筑路基，问题才得以基本解决。

1956 年在青藏公路第一次改建工程中，又多处发现多年冻土，限于当时仍缺乏有效的工程处理措施，导致了以后的工程冻害隐患。1972 年青藏公路再次进行改建，并加铺吸热性强

的沥青路面,给公路建设增加了更大的难度。为此在 1973 年交通部决定成立青藏公路科研组,对在多年冻土区修筑沥青路面的有关技术问题进行深入研究。

第一期青藏公路科研组(1973 ~ 1978 年)经过 6 年的艰苦努力,在总结工程实践经验的基础上,结合我国的实际情况,提出了"高原多年冻土区的路基,除少冰冻土、多冰冻土地段及融区外,一般均应遵循宁填勿挖"的设计原则。根据上限多年冻土类别,可将沿线按保护冻土的要求分为四类。第一类,少冰冻土、多冰冻土及融区可按一般季节冻土地区设计与施工;第二类,富冰冻土,适当注意保护冻土问题;第三类,饱冰冻土,应采取必要的保护冻土措施;第四类,含土冰层,应采取严格的保护冻土措施。

第二期青藏公路科研组(1979 ~ 1984 年)在工程实践与吸收国外先进技术和总结第一期青藏公路科研组工作经验的基础上,经过 6 年的工作,根据我国的具体条件,将就地取材、提高路基作为保护冻土的基本措施。对高原多年冻土区公路沿线高含冰量冻土分布规律、冻土上限的勘察与确定、冻土路基临界高度与冻土上限的关系、路基设计高度、路基沉降变形与控制路基变形的工程措施等冻土路基修筑技术难题进行了较为深入的研究。主要研究成果为:①必须采取措施保证路基稳定,在设计施工中应遵循保护冻土原则;②提高路基,抵消黑色路面吸热影响,同时还要做好侧向保护和路基排水;③在确定路基必需的填土高度时,不采用国外的完全冻结法,而采用保持路堤下多年冻土上限不变和富冰以下冻土允许上限少量下降的原则;④由于沿线砂石材料缺乏,除特别地段外,一般允许用路侧土作为填土材料,但不得在坡脚 10m 内取土;⑤根据工程地质条件不同,将路段划分为四种类型,分别提出不同的保护冻土要求,同时考虑不同填料导温性能的差异,采用不同的填土高度。可以看出,第二期青藏公路科研组在路基稳定性研究中开展了大量的研究工作,基本上解决了冻土路基修筑技术难题,满足了青藏公路沥青路面改建工程的需要,也为高原多年冻土地区的公路工程建设提供了必要的依据和资料。

第三期青藏公路科研组(1985 ~ 1999)在总结第一、二期科研组工作的基础上,针对公路营运中存在的问题及冻土路基病害,选定了冻土路基温度场研究,冻土路基变形规律及容许变形研究,冻土路基设计原则及冻土路基临界高度研究,工业隔热材料及钢纤维水泥混凝土在高原多年冻土地区的应用研究和冻土路基稳定性数学模拟计算研究等课题,并在 1992 ~ 1996 年期间撰写了部分阶段成果报告,满足了青藏公路整治改建(1991 ~ 1999 年)的需要。

20 世纪 90 年代,在修建 214 国道时,借助于青藏公路的科研成果,针对 214 国道的特殊情况相应开展了 214 国道沿线多年冻土地区的公路修筑技术研究。2001 年 6 月开工建设的青藏铁路,在高原冻土区,线位基本依青藏公路布设,铁路部门及中国科学院寒区旱区环境工程研究所,根据青藏公路路基病害特征开展铁路冻土路基稳定性研究;为保证青藏铁路建设的特殊交通需要,2002 年 7 月国家对青藏公路格尔木至拉萨段进行全面整治,同时立项开展多年冻土区公路路基稳定性技术研究,重点依托青藏铁路建设期青藏公路整治改建工程。

喻文学等(1986)从控制冻融变形及融化速率出发,建立了路基临界高度与路基设计高度的关系,提出了按一定路基高度保护冻土的基本论述;朱林楠等(1996)[10]对冻土退化环境下的道路工程的设计,提出了严格保护、部分保护、不保护等三项原则与方法;李东庆(1999)用动态模拟计算分析方法,研究了在气候变暖条件下和人为因素共同作用下多年冻土的退化情况,把道路运营时间引入了多年冻土地区路堤临界高度的研究中,为多年冻土地区各类型路段修筑路堤临界高度的确定提供了一条新途径；令锋(1999)将数学物理问题的数值方法应用于冻土路基热状况动态特征的模拟研究，对路堤边坡坡度对冻土路基热状况的影响，铺设保温材料对冻土路基热状况的作用，施工季节对路基热状况的影响，道路坡向对路基热状况的影响，修筑保温护道对冻土路基热状况的作用及修筑于斜坡上冻土路基的热状况动态特征等冻土路基建设中的实际问题，进行了数值分析研究；吴青柏(2001)等分析全球气候变暖背景，研究青藏公路冻土变化规律，建立青藏公路冻土变化响应模型，提出冻土热融敏感性是评价冻土稳定度的一项重要参考指标；王绍令(2001)等从热平衡理论讨论青藏公路沥青路面吸热、路基储热对冻土路基稳定性的影响；丁靖康(2000)等研究冻土路基临界高度与年平均气温的关系，以年平均气温临界值计算冻土路基临界高度；吴紫汪等(1998)对青康公路进行调查与钻探，研究正退化多年冻土区不同路面结构的路基合理高度；吴紫汪通过大量的现场调查研究，得出了青藏公路沥青路面的临界高度；黄小铭根据大量的现场观测研究，得出青藏高原风火山地区黏性土路基的上临界高度；袁筱林通过二维数值计算分析了冻土路基的临界高度。此外，在吴紫汪、程国栋等人著作的《冻土路基工程》中，对青藏公路冻土路基的临界高度与设计高度问题作了详细的讨论。20 世纪 80 年代，在青藏公路可可西里山区段进行了少量热棒加强涵洞基础稳定的试验，其结果较为满意。热棒在处理多年冻土地基的稳定性方面有较高的应用价值，技术上和理论上都是可行的。

2. 东北大小兴安岭地区路基稳定性研究

我国分布于东北大、小兴安岭地区的多年冻土大多属于岛状多年冻土，位于我国最寒冷的寒温带和中温带的北部，年平均气温一般为 0 ~ -3℃，目前二级以上公路穿越的地区，按多年冻土区划应属于我国高纬度岛状或零星多年冻土分布区。

自 2000 年开始在东北小兴安岭西坡及松嫩平原北部交会地带开展了大规模东北岛状多年冻土区高等级公路修筑技术研究。该地区岛状冻土属于古代冰川沉积残留物，多年冻土处于退化状态，具有低海拔、高纬度、不稳定等特点。岛状多年冻土区大部分分布在沼泽地带，上层多为弱软层、含水率特别大的泥炭层，厚度从 0.3 ~ 2.5m 不等，进行公路建设困难巨大。目前取得的主要成果为：

(1)采用地质勘探、测地雷达等综合勘察手段，查清并揭示了黑北公路沿线岛状多年冻土分布规律和工程地质特征。岛状多年冻土均分布于低洼沟谷的沼泽化湿地以及河谷阶地背阴地带，地表积水，塔头草生长茂密，草炭、腐殖泥炭及淤泥土发育。多年冻土的物质成分主要为黏性土、淤泥、泥炭，部分见有粗砂、细砂及砂砾石存在。多具整体状、微层状、层状冻土构造，属于多冰冻土、富冰冻土、饱冰冻土以及含土冰层。冻土地温比较高，多年冻土上限为 1.0 ~ 2.6m，下限为 3.0 ~ 15.0m，厚度为 1.0 ~ 5.2m。根据冻土含冰量及冻土构造，黑北公路分布的多年冻土具有弱融沉、融沉、强融沉及融陷性等特点。

(2)针对公路沿线岛状多年冻土特性，提出不同厚度的冻土应采取不同的设计原则即：对于多年冻土埋深小于 2m 或冻土温度高于 -0.5℃的弱融沉-融沉性路段，应采用预先融化的设计原则；对于多年冻土埋深大于 2m 或冻土温度低于 -0.5℃的融沉、强融沉及融陷性的路段，则应采用保护冻土或控制融化速率的设计原则。

(3)在充分分析了黑北公路试验段气温与地温关系的基础上，运用地表辐射—热量平衡条件，推导了试验段气温与地温的理论方程，并根据试验段气候特点给出了两者之间的经验系数。

(4)运用数值计算方法,分别研究了不同的路基高度对路基温度场的影响规律,提出黑北岛状多年冻土区路基临界高度与合理高度,并提出存在路基合理高度的气温条件。

(5)运用数值计算方法,分别研究了不同的边坡坡度及护坡道对路基温度场的影响规律,研究认为放缓边坡与设置保温护道都不同程度的对路基地温特征产生一定的影响。因此,路基边坡坡度与护道设计,应根据当地的工程地质及水文地质条件,从力学及防排水角度综合确定。

(6)数值模拟结果表明,清基对路基温度场较显著的影响发生在施工完成后的1~3年内,且人为上限变化较大;清基段相对于未清基段而言,对路基地温的长期影响是使路中人为上限下降0.2~0.5m,使多年冻土层的年平均地温提高约0.03~0.05℃;另外相对于未清基的路基而言,清基会使路基内提前约4个月发育融化核,并且融化核厚度也增加0.3~0.6m。

此外,原喜忠(1999)通过大兴安岭地区多年冻土路基断面的3年沉陷观测,分析了路基稳定性与水热关系密切。ZHANG, XF(2002)通过比较大兴安岭地区多年冻土与青藏高原多年冻土的差异,探讨了大兴安岭地区路基设计与施工的方法。

三、国内多年冻土地区铁路路基稳定技术

1. *青藏铁路的研究历史与现状*

在2001年青藏铁路建设之前,我国在多年冻土区修建铁路主要在兴安岭地区,其中最主要的是牙林线和嫩林线,在此区域的铁路直接穿越多年冻土的共有800km左右。这些森林专用线设计标准普遍较低,再加上自然地质条件较复杂,曾在20世纪60~70年代发生较严重的病害,经整治至80年代中后期,路基、桥涵等病害基本得到了控制。

20世纪60~70年代中国科学院、铁道部联合众多单位组织了青藏公路沿线冻土考察,开展了多年冻土特征、形成条件、冰缘地貌、地下水、地下冰、植被等方面的研究,了解冻土上限变化规律。

1978年8月以后,随着格尔木—拉萨段勘测设计工作的终止,青藏铁路科研工作亦基本停顿下来。1996年铁道部开展了“青藏线高原冻土区地温变化对路基稳定性影响的研究”与“高原冻土区地温渐变条件下路基结构研究”两个专项课题,对铁路路基的最小填土高度、路基温度场等进行了研究。刘建坤等对用遮阳避雨棚防护的路基和未经防保的暴露在外面的路基进行了数字热范围模拟,计算结果表明,防护棚能有效地防止太阳能辐射对路基的热影响。令锋在对青藏铁路格尔木-拉萨段冻土路基热状况变化趋势的数值分析中指出,修筑遮阳棚可以有效地降低路基下多年冻土地温度;还对减少风火山冻土路基最大季节融深有非常显著的效果,棚内外路基的最大季节融深之差可达0.90m左右;同时指出气候变暖对遮阳棚内的冻土路基最大季节融化深度影响很小,这样可以有效地减缓和减少因气候变暖而带来地路基冻土融化的问题。在现场试验方面,铁科院西北所于1961年在风火山建成了试验路基,并于1999年7~8月份又在不同路段路堤上铺设了碎石护坡以及2000年7月架设了避雨遮阳棚。在国内这样大型碎石护坡及避雨遮阳棚现场试验尚属首次,并且取得了较为显著的成果。马巍等(2002)在分析研究国内外冻土工程措施的基础上,提出主动冷却地基措施方案;赖远明(1999)根据传热学和渗流理论导出了带相变的温度场,渗流场耦合问题的控制微分方程,并

释解寒区隧道渗流温度场问题;陈飞熊(2001)针对饱和正冻土,建立温度场、水分场和变形场三场耦合理论构架;冯人杰(2003)、喻文兵(2003)等对铁路碎块石路基降温效果开展研究。

2001 年青藏铁路建设以来,青藏铁路的科研工作取得了重大成果,掌握了青藏高原的多年冻土工程地质问题的普遍性与特殊性,在高原多年冻土地区建设的工程关键技术问题基本解决,主要包括:

(1)大面积高原多年冻土成因、类型、分布的普遍性、特殊性,以及多年冻土地区主要不良冻土地质现象的类型、成因、分布特征及对工程的影响。

(2)多年冻土上限变化对各类工程的影响和人为工程因素可能造成的冻土上限变化。

(3)保护冻土使冻土相对稳定,控制冻胀、融沉的综合技术措施;提出了主动冷却路基的设计思想,所采用的相关工程有通风管路基、抛石护坡与碎块石互层通风路堤、热棒路基、遮阳板路基、热半导体保温材料路基等。

(4)各类土建工程对冻土问题处理的基本原则及措施。

(5)冻土工程设计参数。

目前,主动冷却路基的设计思想及相关保护冻土的路基结构,在青藏铁路中已得到了大规模应用,保证了青藏铁路的正常运营。

2. 青藏公路科研对青藏铁路建设的技术支撑

与青藏铁路几乎平行的已建工程有:青藏公路、输油管道、兰西拉光缆等。这些工程的建设为青藏铁路的设计与施工提供了宝贵的经验,尤其是青藏公路的改扩建工程经验与其科研成果对青藏铁路更具有借鉴意义。

青藏公路 20 世纪 50 年代建成通车后,自 20 世纪 70 年代开始进行黑色路面改建工程,80～90年代又进行了 2 期整治工程,同时,围绕改建及整治工程开展长达 30 多年的高原冻土工程科研工作。其中"青藏公路多年冻土地区黑色路面修筑技术"获 1987 年度国家科技进步一等奖。对青藏铁路建设具有借鉴意义的内容主要有:冻土路基工程的设计原则,不同路面结构在冻土地区的路基临界设计高度,多年冻土区涵洞工程病害治理的设计原则和工程措施,热棒技术、工业隔热材料在高原多年冻土地区应用的技术等。

在多年冻土地区,修筑铁路比修筑高等级公路对冻土的扰动和影响要小的多,相应的工程问题也少。这是由于公路黑色路面的密封吸热效应对其下部多年冻土的稳定会产生很大的影响,铁路轨道下部的道渣层却具有保温通风作用。

青藏铁路大部分地段与青藏公路并行,青藏公路的工程实践与研究成果为修筑铁路提供了极为丰富的、可借鉴的宝贵经验,保证了青藏铁路建设质量与青藏铁路的正常运营。

四、多年冻土地区路基稳定技术研究的方向与关键问题

冻土作为一种特殊的土体,其成分、组构、热物理及物理力学性质,均不同于一般土体。在冻土区的活动层中,每年都发生着季节冻结和融化,并伴生有各种冻土现象,因此给冻土区的公路修筑技术带来了一系列的工程技术难题。我国多年冻土区占国土面积的 21.5%,季节冻土区约占国土面积的 53.5%。近 50 年来,随着人类经济活动的逐渐深入,人类生存空间的逐渐扩大,越来越多的寒区被开发,寒区工程的研究水平也在逐步提高。以青藏公路为代表的高原多年冻土区公路修筑技术是世界冻土工程的宝贵财富。但是限于对冻土内在规律的认识,

以及冻土与工程相互影响的认识，多年冻土区公路建设仍有不少问题，特别是高含冰量地区由于路基的冻胀、融沉病害而引发的路基稳定性问题尚待进一步解决。该问题是多年冻土区道路修筑技术的核心问题，是保持多年冻土区公路畅通，提高公路运营质量，需要优先解决的问题；也是最困扰冻土科研与工程技术人员的问题。随着不断推陈出新的新技术、新工艺、新材料在寒区道路工程中的应用，多年冻土区路基稳定技术研究的内容也在不断更新。目前，本书涉及的多年冻土区路基稳定性技术问题为：

◇ 研究气候、地质、地貌—多年冻土—路基稳定性之间的相互作用关系；

◇ 不同冻土区的路基合理结构的研究；

◇ 冷却多年冻土路基的工程措施，尤其是调控传导、对流与辐射效能的综合措施；

◇ 各类工程措施应用的量化、优化及强化，即路基稳定性评价的研究；

◇ 多年冻土区路基设计与施工技术。

其中关键技术问题为：

◇ 多年冻土区路基临界高度与合理高度及其适用条件；

◇ 多年冻土区路基合理结构与断面形式的确定；

◇ 冷却多年冻土路基的工程措施及其适用条件；

◇ 冻土路基热稳定性评价指标；

◇ 多年冻土路基的设计原则及施工技术。

第二章　多年冻土地区路基病害及其原因

第一节　多年冻土工程地质条件

一、冻土的物理性质

青藏高原多年冻土地区，受长期寒冷风化作用的影响，黏土的矿物成分主要以水云母为主，高岭土次之。冻土的总含水率与密度可以表征冻土的成因类型、发育、厚度和构造等基本特征。不同的地貌单元、岩性及地表植被发育等条件，其变化规律各具特色。就含水率平面分布来看，在大片连续多年冻土区中，高山及河谷区多为残积的碎石、砂砾石，含水率小，一般小于10%；河谷两侧及河漫滩多为砂砾石、碎石及砾石质亚砂土，含水率一般为20%左右；高平原及盆地平原区（如楚玛尔河、通天河、沱沱河等）多为碎石质亚砂土、亚黏土及湖相沉积的亚黏土、黏土等，冻结层上水较丰富，含水率较大，体积含冰率为20%～60%；低山丘陵区（如风火山、可可西里、桃二九等）表层土多为亚砂土、亚黏土，土层易积水，尤其在坡积层地带，植被发育，体积含冰率一般为30%～60%。①

二、多年冻土层的地下冰

青藏公路沿线的地下冰广泛地分布于湖相、坡积－泥流相土层中，呈分凝形式形成厚度不等的层状冰。砂砾石层中具有含量较小的砾岩状、包裹状地下冰。在冻结的基岩中，也有少量的地下冰沿基岩裂隙中分布。地下冰与土体间构成了整体状、层状、网状、砾岩状、包裹状、裂隙－脉状等冻土构造。地下冰的性状、成因类型和分布异常复杂，与地形、岩性、水分、埋藏条件、植被，以及地表面积和土体中的热交换条件及地热梯度等都有密切的关系。青藏公路沿线地下冰的主要发育地带为地表以下20m左右，多年冻土上限以下0.5～3.0m深度内特别发育。多属于后生型冻土的地下冰，亦有一些含冰量较高的共生型地下冰。对于公路工程来说，沥青路面吸热及蒸发潜热的影响而导致多年冻土顶板水热平衡状态破坏，引起多年冻土上限变化深度也恰好是在此范围。因此，高原多年冻土的地下冰容易受自然和人为因素的影响而发生变化。

松散土中，粒径为0.05～0.002mm的粉黏粒是分凝冰形成的最佳粒度范围。对于细粒土而言，析冰能力依序减弱：粉质亚黏土、亚黏土、粉质亚砂土、黏土、亚砂土、粉砂。对粗粒土来说，主要取决于小于0.05mm粒径的含量，对于其含量大于15%的粗粒土，在充分饱水条件下也可形成高含冰量的冻土。

① 《公路土工试验规程》（JTGE40—2007）中细粒土名称有改动，本书仍用旧名称，新老土名对照见附录二。

青藏公路沿线松散土体的成因类型是物质成分、水分、分布部位的综合表征，不同的成因类型的土体，冻土含冰量有较大差异。在湖相沉积和坡积中，地下冰含量最高。年平均地温越低，冻土含冰量越高。在同一多年冻土地带中，自南而北，自低向高，冻土含冰量有增加的趋势。在同一地貌单元，低山丘陵区的冻土含冰量最大，特别是含土冰层的比例最多，中高山次之，河谷平原区最小。阴坡地带冻土的含冰量较阳坡大。一般坡度小于10°的山坡地下冰发育，10°～16°的山坡地下冰发育条件较差，坡度大于16°的山坡上一般见不到厚层地下冰，坡度大于25°时，只有裂隙冰存在。

三、多年冻土区冻土的融沉特性

冻土融化过程中，在自重压密作用下不断地产生排水固结下沉，即冻土的融沉性。融沉过程中不仅冻土中冰转变为水时的相变体积缩小，还产生孔隙水的消散与排泄。可见，冻土的融沉性与冻土的粒度成分、含冰量、密度、孔隙水的消散条件等有密切关系。大量的现场与室内试验结果表明，不论何种土质，在允许自由排水条件下，冻土融沉系数随冻土含水率的增加而急剧地增加，随着冻土干密度的增大而减小；在相同的含水状况下，冻结粉质亚黏土、粉质黏土的融沉性最强，重黏土和细砂次之，砾石土最小。对于粗粒土来说，土中粉黏粒含量小于或等于12%时，融沉性一般变化不大，其值均小于3%～4%，当粉黏粒含量大于12%时，融沉性则随粉黏粒含量的增加而急剧增大。

冻土融化后，在附加荷载压密作用下，土体体积继续产生压缩，并伴随着孔隙水的消散和排泄。冻土路基下的融化夹层，在这种排水固结条件下，土体压缩下沉往往非常缓慢，滞后过程很长。所以，青藏公路路基下沉表现出明显的滞后现象，多数在3～5年后才产生较大的变形。

青藏公路高温多年冻土地区的路段，由于冬季最大冻结深度小于夏季最大融化深度，而形成融化夹层。融化夹层的存在实质上是意味着在路基下存在着一层软弱结构，这种结构层含水率大，土的固结程度小，模量小，是路基填土与多年冻土间的一种软弱夹层，对路基的稳定性有严重的负面影响。如果融化夹层这一软弱结构层增至一定的厚度时，在无条件排水固结的情况下，当人为上限增加至一定的深度（上限变化对路基变形无影响）时，路基仅受大气温度变形的冻融作用（与季节冻土地区相同），这时的路基就不再考虑多年冻土的影响。

第二节　多年冻土地区路基主要病害与特征

一、路基主要病害形式

多年冻土地区公路病害的现场调查、勘探与现场实体观测资料表明，多年冻土区的路基变形是以沉降变形为主，冻土路基下多年冻土的融化使路基产生不均匀下沉，这类热融沉陷变形占路基病害路段的80%以上。路基病害的主要表现形式为，路基的横向倾斜变形，阳坡路基变形过大而引起的纵向裂缝与路基开裂，纵向凹陷与波浪沉陷。路基病害主要发生在高含冰量冻土地段。

冻土路基变形特征与多年冻土的构造类型、多年冻土工程地质条件、年平均地温以及它们在沿线的平面分布是密不可分的。多年冻土退化过程中,多年冻土融化引起的路基变形,在含土冰层与饱冰厚层地下冰地段变形最大,少冰与多冰冻土最小,富冰冻土介于两者之间;不同地质条件下,以亚粘土、亚砂土等细颗粒为主的地段由于高含冰量冻土发育产生的融沉量大,导致的路基变形严重,以砾石、碎石等粗颗粒为主的地段,由于高含冰量冻土较难发育,融沉量小,路基相对稳定;不同年平均地温情况下,在高温多年冻土区,高含冰量的地段路基变形最大,在低温多年冻土区,路基相对稳定路基变形量较小。由于多年冻土中含冰条件在平面和垂直方向的分布均呈不均匀性,融沉系数产生较大的差异,导致路基无论是纵向还是横向亦均发生极不均匀变形。具体表现为:

(1)不均匀沉降较轻的路段,主要为路基整体下沉,路面基本平整。病害多发生在多冰冻土或少冰冻土地区;或高含冰量冻土但年平均地温低于-1.5℃的多年冻土稳定区。

(2)不均匀沉降严重的路段,路基局部凹陷,造成路面的波浪起伏,在十几米路基范围内波峰和波谷的高差可达0.3~0.5m,有的甚至超过0.5m。病害主要发生在冻土年平均地温高于-1.5℃的高含冰量多年冻土区。

(3)个别地段,在高含冰量冻土的迅速退化中,造成几米范围内的路面高差达到0.5m以上,病害主要发生在高含冰量多年冻土极不稳定区。

(4)由于路基的不均匀沉降,造成沿线路基数毫米宽纵向裂缝,以及宽度为数厘米的纵向开裂;横断面方向路肩或边坡滑塌。病害主要发生在路基两侧积水或地表潮湿的个别地段。

二、多年冻土地区路基工程病害特征

根据多年冻土区病害调查结果,多年冻土区填土路基病害可分为低路基病害与高路基病害两类,这两类病害区分的依据是填土路基的高度是否能引发两侧边坡较明显的阴阳坡面效应。如果路基高度能引发两侧边坡较明显的阴阳坡面效应,进而引发的一系列路基病害统称为高路基病害,反之则称之为低路基病害。由于高路基病害具有非对称性特征,因此又可称之为非对称性路基病害,同样低路基病害又可称之为对称性路基病害。路基边坡所吸收的太阳辐射总量的差异与路基走向、边坡坡度有关,因此区分高、低路基病害的路基高度也非固定值,而是随公路走向及边坡坡度的改变而改变。东西走向或近于东西走向的路基阴阳坡面较好判断,南坡为阳坡,北坡为阴坡。由于我国大部分多年冻土区的太阳辐射具有明显的非对称性,公路沿线上午的辐射总量要比下午的辐射总量大20%以上,因此对于南北走向的路基而言,东坡为阳坡,西坡为阴坡。

以青藏公路为例,青藏公路多年冻土区路基病害与路基高度密切相关。1985年全线黑色化修筑沥青路面改建时,多年冻土地区的公路路基高度普遍偏低,沿线路基平均高度不足1m,路基病害主要表现为沉陷、波浪等不均匀变形。据1990年调查统计,在不稳定冻土路段路基沉陷率高达90.3%,波浪率高达77.4%。

在1991~1999年青藏公路一期与二期整治工程期间,大幅度提高路基高度,一期路基平均高度约为2.0m,二期路基平均高度约为2.5m。经整治,以对称性沉降变形为主的低路基病害得到了有效的控制,但随着路基高度的提高,多年冻土区的路基工程相继出现了以纵向裂缝为主的高路基病害。

2005年对青藏公路沿线多年冻土路段的高路基病害进行了详细的调查,调查结果如表

2-1所示。调查结果表明目前青藏公路路基的病害形式主要表现为高路基病害，占总病害路段的60%以上。高路基病害则以路基纵向裂缝与路肩（边坡）开裂为主，约占高路基病害总数的58.9%。此次调查还发现发生严重路基纵向裂缝的路段达到50余公里，最大裂缝宽度达40cm。

图2-1描述了青藏公路多年冻土区不同坡向的高路基病害随路基高度的关系。

2005年青藏公路多年冻土段高路基病害调查表　表2-1

路基高度(m)	<0.5		0.5~1.5		1.5~2.5		2.5~3.5		>3.5		合计
	阳坡	阴坡	阳坡	阴坡	阳坡	阴坡	阳坡	阴坡	阳坡	阴坡	
纵向裂缝			2	2	8	3	19	5	24	8	71
路肩（边坡）开裂			1		5	2	8	7	10	5	38
纵向凹陷				1	4	2	5	4	7	5	28
边坡冲蚀			2	2	7	4	11	5	10	7	48
合计	0	0	5	5	24	11	43	21	51	25	185

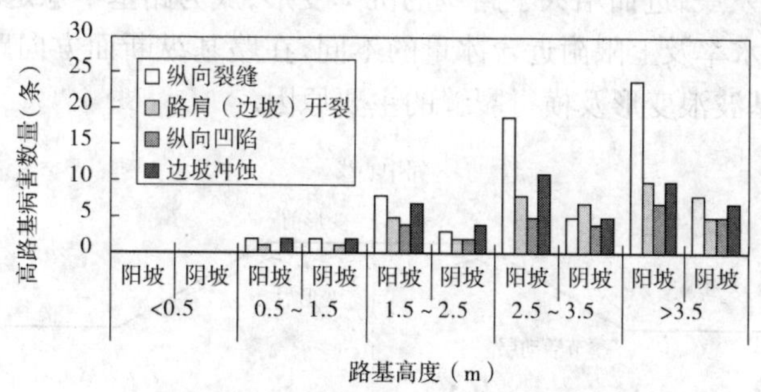

图2-1　青藏公路多年冻土区高路基病害随路基高度的变化

图2-1表明，无论是位于阳坡还是位于阴坡的高路基病害的数量，均随路基高度的增加而明显增大。路基高度小于0.5m的低路基均未发现高路基病害，高度大于2.5m的高路基病害显著增加，占总量的75.7%，即大部分高路基病害分布在路基高度大于2.5m的路段。

另外，高路基病害的分布，具有明显的坡向性。图2-1表明路基阳坡侧发育的高路基病害数量明显要大于阴坡侧，阳坡侧共123处高路基病害，占总量的66.5%，而阴坡侧高路基病害只有62处，占总量的33.5%。

第三节　多年冻土地区路基病害的主要原因

多年冻土区路基病害的原因是复杂的、多方面的，但究其根本原因是由于修筑路基，加铺黑色路面等工程因素改变了多年冻土的生存环境而引发的。根据病害特征，多年冻土对路基病害的原因分为三大类：（1）融化夹层（盘）是形成高温高含冰量路段路基病害的主要原因；（2）低温区高路基内的冻结核也有产生路基病害的可能；（3）修筑路基在路基两侧就近取土使冻土环境恶化，加速了路基病害的产生与发展。

一、多年冻土地区低路基病害的主要原因

由于青藏高原太阳总辐射量、辐射平衡值均较大，黑色沥青路面的修筑，增大了冻土路基对太阳辐射吸收率约20%。另外沥青路面阻碍了路基表面蒸发过程，产生的蒸发耗热不能有效释放，影响冻土与大气间的热量交换。观察表明，沥青路面的地表年平均温度高于天然地表4℃以上，较天然地面下的土层提前20～30天融化，滞后20天左右冻结，唐南地区这种差异就更大[23]。在这种热状态的影响下，沥青路面下土层的热量年总收入大于年总支出，致使多年冻土融化，冻土上限下移，在路基内形成凹形融化盘。在低路堤的情况下，如果阴阳坡面的影响较小，路基内融化盘相对于路中线较为对称，融化盘的最大深度出现在路基中心，这时路基病害常表现为路基整体下沉、路基中心凹陷（图2-2）。因此当多年冻土上限处含冰量较高时，融化盘的形成与发展是形成低路基病害的主要原因，主要表现为以下两点：

其一，在相同条件下，融化盘厚度越大，路基沉降变形就越大，随着融化深度增大，路基的固结沉降变形滞后时间越长。

其二，路基内"锅底形"的融化盘，成为大量的地表水渗入和冻结层上水汇入的"聚水盆"，加速了融化盘的发展，进而增大了路基的沉降变形，成为路基不稳定的隐患。

另外由于土层含水率及上限附近含冰量的不同，在路基纵断面方向路基的下沉变形也是不均匀，这是形成路基波浪变形及横行裂缝的主要原因。

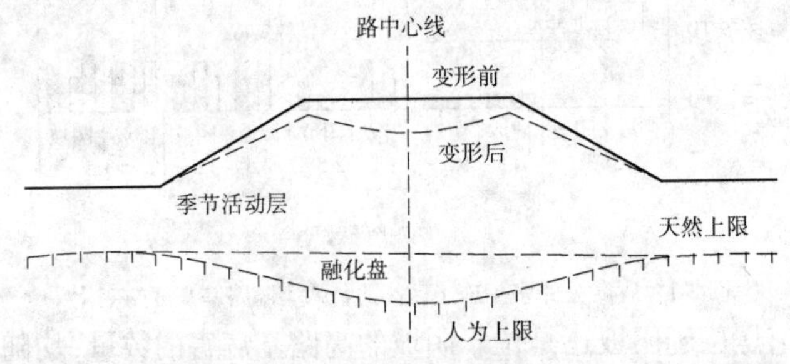

图2-2　低路基病害的形成机理

二、多年冻土地区高路基病害的主要原因

多年冻土的年平均地温是描述冻土的地带特性分布主要特征的参数，能反映多年冻土的稳定状。依据年平均地温将青藏公路沿线多年冻土分为低温多年冻土区（年平均地温 < -1.5℃）与高温多年冻土区（-1.5℃≥年平均地温≥0℃）。前者属于稳定型多年冻土，后者属于过渡型或不稳定型多年冻土。

在高温多年冻土区，高路基病害的形成机理因路基高度的不同而有所差异。

1. 高温多年冻土区高路基病害的主要原因

当路基高度小于临界高度时，路基内由于阴阳坡面的影响，形成非对称性融化盘。这种不对称一般表现为左侧路基下融化盘厚度较右侧大。在两侧路基下融化盘厚度差异较小的情况下，较易形成路基的整体倾斜变形［图2-3a)］，反之当融化盘厚度差异较大的时候，则很可能形成路基（肩）或边坡的纵向裂缝与滑塌［图2-3b)］。

当路基高度大于临界高度时，当地气候条件下能产生的最大冻结深度无法达到人为上限处，在路基内最大冻结深度的界面与多年冻土人为上限间形成一层隔年或多年以至永远不能冻结的融化夹层。如同融化盘一样，融化夹层也具有很强的聚水特性，作为软弱层，其承载能力十分有限。该类融化夹层上界面是冷期最大冻结深度，下界面是人为上限(图2-4)。

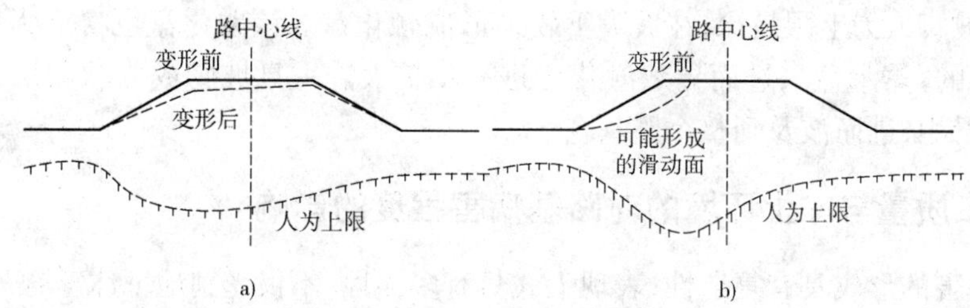

图2-3　融化盘所引发高路基病害示意图

a)融化盘厚度差较小；b)融化盘厚度差较大

在冻结期，融化夹层上部具有一定的冻结厚度，因此路基路面的承载能力也相应较强，但由于融化夹层上下界面的冻结压缩作用，造成封闭的融化夹层内部应力相当大。到融化期，融化夹层上部冻结层自上而下融化，冻结层的厚度也在逐渐变薄，当融化夹层的内部应力与其上冻结层的强度都无法抵挡路基自重及外部荷载时，路基将不可避免的出现凹陷、滑塌等病害；反之当路基自重及外部荷载与其下冻结层的强度都无法阻止融化夹层内部应力释放时，将可能出现路基跨塌甚至爆炸等病害(1990年6月在头二九北坡K3395处发生的路面爆炸，直径6m，深达3m)。

另外，如图2-4所示，当路基内最大冻结深度大于天然上限时，路基内将会形成“凸”形的冻结锋面。在融化期，当路基上部冻结层还未完全融化时，该冻结锋面将成为大气降水、雪水及边沟水等地表水汇聚的锋面，在汇聚水的作用下，可能发展为路基(肩)、边坡滑塌及路基纵向裂缝的滑动面，致使该类型的融化夹层将产生纵向裂缝、路肩(边坡)滑塌等病害。

2. 低温多年冻土区高路基病害的主要原因

在低温冻土区，虽然施工期间路基内也会形成融化夹层，但由于多年冻土地温较低，有足够的冷能使融化夹层在年内冻结，人为上限逐渐稳定于路基下最大冻结深度处。当路基高度大于临界高度时，路中人为上限有一定的抬升，但坡脚人为上限(尤其是阳坡坡脚)则有所下降，路基内形成如图2-5所示的“凸”形冻结核。造成这种情况的原因是显而易见的，不管是新建路堤还是旧路改建，抬高路堤以后，边坡都要向两侧延伸，改变了原有的多年冻土的热平衡条件，加上青藏公路路堤填土相对于天然地表(尤其是有植被覆盖的天然地表)更易吸热，位于阳坡侧的坡脚人为上限下降较为剧烈，但在阴坡侧，由于其吸收的太阳辐射能相对较小，坡脚人为上限下降很微弱甚至有所抬升。

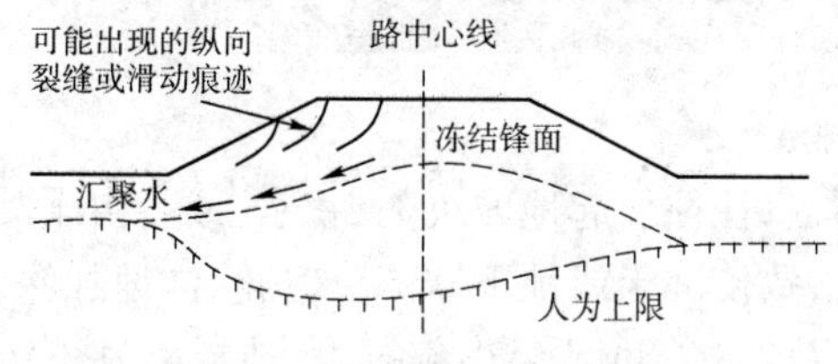

图2-4　融化夹层所引发高路基病害示意图

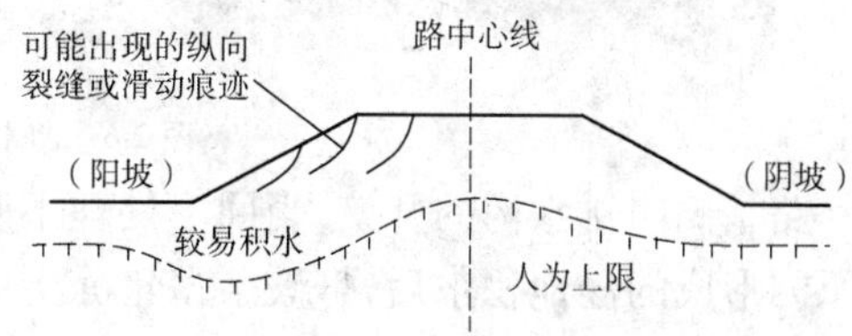

图2-5　非对称性冻结核所引发高路基病害示意图

从图 2-5 中不难看出，冻结核有两种可能形成路基病害。其一，在融化期人为上限作为大气降水与地表水的汇聚面，冻结核两侧路基受水的侵蚀，较易形成滑体，可能会沿冻结核上锋面(人为上限)滑动，轻则形成路基纵向裂缝，重则造成路基(肩)或边坡滑塌。其二，在路基横断面方向上，坡脚人为上限最深，在坡脚下较易形成融化盘。该融化盘也将成为地表水、边坡水以及路面水的"聚水盆"，进而导致融化盘进一步扩大。一旦坡脚成为软弱层，极有可能造成边坡纵裂、滑塌，进而波及到整个路基。

三、施工质量与冻土环境的对路基病害程度的影响

高路基病害的形成具有复杂性，表现形式具有多样性，不仅受到地下冰冻融等客观因素的影响，还受到施工质量与冻土环境的破坏等人为因素的影响。后者与前者之间相互影响，较差的施工质量与冻土环境的人为干扰将加速路基病害的发生与发展。

青藏公路病害调查结果表明(表 2-1)，所调查病害路段的 48 处边坡冲蚀，均是由于施工质量控制不严引起的。其中 8 处边坡冲蚀所形成的冲沟宽度达 40cm，深度达 30cm，严重处已造成土路路肩的部分滑塌，对路基稳定性构成了极大的威胁。边坡冲蚀路段，路基基本完好，边坡土体松散，边坡坡度均小于 1: 1.5。因此，边坡冲蚀的主要原因是由于边坡土体压实度及边坡坡度不符合设计规范的要求所造成。

另外，冻土环境的变化也是影响青藏公路多年冻土区高路基病害的主要因素之一。由于公路填筑路基两侧取土铲除原天然地表，加之边沟排水未成体系造成局部积水严重，导致脆弱生态系统失衡，冻土对环境变化响应所依赖的天然屏障遭到损害。气候变暖在冻土中的响应进程明显加快，热扰动在短时间内即产生冻土环境的恶化，加剧路基病害。

青藏公路的曲水河附近，由于自然和人为活动改变了斜坡冻土的热平衡状态，引起地下冰融化产生下滑(图 2-6)。该地段的地形坡度为 10° ~ 18°，地下冰融化使土体饱水后摩擦系数大幅度降低，以至饱和变成泥流，顺着地下冰面或冻土层面往下滑动，滑塌体一般长达 100 ~ 150m，宽 80 ~ 100m 不等。这种热融滑塌和泥流具有溯源侵蚀性质，直到斜坡没有地下冰为止，往往淹没路基。据调查，风火山的规模最大，长 500m，宽 100 ~ 150m，主要分布于丘陵山地，特别是地下冰发育的 10° ~ 25°山坡，如昆仑山垭口、五道梁、风火山、唐古拉山南坡等。

图 2-6　曲水河附近的热融滑塌

路基侧向排水沟的开挖，当回填处理不及时或不当，往往引起地面沉陷、积水，或者由于其他原因形成的洼地积水后，打破了多年冻土的热平衡，致使冻土或地下冰部分融化，洼地加深，逐渐形成热融湖塘或热融沉陷(图 2-7)，以及热融坍塌(图 2-8)且会逐年扩大，造成路基下沉或沉陷变形。此成因的湖塘的规模较小，往往成群分布，如楚玛尔河高平原、通天河南岸、扎加

藏布河两岸都有存在。因地表性状改变,地表辐射或与地表水相关联的热融湖塘往往较大,如沱沱河等地带的热融湖塘,面积达几百平方米,以至达若干平方公里。随着冻土路基地下冰的逐渐融化,路基沉降变形也逐年加剧。河边出现的热融滑塌(图 2-9)往往会引起路基边坡滑塌。

图 2-7　K3407 及 K3360 一带的热融沉陷和热融湖塘

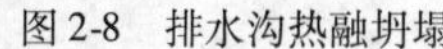

图 2-8　排水沟热融坍塌

图 2-9　岸边热融坍塌

青藏公路改建工程期间,在路基两侧宽约 20m 的取土带,造成取土坑下沉,许多地段的取土坑积水,是地下冰产生融化,进而导致路基下沉,引起路面产生纵向和弧形裂缝(图 2-10)。

图 2-10　取土坑积水及其引起路基弧形裂缝

在地基土较为干燥的砂性土及粗颗粒土的少冰冻土、多冰冻土地段，地表植被铲除后，地表的蒸发强度加剧，土地沙化进一步发展，产生沙漠化，一些地段产生移动沙丘，危及公路路基稳定性(图 2-11)。

图 2-11　青藏公路沿线冻土环境恶化引起沙漠化

第三章 路基稳定性的影响因素

第一节 多年冻土地区的气候因素对路基稳定性的影响

从气候对多年冻土的影响角度,来分析气候与路基稳定性的关系,多年冻土变化构成了气候与路基稳定性的唯一纽带,主要表现在气候及其变化造成了多年冻土地温特征,如多年冻土上限、年平均地温、冻土热稳定性等的差异。

一、多年冻土地区的气温

冻土是气候变化的产物,寒冷的气候、较低的年平均气温是冻土形成的基本条件,它不仅包含了纬度和海拔高度的地带性影响,也有局部小气候,如降水、蒸发、风等影响。这些影响都综合地反映在气温的变化上。不同地区的季节性冻土与多年冻土分界线有不同的年平均气温值。多年冻土的季节融化和冻结过程都是与暖季和寒季的积温即融化指数和冻结指数直接关联的。不同的气候带内,即使年平均气温相似,当气温的年较差不同,季节融化(或冻结)深度也相差较大。气温的年较差越大,季节融化(或冻结)深度就越深。在同一气候带中,年平均气温与融化指数(或冻结指数)具有一维线性相关性,表现为年平均气温越高,融化指数越大(或冻结指数越小)。图 3-1 反映了融化指数与最大融深的关系,该图表明年平均气温越高,最大融深越大。

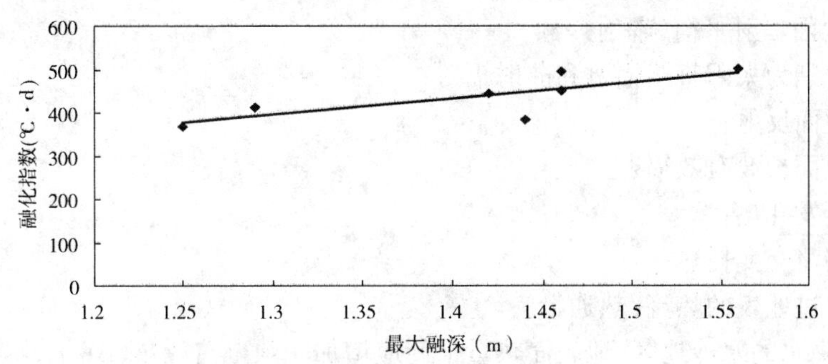

图 3-1 融化指数与最大融深的关系

气候变化引起了青藏高原多年冻土的变化,从青藏高原最大冻结深度变化图(图 3-2)可以看出,尽管最大冻结深度存在年际波动特征,有些年份最大冻结深度较大,但在气候变化的影响下冻土的最大冻结深度变化总的趋势是在逐年变浅,且与全球气温变化呈较好的负相关关系(如图 3-3,青藏高原最大冻结深度关系与全球气温变化关系图)。

二、多年冻土地区的太阳辐射

太阳直接辐射热是地面升温的直接热源。太阳直接辐射强度的日变化与土面及浅层地温的日波动关系最为密切。季节冻土和多年冻土的形成与地面的辐射—热量交换有直接关系。

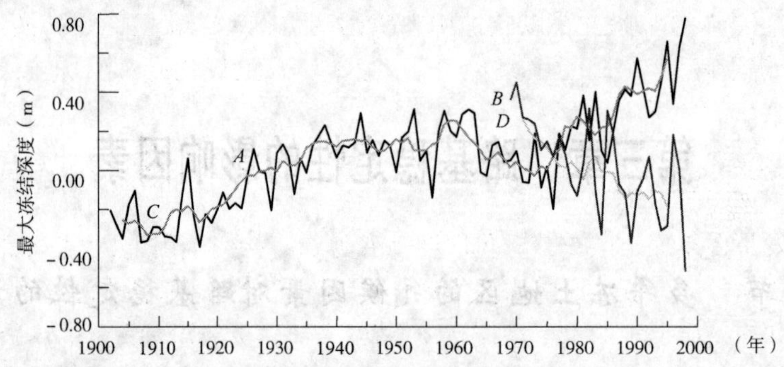

图3-2　青藏高原最大冻结深度变化(引自王澄海)

(*A*-全球气温变化,*B*-青藏高原最大冻结深度年变化,*C*-气温5年滑动平均,*D*-五年滑动平均)

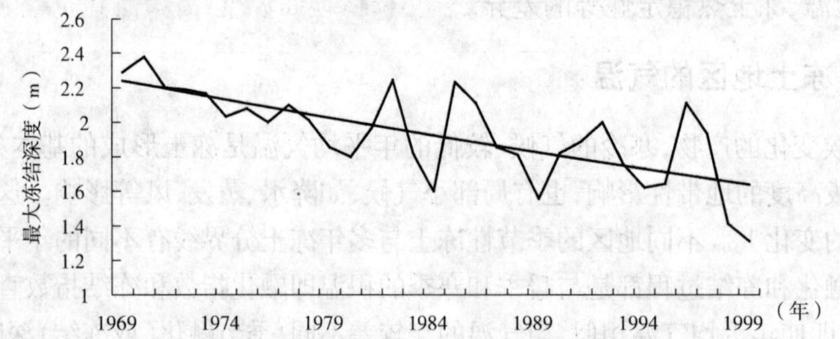

图3-3　青藏高原最大冻结深度与全球气温变化关系图(引自王澄海)

通常年内的辐射—热量平衡方程用下式表示：

$$Q_d = (Q_i + Q_s)(1 - \alpha) - Q_e = \mathrm{LE} + P + A \tag{3-1}$$

式中：Q_d——地面辐射平衡(辐射差额)；

Q_i、Q_s——分别为太阳直接辐射和散射辐射；

$(1-\alpha)$——地面反射；

Q_e——地面长波有效辐射；

LE——蒸发耗热；

P——湍流交换耗热；

A——通过地表的热流(热通量)。

当有固态降水的寒冷地区,地表面热量平衡应增加一项融雪耗热(ΔW)。

土层温度状况除了取决于辐射平衡和通过地表的热流外,还与地中热流有关。地表热量吸收后主要消耗,是地表与大气间的热力相互作用的湍流交换耗热,下垫面内和外热路过程中的蒸发耗热(水分蒸发、凝结、升华等)以及途中热路过程的热通量等(升温或冷却,水的相变、冻结和融化等)。夏季,有效辐射总是大大小于吸收辐射,所以,地表长波有效辐射为正值,达到很大值,主要用于蒸发耗热、湍流交换耗热和地表热流耗热。冬季,太阳总辐射较弱,加上雪盖反射率大,吸收辐射小于有效辐射,地面辐射差额出现负值,地面温度转为零度以下,蒸发耗热和湍流交换耗热两项的热交换近于0。可见,蒸发耗热和湍流交换耗热地形成地面正温有重要意义,地面长波辐射对形成地面负温起主要影响。

冻土的变化主要来自于地面与大气的热交换量，决定于夏半年土层热交换量(A_s)和冬半年土层热交换量(A_w)的对比关系以及地中热流的变化方向。就土的热交换量而言，当 $A_s > A_w$，多年冻土上限下降，年平均地温逐渐升高，冻土层自上退化；反之，冻土层年平均地温降低，冻土进化。

三、多年冻土地区的降水与蒸发

降水及蒸发是多年冻土区季节融化层湿度变化的直接影响因素，也是冻结层上水补给与排泄循环的重要途径。青藏高原降水多集中于6～9月，也是季节融化层急剧增大的时段，降水的垂直渗流和冻结层上水的水平渗流增大，将给多年冻土层输入大量的热量，冻结层上水的水平流动又将加速冻土上限附近热量置换。这些过程必将加速多年冻土上限融化过程，增大季节融化深度。图3-4反映了可可西里山区天然地表最大融深与年降水量的关系。然而在夏季，地表的蒸发增大，土层水分的疏干，蒸发耗热降低地面温度，减缓融化过程的速度。

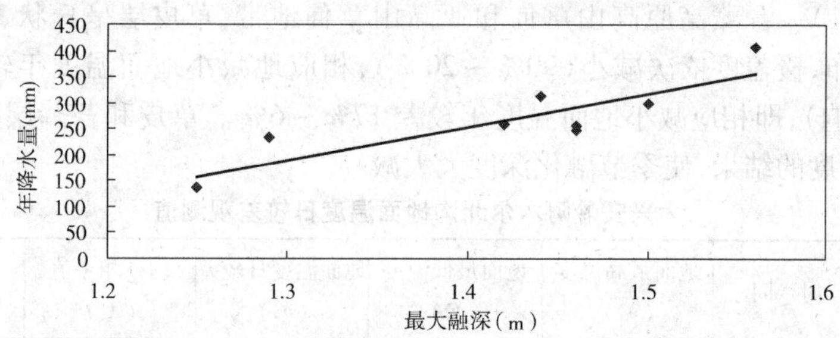

图3-4　可可西里山区天然地表最大融深与年降水量(1984～1991年)的关系

第二节　多年冻土地区的地质地理因素

大气和地表环境条件控制着多年冻土的生存、发育及发展过程。我国的多年冻土分布特征都有受大气与地表环境条件所控制的共性。大气与地表环境及形态的改变，都要引起多年冻土分布与特征的变化。同时还有受地域环境所控制的特殊性，如高海拔多年冻土主要受海拔高度的控制，而高纬度多年冻土主要受纬度控制。在大的地域与气候环境控制下，局部的地质、地貌、植被、水文等同样对多年冻土的分布、发育、特征都具控制作用。

一、多年冻土地区的季节活动层土质与工程地质条件

季节活动层骨架土的颗粒组成、矿物成分以及有机质成分的不同，形成土体不同的孔隙率、密度、含水率和导水能力，这些差异直接影响土层的容积热容量、导热系数、相变热、导湿系数等热学参数和水分迁移系数。这些参数直接参与路基稳定性的评价。

季节活动层的工程地质特性对路基稳定性至关重要。公路是一个带状结构物，其自重与车辆荷载影响的深度一般在0.7～3.7m。进行公路建设，尤其是在高原多年冻土地区进行公路建设，就必须清楚这一深度范围内的工程地质特性。青藏高原晚近期构造活动强烈，褶皱断裂发育，形成山脉与谷地、盆地相间分布的格局，第四纪堆积物则为冰积、冰水沉积、河流沉积、寒冻风化与水流堆积及风积物。因此松散层堆积物的厚度变化很大，薄者仅数十厘米，厚者可

达三百多米。强风化带以上多为8～12m。公路建设活动主要在季节活动层上进行,因此季节活动层的工程地质特性是决定公路路基稳定性的重要因素之一。

二、多年冻土地区的地表性状

季节活动层土的表面,既能直接吸收太阳辐射能,也能在表面水分蒸发中放出能量,它的差异取决于表面的湿度及色泽深浅。一般而言,干燥砂砾土面的太阳直接辐射吸收率在0.72～0.80,但蒸发耗热少,故融化热影响较强;湿润的细粒亚黏土或稀疏草地面,吸收率在0.80左右,但通过毛细补给的水分蒸发作用较强,融化热影响稍弱;浓密草地及沼泽化湿地吸收率约为0.70,同时表面水分蒸发最强烈,因此对季节融化最为不利。

植被覆盖对多年冻土上限的影响最为突出,在考虑了20cm厚的雪盖影响后,大兴安岭北部(古莲、阿木尔地区)苔藓、枯枝落叶层均可降低地面温度年较差2.4～5.2℃不等,降低地面年平均温度0.1～0.3℃。据顾钟炜等(1994)的观测资料,18cm厚的苔藓层可减小地面日较差33.1℃(表3-1)。青藏高原高山草甸和亚高山草甸地带,草皮层呈丘状、斑状(鳞状)、片状、稀疏散状分布,覆盖度依次减小(90%～20%),相应地减小地面温度年较差4.1～1.5℃(未考虑雪盖影响),即相应减小地面温度年较差17%～6%。草皮和苔藓层减小地面温度较差和降低地面温度的结果,使季节融化深度大大减小。

大兴安岭阿木尔北沟地面温度日较差观测值　　表3-1

地点		时间	地面最高温度(℃)	地面最低温度(℃)	地面温度日较差(℃)	两处相差值(℃)	备注
山前坡地	林内	1990年7月12～15日	37.4	9.9	27.5	21.4	落叶松林,高10m
	林外		57.0	8.1	48.9		火烧迹地,灌木
沟谷湿地	苔藓层表面	1990年7月13～16日	42.5	7.9	34.6	33.1	泥炭藓,厚18cm

三、多年冻土地区的地形地貌特征

地形、地貌特征对多年冻土区路基稳定性的影响主要表现在两个方面。一方面是对多年冻土分布特征的影响;另一方面是对地表及地下水文条件的影响。

地形切割强烈的地区与地形切割微弱的地区的热交换条件明显不同;分水岭、斜坡和各地的热交换条件也必然不同;冻土中的地热梯度与地形部位也有关系。在山顶部位地热梯度值最小,而在谷底最大。相应地,冻土温度和厚度也应有差异。

大区域地形影响着多年冻土的分布格局。大小兴安岭的山地与纬度的叠加影响,多年冻土南界沿着山地向南突出,而平原地区则向北移,使多年冻土南界呈现"W"形。在西部地区,高山与盆地的高差大,使得阿尔泰山、天山发育着多年冻土。青藏高原的巨大的海拔高度,决定了多年冻土的发育规律,主要决定服从高度分带性,在周边高山区的河谷地段往往不能生成多年冻土。即便是在青藏高原,由于存在着盆地与山区的相间差异,山地地区的多年冻土分布的连续性、厚度等都比盆地发育,季节融化深度的变化虽然还受到岩性、植被等因素影响,但总的趋势仍表现出受地形的影响。盆地的冻土的热稳定性就较差,在各种自然和人为因素影响下,极易发生退化。

局部地形对多年冻土特征的影响具有明显的非对称性,坡向的影响表现的特别突出。从青藏公路沿线多年冻土厚度的不均匀变化来看，多年冻土厚度受海拔高度的控制，同时在不同程度上受纬度、坡向及其他地理因素的影响。如风火山东大沟，西南坡冻土厚度分别为72.8m、71.0m，沟底冻土厚度为94m，而东北坡冻土厚度分别为122m、137m、146m。显然，坡向控制着到达地面的垂直太阳辐射，南坡接受的热量最多，北坡最少。由此可见，坡向对局部冻土有很大的影响和控制作用，但坡向对冻土的作用随纬度的升高而增强，在中纬度地区，坡向作用相对高海拔冻土为弱，这主要与太阳辐射平衡值有关。

从多年冻土分布的下界高度看，西部山区的多年冻土分布下界的海拔高度是南坡比北坡高，其差值在阿尔泰山为600m（童伯良等，1986），天山为400m（邱国庆等，1981），祁连山为210～250m（郭鹏飞等，1983），昆仑山北麓的西大滩为300m，阿尼玛卿山、巴颜喀拉山为200～400m（王绍令等，1991），横断山为300m（东南坡与西北坡之差）（李树德等，1983），喜马拉雅山为300～400m（周幼吾等，1982）。可见，南北坡多年冻土分布下界的高差为200～400m，阿尔泰山的高差较大可能与冬季积雪有关。

从多年冻土年平均地温看，南坡地温高于北坡，即阳坡高于阴坡，其差值在大兴安岭的阿木尔我为1.1～2.7℃和1.0～1.7℃，满归为1.6～2.3℃（戴境波，1982），青藏高原为1.7～2.4℃（周幼吾等，1982，1996）。

从多年冻土中的地下冰分布情况看，在低山丘陵地区，阳坡的地下冰不如阴坡发育，如风火山的阴坡为网状、中厚层状构造冻土，冰层厚15～20cm，阳坡为整体状冻土，无高含冰量冻土。坡度为4°～8°最有利地下冰的生长，10°～16°坡度的地下冰发育较差，大于25°的坡度多为剥蚀作用为主，一般只有裂隙冰存在。即使在同一坡上，坡顶为少冰～多冰冻土，中部为富冰冻土，下部常见有含土冰层。一般说，山涧盆地具有高含冰量冻土，河漫滩多为少冰～多冰冻土，沼泽湿地多见有高含冰量冻土；高平原地带的高含冰量冻土较河谷发育。正是此因，东北大小兴安岭地区的低洼沼泽湿地中往往存在有高含冰量多年冻土。

四、多年冻土地区的地表水与地下水

路基侧向地表水与冻结层上水的存在，制约路基下伏多年冻土的分布和发育，同时也直接影响路基稳定性。

在山涧沟谷及洼地的细粒土堆积的路段，路基下的地下水位较高，两侧地表水排泄不畅的地段，每年融化期（5月初～10月中旬）路面开始向下融化，当融化层内的地下水使土层变为塑性状态时，在动荷载反复作用下，填土较低路段的路面开始网裂，严重路段则造成路面坑槽，产生积水坑，使大量的地表水进入路基内，进一步造成路基翻浆。另外，积存在路基中的水在冻结过程中发生聚冰作用，导致路基产生不均匀冻胀；融化季节又产生热融下沉变形，路基在反复冻融循环作用下，最终造成路面破损。

据1991年青藏公路第一期、1995年二期整治工程钻探资料，在沥青路面下伏多年冻土与季节融化层间有0.5～2.5m厚的融化夹层存在，部分路基融化夹层内积水。常年积存在路基融化夹层内的水视为一个较稳定的热源，它与多年冻土相互依托，长期互相作用，并使多年冻土上限逐年下移。尤其是地下水循环较畅通的路段，流动的地下水潜热大，进一步加速多年冻土融化，延长了形成最大稳定融化深度所需的时间。由于融化夹层内地下水的存在，使路基上部每年呈双向融化、单向冻结。这时路面向下传递的热量已不能直接作用于下伏的多年冻土层。融化夹层水积蓄的热量,一方面向下传递,另一方面使季节冻结深度变小。据观测资料,在楚玛尔河高平原的 K2936+400,沥青路面下 6m 深处的地温 1995 年的最高值为 -0.25℃,1996 年为 0.08℃,到 1997 年则为 0.10℃,三年内地温升高了 0.35℃。这说明该路段融化核内水的影响已占主导地位。因此,当路基下融化核含水层发展到一定厚度时,由于水积蓄的热量作用造成冻土融化对路基稳定性所产生的影响,已超过沥青路面吸热造成的影响。

五、多年冻土层性质

修筑在高原多年冻土地区的路基,是以下伏多年冻土为依托的,多年冻土又以负温为基本的生存条件。多年冻土地温不但是代表冻土的物理力学特征,而且在实际工程建设中具十分重要的意义。地温的高低直接预示了这一地区工程对多年冻土扰动与影响程度的大小,也代表了这一地区多年冻土对外部环境条件发生变化时的响应敏感程度。在多年冻土构造、类型、土质相同的条件下,多年冻土年平均地温控制着冻土路基变形的大小。从图 3-5 冻土路基变形与多年冻土年平均地温的关系看出,路基变形随年平均地温升高而增大。多年冻土地区年平均地温的高低不仅代表了这一地区气温的高低,而且显示了多年冻土自身的稳定状态。高温多年冻土自身已处在十分脆弱的状态,生存环境条件的改变,将会引起高温多年冻土的迅速升温及融化。所以,在高温多年冻土地区,由于沥青路面的影响,使冻土路基发生热融沉陷的问题,就比低温多年冻土地区要严重的多。冻土路基变形随年平均地温的升高而增大的这一规律,在青藏公路多年冻土地区路基变形当中显现的非常突出。各类严重路基病害发生路段,绝大部分都在冻土年平均地温高于 -1.5℃地区。在年平均地温低于 -1.5℃的地区,不但路基相对稳定,路基病害也就少得多。这从另一个侧面说明了,由于路基的不均匀下沉变形过大,从而导致了青藏公路冻土路基的各类路基病害的发生与发展。

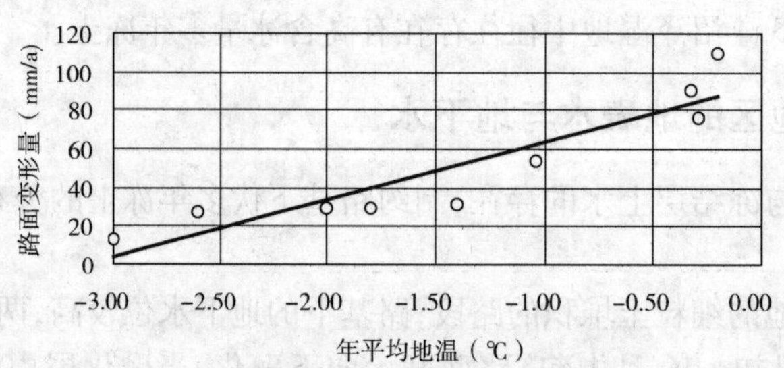

图 3-5　年平均地温与冻土路基变形关系图

由于多年冻土层的工程地质条件的变化,在路基内形成隔年或永远不能冻结的融化夹层。融化夹层的存在对青藏公路的稳定性影响是很大的。第一、融化夹层中含水量较大,冻土产生的融化下沉变形量较大;第二,融化夹层的存在,季节融化深度和多年冻土上限正在逐渐增大,融化夹层有增厚的趋势;第三,融化夹层中一般含有大量的自由水分,使多年冻土上限逐渐加深,且变化极不稳定。融化夹层的危害促使多年冻土顶板以上土层发生融化下沉变形。据统计资料显示,青藏公路的破坏有 80% 以上为融化下沉破坏,20% 为冻胀和翻浆破坏。冻胀和翻浆破坏、融化下沉破坏都与路基中的水分有关。在融化下沉破坏的路段中,含有融化夹层的路段占 90% 以上,这充分说明了融化夹层的破坏作用。

青藏公路沿线路基中的融化夹层形成,受很多因素的影响,造成了融化夹层特征和空间分布上的差异。根据1992年、1995年的钻孔资料分析，从西大滩到安多的连续和部分岛状多年冻土路段，融化夹层的分布长度约占多年冻土区全长的57%，青藏公路沿线路基中融化夹层主要分布在多年冻土的南北界，如西大滩和安多附近多年冻土南北界，高平原和河谷地区，如楚马尔河高平原、北麓河断陷盆地等。在广大河谷盆地中，如乌丽盆地、沱沱河盆地、通天河盆地、布曲河盆地和温泉断陷谷地等，除分布有融化夹层外，还有大量钻孔未见冻土，这是由于路基下融区影响的结果。虽然在路基中未见多年冻土，但在路基影响以外的天然地表，仍然存在多年冻土。表3-2列出了各路段融化夹层占该路段比例。融化夹层在西大滩断陷盆地、楚马尔河高平原和北麓河盆地的分布广泛，占该路段内的多年冻土的70%以上，在昆仑山区、可可西里山区、风火山山区，融化夹层的比例占该段多年冻土的50%以上，以唐古拉山区融化夹层所占比例为最小。

各路段融化夹层占多年冻土路段的比例　　表3-2

地　段	年平均气温(℃)	年平均地温(℃)	所占比例(%)
西大滩断陷谷地	−3.0 ~ −5.0	+0.2 ~ −1.0	72.7
昆仑山和不冻泉地区	−5.0 ~ −7.0	−2.0 ~ −4.0	53.0
楚马尔河高平原	−4.5 ~ −5.0	0.0 ~ −1.0	72.4
可可西里山区	−5.5 ~ −6.5	−1.0 ~ −3.0	50.1
北麓河盆地	−4.5 ~ −5.0	0.0 ~ −1.0	76.9
风火山区	−5.0 ~ −7.0	−1.5 ~ −4.0	55.6
沱沱河断陷盆地	−4.2 ~ −4.5	0.0 ~ −0.5	53.6
唐古拉山区	−5.5 ~ −6.5	−2.0 ~ −4.0	33.3

在相同的年平均地温和岩性条件下，冻土中含冰量的多少决定了路基融化后的沉降量。也就是说，高含冰量冻土路基的沉降量比低含冰量冻土大。根据室内外的试验、统计，冻土融化下沉系数与其含水(冰)率的大小相对应，与冻土类型是相对应的(表3-3)。可见，相同的融化深度(或上限变化值)情况下，高含冰量冻土路基的下沉量是低含冰量的2~5倍，甚至更大，大者可达20~27倍。

冻土类型与多年冻土工程分类　　表3-3

冻土类型	融沉系数(%)	融沉分类	工程分类	冻土构造	冻土总含水率(%)
少冰冻土	<1	不融沉	Ⅰ	整体状	16.5 <17.0
多冰冻土	1~5	弱融沉	Ⅱ	包裹(壳)状	17.0 <17.4 <24.0
多冰冻土	1~5	弱融沉	Ⅱ	微层状	17.0 <19.3 <24.0
多冰冻土	1~5	弱融沉	Ⅱ	微网状	17.0 <17.4 <24.0
富冰冻土	5~10	融沉	Ⅲ	层 状	24.0 <28.8 <32.0
饱冰冻土	10~25	强融沉	Ⅳ	斑 状	32.0 <49.4 <52.0
含土冰层	>25	融陷	Ⅴ	基底状	451.0 >52.0

第三节　多年冻土地区的路基工程的因素

人类工程活动改变多年冻土赖以生存的冻土环境，加速了多年冻土的退化速度，也改变了原地表的地形、地貌特征。反之冻土环境的破坏也威胁了工程建筑物的稳定性。对于多年冻土区公路而言,威胁其稳定性的工程因素主要包括:路堤填料、路面性质与路基断面形式与结构。

一、多年冻土地区的路堤填料

路堤设计中,往往都要选择良好的集料作为填料。道路的等级越高,填料要求越严格。青藏公路等许多公路都存在着由低等级逐渐改建为较高等级道路的过程,初期路堤的填料都是就地取材,未作严格的选材。路基稳定性除了与基底下原有季节融化层土层热物理性质有关外,与上覆的路堤填料的热物理性质有密切关系。土层的热物理性质取决于土的粒度成分、密度、湿度等。如果单纯从保护冻土的角度考虑,则以黏性土较好,砂性土次之,砂砾石较差。但综合分析气候、水文、工程质量及路基稳定性等条件,以粗粒土为好。结合青藏公路的实际情况,当沿线为砂性土时,路堤填料可以在距离路基坡脚外30m范围集中取土;当沿线为黏性土时,若地表水文条件较好,路基上部(厚度不小于60cm)需用粗颗粒土填筑;若地表水文条件较差,宜集中远运粗颗粒土填筑路堤。

二、多年冻土地区的公路路面类型

太阳直接辐射热是地面升温的直接热源。由于人类生产活动引起的辐射——热量平衡的改变中,地表反射率的变化有更大的意义,地表植被的铲除、开挖和开垦等都会使地表反射率改变。在青藏高原强烈的大陆性气候条件下,夏天,太阳直接辐射和散射辐射较大时,甚至微小的地表反射率变化也会引起土层温度很大的变化。由于下垫面种类很多,反射率的空间变化和差异很大(表3-4,B. A. 库德里亚采夫,1992译本)。从公式(3-1)可知,吸收辐射的改变不仅造成年平均温度的变化,也还引起地表面温度年较差的变化。夏季吸收辐射增大,年温度较差也随之增大,植被破坏以及反射率增大,可使温度较差变化达4~5℃,有时甚至更大。

不同景观几种天然地面及人工铺盖层反射率　　表3-4

天然地面									
表面种类	新降的雪盖	污化雪盖	绿草	枯萎草	灌丛	阔叶林	云杉林	湿草甸	黑化表面
反射率(%)	85	40	28	19	15~20	20	10	22~23	6
人工铺盖层									
表面种类	砂石	水泥	淡色混凝土	浅色细毛毡	黑色细毛毡	碎石垫层	砾石垫层	沥青	
反射率(%)	18	27	30~35	28	14	18	13	10~30	

潮湿和干燥土壤表面				
表　面	压实的		新翻松的	
	干燥的	潮湿的	干燥的	潮湿的
黑(钙)土	12	7	9	5
浅灰钙土	32	18	20	13
白色砂土	40	18	—	—

黑色沥青路面的铺设起着两大作用:(1)改变表面的吸收辐射量;(2)强烈地减少蒸发耗

热。当沥青路面为淡色时,反射率相当于浅色混凝土;反之,当沥青路面为黑色情况下,反射率就大大减小。这些变化都改变着地表的温度状态。更为重要的是,沥青路面铺盖层强烈地减少路堤和基底的蒸发耗热,且远比砂石路面大。辐射—热量平衡结构,很大程度上取决于蒸发。在大气条件(气温、湿度、风向等)相同的情况下,蒸发耗热急剧减少就会引起路堤内年平均温度升高和年温度较差的增大,沥青铺盖表面可达3~4℃,混凝土表面达2~3℃,增大季节融化深度,最终导致年平均地温升高。

三、多年冻土地区的公路路基断面形式与结构

路基断面形式与结构,包括路堤高度、路面宽度、边坡坡度和护道、排水沟等辅助设施、路基结构及是否采用保温材料、碎石垫层、热棒等工程措施,都直接影响路堤内热状况与路基稳定性。

路堤高度增大,意味着从上界面流向地中的热量传递过程中,热阻增大,相应地减少传入基底的热量,有利于路堤的热稳定性。当路堤高低过低时,一方面路堤使基底天然土体压密排水,减少天然土层的热阻和热储;另一方面路堤增加的热阻和热储上不足以补偿因天然压密排水所减少的量值,导致路基整体的热状态恶化。当路堤过高时,冬冷季节的环境气候对路堤提供的冷储能力不能完全消除夏令时赋予路堤的总热量,在堤内出现残留的融区,以至多年不能消失,年积一年的热储将导致基底冻土上限下降,在路基中形成融化夹层。

路堤是有一定几何图形的断面,与天然土层温度状态年际变化的主要差别,在于存在坡面的水平热流影响,缺乏天然地面那种热力水平均衡状态。冬夏各半年的热量影响不同,导致路堤朝阳坡面的吸热量大于阴面,影响着基底的地温状态,增大季节融化深度,造成路堤基底的融深向阳面偏移。路堤高度越大,阴阳面接收太阳辐射热的差异越明显。

综上所述,路基稳定性的各类影响因素,不是孤立作用,在一定条件下它们之间是相互作用、相互关联的。解决路基稳定性问题最核心的内容就是寻找气候、天然地面、多年冻土、工程特性等之间的最佳结合,使路基既要满足稳定性的要求,又要经济合理(图3-6)。

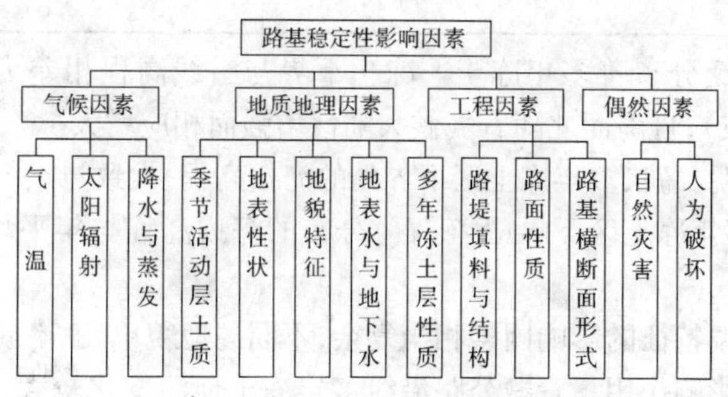

图3-6　路基稳定性影响因素分类

第四章　多年冻土区路基温度场特征

第一节　青藏公路多年冻土区路基温度场分布特征

青藏高原高亢的地势、海拔控制约着冻土发育的差异性，使其具有明显的纬度和垂直地带性分布规律。多年冻土下界面随着四周倾斜的地势形成闭合的环状，其分布下界的海拔高度具有随纬度的降低而升高的基本规律(表4-1)。高原多年冻土下界面位置是冻土层和大气换热过程中各种地带性和区域性因素共同决定的，不是单一因素的函数。表4-2反映了高原地面和空气温度的相关关系。

青藏高原多年冻土下界高程　　表4-1

地　区	昆仑山北坡西大滩	唐古拉山南麓安多	念青唐古拉山西段	喜马拉雅山北坡
纬度	35°45′N	32°21′N	30°06′N	28°13′N
岛状多年冻土区下界	4 150m	4 537m＊	4 900m	5 154m
大片多年冻土区下界	4 350～4 560m	4 730m		5 700m

注：＊岛状多年冻土区为安多地区的申格里贡山以南至黑河地区的两道河。

发育大片连续多年冻土的临界年平均气温值　　表4-2

地　点	喜马拉雅山北坡(28°13′N)	土门格拉(32°51′N)	风火山(34°43′N)	西大滩(35°45′N)
亚黏土	-2.8～-3.4	-2.6	-2.7	
砂砾				-3.6

高原雪线以下广泛分布着多年冻土。冻土下界与雪线高程相差为600m(希夏邦马)至1 500m(西昆仑山南坡)，自南而北随着气候大陆性增强而相应增大。

调查研究结果表明，岛状多年冻土区下界处的海拔高程，大致与年平均气温-2～-3℃等值线相当，大片连续多年冻土区下界(砂砾石)分布的海拔高程与年平均气温-3.6℃等直线相当。

影响多年冻土地温特征的影响因素相当复杂，不同的地貌单元、不同的地表与地温特征等都能对其产生较大的影响作用。青藏公路沿线多年冻土地温变化较大，没有一定的空间变化和分布规律，只能根据具体位置具体分析。根据钻探资料显示，青藏公路沿线天然条件下未见有融化夹层存在，但在冻土路基下有很多路段都存在融化夹层。可见，多年冻土上限的变化除受到各种自然因素影响外，人为活动因素也起着非常重要的影响。

1. 多年冻土的地温特征

青藏公路沿线多年冻土的地温特点可以归纳为四种类型，即放热型、吸热型、过渡型和残留型。它们只是相对的,在同一地点而不同时间,随着冻土不同的发展阶段可以互相转换。

放热型地温特征,一般分布于连续多年冻土地带,在平面和垂直方向上冻土均为连续分布,即高原腹部及高山区地带。年变化层内的平均地温梯度,从腹部地带的0.05~0.06℃/m逐渐减小到边缘带的0.03~0.04℃/m,反映了气候短期波动或小范围的人为因素对地温的影响较小,动态稳定。

吸热型地温特征,一般分布在连续多年冻土的高平原、河谷及冻土区边缘地带(如南界附近)和岛状多年冻土区。在温度年变化深度范围内,年平均地温曲线上段是沿深度下降的,到年变化深度以下才逐渐转为温度沿深度而上升。该类型冻土是储热的,年平均地温倾向于升温方向。

过渡型地温特征,一般分布于岛状多年冻土区的边缘和融区分布区的附近,它的地温梯度极小,一般小于0.03℃/m,甚至为零梯度,它介于放热型和吸热型地温曲线之间,近似于放热型地温曲线,侧向热流起了很大的作用。

残留型地温特征,主要分布于融区边缘地带,由于地下热流强烈作用,特别是冻结层上水和冻结层下水的作用,年变化深度的地温一般为正。

上述四种地温特征的曲线类型,基本反映出青藏公路沿线多年冻土的地温特点。青藏公路沿线绝大部分为吸热型和过渡型地温特征的曲线。在高山基岩区,年平均地温一般较低,地温低于-5.0℃;在中高山区,地温在-5.0~-3.0℃范围内变化;低山丘陵地带,地温在-3.0~-1.5℃范围内变化;在广阔的高平原区、断陷盆地及河谷地带,地温在-1.5~-0.5℃之间变化;在南北界和融区边缘,地温一般在0.0~-0.5℃之间变化。由此可见,中高山地带多年冻土年平均地温变化较为稳定;低山丘陵地带、广阔高平原区和断陷盆地地带多年冻土地温变化处于不稳定状态;而在多年冻土的南北界附近和融区附近冻土地温变化属于极不稳定性,极易受气温波动和人为活动的影响,使多年冻土产生升温而退化。

多年冻土的年平均地温,作为描述冻土的地带性分布主要特征,不仅能反映多年冻土年平均地温、厚度和平面分布的连续性,还可反映多年冻土的稳定状态。在评价全球气候转暖对多年冻土的影响时,可按年平均气温的变化,确定冻土地温和地下冰相应变化。依据多年冻土受气候及人类活动影响的敏感程度,年平均地温对冻土工程性质及工程稳定性影响分析,将青藏高原多年冻土(青藏公路公路沿线)地温划分为上、中、下三个地温带(表4-3)。

上带:局部高山区属于极稳定带,地温低于-5.0℃或更低;昆仑山区、风火山、唐古拉山等山区属稳定带,地温约-3.0~-5.0℃。气候转暖对多年冻土地温变化导致的冻土工程性质变化影响不大。

中带:可可西里、头二九等低山区属于基本稳定带,年平均地温为-1.0~-3.0℃;楚马尔河、北麓河、布曲河、扎加藏布河等断陷盆地和谷地等高平原区属于过渡带,年平均地温为-0.5~-1.0℃。该带面积最大,是人类工程建设的主要场地,气候转暖将会对这些地带产生较大影响,使这些地带的冻土工程地质环境变得更加复杂,冻土稳定性减弱。

下带:西大滩、沱沱河、通天河、捷布曲河,属于不稳定带,年平均地温为-0.2~-0.8℃;多年冻土南北界和融区边缘地带属于极不稳定带,年平均地温一般为0.0~-0.5℃。这些地带的冻土稳定性极差,随气温升高而可能消失,部分地段的工程地质条件可能变好,部分地段可能变坏,造成冻土路基更大的下沉变形。

多年冻土地温带分带　　表4-3

带名		年平均地温（℃）	多年冻土厚度（m）	带界处的年平均气温（℃）	分布地带
上带	极稳定带	< -5.0	>150	-8.5	高山地带
	稳定带	-5.0 ~ -3.0	100 ~ 150	-6.5	中高山地带
中带	亚稳定带	-3.0 ~ -1.5	60 ~ 100	-5.5	低山及沼泽泥炭中
	过渡带	-1.5 ~ -0.5	40 ~ 60	-3.5	高平原、低山丘陵及河谷地带
下带	不稳定带	-0.5 ~ 0.0	20 ~ 40	-2.5	
	极不稳定带	±0.0	0 ~ 20		河谷及岛状多年冻土地带

根据青藏公路沿线实测年平均地温，与海拔、纬度进行线性多元回归统计分析，得到了年平均地温与海拔、纬度的关系：

$$T_Z = 68.827 - 0.00827H - 0.927L \tag{4-1}$$

式中：T_Z——年平均地温（℃）；

H——海拔高度（m）；

L——纬度（°）。

年平均地温与海拔、纬度具有很好的相关关系，相关系数为0.96。

2. 多年冻土特征的变化

气候转暖影响下冻土环境产生了巨大的变化，特别是在高温多年冻土区、多年冻土南北界等地段，冻土正在发生着退化过程，年平均地温在逐渐升高，多年冻土区热融过程也正在加强。伴随冻土退化，青藏公路沿线自然环境也在发生着巨大的变化，其中最突出的是草场严重退化，土地沙化与荒漠化及生态环境恶化等。多年冻土退化，造成了活动层厚度增大，地下水位下降，表土层水分减少，使高寒沼泽草甸草原逐渐演变为高寒草甸草原，植物种属也发生变化，植被覆盖度降低。植被退化严重的干旱地段形成裸露的"黑土滩"地，加速了植物逆向演替进程，加速了草原的沙漠化，其中在多年冻土分布最为广泛的高寒沼泽化草甸退化最为严重，这与冻土退化有着极为密切的关系。

修筑在多年冻土之上的道路工程，改变了大气与地表的热交换条件，打破了原有的热平衡状态，产生了气地温的重新响应过程。对于道路这一线形工程来说，无论是沥青、砂砾，还是混凝土等不同材料的路面，响应过程在最初阶段，都是多年冻土地温的升温过程，而升幅的大小主要受面层材料与冻土自身温度的控制。对于沥青、砂砾、混凝土三种材料来说，对多年冻土温度场的影响，沥青最大，混凝土次之，砂砾最小。其主要原因，是除不同材料所接受短波辐射差异外，更主要的是，它们之间的蒸发耗热区别很大。天然状态下，地表所接受的绝大部分热量，以水汽的相变形式，向大气层散失。而沥青路面，由于它的不透水性，阻断了地层与大气间的通路，使路面下的蒸发耗热大大减少，热能形成只进不出的状态，使热量蓄积在路基当中。热量的不断蓄积，导致了路基底部活动层逐年增厚、人为上限下移、冻土地温不断上升的过程，从而影响多年冻土温度场的特征。

1）多年冻土地区的冻土上限的变化特点

冻土上限包含两个概念，即天然上限与人为上限，前者是指天然条件下的多年冻土上界面,也是地表以下位置最深的冻融土层的界面;后者是指人为条件影响下形成的多年冻土上界。在天然条件下地表的植被等覆盖条件遭到人工构筑物等人为的干扰,改变了原来的热平衡体系,而由新的热平衡体系所代替,其结果导致上限的下降或上升,并终止在新的稳定位置。

研究表明,青藏公路沿线多年冻土上限在逐渐变化,将变化的速率称为融化速率,表示上限融化下降的相对值与对应历时的比值,单位以 m/a 计,其正值表明多年冻土在逐渐融化,处于退化状态,其负值表明多年冻土处于增长状态。为详细研究沿线冻土上限的变化特点,分别选取了8个较长时间的地温观测断面(表4-4),其中唐古拉山以北分布6个,分别为:唐北1号(K2898+100)、唐北2号(K2898+800)、唐北3号(K2900+980)、唐北4号(K2936+400)、唐北5号(K2959+970)与唐北8号(K3075+700);唐古拉山以南分布2个,分别为:唐南1号(K3363+810)与唐南2号(K3393+950)。这8个断面中唐北1号、2号、3号与8号位于低温多年冻土区(以下简称低温区),唐北4号、5号,和唐南的1号与2号位于高温多年冻土区(以下简称高温区)。

地温观测场地基本参数表　　表4-4

编　号	位　置	路基高度(m)	观测孔位置与孔深			冻土类型	年平均地温		冻土上限	
			路中(m)	路肩(m)	天然(m)		天然(℃)	路中(℃)	天然(m)	路中(m)
唐北1	K2898+100	1.8	12	8	6	饱冰冻土	-3.2	-2.3	1.2	2.6
唐北2	K2898+800	1.6	12	8	6	饱冰冻土	-3.0	-2.1	1.3	2.8
唐北3	K2900+980	3.4	15	8		含土冰层		-1.8		3.8
唐北4	K2936+400	3.0	12	10	8	含土冰层	-1.0	-0.9	2.2	6.8
唐北5	K2959+970	2.1	15	10	8	饱冰冻土	-0.8	-0.6	3.4	6.4
唐北8	K3075+700	2.7	12	8	6	饱冰冻土	-3.2	-2.7	1.3	3.6
唐南1	K3363+810	3.0	15	15	10	富冰冻土	-1.1	-0.7	2.68	7.35
唐南2	K3393+950	3.5	15	15	10	饱冰冻土	-0.17	-0.15	3.8	9.8

图4-1与图4-2分别绘制了各断面路中人为上限与天然上限的变化规律,可以看出,高温区与低温区路中人为上限的变化规律明显不同,低温区路中人为上限为2~4m,而高温区则要大得多,唐北4号、5号与唐南1号约为6~8m,唐南2号约为10~11m。很明显,路中人为上限是在逐年增加的,在低温区的融化速率约为2~6cm/a,在高温区则约为16~32cm/a(图4-3),而天然上限虽然也在加深,但其规律不同。

唐北低温区的4号观测断面观测周期较长,1号、2号、3号从1995年到2003年期间共有7个完整的冻融周期,6号在此期间则共有8个完整的冻融周期。通过对这些数据的详细分析发现,在唐北低温冻土区天然状态下多年冻土表现出较强的退化特征,天然上限的融化速率高达3~10cm/a,甚至高于同一断面人为上限的融化速率(约2~6cm/a)。这主要与近十几年来青藏高原由于各种原因造成的荒漠化加剧和全球气温变迁有关。荒漠化及沙漠化的加剧必然造成了原生植被的大面积退化甚至消失,加速了下伏冻土对气候变化的响应,也即加快了多年冻土的退化速度。由此可见,在低温冻土区修筑路基加铺黑色路面后,下伏多年冻土对气候变化的响应与天然状态下基本相同。

图 4-3 还表明,在高温区多年冻土的退化形势则要严峻的多,冻土上限的融化速率较低温区大,人为上限的融化速率则尤为明显。可知公路工程建设对冻土环境的扰动对高温区冻土的退化起到了决定性的作用。图 4-1 ~ 图 4-3 均表明,随着地温的升高,冻土上限在不断下移,高温区的融化速率大于低温区,但这种情况并不是绝对的,例如位于高温区的唐南 1 号 1999 ~2003 年天然上限不但没有下移还略有回升,而位于低温区的唐北 1 号、2 号及 8 号天然上限的融化速率则约为 3 ~ 10cm/a。在多年冻土区影响冻土上限及其融化速率的因素很多,主要包括年平均地温、地表覆盖条件、表面层的含水率及地下冰含量等。唐南 1 号相对于唐北各断面而言,地表植被覆盖较好,其下伏多年冻土对气候效应响应的仅表现为年平均地温的升高而非天然上限的下移。

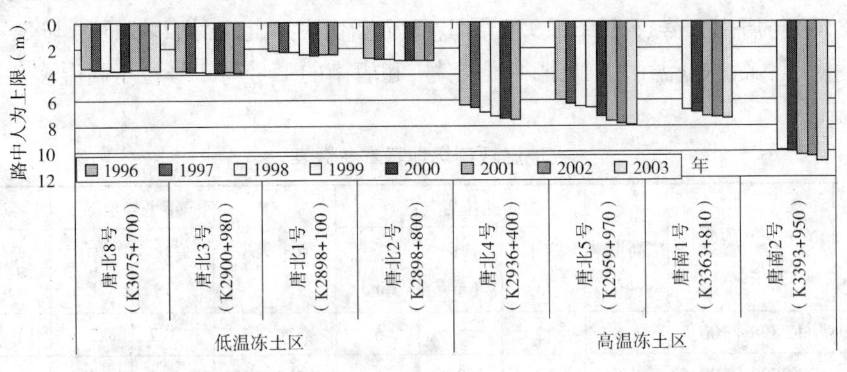

图 4-1 路中人为上限的变化

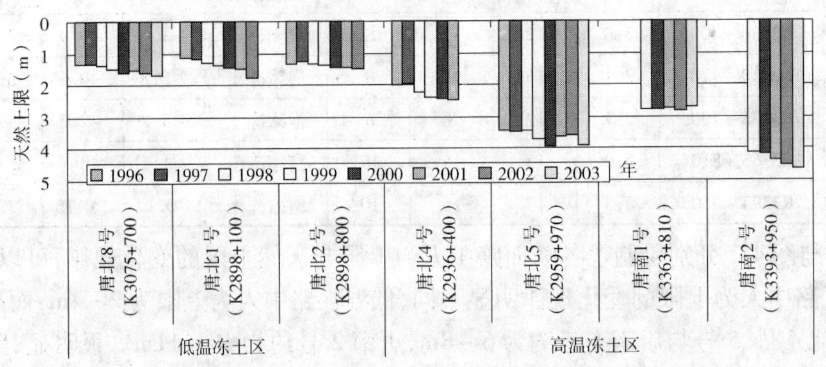

图 4-2 天然上限的变化

2) 冻土年均地温的变化特点

冻土平均地温是反映多年冻土敏感性与稳定性的重要指标。所谓冻土平均地温,实际是指地温在年周期内的平均值,包含两个层面的概念,分别为年平均地温与土体温度的年平均值。地表以下温度随季节而变化,其变化幅度随深度增加而衰减,在某一深度以下地温在一年内相对不变,这一深度称为地温年变化深度,一般将该深度处的地温定义为冻土的年平均地温。它反映了在一定地质、自然地理条件下冻土层的热量状况,是冻土分布状况的主要指标之一,它随着外界条件的多年改变而变化。在高纬度冻土地区,它由南至北降低,但也受高度变化的影响;在中低纬度的高山多年冻土区,它由低处到高处降低,但也受纬度变化的影响,具有较强的纬度地带性与高度地带性。此外,地表覆盖条件、岩性、地热条件等都对年平均地温有着重要影响。而土体温度的年平均值是指不同深度处的土体温度在年周期内的几何平均值。该值能反映出沿深度方向地温的变化特点。

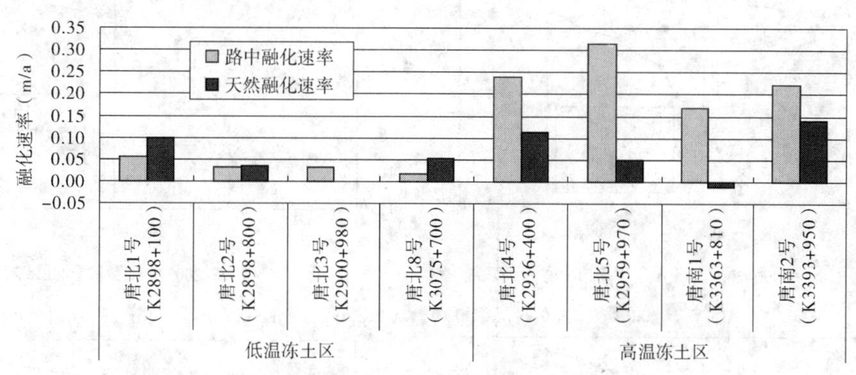

图 4-3　各断面所对应的路中及天然地表的融化速率

图 4-4 描述了各断面在不同位置的土体温度的多年平均值随深度的变化规律，图 4-4a）~图 4-4d）位于高温冻土区，图 4-4e）~图 4-4h）位于低温冻土区。从图 4-4 中可以看出，修筑路基以后改变了气土之间的水热平衡状况，下伏土体的温度状况也发生了明显的变化，路中及路肩的温度梯度相对于天然状况而言明显增大，即流向下伏土体的热流增强，表现出较强的吸热作用，这种作用对路中地温的影响要大于路肩。在气候效应影响下，天然孔（除唐南 1 号外）也表现出相对较弱的吸热作用，而唐南 1 号断面的天然孔由于地处山涧洼地与地表植被的作用，不仅未受气候升温的影响，反而表现出放热作用，土体温度不升反降，天然上限略有抬升。

另外，从图 4-4 中还可以看出地温梯度由上而下在逐渐减小，活动层地温梯度较大，多年冻土层则较小。这主要是由于活动层吸收的大部分热量消耗于本身土体的冰水相变，而少量热量则通过活动层底板使多年冻土升温。从另一方面来看，在含水率相当的情况下，活动层越厚，则意味着消耗于冰水相变热量越多，则传入多年冻土层的热量越少，表现出进入多年冻土层后地温梯度越小。

路基路面吸热及气候效应的必然结果是多年冻土的上限下降及年平均地温的升高。图 4-5、图 4-6 分别绘制了各断面在路中及天然状态下各年的年平均地温，图 4-7 则描述了年平均地温的增温速率。从图 4-5 ~ 图 4-7 中可以看出，除唐南 1 号天然孔外，不论是路中孔还是天然孔其年平均地温均有较明星的升温趋势，低温区路中的升温速率约为 0.02 ~ 0.06℃/a，天然状态的升温速率约为 0.05 ~ 0.06℃/a；高温区路中的升温速率约为 0.01 ~ 0.05℃/a，天然状态的升温速率约为 0.01 ~ 0.03℃/a。由图 4-7 可见在低温冻土区天然状况下的升温速率要高于路中的升温速率，而在高温区则刚好相反。这一规律与上限融化速率的变化规律颇有几分相似。这主要是在低温多年冻土区由于其自身的冻土温度较低，路基设计又以保护冻土为原则，路基高度可以抵御全球气候转暖对多年冻土人为上限的负面影响；而天然地表的多年冻土，则随着全球气候转暖发生相应的变化；在高温多年冻土区，由于其自身的冻土地温较高，路基设计以控制冻土融化为原则，路基高度难以抵御全球气候转暖对多年冻土人为上限的负面影响，且在路基内形成了“凹”形的融化盘，成为汇聚冻结层上水的“聚水盆”。因此造成高温区的路中融化速率及升温速率均最大。对于高温冻土区天然地表的冻土层而言，随着全球气候

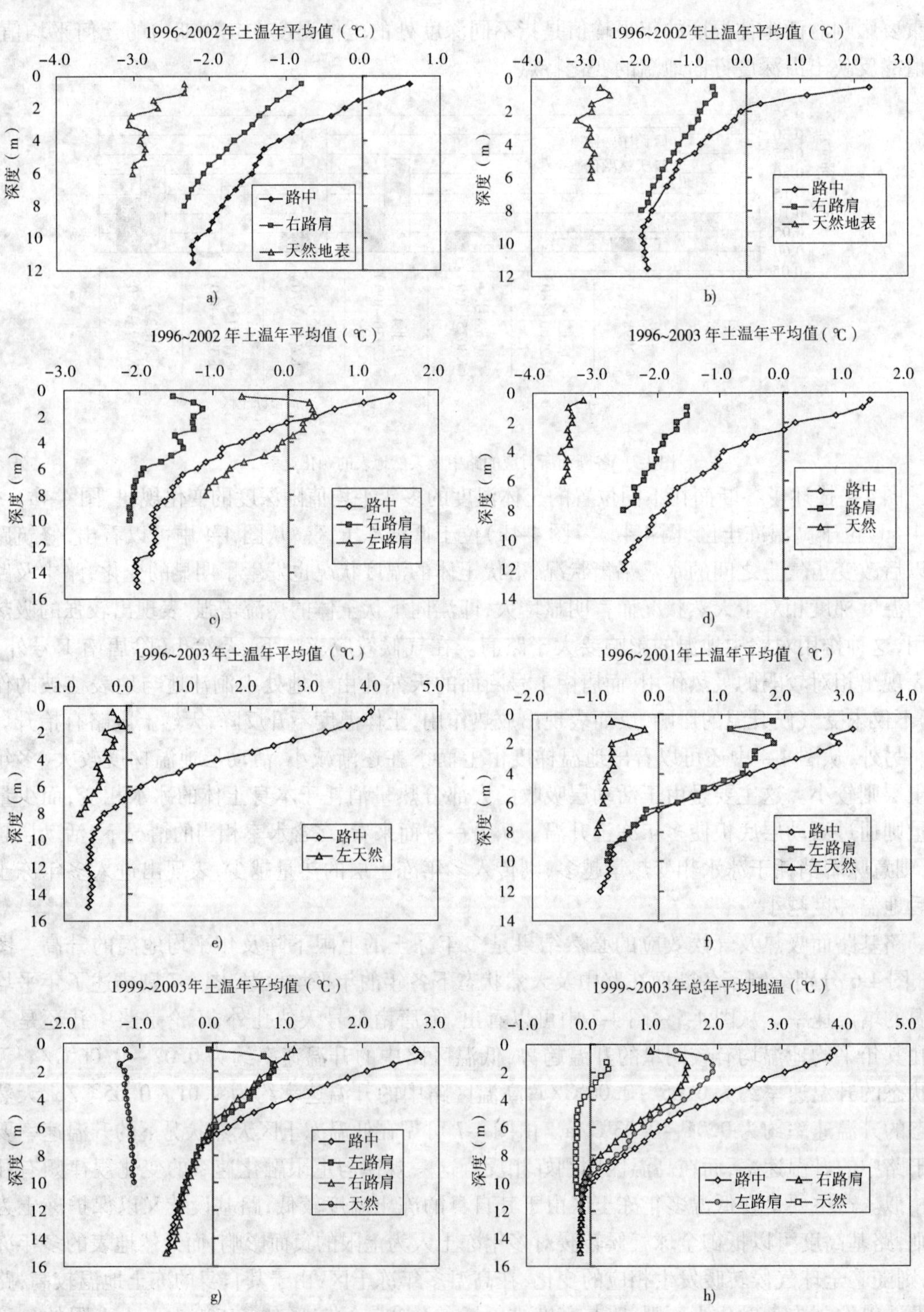

图 4-4　各断面土体温度的多年平均值

a）唐北断面 1 号；b）唐北断面 2 号；c）唐北断面 3 号；d）唐北断面 8 号；e）唐北断面 5 号；f）唐北断面 4 号；g）唐南断面 1 号；h）唐南断面 2 号

转暖发生相应的变化，由于其自身地温已经很高，就显得全球气候转暖对其影响较小。由此可见，在高温冻土区仅采取一般提高路基的工程措施，很难控制冻土退化。

年平均地温与冻土上限，融化速率与增温速率之间虽然有一定的联系，但它们之间却没有明确的数学相关关系，图 4-8 ~ 图 4-9 就证明了这一点。

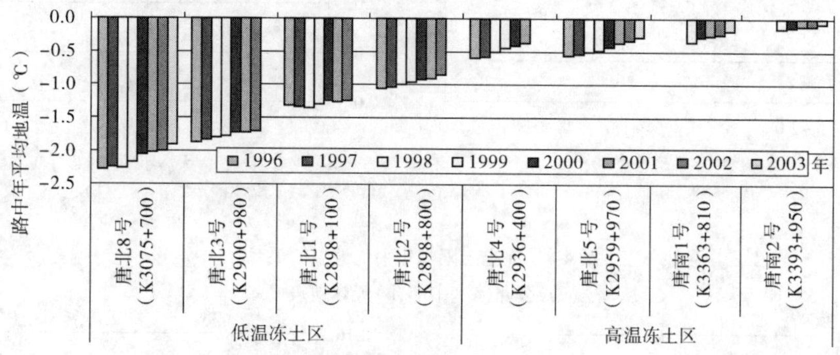

图 4-5　各断面路中年平均地温

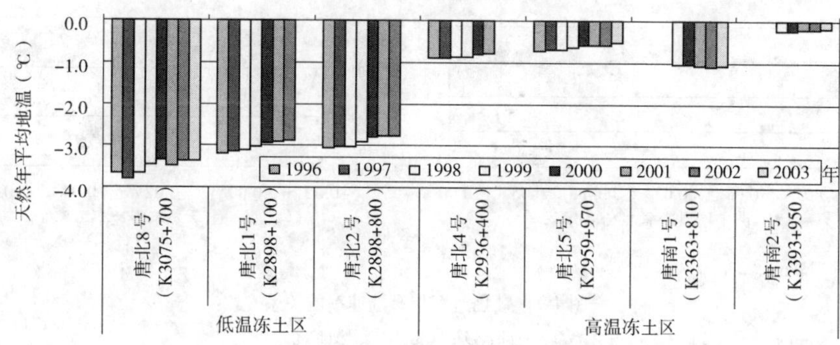

图 4-6　各断面天然年平均地温

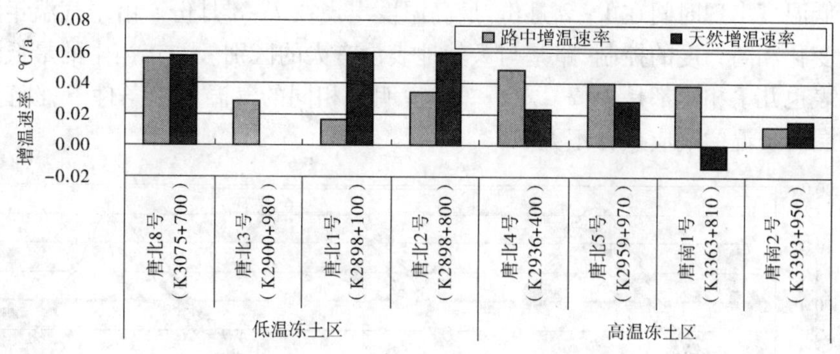

图 4-7　各断面年平均地温升温速率

3. 低温多年冻土区路基温度场分布特征

低温多年冻土地区路段，一般在公路沿线的高山地区，如昆仑山、风火山，唐古拉山、头二九山等。该路段一般路基稳定，路况较好，路基底部多年冻土属于衔接状态，年平均地温 < -1.5℃，天然上限一般在 0.9 ~ 2.0m 左右，路基高度一般在 2.0 ~ 2.5m，路中心人为上限 2.5 ~ 4.5m 左右。

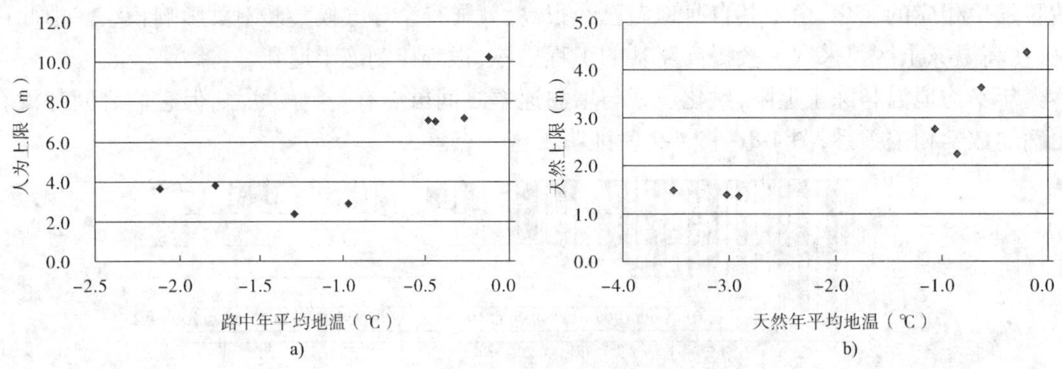

图 4-8　冻土上限与年平均地温的关系

a）公路路基中部；b）天然地表

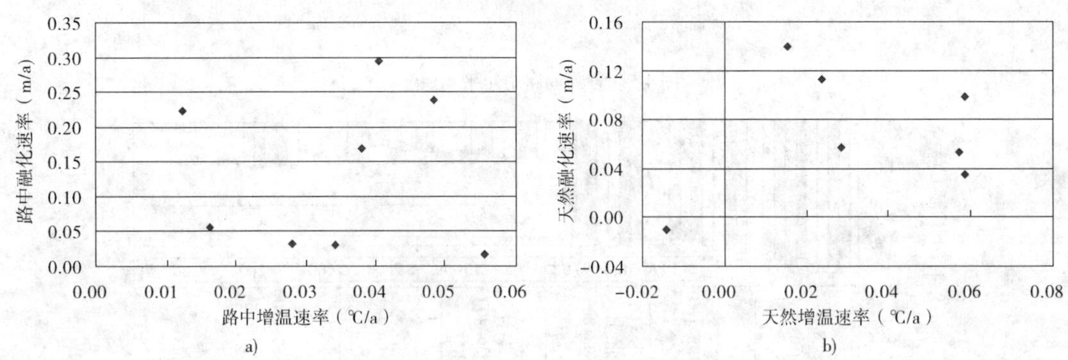

图 4-9　融化速率与升温速率的关系

a）公路路基中部；b）天然地表

图 4-10 描述了在天然地面和路面下 0.5m 处地温随时间的变化。从图 4-10 中可以看出一年中的最低温度出现时间在 1～2 月份，最高温度出现在 7～8 月份。由于气温年波动，受大的气候环境变化和高纬度的控制，路基与天然地表没有大的区别。一年当中的最低温度值，路基与天然地表也几乎相等都是 -12℃左右。这说明在相同的气温环境条件下，沥青路面和天然地面在表层对负温的响应差异不大。

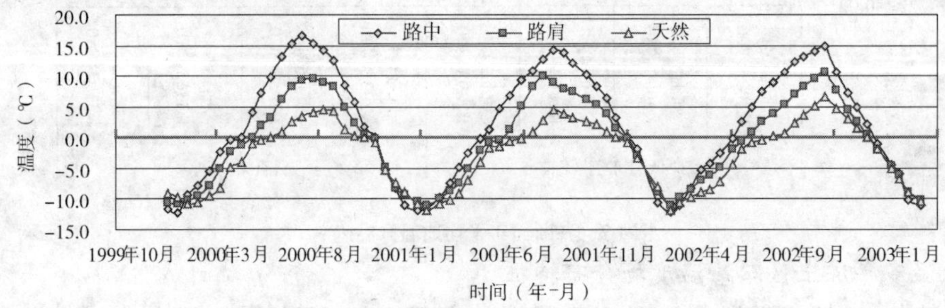

图 4-10　低温冻土区 0.5m 深处地温随时间的变化

但是，路中、路肩与天然地表最高温度差别就很大，路中、路肩、天然地表依次最高地温值为 17℃，10℃，5℃左右。一年中的最高地温，冻土路基与天然地表相比，路面中心是天然地表的 3 倍，左路肩是天然地表 2 倍。0.5m 处的地温年较差值分别为：路中 29℃，左路肩 22℃，天然地表 17℃左右。这主要是由于修筑在多年冻土上部的公路，改变了大气与地表的热交换条件，特别对接受短波辐射和蒸发耗热，路基与天然地表之间的较大差异，使路基内部的地温比天然地表要高出很多。

图 4-11 描述了风火山区的 8 号剖面（低温冻土区），路基中心、路肩及天然孔在 2003 年的地温包络线。从图 4-11 中可以看出，路中心人为上限埋深为 3.7m 左右，1996 ~ 2003 年以来较稳定，没有明显的变化。天然上限为 1.7m 左右，路基高度为 2.7m。采用抬高路基保护冻土以后，路基下人为上限比原天然上限上升了 70cm，在路基内形成较为明显的冻结核（图 4-12）。这充分说明，在低温冻土地区用抬高路基的办法，来保护冻土从而保证路基稳定是可行的。

从图 4-11 中还可以看出，修筑路基以后路面吸热明显增强，路中及路肩的地温平均值的梯度在深度方向为正，吸收的这部分热量，一方面用于增加多年冻土顶板埋深，另一方面则用于提高土体年平均地温约 0.5℃。

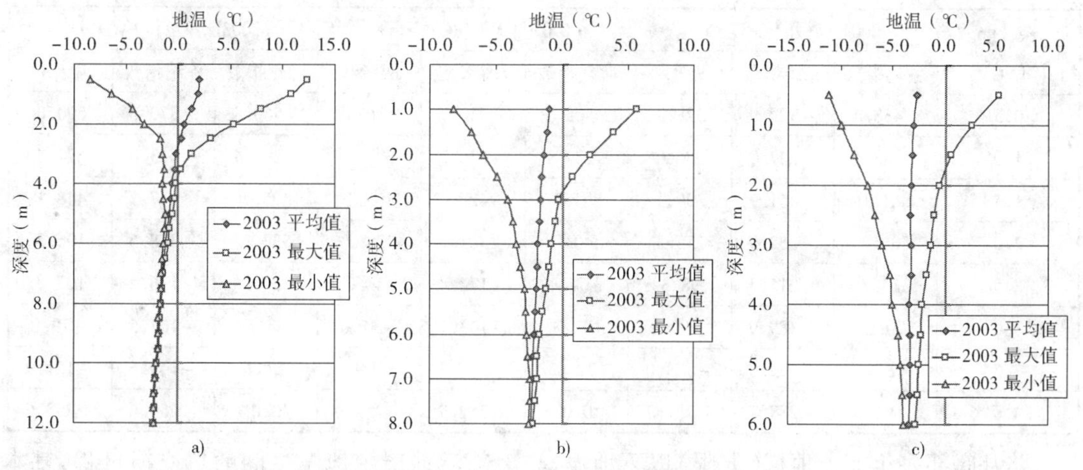

图 4-11　8 号断面各孔 2003 年地温包络线

a）路中；b）路肩；c）天然

表 4-5 与图 4-13 描述了 8 号断面冻土路基活动层内的冻结与融化指数与深度之间的关系。可以看出，在低温多年冻土地区路基下的多年冻土顶板附近，每年的冻结指数绝对值大于融化指数的绝对值。这充分说明，在低温多年冻土区，沥青路面下的多年冻土仍有较好的生存条件。

冻结与融化指数，不但代表着这一地区气温的高低，也是判断冻土发育、稳定、还是处于退化状态的技术指标。多年冻土与上部活动层之间的热传导和热平衡是一个较为复杂的过程。可以简单的将活动层内热交换过程描述为：当上部地温低于下部地温时，土体内部就形成了正梯度（热流方向向上），活动层就处于放热状态，相应的，

图 4-12　8 号断面横断面方向的上限变化

（半幅断面，尺寸单位：m）

地温就随着热量的向外释放而开始下降;当上部地温高于下部地温时,土体内部就形成了负梯度(热流方向向下),活动层就处于吸热状态,相应的地温也就随着热量的不断进入而升高。

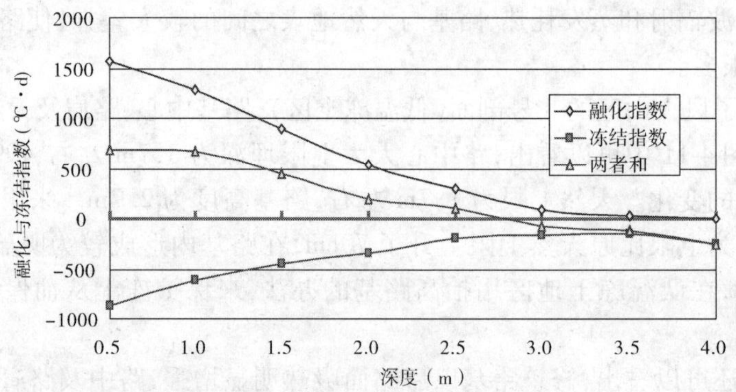

图 4-13　冻结与融化指数与深度的关系

低温区路基中心活动层范围内融化与冻结指数表　　表 4-5

深度(m)	2001 年(单位:℃·d)			2002 年(单位:℃·d)			2003 年(单位:℃·d)		
	融化指数	冻结指数	两者和	融化指数	冻结指数	两者和	融化指数	冻结指数	两者和
0.5	1 458.8	-929.9	528.9	1 505.1	-948.7	556.4	1 560.8	-870.0	690.8
1.0	1 183.1	-627.0	556.0	1 234.1	-630.2	603.9	1 287.4	-613.0	674.4
1.5	861.1	-461.9	399.1	891.2	-428.1	463.1	895.7	-447.7	448.1
2.0	508.2	-352.9	155.3	540.9	-308.3	232.7	534.8	-338.6	196.2
2.5	313.7	-215.3	98.3	317.4	-173.4	144.0	304.4	-196.7	107.7
3.0	90.5	-189.9	-99.3	107.3	-143.1	-35.8	88.5	-167.5	-79.0
3.5	18.9	-172.0	-153.0	21.8	-131.3	-109.5	27.7	-149.6	-121.9
4.0	0.0	-287.7	-287.7	0.0	-252.9	-252.9	0.0	-253.6	-253.6

路基底部多年冻土顶板(上限)以下地温,与上部活动层中地温之间的热交换过程,基本与活动层内的热交换状态相类似。上部年平均气温直接控制着活动层内年平均地温的变化,是多年冻土发育和退化的基本条件。另外,冻结指数、融化指数(一年之内零度以下的温度值与所对应持续时间的乘积之和为冻结指数、零度以上的温度值与所对应持续时间的乘积之和为融化指数)大小反映出热能和冷能蓄积的大小。因此,针对路基下部多年冻土顶板附近的地温变化,在它所对应的深度范围内,如果一年当中的冻结指数的绝对值大于融化指数绝对值,多年冻土才有可能是稳定的,这也是多年冻土生存和发育的先决条件。

图 4-14 描述了青藏公路沿线多年冻土较发育的昆仑山区 0.5m 以下的地温等值线图。如果 0℃为起始冻结温度(由于土体当中含有大量矿物质,起始冻结温度应略低于 0℃)。图4-14 中表示,天然地面冻结期在 10 月初开始到来年的 5 月底结束,冻结期长达 8 个月,而融化期从 6 月初开始 9 月底结束,仅为 4 个月,其冻结期与融化期之间的比值为 2:1。

另外,在天然地面 0.5m 深处的地温值;正温最大值一般出现在 8 月初,为 3.0℃左右。负温最大值出现在 1 月底 2 月初,最低温度达 -11℃左右。从简单的热量平衡角度来看,在一年中无论在冻结期与融化期时间的长短,还是一年中最高与最低温度的差值,均说明天然地面下每年的热量输出远大于输入。寒冷的气候环境对昆仑山地区多年冻土的发育创造了十分有利的条件。

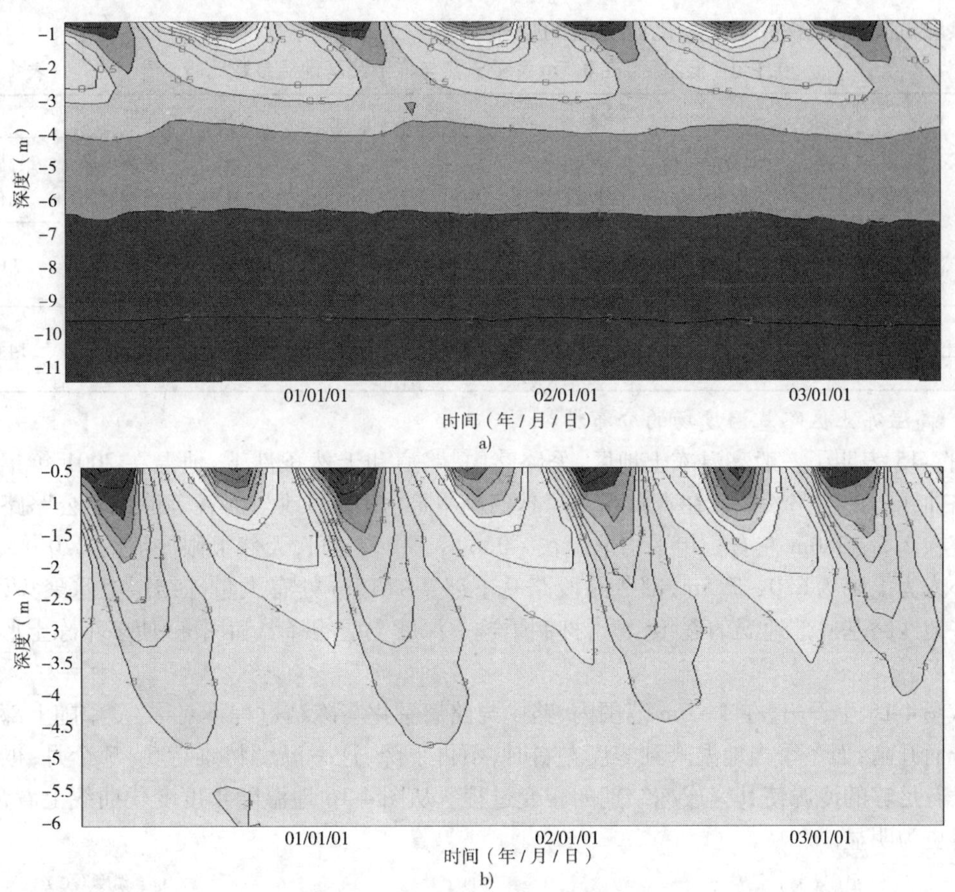

图4-14　断面1号路中及天然0.5m以下地温等值线

a)公路路基中部；b)天然地表

在路面下0.5m处，每年的最高与最低地温出现时间和天然地面完全一样，最低是在1月份，最高是在7月底到8月初。最低温度值同样为 -11℃左右。冻结期一般从11月初开始到来年3月底结束，为5个月，比天然地面少3个月。融化期从4月初开始到10月底结束，为7个月，比天然地面长3个月，其冻结期与融化期之间的比值为1∶1.5。一年中的最高地温为14℃左右，比天然地面高出11℃。在相同的气候环境条件下，天然地面和公路路面对气温的响应结果差异较大。主要表现在冻结期与融化期（天然地表2∶1，路基1∶1.5）的历时和正温最大值（天然地表3℃，路基14℃）的差异上。而对最低气温的响应，天然地面与沥青路面差异不大，见表4-6。

由于昆仑山地区多年冻土年平均地温较低（ -3.0℃左右），多年冻土处于极稳定状态，加上采取了抬高路基（路基高度约1.6m左右）、加强侧向保护等工程措施。使路基下原冻土上限深度2.9m（天然上限1.3m加上路基高度2m）处的地温仍然长年基本处于负温状态，从图4-14还可以看出，在路基底部2m深处，冻结期仍然大于融化期，在这一深度处一年中的地温绝对值,最高温度的绝对值(1.0℃)小于最低温度(-1.5℃)的绝对值,使路基下的原多年冻土上限保持稳定,从而保证了这一地区多年冻土路基的稳定。该地区路基竣工近6年来,没有产生热融沉陷和由多年冻土融化而引起的病害问题。

昆仑山(低温区)在0.5m深处天然与冻土路基地温参数比较　　表4-6

位　置	冻　结　期				融　化　期			
	冻结历时	总计时(月)	最低温度出现时间	最低地温值	融化历时	总计时(月)	最高温度出现时间	最高地温值
天然地面	10~5月份	8个月	1月底	-11℃	6~9月份	4个月	7月底 8月初	3℃
冻土路基	11~3月份	5个月	1月中	-11℃	4~10月份	7个月	7月底 8月初	14℃

4. 高温冻土区路基温度场的分布特征

图4-15表明了一般高温冻土地区,公路路中、路肩和天然条件下,地温在2001年年变化的包络曲线。此类路段一般在青藏公路跨越的高平原、山间凹地与河谷等地带。公路路基一般高度在2.5~3.0m左右。年平均地温在-0.6~-1.5之间,天然上限一般为2.0~3.5m,路中心人为上限为6.0~7.5m,部分路段路基下部4~6.5m处有大量冻结层上水聚集,加剧了这些地区路基底部地温的逐年上升,抑制了这一深度土层的降温和回冻,使多年冻土形成不衔接现象。

从图4-15中看出,在4~6m范围内,路中与路肩融化与冻结过程不对称,夏季随上部地温的上升而升高,而冬季当地温降到零度左右时,不再下降,这一温度将维持6~7个月,也就是上部没有足够的冷源使其完成冻结期的相变过程。从图4-16地温随年度变化曲线上看,这种现象得更为明显。

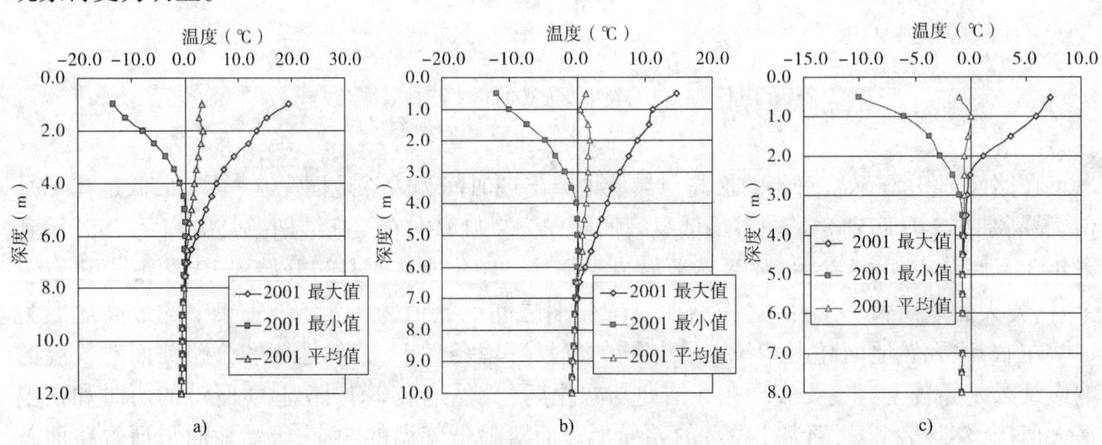

图4-15　高温冻土区地温包络线

a)公路路基中部;b)公路路肩;c)天然地表

在青藏公路跨越多年冻土的南北界、岛状冻土和高温冻土地区,年平均地温包络线表述的冻土特征已经表明这类地区的多年冻土为吸热型冻土,说明冻土本身已处于退化状态,冻土年平均地温相对很高,冻土生存状态已处于十分脆弱的状态,它对外界的扰动十分敏感。

从图4-16中看到,路基下多年冻土顶板附近,地温逐年在持续上升,在较大的温度负梯度作用下,路基中每年夏季收入的热量远大于冬季放出的热量。从年平均地温上来看在路面以下3.5～6.5m深度内没有冻土存在的基本条件。

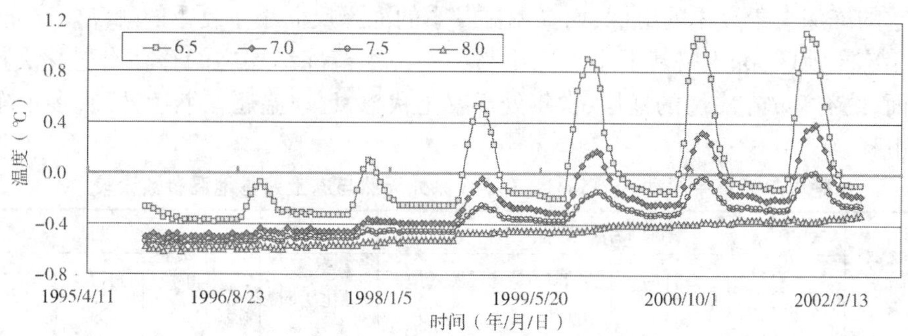

图4-16　路中人为上限附近地温随年度变化曲线

图4-17为高温多年冻土地区,天然地面和沥青路面0.5m以下的地温等值线图。表4-7也表明沥青路面下的冻结期、融化期和最高、最低温度出现时间和最低温度值,基本与低温区类似。路面下融化期为7.5个月,冻结期为4.5个月。最高、最低温度出现时间同样分别为每年的8月初和1月份,最低地温为-10～-11℃。但是最高地温16～18℃,与低温区的差异较大,比低温区高2～4℃。

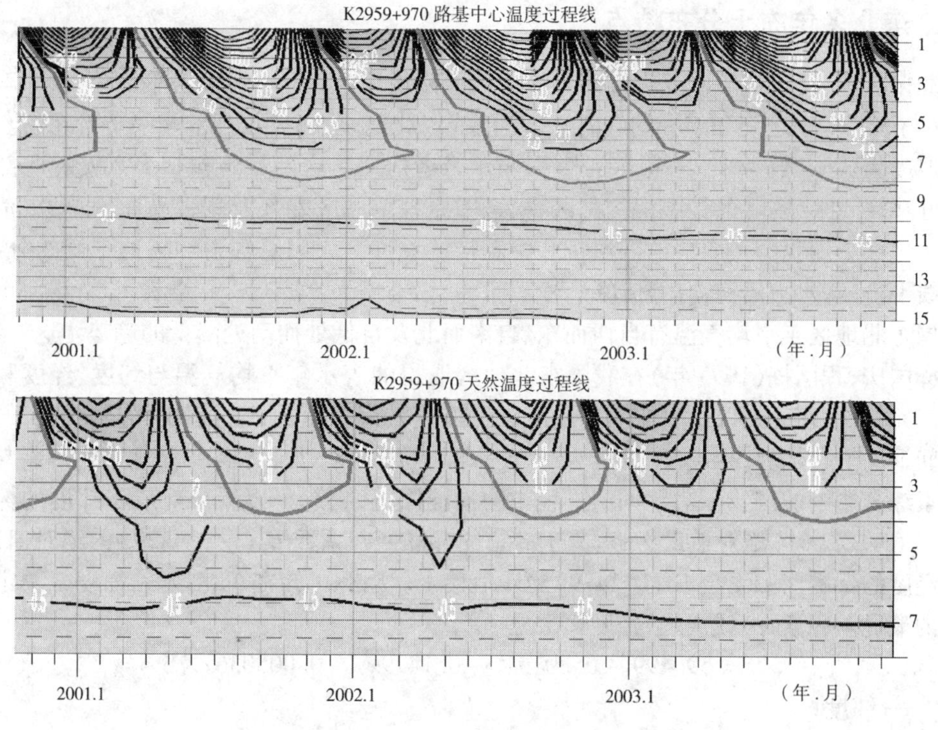

图4-17　5号断面路中及天然孔地温等值线

天然地面下的最高地温6～7℃,比低温区高3～4℃,最低地温-6～-7℃,比低温区同样高了3～4℃。无论是冻土路基,还是天然地面,在0.5m的深度处,其相对温度差值都比低温区高4℃左右。从而使高温区路基下的多年冻土顶板埋深和天然地面下的多年冻土上限，都比低温区大。天高温区然地面上限为3.5m，低温区为1.2m，相差2.3m。路高温区基下人为上限6.2m，低温区为2.8m，相差3.4m。另外，由于高温区与低温区之间地温的差异，路基下低温区冬季的冻深大于夏季的融深，而高温区冬季的冻深反而小于夏季的融深。这充分说明，在高温多年冻土地区，冻土路基下多年冻土与冬季的季节冻结层之间存在有融化夹层。如5号观测剖面，约有2m左右厚的地层，常年处于融化状态，且地温还在继续升高，多年冻土顶板仍在逐年下移。

楚玛尔河高平原地区(高温区)0.5m深处天然与冻土路基地温参数比较 表4-7

位 置	冻结期				融化期			
	冻结历时	总计时(月)	最低温度出现时间	最低地温值	融化历时	总计时(月)	最高温度出现时间	最高地温值
天然地面	11~4月份	6个月	1月中	-6~-7℃	5~10月份	6个月	8月初	6~7℃
冻土路基	11~3月中	4.5个月	1月初	-10~-11℃	3月中~10月底	7.5个月	8月初	16~18℃

第二节 东北多年冻土地区多年冻土的特点

一、东北多年冻土分布特点

东北多年冻土区，位于欧亚大陆多年冻土区的南缘地带，面积约39万平方公里，纬度介于46°30′N与53°30′N之间和年平均气温0℃等值线以北地区，海拔几百米至一千米左右。多年冻土的厚度为数米、数十米、甚至上百米，以数十米者居多。自然景观包括大兴安岭北部和中部的针叶林区、小兴安岭的针阔混交林区、松嫩平原森草原区北部及蒙古高原干草原、荒漠原区北部。气候上属我国最寒冷的寒温带和中温带的北部。太阳总辐射和辐射平衡的分布，大致与纬线平行，降水由沿海向内陆递减。

我国东北地区年平均气温有自西而东、自南而北及自低处而高处降低的趋势。这一特点，可以从邱国庆、程国栋(1995年)在我国东北地区取得的表示年平均气温与纬度、经度和海拔关系的三元一次回归方程(4-2)中看出：在纬度、经度及海拔值前面的系数都是负值。气温在三度空间上的变化趋势，也决定了冻土在三度空间上的变化，决定了冻土是地带性因素与非地带性因素综合影响的产物。对比回归方程中的标准回归系数，可以看出对应于纬度的标准回归系数 $B_1(-0.6661)$ 绝对值最大；对应于海拔的标准回归系数 $B_3(-0.4429)$ 的绝对值次之；对应于经度的标准回归系数 $B_2(0.1479)$ 绝对值最小。因此可知在东北地区，纬度是决定年平均气温的最显著因素，海拔次之，经度又次之。

$$T = 59.499 - 0.8015x_1 - 0.1479x_2 - 0.005036x_3 \tag{4-2}$$

式中：x_1——纬度；

x_2——经度；

x_3——海拔；

R——相关系数，$R=0.9323$；

1. 东北多年冻土的平面分布

东北多年冻土分布特点如下。

(1)主要受纬度地带性制约。自北而南,随年平均气温升高(-5℃~0℃)、年平均气温较差减小(50℃~40℃),多年冻土所占面积百分比由80%减至5%以下,由大片分布至岛状和稀疏岛状甚至零星分布;年平均气温升高,由北部的-4℃到南部的0~-1℃,而融土的温度由1℃至3~4℃;多年冻土的厚度由上百米减至几米。

(2)海拔高度影响的叠加,使东北多年冻土分布更具有特色。一是表现在大兴安岭地区的多年冻土比小兴安岭地区的更为发育,大片、大片-岛状分布的多年冻土集中在大兴安岭,而在小兴安岭只有岛状和稀疏岛状冻土分布;冻土层的温度由西向东升高;东北多年冻土区的自然地理南界,在西部可到46°30′N,东部只到47°48′N。二是与俄罗斯境内的多年冻土相比,我国东北多年冻土区与西伯利亚南部的三个冻土亚区(多年冻土南区)的特征相似;我国东北冻土的年平均温度,甚至还与西伯利亚多年冻土北区的一部分相当,就是说,我国东北多年冻土(主要是大兴安岭的)较邻近的西伯利亚南部地区更为发育。可见,在我国东北多年冻土的发育中,尤其是大片多年冻土的出现,海拔高度起了重要作用。三是东北多年冻土区的自然地理南界呈"W"字形,见图4-18,正是在纬度地带性制约下,同时又受到东西方向上两高(大兴安岭和小兴安岭)夹一低(松嫩平原)的地形影响所致。在南界以南,只在一些高山(如长白山、黄岗梁山等)上才有多年冻土出现。

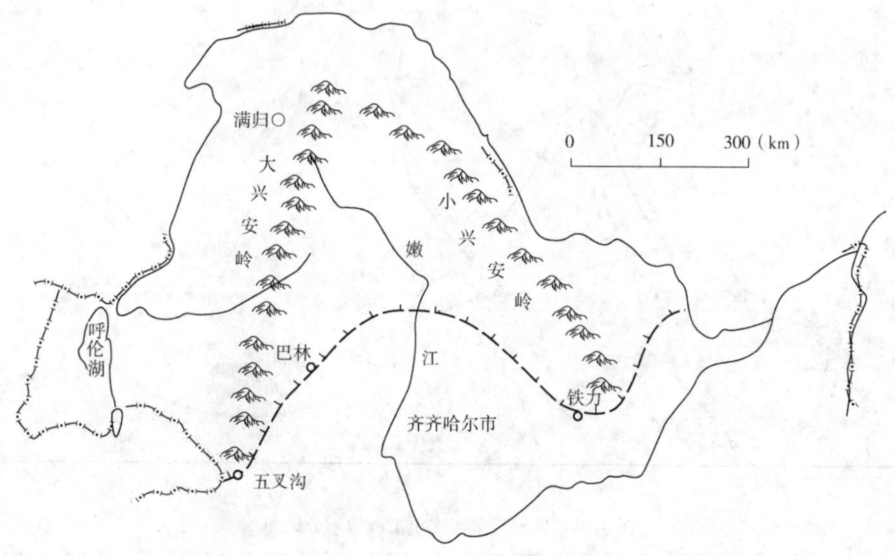

图4-18　大小兴安岭与冻土南界

(3)低洼处冻土较发育。在我国东北大片冻土区,山间洼地和河谷阶地有苔藓生长和泥炭层的沼泽化地段,冻土温度最低(-3~-4℃),地下冰最发育,冻土厚度也最大(100m及其以上)。这一现象发生与土的岩性和含水率及植被具体有关,但冬季逆温层的存在实为决定因素,而且在地形切割深的地区尤为突出。

(4)东北岛状、稀疏岛状和零星分布冻土区,南北宽达200~400km,其面积比大片和大片—岛状冻土两个区的面积大得多。这一广阔地带,实际上是多年冻土与季节冻土相互过渡的地带，对地表热交换条件变化反应敏感的地带，也是生产实践中经常遇到冻胀、融沉等不良冻土工程地质现象的地带。这点亦可从黑龙江省多年冻土分区图（图4-19）中看出。黑龙江省多年冻土可分为四个区，即Ⅰ区——大片连续多年冻土区，Ⅱ区——岛状融区多年冻土区，Ⅲ区——岛状多年冻土区，Ⅳ区——季节冻土区，见黑龙江多年冻土工程地质分区图，见图4-19。各区多年冻土主要特征，见表4-8。

图4-19　黑龙江多年冻土工程地质分区图

Ⅰ区—大片连续多年冻土区；Ⅱ区—岛状融区多年冻土区；Ⅲ区—岛状多年冻土区；Ⅳ区—季节冻土区

黑龙江多年冻土的主要特征　　表4-8

分区	年平均气温（℃）	年平均地温（℃）	多年冻土分布状况（%）	多年冻土的厚度（m）	地温年变化深度（m）
Ⅰ	< -5	-3.5 ~ -1.0	70 ~ 80，大片连续	100 ~ 50	10 ~ 16（以10 ~ 15居多）
Ⅱ	-5 ~ -3	-1.5 ~ -0.5	50 ~ 60，岛状融区	50 ~ 20	
Ⅲ	-3 ~ 0	-1.0 ~ 0	10 - 30，岛状冻土	20 ~ 5	

在岛状多年冻土区Ⅲ内，由于多年冻土的厚度小，地温高，对自然条件和生产活动所引起

的环境变化最为敏感。各种迹象都表明,东北多年冻土处于退化状态,当冻土层地表植被、地层和地表水遭受人为扰动后,多年冻土将快速融化,人为上限也会逐年下降。

2. 东北多年冻土的垂向分布

大小兴安岭地区的冻土厚度受纬度控制,见图4-20。随着纬度增加而年辐射量逐渐减少,在赤道附近达最大值,为921kJ/(cm^2·a),35°N地区628kJ/(cm^2·a),40°N地区209.3~215.2kJ/(cm^2·a),到极圈以内出现最小值。正因如此,该区多年冻土厚度与其分布及发育相一致,由南界向北,随年平均气温降低,冻土温度由0℃降到-3.0℃,最低可达-4.2℃;冻土厚度由几米增加到50~80m,最大计算值达140m。大兴安岭地区多年冻土厚度,如表4-9所示。

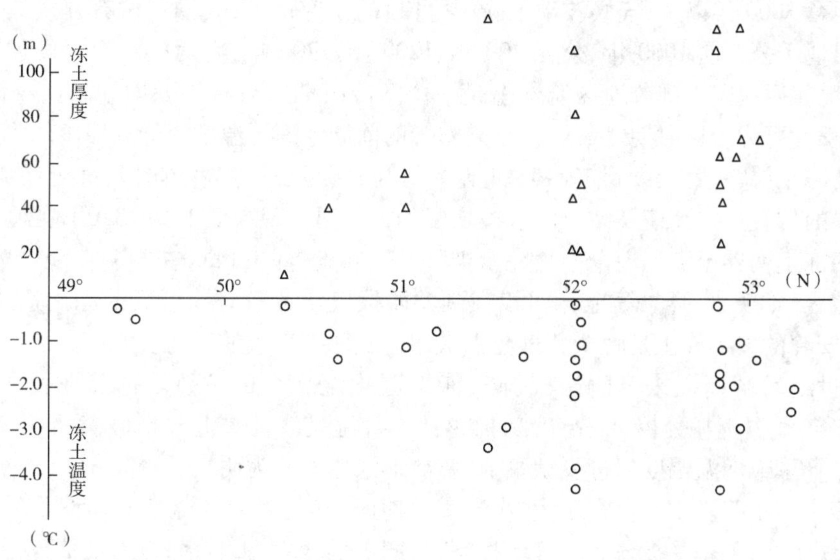

图4-20 大小兴安岭冻土厚度、温度与纬度关系

大兴安岭多年冻土厚度汇总

表4-9

地点	西林吉	霍位河盆地	林中	朝晖	得尔布尔	伊图里河	加格达奇	乌尔其汉
海拔(m)	~670	560~740	707	726	~1123	~990	382	~700
冻土厚度(m)	66~70	2~50(东部) 70~120(西部)	61.5	41	40~54.4	40	10*	30*

注:~表示近似海拔;*表示根据地温曲线推算的冻土厚度。

由图4-20还可以看出,大小兴安岭地区冻土厚度并非成斜线,而是有一定的离散度,表明冻土厚度在受纬度控制的同时,还受其他因素,如海拔、经度、地形、地貌、坡向等的影响。

对生成和保存多年冻土而言,谷底、阴坡、阳坡三者之间,由于区域逆温存在,导致谷底在同一地区具有最低的气温;同时谷底松散层厚于两侧山坡5~10倍,其厚度为10~20m,其上发育有泥炭及苔藓层,苔藓层中水分消耗大量蒸发潜热,阻止太阳辐射热往下传递,对其下冻土起到降温作用。因此谷底集中了最有利的环境条件,阳坡最为不利,阴坡及半阴坡介于两者之间。调查资料表明,该区北部谷底及低洼地地段,冻土厚度一般为50~80m,有的可达

100m;阴坡及半阴坡冻土厚度为25~50m;阳坡冻土厚度一般不超过20m;山顶及分水岭由于受逆温及其他自然因素综合影响,多数无冻土。冻土南界附近,一般阳坡无冻土存在,冻土大多出现在低洼地及谷底地段,其厚度一般不超过10~15m。

二、东北多年冻土的退化

1. 东北多年冻土区气候因素的影响

冻土是地壳表层和地球内部与大气圈综合作用的产物。地球发展历史进入第四纪以来,曾经产生多次全球性的冷暖气候波动。历史上气候冷暖交替的变化,使大小兴安岭的多年冻土出现生长和退化反复过程。

进入距今3000年以来,气候波动下降,竺可桢的研究认为,我国气候有几次波动,波动的最低温度出现于公元前1000年、公元400年、1200年、1700年,后两次寒冷气候加剧变冷,大约在17世纪前后我国大部分地区基本上是一个寒冷时期。当时年平均气温比今低2.0℃左右,其寒冷程度可为历史时期之最。大小兴安岭的前期老冻土温度降低和厚度增加,南界以南地区形成新冻土层,一直延续到17~18世纪新冻土的发展达到高峰阶段,冻土南界的位置越过现今南界的位置。按冰楔及冰土混合楔恢复的古气温比现今低1.0~3.0℃推测,晚全新世极冷时期的冻土南界至少比现今南界往南推移一个纬度,即100km左右。在现今多年冻土南界以南的地区(如明水、拜泉等地),可以找到此阶段气候最冷时期形成的冻土遗迹。由此可知,大小兴安岭的多年冻土是晚全新世与末次冰盛期寒冷气候的产物。

在18世纪后半期以来,气候又转暖,冻土退化至现今的位置。据黑龙江省气象局对1881~1989年气温资料分析,百余年来,黑龙江省气温呈波动式上升趋势,气温上升了0.6~0.9℃,且冬春季节增温幅度超过夏秋季节,寒冷地区增温尤为明显。

东北多年冻土路段主要存在于大、小兴安岭地区,其气候为寒温带大陆性季风气候,又处于林区,气候多变,冬季受极地大陆气团控制,严寒干燥,降雪天较多;夏季短促,湿热多雨。春秋两季因冬夏季风交替气候多变。春季多大风,降雨少,蒸发快,易于干旱;秋季多寒潮侵袭,降温急剧,常有冻害发生。雨季集中在6~8月份。东北多年冻土分布地区中部分地区的气候特征见表4-10。

东北地区气象特征表　　表4-10

地　区	伊　春	嘉　荫	黑　河	孙　吴
年平均气温(℃)	0.3	0.1	-0.3	-1.5
极端最高气温(℃)	37	36.5	37.7	35.2
极端最低气温(℃)	-47	-44.8	-44.5	-48.1
平均地温(℃)	0~-1	0~-1	0~-0.5	0~-0.3
年平均降水量(mm)	604	630	515	477

据黑北公路沿线的孙吴县气象站资料,1954~1999年平均气温为-0.88℃,最高气温为35.2℃,最低气温为-48.1℃。从孙吴地区1954~1999年的年平均气温变化过程(图4-21)可以看出,其46年来整个气候变化可以划分为两个较为明显的阶段。1954年至1980年为气候稳定阶段,多年平均气温约为-1.6℃。除1975年年平均气温高于0℃外,其余年份的年平均气温均低于0℃,且在-1.6℃周围波动变化。自1980年起年平均气温开始出现明显的升高

趋势,年平均升温速率达0.087℃/年。这一升温速率高于全球平均水平(0.03℃/年),也高于全国平均水平(0.067℃/年)。汤旺河地区和铁力市的年平均气温也有逐年升高趋势,见图4-22、图4-23。从铁力市最冷月份1月份近年来的月平均气温(图4-24)来看,最冷月平均温度也有逐年上升趋势。

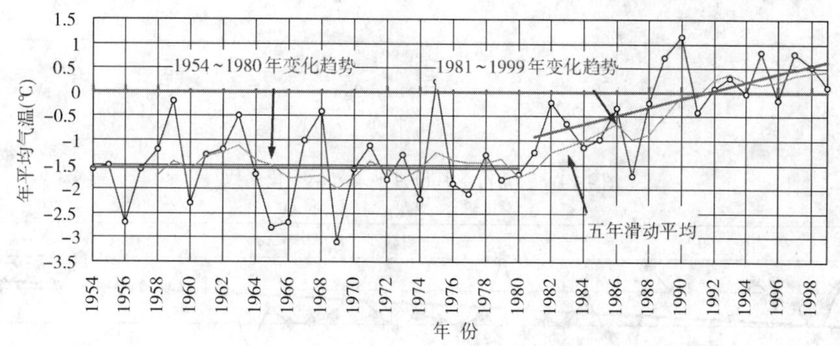

图4-21　孙吴县年平均气温变化曲线

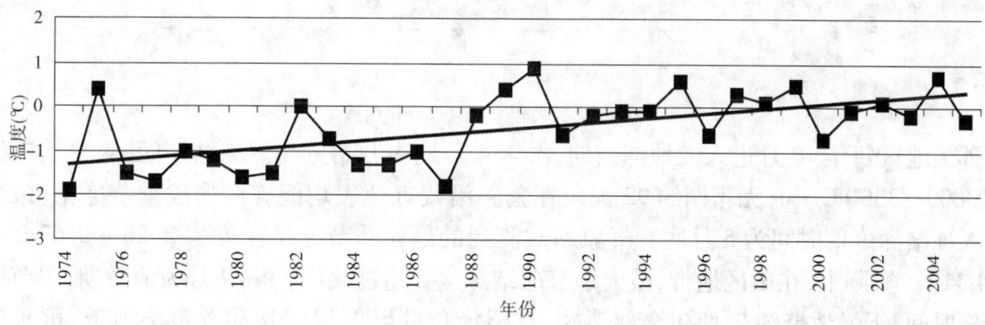

图4-22　汤旺河气象站年平均气温变化曲线

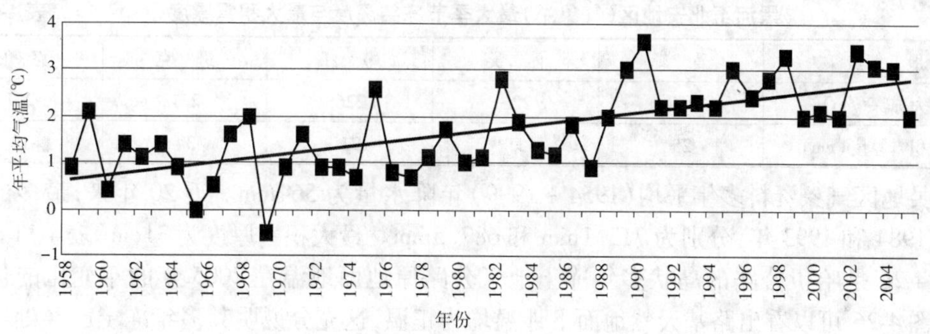

图4-23　铁力市年平均气温变化曲线

从图4-21孙吴县近50年的气温变化可知,20世纪80年代以后,该地区气温呈明显上升趋势;从龙镇近50年的气温变化状况(图4-25)知,1961~1970年和1971~1980年两个20年的年平均气温均为-0.7℃,而1981~1990年10年的年平均气温均则为-0.4℃,与前两个20年相比,年平均气温上升了0.3℃。根据气温的趋势图(图4-21,图4-25)看,在未来的20~30年内,气温仍可能升高。那么,就有可能使黑北公路沿线的多年冻土的退化。

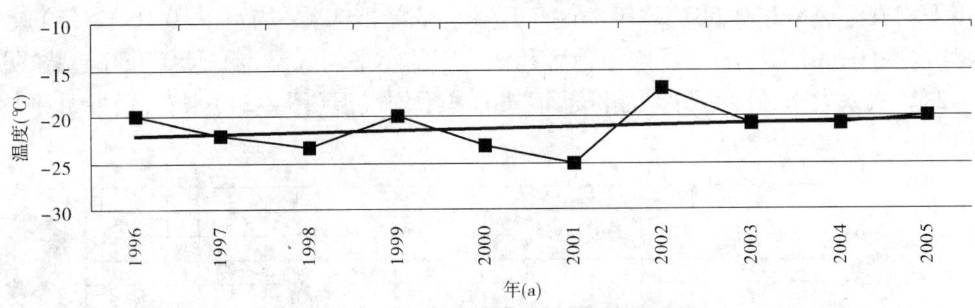

图4-24　铁力市1月份月平均气温变化曲线

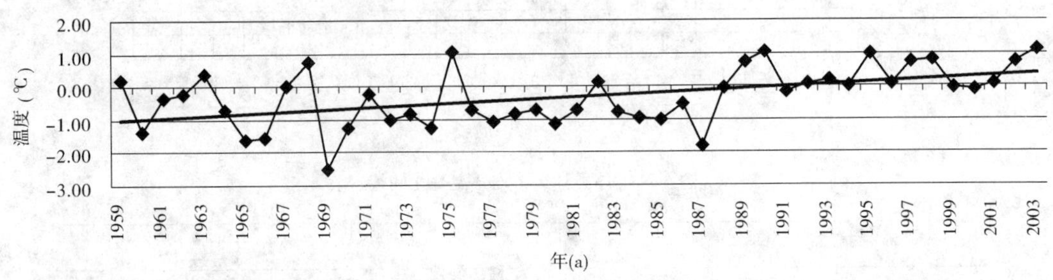

图4-25　龙镇年平均气温变化曲线

孙吴地区每年10月进入大地冻结期,次年4月地表开始融化。冻结期间,年平均冻结指数为3000～3300℃·d,无霜期约92天。在公路沿线近地表均能冻结形成季节冻土,最终达到最大冻结深度的时间为5月底。气象站观测到的最大季节冻结深度为2.26～2.67m左右(表4-11)。实际上,在山区地带,最大季节冻结深度要超过此值。4～9月为消融期,季节冻土的消融时间,干燥地带约7月初全部消融,在沼泽化的巨厚层泥炭和腐殖土地带,可延迟至10月底才能全部消融。

黑河至北安地区(气象站)最大季节冻结深度与最大积雪厚度　　表4-11

地　点	爱　辉	孙　吴	嫩　江	逊　克	克　山
最大冻深(cm)	257	226	226	221	267
最大积雪厚度(cm)	25	31	21	34	17

孙吴地区气象资料多年平均(1954～1999)年降水量为564mm。近20年来,最多的年降水量为1984和1993年,分别为713.1mm和687.5mm。最大积雪厚度为31cm(表4-11)。

图4-26是哈伊公路的岛状多年冻土地区公路原地面地温在2005年的年变化的包络曲线。从图4-26可以看出路基天然地面下地温均为正温,这充分说明其多年冻土已经处于退化过程之中。

2003年10月,黑龙江省公路勘察设计院于对哈尔滨至伊春公路的经常发生冻土病害K44+500～K51+000段进行了详细地质勘察,调查结果为:沿路线方向路基下存在岛状多年冻土13段,总长约2200m。哈伊公路沿线当时残存的岛状多年冻土占路段总长的33.8%,主要集中在K46+000～K48+000段。沿路线纵向分布呈间断的、零星分布,冻土段最长达400m,最短45m。多年冻土在平面的零星分布,表明冻土正在消融、范围在逐渐缩小,反映出现存多年冻土的退化趋势;横向上多年冻土分布也不一致,个别路段路基下仅一侧(背阴侧)残存多年冻土。路基下多年冻土沿深度方向的分布则较复杂,多年冻土的剖面特征多呈梯形或透镜状,层厚一般不大。路基下冻土人为上限较深,绝大部分在5~8m,个别较浅,最小埋深2.6m,见地质剖面图4-27、图4-28。

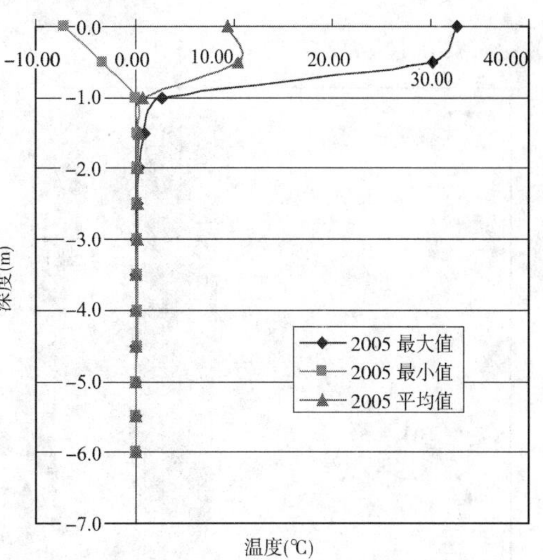

图4-26　东北岛状多年冻土地温包络线

根据孙吴县气象站的观测资料可知,季节冻结深度逐年地减小(图4-29)。季节冻结深度的变化规律,反映了全球气候转暖导致冬季升温的结果。应该看到,气温升高将使气温较差减小,可能导致降雪减少(图4-30),雪盖厚度减薄,积雪面积和日数减少,使地温升高,导致冻土退化。

2. 东北多年冻土区植被的影响

大量野外观测表明,植被对地面温度较差的作用是明显的,而植被对地面可起冷却作用,也可起保温作用,这种作用主要与不同地区和不同植被及雪盖厚度等有关。

据观测,7月中旬,在大兴安岭北部阿木尔地区的沟谷湿地,苔藓层(厚18cm)表明的日较差为34.6℃;而苔藓层下面的日较差仅1.5℃,即苔藓层可减小地面日较差33.1℃,见表4-12。苔藓层对地面年平均温度状况的影响,经计算,在考虑了20cm厚的雪盖影响后,大兴安岭北部(古莲、阿尔木地区),苔藓层、枯枝落叶层均可减小地面年较差2.4~5.2℃不等(6%~13%),降低地面年平均温度0.1~0.3℃(9%~27%)。

大兴安岭阿尔木北沟地面温度日较差观测值(℃)　　表4-12

地　点		时　间	地面最高温度(℃)	地面最低温度(℃)	地面温度日较差(℃)	两处相差值(℃)	备　注
沟谷湿地	苔藓层表面	1990年7月13日~16日	42.5	7.9	34.6	33.1	泥炭藓厚18cm
	苔藓层下		7.3	5.8	1.5		

草被和苔藓层减小地面年较差和降低地面温度的结果,使季节融化层深度大大减小,而对季节冻结深度影响较小,这就有利于保存多年冻土。此外,在多年冻土区的山间洼地和山前缓坡地带,植被(草被层和苔藓层)生长茂盛,土层颗粒细、含水率大,加上地面沼泽化等因素的综合影响,则形成最小的季节融化深度,也可以说这最利于多年冻土的保存。

3. 东北多年冻土区土的成分和含水率的影响

土的冻结和融化与土的热物理性质关系极为密切,而土的热物理性质又决定于土的成分、密度、孔隙度及含水率等。根据徐学祖的研究,冻土和融土的导热系数、导温系数和容积热容量均随干密度增大而增大。这是由于干密度增大,单位体积土中矿物骨架数量增多,孔隙减少,矿物骨架的导热系数和导温系数远远大于气相充填物之故。当干密度相同时,上述土的热物理参数随总含水率增大而增大,但随含水率多少和水的相变而是阶段性增大,并且冻土和融土有差别。在干密度和含水率相同时,一般是粗粒土的导热系数、导温系数比细粒土的大。在细粒土中又以泥炭的导热系数和导温系数为最小,而比热为最大。因而,在其他条件等同情况

K46+600～K46+800路线工程地质纵剖面图

水平比例尺1:1000 垂直比例尺1:150

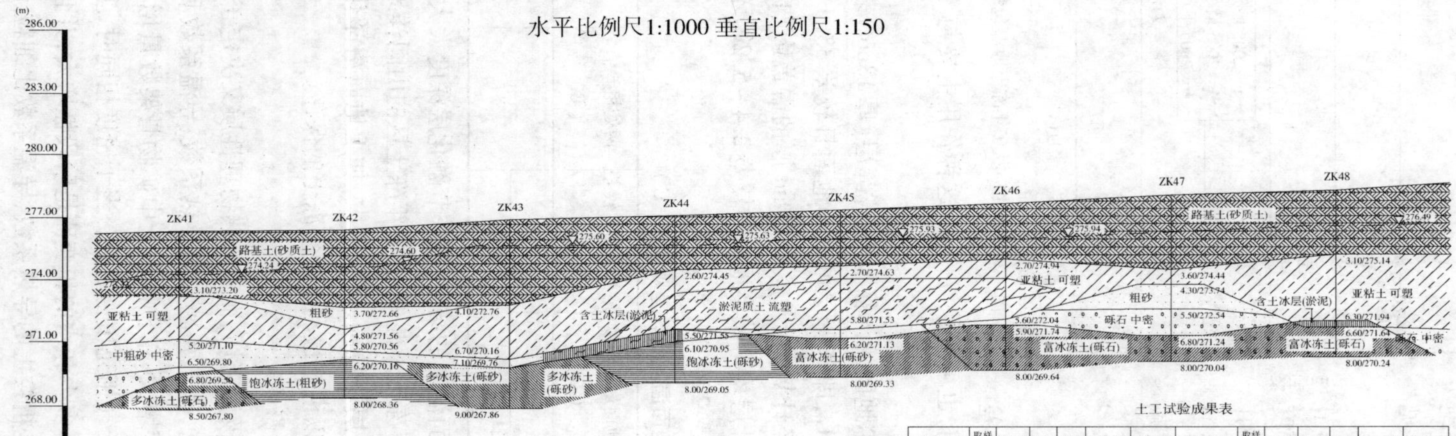

土工试验成果表

钻孔里程	取样深度	含水率	容重	塑限	岩土名称	冻土名称	钻孔里程	取样深度	含水率	容重	塑限	岩土名称	冻土名称
K46+600	2.0	17.5			路基土		K46+650	7.5	15.3			粗砂	多冰冻土
K46+600	3.0	18.6			路基土		K46+650	8.0	15.9			粗砂	多冰冻土
K46+600	4.0	20.5			粗砂		K46+750	2.0	18.0			路基土	
K46+600	5.0	26.3			亚粘土		K46+750	3.0	130.8			淤泥质土	
K46+600	6.0	20.3			粗砂	饱冰冻土	K46+750	4.0	94.1			淤泥质土	
K46+600	6.5	30.9			粗砂	饱冰冻土	K46+750	5.0	28.8	14.7	15.7	亚粘土	
K46+600	7.0	29.7			粗砂	饱冰冻土	K46+750	6.0	14.8			砾砂	
K46+650	2.0	17.3			路基土		K46+750	6.5	12.0			砾砂	富冰冻土
K46+650	3.0	17.7			路基土		K46+750	7.0	15.5			砾砂	富冰冻土
K46+650	4.2	50.0			亚粘土		K46+800	2.0	13.5			路基土	
K46+650	5.0	33.5	18.4		亚粘土		K46+800	3.0	36.5			亚粘土	
K46+650	6.0	40.1			亚粘土		K46+800	4.0	324.4			淤泥质土	
K46+650	7.0	13.3			粗砂		K46+800	4.5		9.9		淤泥质土	
K46+700	2.0	14.2			路基土		K46+800	5.0	36.1		13.7	亚粘土	
K46+700	3.0	23.5			亚粘土		K46+800	6.0	25.7			砾石	
K46+700	4.0	46.5			亚粘土		K46+800	6.5	21.9			砾石	富冰冻土
k46+700	4.7	31.7	21.6	13.2	亚粘土		K46+850	2.0	18.4			路基土	
K46+700	5.0	28.3			亚粘土		K46+850	3.0	31.0			路基土	
K46+700	6.0	80.6			淤泥	含土冰层	K46+850	4.0	26.8			亚粘土	
K46+700	6.5	25.3			砾砂	饱冰冻土	K46+850	5.0	11.8			粗砂	
K46+700	7.0	25.7			砾砂	饱冰冻土	K46+850	7.0	23.6			砾石	富冰冻土

表中单位：
深度：m；
含水量：%；
容量：kN/m³

路基路面概况	左侧边沟积水,路面混凝土板90%断裂,沉陷严重,呈波浪状,最大沉陷差达20cm,大部分已修补					两侧边沟积水,路面混凝土板基本完整,稍有沉陷		
初见水位/稳定水位 (m)	/2.06	/1.76	/1.26	/1.42	/1.40	/1.70		/1.75
地面高程 (m)	276.30	276.30	276.86	277.05	277.33	277.64	278.04	278.24
里程桩号 K46	550	600	650	700	750	800	850	900

图 4-27　哈伊公路 K46＋600～K46＋800 路线工程地质纵剖面图

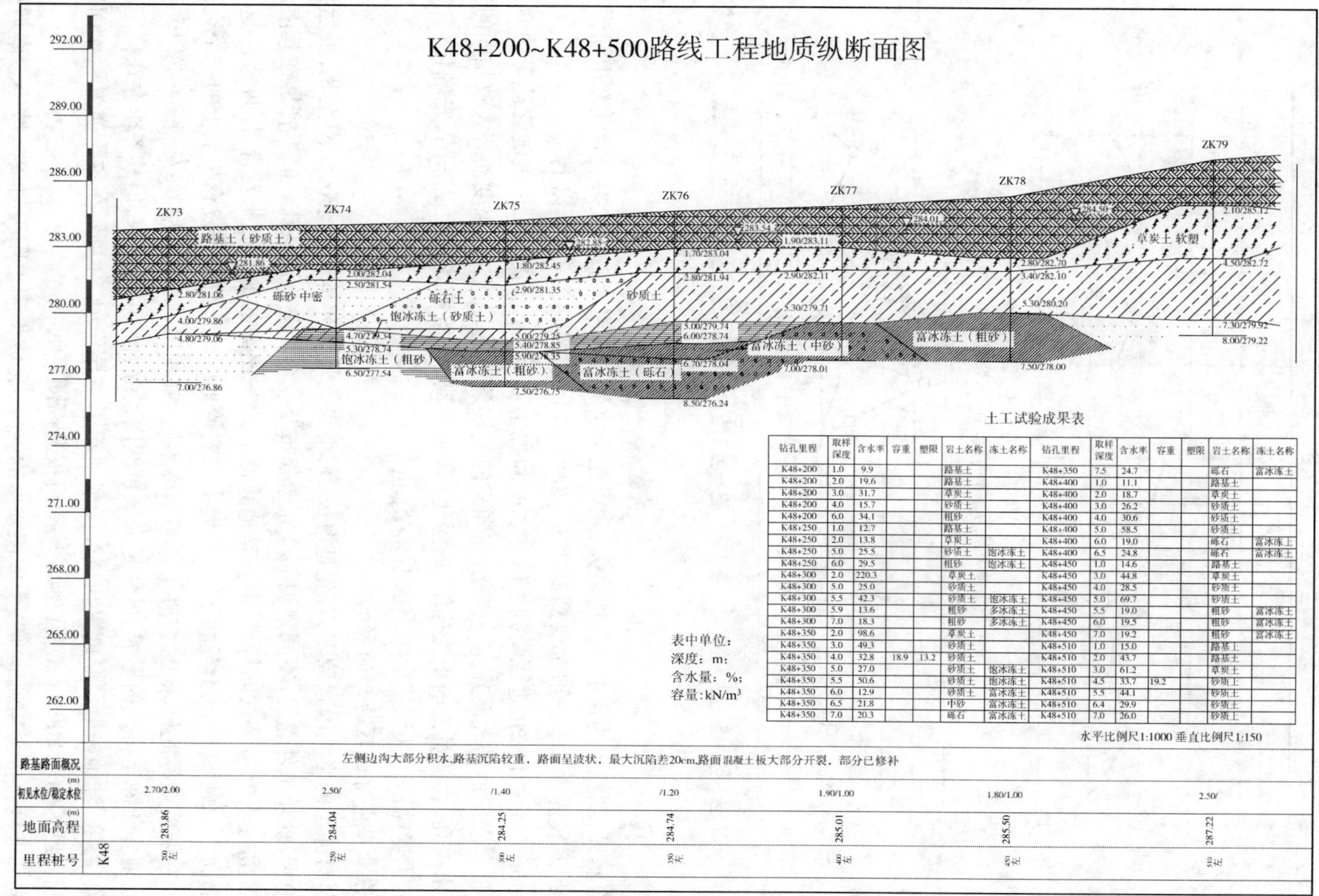

土工试验成果表

钻孔里程	取样深度	含水率	容重	塑限	岩土名称	冻土名称	钻孔里程	取样深度	含水率	容重	塑限	岩土名称	冻土名称
K48+200	1.0	9.9			路基土		K48+350	7.5	24.7			砾石	富冰冻土
K48+200	2.0	19.6			路基土		K48+400	1.0	11.1			路基土	
K48+200	3.0	31.7			草炭土		K48+400	2.0	18.7			草炭土	
K48+200	4.0	15.7			砂质土		K48+400	3.0	26.2			砂质土	
K48+200	6.0	34.1			粗砂		K48+400	4.0	30.6			砂质土	
K48+250	1.0	12.7			路基土		K48+400	5.0	58.5			砂质土	
K48+250	2.0	13.8			草炭土		K48+400	6.0	19.0			砾石	富冰冻土
K48+250	5.0	25.5			砂质土	饱冰冻土	K48+400	6.5	24.8			砾石	富冰冻土
K48+250	6.0	29.5			粗砂	饱冰冻土	K48+450	1.0	14.6			路基土	
K48+300	2.0	220.3			草炭土		K48+450	3.0	44.8			草炭土	
K48+300	5.0	25.0			砂质土		K48+450	4.0	28.5			砂质土	
K48+300	5.5	42.3			砂质土	饱冰冻土	K48+450	5.0	69.7			砂质土	
K48+300	5.9	13.6			粗砂	多冰冻土	K48+450	5.5	19.0			粗砂	富冰冻土
K48+300	7.0	18.3			粗砂	多冰冻土	K48+450	6.0	19.5			粗砂	富冰冻土
K48+350	2.0	98.6			草炭土		K48+450	7.0	19.2			粗砂	富冰冻土
K48+350	3.0	49.3			砂质土		K48+510	1.0	15.0			路基土	
K48+350	4.0	32.8	18.9	13.2	砂质土		K48+510	2.0	43.7			路基土	
K48+350	5.0	27.0			砂质土	饱冰冻土	K48+510	3.0	61.2			草炭土	
K48+350	5.5	50.6			砂质土	饱冰冻土	K48+510	4.5	33.7	19.2		砂质土	
K48+350	6.0	12.9			砂质土	富冰冻土	K48+510	5.5	44.1			砂质土	
K48+350	6.5	21.8			中砂	富冰冻土	K48+510	6.4	29.9			砂质土	
K48+350	7.0	20.3			砾石	富冰冻土	K48+510	7.0	26.0			砂质土	

图 4-28　哈伊公路 K48 + 200 ~ K48 + 500 路线工程地质纵断面图

下,粗粒土中的季节冻结和融化深度比细粒土中大,其中以泥炭中最小。在大兴安岭北部,残坡积层中季节融化深度最大,为3.5m,泥炭中最小,0.5~1.0m,有的小于0.5m。

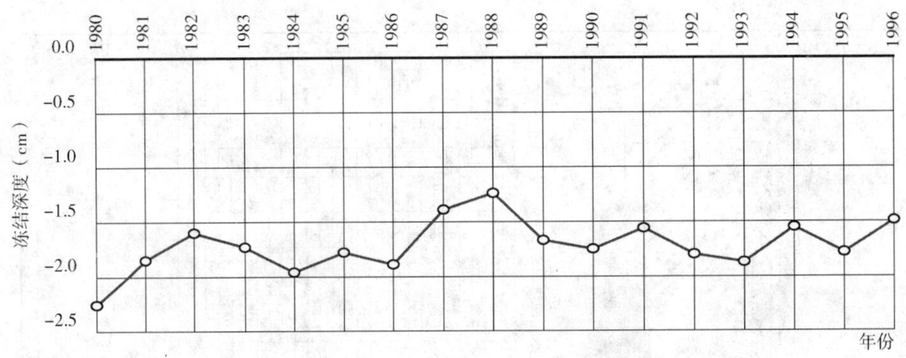

图4-29 孙吴县历年季节冻结深度变化曲线

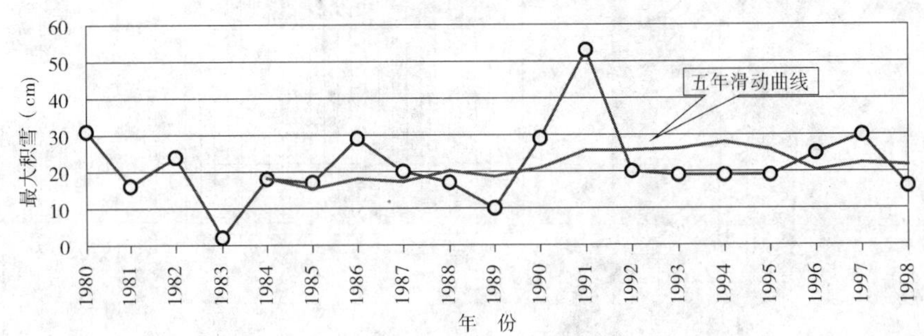

图4-30 孙吴气象站积雪变化曲线

在自然界,细粒土的含水率往往最大,尤以泥炭层的含水率大。在大兴安岭北部山间沟谷沼泽地带,泥炭的含水率一般都要到100%~200%以上,最多达到700%以上。

土的冻结温度于融化过程受到土的含水率和含盐量影响。土的冻结温度随含盐量的增大而降低、随含水率的增大而升高。因此,在同样的气候条件下,在土质、温度动态大致相同的情况下,含水率高、含盐量低的土先冻结、迟融化;含水率高、含盐量高的土迟冻结、先融化;含盐量很高的干燥盐渍土甚至整个冬季也不冻结。

4. 东北多年冻土区地形的影响

地形对冻土的影响因素较多,首先是海拔,大小兴安岭多年冻土区全区从南至北,虽然根据自然地理、地质条件差异,不同地貌部位冻土分布及发育状况差别悬殊。但不管是在其南部还是北部,冻土分布有一共同特点,那就是地势低的地方比高的地方冻土发育、厚度大。这与我国西部高山、高原多年冻土截然不同,是大小兴安岭地区冻土分布及发育特征上的一个突出的特点。在俄罗斯称此种冻土为"外贝加尔型冻土"。在中国,则称其为"兴安型多年冻土"。

兴安型多年冻土特点的形成,虽然是区域自然因素综合作用的结果,但其冬季存在稳定的逆温现象,谷底、洼地松散层厚度大与植被茂密则起了主导作用。但是,在冬季逆温层顶面以上(海拔高度约700~800m),气温、地温均随海拔升高而降低。

坡向和坡度直接影响到地面接受太阳辐射的强度,北坡得到太阳辐射较南坡小。南坡往往较北坡陡,植被生长不如北坡;松散沉积物一般也是南坡薄,北坡厚,相应地南坡土层颗粒较粗,含水率也较少;在南坡积雪融化早于北坡等。这些差别都使南坡地温比北坡高,地面温度较差比北坡大。

人类活动的影响也加剧了冻土的退化。在孙吴地区由于森林过度砍伐,降水量减少,低洼沼泽湿地地带的水量逐渐减少,以及耕作地扩大和地表植被铲除等等,都使地温升高,加剧了冻土的退化。

从大小兴安岭多年冻土分布特点,可以清楚地看到,兴安型多年冻土是受着纬度地带性变化规律的控制。不论在年平均气温、冻土年平均地温、厚度及分布的连续程度都具有明显的纬向变化,即随纬度升高多年冻土越发育。冻土退化则由北而南逐渐加剧。如黑北公路地处兴安型多年冻土区的南端,多年冻土仅残存于低洼沼泽湿地中。多年的观测研究与生产实践表明,兴安型多年冻土退化的特点是:先阳坡,后阴坡;先高处,后低处;先山上,后谷底。

第三节 国道214线多年冻土变化特点

一、国道214线多年冻土分布及退化特征

青康公路(G214)起于青海省西宁市,最终达到云南省景洪市 ,沿途经过了青海、西藏和云南2个省、一个自治区,全长3 184km。1990年~1994年间对214国道进行了冻土工程地质勘测,1998年又对该段重点地段进行复核,大量资料表明,从河卡山至清水河440km分布着不连续多年冻土,从北至南依次有五个多年冻土区。

1. 鄂拉山—姜洛岭多年冻土区

鄂拉山属阿尼玛卿山的北支,从鄂拉山北坡至姜洛岭南坡。1991年勘测时,不连续多年冻土区的上界海拔4 320m,下界4 100m。至1998年复查时,上界位置在多年冻土地下冰发育的地段,变化不明显,但下界附近冻土岛的范围缩小。在下界附近,约海拔4 150m温泉盆地融化区的边缘,多处见到丘状草皮冻土地貌假象,个别的草皮中间仍有小块弧残冻土岛退化后的残迹。姜洛岭南坡前,苦海滩融化区北缘段埋藏的冻土层埋深6. 2m,冻土层厚大于5m,地面高程4 170m。1998年对姜洛岭南坡前复查时,K355~K359里程段1991年勘察时有4km长的冻土岛(海拔4 320~4 200m),仅在K358的几个测孔处有冻土层,其余均已消失,使该段的下界上升到4 250m海拔,岛状冻土区持续处于缓慢退化状态,尤其在干燥少冰至多冰的冻土岛区段,其分布区下界的升幅已达50~100m。

2. 苦海滩至花石峡融化区

苦海滩至花石峡融化区长约60km,海拔4 100~4 200m,有几段典型的埋藏冻土层,如K370~K375,试验路段K413~K415,以及残留冻土岛,如K380~K388及花石峡桥北K402~K415。在1998年复查时,经钻探、坑探验证部分冻土层及残留冻土岛已退化消失,仅有含冰量高的冻土层仍然存在,目前仍在继续退化。高含冰量冻土层退化不明显的现象,说明多年冻土的退化是一个缓慢的过程。

3. 长石头山多年冻土区

长石头山为阿尼玛卿山主山脉的延伸,向东直到果洛山上,不连续多年冻土上界海拔4 380m,下界4 200m,南北坡基本对称。连续多年冻土区沼泽化湿地和厚层地下冰发育,已揭

示的冻土层厚度超过60m。1998年复查时仅在多钦安科朗沟内存在冻土岛长约11km(K450～K461),冻土层厚度5～10m,含冰量较高。该段冻土岛乃是原连续多年冻土区的边缘部分,其海拔4 250m左右。其余钻孔均未发现多年冻土。

4. 黄河谷地(玛多)融化区

玛多黄河沿海拔4 215m,向南经由星星海、棉纱岭、黑河地、小野马岭直到野牛沟,公路里程达88km,1991年勘测时,星星海湖岸、黑河桥南滩地及野牛沟山前洪积扇均有埋藏冻土层揭露,但1998年原位复查时均未发现多年冻土,仅个别弧残冻土岛(小野马岭改线段)依然如故,表明近期多年冻土退化比较明显。

5. 巴颜喀拉山多年冻土区

巴颜喀拉山既是黄河水系的分水岭,也是江河源多年冻土区的南界。北坡主分水岭查拉坪海拔4 748m,不连续多年冻土区上界海拔4 468m,下界海拔在查拉坪的坡角(海拔4 370m)。进入野牛沟沟口段海拔4 320m处有长度近2km的埋藏冻土层,埋深6m。1998年原位复查,冻土层已消融,使该区段由不连续冻土区退化为融化区。巴颜喀拉山南坡垭口海拔4 820m,主分水岭5 207m。不连续多年冻土区上界海拔4 630m,下界4 560m(对应公路里程为K622+200～K631+100),与1991年资料相比,K622到K626段为原连续冻土区的边缘,1998年复查时退化成为冻土岛,使不连续多年冻土区上界上移了约50m。同样,在K631～K648的区段内,多处残留冻土岛均已消失,但在低于海拔4 560m区段内,如K647及K655,也还有小段冻土岛残存,但在工程意义上可将此区段划入融区。

表4-13为214国道多年冻土带各区冻土上、下界的变化幅度,可见冻土退化是普遍性的。但受局地影响,退化程度有差异。

214国道不连续多年冻土区上、下界变化 表4-13

二级分区	巴颜喀拉山		玛多融区	长石头山	苦海滩融区	姜洛岭	温泉融区	鄂拉山
峰谷高程(m)	南5 207	北4 728	4 215	4 546	4 133	4 461	3 940	4 495
上界海拔(m)	4 360	4 468		4 380		4 330		4 300
下界海拔(m)	4 560	4 370		4 200		4 200		4 200
退化幅度(m)	>50		约130			50～100		

二、国道214线多年冻土含冰量及地温特点

国道214线青海段已经全线贯通,在西宁至结古镇821km路段中,只有河卡山至清水河440km分布着不连续多年冻土。

1. 河卡山岛状冻土区含冰量及地温特点

河卡山为214国道沿线多年分布的北界,主要分布在河卡山南北两侧山坡的冲沟和洪积扇上,冻土零星分布,为典型的岛状冻土。冲沟多年冻土的分布范围较小,主要分布在几十米范围内,但在K235+700～K 235+900间的洪积扇多年冻土范围较大,超过100m,属富含冰冻土,多年冻土地温在0.5℃左右。

2. 鄂拉山多年冻土区含冰量及地温特点

国道214线鄂拉山垭口海拔4495m,多年冻土主要分布在温泉以北的K311～K326之间,冻土类型从少冰冻土到含土冰层均有分布。鄂拉山山坡较缓,冻土分布的南北坡向差异不明

显,与纬度相近的青藏公路沿线的昆仑山区相比,由于海拔低,多年冻土年平均地温在 -1 ~ -2℃之间,鄂拉山多年冻土主要分布在鄂拉山垭口两侧的越岭地段,冻土的在公路沿线的分布状况见表4-14。

国道 **214** 线鄂拉山段多年冻土分布状况　　表4-14

里 程 范 围	地形地貌	冻土类型	长度(km)	备　注
K300 +000 ~ K311 +350	平缓阳坡坡脚	季节冻土	11.35	
K311 +350 ~ K324 +200	越岭山湿地	连续多年冻土	10.08	短链 2.77km
K324 +200 ~ K325 +690	阴坡山脚	季节冻土	1.49	
K325 +690 ~ K325 +800	冲洪积扇	多年冻土岛	0.11	
K325 +800 ~ K333 +000	阴坡山脚	季节冻土	4.20	

含土冰层多年冻土,主要分布在 K311 +450 ~ K312 +500,该段腐殖层厚度在 1.0 ~ 3.0m 之间,多年冻土上限约 1.3 ~ 1.8m,人为上限在 2.5 ~ 4.0m,上限以下腐殖层中的地下冰发育,体积含冰量在 50% 以上,腐殖层下部的块石土含冰量较小,主要为包裹冰;富冰、饱冰冻土主要分布在上坡段 K313 +750 ~ K324 +050(天然上限在 2.0m 左右)、K313 +750 ~ K317 +000 段(人为上限为 3.5 ~ 5.0m)、K323 +350 ~ K324 +050 段(人为上限为 5.0 ~ 7.0m)主要岩性类型为碎石土;其余路段均为少冰和多冰路段,工程地质条件较好。

3. 姜洛岭段山地多年冻土含冰量及地温特点

姜洛岭段多年冻土分布在 K348 +600 ~ K325 +000 段,道路沿线以基岩开挖断面为主,多年冻土以少冰、多冰冻土为主,局部冲沟路段为富冰冻土,多年冻土地温在 -1℃左右。

4. 醉马滩连续多年冻土区含冰量及地温特点

醉马滩 K367 +400 ~ K382 +600 段分布着连续多年冻土,岩性主要为亚砂土、砾石。天然地表下多年冻土上限约为 2.0 ~ 2.5m,路基下多年冻土人为上限约为 5.0 ~ 6.0m。上限附近体积含冰量普遍超过 30%,K369 ~ K377 段尤为严重。富冰、饱冰冻土、含土冰层等高含冰量冻土为该段多年冻土的主要类型。多年冻土地温在 -1.0 ~ -0.5℃之间,属于高温不稳定多年冻土。

5. 红土坡至花石峡连续多年冻土含冰量及地温特点

红土坡至花石峡多年冻土主要分布在 K387 +000 ~ K395 +500、K397 +500 ~ K405 +500 和 K411 +500 ~ K417 +200 段,多年冻土以少冰、多冰冻土为主,局部为富冰冻土段,多年冻土地温在 -0.5℃左右。

6. 长石头山至多钦安科克朗连续多年冻土含冰量及地温特点

长石头山至多钦安科克朗段为 214 国道上最长的一段连续多年冻土(K417 +200 ~ K463 +900),长度达 46.7km,其中高含冰量多年冻土所占比重较大,富冰(K457 +500 ~ K461 +500)和富冰以上多年冻土长达 32.6km(K421 +000 ~ K427 +000、K433 +000 ~ K455 +600),占该段多年冻土总长度的 69.8%。K421 +000 ~ K427 +000 多年冻土上限在 1.5 ~ 2.0m,年平均地温在 -1.0℃左右;K433 +000 ~ K455 +600 多年冻土上限在 2.0 ~ 3.0m,年平均地温在 -0.5℃左右;主要以亚砂土、亚黏土等细粒土为主,工程地质条件差。其余路段均为少冰和多冰冻土,上限较深,碎石含量较大,年平均地温在 -0.5℃左右,工程地质条件较好。

7. 黄河沿至龙根滩不连续多年冻土含冰量及地温特点

黄河沿至龙根滩段长103.1km,从K463+900~K567+000,其间季节冻土和岛状冻土交替分布,岛状冻土主要分布在海拔较高的越岭段和滩地、冲沟上。越岭段多年冻土有棉纱岭段(K512+250~K513+600)和小野马岭段(K532+900~K539+000),冻土含冰量较小,以少冰、多冰冻土为主,年平均地温在-0.5℃左右,路基下人为上限约5.0m,主要以块石土和角砾土为主,工程地质条件较好;滩地、冲沟型多年冻土分布在黄河沿(K465+300~K467+850)、野马滩(K519+600~K532+900)、野牛滩(K539+000~K541+200)、野牛沟(K548+700~K552+700、K557+000~K561+500)和龙根滩(K561+500~K567+000),除龙根滩外,其余段落多年冻土的含冰量均在富冰和饱冰之间,天然上限较浅,主要以亚砂土、亚粘土等细粒土为主,工程地质条件总体较差。

8. 龙根查依玛至查拉坪段连续多年冻土含冰量及地温特点

龙根查依玛至查拉坪段冻土长19.7km(K567+000~K568+700),以富冰、饱冰多年冻土为主(龙根查依玛段K567+000~K578+600、查拉坪段K584+300~K586+700),查拉坪K578+400~K584+300为少冰、多冰冻土。龙根查依玛段局部为含土冰层、地基土主要为亚砂土夹砾石,路基下人为上限在4.0~6.0m之间,年平均地温在-1.0℃左右,冻土工程地质条件极差;查拉坪分水岭海拔4748m,少冰、多冰段地质条件较好,而富冰、饱冰段的冻土工程地质条件较差。

9. 巴颜喀拉山至查农段连续多年冻土含冰量及地温特点

巴颜喀拉山至查农段段连续多年冻土(K593+900~K629+000)穿过214国道巴颜喀拉山垭口(海拔4820m),沿着扎曲河谷滩地向西南延伸,沿线多年冻土长35.1km。

巴颜喀拉山段多年冻土年平均地温在-1.5℃左右,K593+900~K603+300段以富冰冻土为主,主要以亚砂土夹砾石,多年冻土人为上限在4.0~5.0m,属于不良路段;K603+300~K606+400段以饱冰冻土为主,主要以亚砂土夹砾石,多年冻土人为上限在4.0~5.0m,冻土工程地质条件较差。

查农段多年冻土类型多样,少冰、多冰、富冰、饱冰冻土均有分布,冻土工程地质条件差异较大。K606+400~K609+500富冰冻土段,主要以亚砂土夹砾石,多年冻土人为上限3.0~5.0m,冻土工程地质条件较差;K623+000~K627+500也为富冰冻土段,但由于岩性以细粒土为主,地温较高,冻土工程地质条件极差;K609+500~K612+000、K615+000~K623+000、K627+500~K629+000为饱冰冻土段,岩性以细粒土为主,冻土工程地质条件极差;K612+000~K615+000为少冰冻土段,冻土工程地质条件较好。

10. 清水河段不连续的年冻土含冰量及地温特点

清水河段多年冻土分布于K638~K670长约32km路段中的高台地、山前缓坡及斜坡地带,在河滩路段没有多年冻土。K670以后各种地貌均无多年冻土存在,多年冻土段累计长度11.32km,其中,少冰(多冰)冻土段3.77km,占40.3%;富冰冻土路段2.99km,占26.4%;饱冰冻土与含土冰层的路段3.77km,占33.7%。多年冻土天然上限一般为3.0~4.0m,路基下多年冻土人为上限一般为7.0m左右。

K643+820~K645+900处于冲积山坡台地的中部,天然地表下多年冻土上限3.5~4.0m,上限附近含少量包裹冰,属于少冰、多冰冻土,路基下多年冻土人为上限约7.0m;K650

+420 ~ K652 +800 为少冰、多冰冻土段，多年冻土天然上限 3.5 ~4.0m，路基下多年冻土人为上限约 7.0 ~8.0m，冻土上限附近含冰量较低，8.0m 以下的风化泥岩中夹有薄层分凝冰；K652 +800 ~ K654 +200 路段处于山梁地段，大部分路段地表潮湿，山梁以西道路处于阴坡湿地，天然地表下多年冻土上限 2.0 ~4.0m，上限附近含冰量较高，腐殖土层较厚的区域上限较浅，路基下多年冻土人为上限达到 8.0m 左右；K654 +200 ~ K654 +870 为少冰冻土段，道路左侧临河，右侧缓坡，地表相对干燥，道路进入阳坡路段；K662 +910 ~ K664 +030 路段处于山脚斜坡地带，而该路段富含冰深度约 7.0 ~10.0m，从 K663 +750 起路堑主要为风化基岩，以裂隙包裹冰为主；K655 +730 ~ K669 +500 处于低平台阶地、冲洪积扇台地，是多年冻土最为发育的路段，多处存在含土冰层，富含冰深度集中在 5.0 ~10.0m。

在 K652 +550、K663 +000、K667 +320 处的测温结果表明这些路段多年冻土地温较高，多年冻土地温不低于 -0.5℃，均属于高温极不稳定多年冻土。

高温多年冻土占绝大多数是 214 国道沿线多年冻土的一个显著特征。沿线多年冻土平均地温除鄂拉山山顶和巴颜喀拉山垭口段地温在 -1.5℃左右外，其他地段多年冻土的地温均在 -0.5 ~ -1.0℃左右。由于多年冻土地温较高，沿线冻土的厚度普遍较小，大部分在 50m 内；冲沟型、滩地型多年冻土发育是 214 国道沿线多年冻土的另外一个特征。河卡山岛状冻土区、多钦安科克朗、醉马滩、野马滩、野牛滩、野牛沟、龙根滩、龙根查依玛、黄河沿都属于冲沟、滩地型多年冻土，累计长度 90km，大部分路段的含冰量较高，主要为饱冰、富冰冻土，并且局部路段存在含土冰层。

第四节　多年冻土区路基温度场仿真模拟

一、基本模型及定解条件

多年冻土区年平均气温低于零度，无论何种结构形式的路基均要发生冻结和融化，反复冻融循环会对路基的热稳定性产生巨大的影响。实质上，冻融循环的发生伴随着路基内热（温度）、流（水）的迁移与重分布。因此，多年冻土区路基内水—热作用的机理问题可简化为伴有相变的、考虑水分迁移的热传导问题。

1. 路基内热—流耦合的基本模型

20 世纪 60 年代至 70 年代，Harlan 和 Talor 等人对造成冻胀冻害的聚冰作用进行了深入探讨，利用数理方法从热学、力学和物质守恒角度分发，提出了一组描述冰融过程的物质运动和迁移方向的综合方程组，为从理论上研究由水分迁移引起的温度场分布问题开拓了一条新途径。根据热传导和质量迁移理论，若不考虑土中水气蒸发耗热，仅考虑水分迁移和冰水相变问题，忽略对流传热项，则二维形式的饱和与不饱和的非稳态热传导的数学描述可表达为：

$$\frac{\partial}{\partial x}\left(k_x \frac{\partial T}{\partial x}\right) + \frac{\partial}{\partial y}\left(k_y \frac{\partial T}{\partial y}\right) = c\rho \frac{\partial T}{\partial t} - L\rho_i \frac{\partial w_i}{\partial t} \tag{4-3}$$

式中：k_x，k_y——分别为导热系数的分量，是温度 T 的函数；

T——温度；

t——时间；

c——土体的质量比热；

ρ——土体的密度；

ρ_i——冰的密度；

L——冻融潜热；

w_i——体积含水量；

x,y——构成的平面为路基横断面，其中 x 为垂直路基纵断面方向（向右）；y 为竖方向（向上）。

后文中若无特别说明，以上各量均表示相同意义。

假定空气和水蒸气迁移对于水分迁移的影响可以忽略，一般来说，饱和或非饱和土冻结和融化过程的二维非稳定流的质量迁移方程的数学描述可表达为：

$$\frac{\partial}{\partial x}\left(K_x\frac{\partial\varphi}{\partial x}\right)+\frac{\partial}{\partial y}\left(K_y\frac{\partial\varphi}{\partial y}\right)=\frac{\partial w_u}{\partial t}+\frac{\rho_i}{\rho_w}\cdot\frac{\partial w_i}{\partial t}\tag{4-4}$$

式中：φ——土中水的总势能，$\varphi=\phi+z$；

ϕ——土中水的容积势；

z——重力势，通常略去不计，则 $\varphi=\phi$；

K_x,K_y——导水系数；

ρ_w——水的密度；

ρ_i——冰的密度；

w_u——未冻水体积含量。

将(4-4)式中关于含水率的一项移项后代入式(4-3)可得式(4-5)：

$$\frac{\partial}{\partial x}\left(k_x\frac{\partial T}{\partial x}\right)+\frac{\partial}{\partial y}\left(k_y\frac{\partial T}{\partial y}\right)=\rho c\frac{\partial T}{\partial t}+L\rho_w\frac{\partial w_u}{\partial t}-L\rho_w\left[\frac{\partial}{\partial x}\left(K_x\frac{\partial\varphi}{\partial x}\right)+\frac{\partial}{\partial y}\left(K_y\frac{\partial\varphi}{\partial y}\right)\right]\tag{4-5}$$

显然在冻结过程中未冻水含量 w_u 是温度 T 的函数，即 $w_u=f(T)$，利用偏导数的关系 $\frac{\partial w_u}{\partial t}=\frac{\partial w_u}{\partial T}\cdot\frac{\partial T}{\partial t}$，因此可以进一步把式(4-5)写成式(4-6)：

$$\left(\rho c\frac{\partial T}{\partial t}+L\rho_w\frac{\partial w_u}{\partial t}\right)\frac{\partial T}{\partial t}=\frac{\partial}{\partial x}\left(k_x\frac{\partial T}{\partial x}\right)+\frac{\partial}{\partial y}\left(k_y\frac{\partial T}{\partial y}\right)+L\rho_w\left[\frac{\partial}{\partial x}\left(K_x\frac{\partial\varphi}{\partial x}\right)+\frac{\partial}{\partial y}\left(K_y\frac{\partial\varphi}{\partial y}\right)\right]\tag{4-6}$$

实质上，上式是高度非线性问题，如果在已知 $w_u=f(T)$ 与 φ 的前题下，是可以求得式(4-6)数值解的。自20世纪80年代至今，各国冻土学者对 φ 的形式进行了各种假定，并提出了各种类型的计算模型。

(1) Harlan 等人(1973)根据冻结土中水沿着未冻水产生的压力梯度，按 Dary 法则流动的观点，认为冻土中的冰和水的化学势仅与温度有关，在冰水共存状态下，两方的化学势相等，从而 Clausius - Clapeyrom 方程成立，即：

$$\frac{p_w}{\rho_w}-\frac{p_i}{\rho_i}=\left(\frac{L}{273.15}\right)\cdot T+\frac{\tau}{\rho_w}\tag{4-7}$$

式中：p_w 和 p_i——分别为土中水和冰的压力；

τ——渗透压力；

冻土中的空隙在大气压下，冰也在大气压下，所以可假定冰压力 $dp_i=0$，从而根据上式可求出 dp_w，即已知 $dd\varphi=d_w$。

方程(4-7)是在平衡态条件下提出的，仅仅适用于稳态的情况，即在这种状态下至少要求局部压力和温度不随时间变化，而在瞬态范围（局部压力和温度随时间变化）应用方程(4-7)时有可能带来相当误差。特别对于野外情况的计算中，一个时间差两个端点的温度值有时相差很大，甚至符号相反，故不宜采用。

(2) Talor 等人(Jame etal . 1976; Talor etal 1978)忽略土—冰—水系统中冰的作用，由取决于温度的未冻水量来确定不饱和程度。认为若在等温下不含有溶盐量，则容积势和土中水的化学势是等价的，即未冻结土的水分特性曲线也适用于冻土中的未冻水。因此，根据冻土的未冻水含量与温度的关系，以及水分特性曲线可确定不同温度的未冻水的容积势。

$$\frac{\partial\phi}{\partial T}=\frac{\partial\phi}{\partial w_u}\cdot\frac{\partial w_u}{\partial T}$$

又根据微分水容量的关系式 $c=\frac{\partial w_u}{\partial\phi}$，可得水分扩散系数 $D_x=\frac{K_x}{c}$，于是式(4-6)可简化为：

$$\left(c\rho+L\rho_w\frac{\partial w_u}{\partial T}\right)\frac{\partial T}{\partial t}=\frac{\partial}{\partial x}\left(k_x+L\rho_w D_x\frac{\partial w_u}{\partial T}\right)\frac{\partial T}{\partial x}+\frac{\partial}{\partial y}\left(k_y+L\rho_w D_y\frac{\partial w_u}{\partial T}\right)\frac{\partial T}{\partial y} \tag{4-8}$$

(3)根据 Groenevelt 和 Kay(1977)等人进行的研究结果，不管饱和与非饱和，冰的压力不等于大气压力的条件下，有上覆荷载作用下的未冻水压力计算公式为：

$$P_L=P'+\alpha P+\beta L\rho_i\frac{T}{T_0}$$

式中：P'——无荷载表面层水的压力；

P——上载荷重；

T_0——表面层水在大气压下的冻结温度；

α、β——有关系数。

而确定 α、β 的值又很难确定，因此，无法给出适用结果。

(4)《冻土物理学》(木下减一，1985)一书中提出用依赖于冻土内所在位置上所受到的应力、温度以及温度梯度等的吸排水能力这一概念、对水热迁移过程的方程组进行了全面系统的重新组合。吸排水能力用单位体积的冻土在单位时间里能够吸排水的体积来表示，即

$$\Psi=s_0\cdot f\left(\delta_e,T,\frac{\partial T}{\partial x}\right)$$

式中：Ψ——单位体积的冻土在单位时间内吸排水的体积；

$\delta_e,T,\frac{\partial T}{\partial x}$——分别为冻土内某处的有效应力，温度及温度梯度；

s_0——所研究土的固有常数。

虽然，这一提法比较新颖，也比较符合实际，对 Ψ 也写出了一些具体的表达式，并有人用此理论对一定的降温条件把方程组简化为线性方程组进行了数值计算，并取得了很好的结果；但要求解这一非线性方程组，除了对 Ψ 的具体形式进行详细的实验研究以外，还要对与温度、与有效应力有关的水热参数进行系统的多因素测量分析，而对受有效应力影响很大的导水系数等参数的测定，因受到目前测试条件的限制，其测量范围很窄，再加上该理论的一些表达式

目前还没有得到充分的理论证据，尚在探索中，故不宜采用。

通过以上的理论分析和对比，认为选择方程(4-8)比较合理。因为目前未冻水含量对温度的关系可由实验测定，因此对于求解方程组(4-8)和方程(4-4)是很方便的。在未冻水含量与温度关系已知的情况下，可直接利用差分等方法先解方程(4-8)，然后再利用方程(4-4)求 w_i。这样就把问题转化为如何求解如下形式的二维非线性方程的问题：

$$C(T)\frac{\partial T}{\partial t}=\frac{\partial}{\partial x}\left[\beta_x(T)\frac{\partial T}{\partial x}\right]+\frac{\partial}{\partial y}\left[\beta_y(T)\frac{\partial T}{\partial y}\right] \tag{4-9}$$

其中：

$$C(T)=c\rho+\rho_w\frac{\partial w_u}{\partial T}$$

$$\beta_x(T)=k_x+L\rho_w D_x\frac{\partial w_u}{\partial T}$$

$$\beta_y(T)=k_y+L\rho_w D_y\frac{\partial w_u}{\partial T}$$

在移动的相变界面 $\xi(t)$ 上，必须满足的温度连续性条件和能量守恒条件是：

$$T_u(\xi(t))=T_f(\xi(t))=T_0$$

$$k_f\frac{\partial T_f}{\partial x}-k_u\frac{\partial T_u}{\partial x}=L\varepsilon n\frac{d\xi}{dt}$$

式中：T_u，T_f 和 k_u，k_f——分别表示相变界面 $\xi(x,t)$ 上下融、冻土处的温度和导热系数；

T_0——冻结温度；

N——土的孔隙率；

ε——考虑土中保持未冻水并集中在冻结温度的量纲因子。

2. 附面层原理及上边界条件的确定

(1)附面层原理

上边界条件的确定，目前最为普遍的方法是取表面温度为上边界。然而大气与土介质接触面的温度受各种因素的综合作用变化极为复杂，尤其是工程结构物的表面，更因设计改变而发生剧烈变化。“附面层原理”的提出就企图摒弃干扰因素众多的土表面层，代之以变化稳定的附面层底作为上边界条件，用以提高路基热状况计算的可靠性与精度。

所谓“附面层”见指附着于下垫面的一个物理层，具有一定厚度，在大气及太阳辐射作用下，它的温度、湿度与上附空气层和下卧土层的温度、湿度具有不连续的突变现象。如图4-31气温—地温日平均曲线中，B 区即为附面层，它与空气镶接的称为上附面层(B_1)和土质镶接的称为下附面层(B_2)。

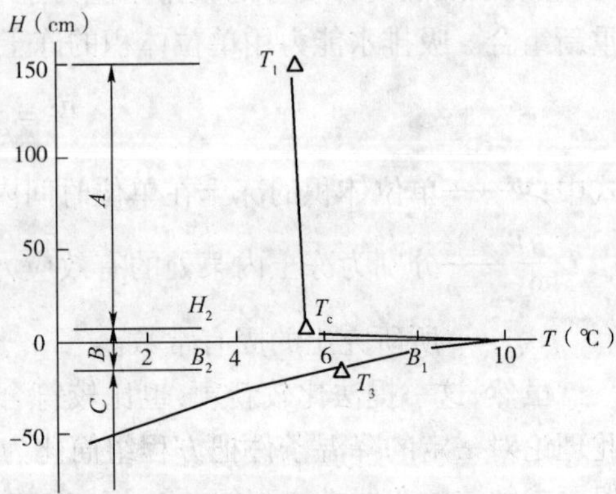

图4-31　气温－地温日平均曲线

(引自《冻土路基工程》中科院兰州冰川冻土研究所P49)

朱林楠等认为：天然地面热－质交换下垫面的上附面层厚度约1cm，沥青路面的上附面层约为5cm，通过理论估算和天然状况下的长期观测，下附面层厚度理论估算和实测值见表 4-15。

下附面厚度理论估算与实际观测值　　表 4-15

下热面类型	一般湿润亚黏土	干燥砂砾土	沥青混凝土
导温系数 $a \times 10^3$(m^2/h)	1.0	2.0	2.5
理论估算值(cm)	21	30	34
长期观测值(cm)	15	20	35

(2)青藏公路低温多年冻土区上边界条件的确定

青藏公路路基断面测温孔均从表面以下 0.5m 处开始布设,综合考虑附面层原理,在工程热状况下的计算中,为安全期间,讨论路基的上边界条件均取表面以下 0.5m 深处的地温函数。青藏公路带有保温护道的典型断面 0.5m 深处实际观测的连续地温曲线,如图 4-32 所示。

在图 4-32 中可以看出,从每年元月份开始地温基本满足正弦曲线的变化规律,考虑到青藏高原气候变暖的影响,假设青藏公路地温满足标准正弦函数,形式为:

$$T = a_0 + b_0 \sin(b_1 t_d + b_2) + c_0 t_d$$

式中:　T——温度;

t_d——以天计的时间;

a_0, b_0, b_1, b_2, c_0——待定参数。

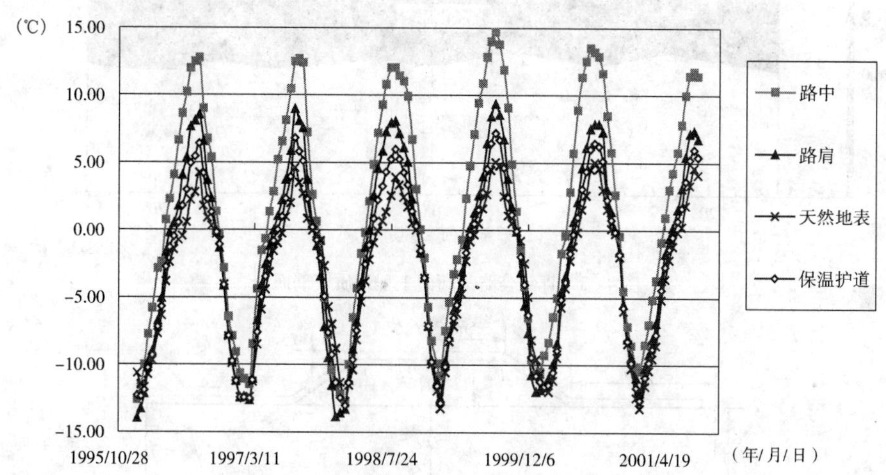

图 4-32　典型断面 0.5m 深处地温观测曲线

根据实际地温观测数据,采用最小二乘原理即可求得典型断面各处所对应的待定参数,具体列于表 4-16 中。路基横断面边坡上地温根据路肩与天然地表的地温按路基高度和边坡点垂向坐标值(y 方向坐标)进行内插得出,也列于表 4-16 中。

3. 计算模型的选取及物理参数的取定

青藏公路昆仑山段是具有代表性的低温冻土区,该段路基设计的原则是保护下伏多年冻土层,选择其中某一横断面作为计算断面。据工程地质勘察资料,该断面多年冻土天然上限为 2.0m,地层结构如图 4-33 所示,其具有典型代表性,简化图 4-33 所示断面得到的数值计算的几何模型如图 4-34 所示。

地温曲线拟合参数及拟合度(0.5m 深处)　　表 4-16

位置＼参数	a_0	b_0	b_1	a_2	c_0	拟合度(R)
路中	+1.29	12.22	$\frac{2\pi}{365}$	$-\frac{7\pi}{12}$	1.10×10^{-4}	0.90
路肩	-1.92	10.60	$\frac{2\pi}{365}$	$-\frac{2\pi}{3}$	1.10×10^{-4}	0.94
保温护道	-2.96	+9.60	$\frac{2\pi}{365}$	$-\frac{2\pi}{3}$	1.10×10^{-4}	0.94
天然地表	-4.0	8.55	$\frac{2\pi}{365}$	$-\frac{2\pi}{3}$	1.10×10^{-4}	0.92
边坡	$-4.0+2.08\cdot h/H$	$8.55+1.05\cdot h/H$	$\frac{2\pi}{365}$	$-\frac{2\pi}{3}$	1.10×10^{-4}	—

注:表中边坡项中 h 为边坡上的点距天然地表的距离,是变量;H 为路堤高度。

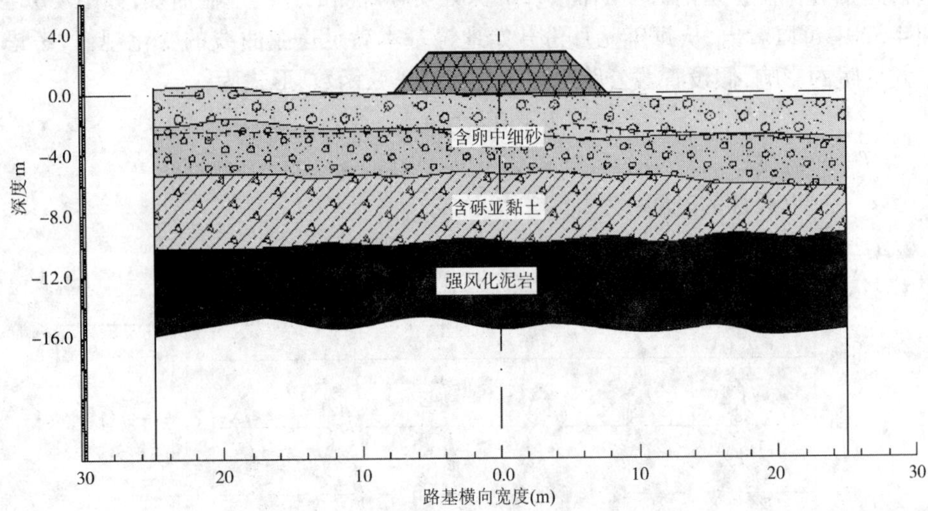

图 4-33　青藏公路某断面工程地质横剖面图

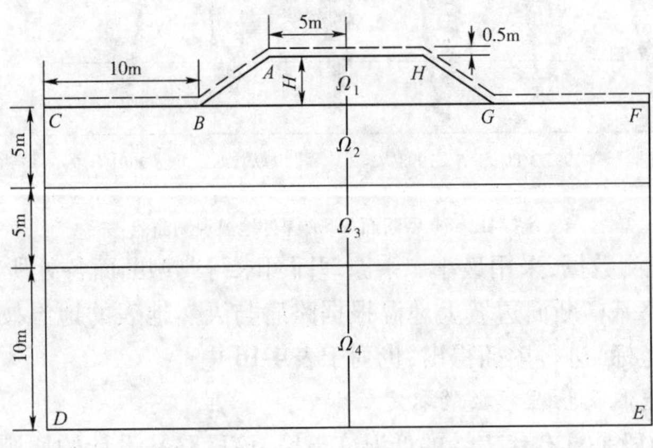

图 4-34　青藏公路低温冻土区路基温度场计算的几何模型

图注:图中 Ω_1 为路基填土(砂砾与碎石土)层,Ω_2 为含卵石中细砂层,Ω_3 为含砾亚黏土层,Ω_4 为强风化泥岩层,图中虚线为路基实际表面,其下 0.5m 深处为计算面上边界。

考虑水分迁移和冻融相变对路基内水热状况的影响,其数学模型可选用 Talor 等人提出的式(4-8)~式(4-9),并作如下假设:

①路基断面各层土体是均质的,即有各向同性的热学参数及水分扩散系数,有相同的密度与初始含水率等;

②在冻结和融化过程无任何外荷载作用;

③忽略路基土中的水汽迁移,空气对流和蒸发耗热作用。

式(4-9)表明该问题是强非线性的瞬态导热问题,基本上无法求得解析解(或近似解析解),显然寻求该问题的数值解需解决两个问题:第一个是热学参数(比热和导热系数)随温度的变化关系;第二个是未冻水含率随温度的变化关系。

徐学祖在《冻土物理学》中详细论述了热学参数与含水率及含冰量的关系,冻融土的容积热容量可由下式表示:

$$c_u = (c_{su} + wc_w)\rho_d$$
$$c_f = [c_{sf} + (w - w_u)c_i + w_u c_w]\rho_d \tag{4-10}$$

式中:c_{su},c_{sf}——分别为土骨架在融化和冻结状态下的比热;

w——土体总含水量;

w_u——土体内未冻水含量;

c_i,c_w——分别为冰与水的比热;

ρ_d——土的干密度。

同样,冻融土的导热系数可根据各组成物质的导热系数及其相应的体积比,按下式计算:

$$\lambda_u \approx \lambda_w^{\phi}\lambda_m^{1-\phi} = (0.55)^{\phi}\lambda_m^{1-\phi}$$
$$\lambda_f \approx \lambda_i^{\phi-\Delta\phi}\lambda_w^{\Delta\phi}\lambda_m^{1-\phi} = (2.22)^{\phi-\Delta\phi}(0.55)^{\Delta\phi}\lambda_m^{1-\phi} \tag{4-11}$$

式中:λ_m——矿物组分的平均导热系数;

λ_m——水的导热系数,一般取 0.55W/m·℃;

λ_i——冰的导热系数,一般取 2.22W/m·℃;

ϕ——总含水率;

$\Delta\phi$——未冻水含率。

实质上,冻土的导热系数随负温降低略有增大,但增率很小,在一般工程热工计算中,导热系数取值只考虑冻融状态而忽视温度的影响完全是允许的。

对于冻土中的未冻水含率,徐学祖等认为主要取决于三大因素:土质(包括土颗粒的矿物化学成分、分散度、含水率、密度、水溶液等)、外界条件(包括温度和压力)以及冻融历史。其中:未冻水含量与负温始终保持动态平衡关系,可用下式表达:

$$w_u = a\theta^{-b} = w_0\theta_f^{b}\theta^{-b} \tag{4-12}$$

式中:w_0——初始含水率;

θ——负温的绝对值;

θ_f——冻土的冻结温度的绝对值;

a,b——与土质因素有关的经验系数,可通过实验测得。

需说明的是 θ_f 是土体刚刚发生冻结的瞬间温度,既可通过试验手段测得,又可通过经验常数 a,b 估算,即:

$$\theta_f = \exp\left(\frac{\ln a - \ln w_0}{b}\right) \tag{4-13}$$

在数值计算中，式(4-13)中 θ_f 将作为冻融两种状态的分界点，即认为当 $T \geqslant -\theta_f$ 时，各类参数取融土参数；当 $T < -\theta_f$ 时，各类参数取冻土参数，是负温的函数。

综上所述，将式(4-12)代入式(4-10)得：

$$C = \begin{cases} (c_{su} + w_0 c_w)\rho_d & T \geqslant -\theta_f \\ \rho_d c_{sf} + \rho_d c_i w_0 + \rho_d(c_w - c_i) \cdot w_0 \theta_f^b(-T)^{-b} & T < -\theta_f \end{cases} \tag{4-14}$$

对于导热系数，只考虑冻融状态，取平均含水率下的试验结果，则有：

$$k_x = k_y = \begin{cases} \lambda_u & T \geqslant -\theta_f \\ \lambda_f & T < -\theta_f \end{cases} \tag{4-15}$$

至此，将式(4-14)，式(4-15)代入式(4-9)的参数项，即可得等效热学参数随温度变化的函数表达式，如下：

$$C(T) = \begin{cases} (c_{su} + w_0 c_w)\rho_d & T \geqslant -\theta_f \\ \rho_d c_{sf} + \rho_d c_i w_0 + \rho_d(c_w - c_i) \cdot w_0 \theta_f^b(-T)^{-b} + L \cdot w\theta_f^b \cdot b \cdot (-T)^{-(b+1)} & T < -\theta_f \end{cases} \tag{4-16}$$

$$\beta_x(T) = \beta_y(T) = \begin{cases} \lambda_u & T \geqslant -\theta_f \\ \lambda_f + LD \cdot w_0 \theta_f^b \cdot b(-T)^{-(b+1)} & T < -\theta_f \end{cases} \tag{4-17}$$

图4-34所示路基几何模型中各层材料所对应的参数分别见表4-17。

青藏公路路基模型各层材料对应参数表 表4-17

材　料	砂砾与碎石土	含卵石中细砂	含砾亚黏土	强风化泥岩
干密度 ρ_d(kg/m³)	1 800	1 700	1 300	1 500
初始含水量 w_0(%)	25	30	30	30
融土骨架比热 c_{su}(J/kg·℃)	0.79×10^3	0.84×10^3	0.84×10^3	0.84×10^3
冻土骨架比热 c_{sf}(J/kg·℃)	0.71×10^3	0.73×10^3	0.75×10^3	0.75×10^3
水的比热 c_w(J/kg·℃)	4.182×10^3	4.182×10^3	4.182×10^3	4.182×10^3
冰的比热 c_i(J/kg·℃)	2.09×10^3	2.09×10^3	2.09×10^3	2.09×10^3
融土导热系数 λ_u(W/m·℃)	1.919	1.95	0.87	1.47
冻土导热系数 λ_f(W/m·℃)	1.980	2.69	1.22	1.82
水分扩散系数 D(m²/s)	9.35×10^{-6}	4.66×10^{-5}	3.73×10^{-4}	3.44×10^{-6}
冻结温度 $-\theta_f$(℃)	-0.20	-0.10	-0.19	-0.05
水的冻结融化潜热 L(J/kg)	334.56×10^3	334.56×10^3	334.56×10^3	334.56×10^3
经验系数 b	0.610	0.7325	0.5740	0.4735

二、填土路基温度场模拟分析

在多年冻土区修筑公路，提高路基高度是防止路基冻胀或融沉破坏的一种简单易行、效果较好的方法。多年冻土天然上限附近的细颗粒土或是有一定量细颗粒土填充的粗颗粒土中往往存在着厚层地下冰，对温度变化极其敏感，融化后压密变形量则十分可观。修筑路堤后，增大了路堤顶部与地下水和地表水间的距离，从而可减小冻结过程中水分向路堤上部聚集的数量，使冻胀和翻浆的可能性减小，程度变弱。同时提高路基高度可使得从冻土上限附近的地下冰到路面的垂向距离更大，热流从路面向地中传递过程中热阻增大，因而原上限处地温年较差减小，到达原上限处的热流变小，冻土天然上限处对于气候变化的反应就更迟缓，从而更有利于地下冰的保护。另一种增大热阻，减小气候变化对多年冻土上限，尤其是阳坡方向冻土上限影响的方法是在路基的阳面一侧设置保温护道，同时保温护道可减少因人为活动的对路基坡脚及附近天然地表的破坏，阻止路基侧向地表积水渗入基底。在力学特征上保温护道对路边坡产生反压，防止路肩滑塌。

无论是改变路堤高度、边坡坡度及是否设置保温护道，都是在不同程度的改变路基横断面的形式，从数值传热学的角度来看，则是在改变计算区域的几何形状。那么从道路工程的角度来说，究竟哪种断面形式，既能满足在道路运营期内保护多年冻土上限的要求，又能把工程造价降到最低。在综合分析不同断面形式对路基温度场影响规律的基础上，从以下几个方面进行进行讨论。

(1)比较砂砾路面与沥青路面对路基温度场的影响；

(2)在固定边坡坡度，无保温护道的情况下，路基高度对温度场的影响；

(3)在固定路基高度，无保温护道的情况下，宽幅路基对路基温度场的影响；

(4)在一定路基高度，无保温护道的情况下，边坡坡度对路基温度场的影响；

(5)在路基高度与边坡坡度都固定的情况下，设置保温护道对路基温度场的影响。

1. 不同路面条件对路基地温特征的影响

按现行《公路工程技术标准》(JTG B01—2003)，高等级公路的路面结构一般采用沥青路面或水泥混凝土路面。这两种路面结构作为封闭型表面均具有不透气也不透水的特征。在寒区公路工程的应用中，沥青路面或水泥混凝土路面强烈的吸热与阻滞蒸发的作用，对其下伏多年冻土地基极为不利。1979～1985年青藏公路科研组进行了不同路面条件对路基地温影响的研究，其结果表明沥青路面下年平均地温较砂砾路面高约3～4℃。这两种路面条件也在一定程度上反映了多年冻土区公路工程与铁路工程表面效应的差异。

利用前节所述几何模型及其物理参数，运用有限元数值计算方法模拟路基温度场，试图揭示沥青路面与砂砾路面对冻土路基地温特征的影响规律。

沥青路面上边界条件选择表4-16中的路中的地温曲线参数，而砂砾路面的上边界条件选择路肩的地温曲线参数。首先在路面、边坡及天然地表上分别施加不考虑气候变暖的温度边界条件，将地中热流 $q = 0.06w/m^2$ 作为模型的下边界条件，通过一定时间的数值计算，图4-34所示路基的计算模型内温度场已达到动态平衡状态，将这一温度场作为后续计算的初始温度场。保持计算模型及其物理参数，将其上边界的温度边界条件中加入气候变暖项，下边界条件不变，在沥青路面与砂砾路面条件下分别模拟20年。对于这20年的模拟结果及规律，从以下三个方面分别进行讨论。

(1)不同路面对人为上限及融化盘的影响

多年冻土区道路工程中，路面条件的差异将会导致气候与多年冻土地基之间的热量收支状况明显不同，进而致使多年冻土路基地温特征的不同。

图4-35描述了不同路面与气候条件下的沥青路面与砂砾路面下，人为上限随时间的变化

规律。从图 4-35 中,可以看出沥青路面人为上限大约分布在 6 ~ 7m,而砂砾路面大约分布在 4 ~ 5m。模拟结果表明,砂砾路面下 20 年间人为上限的平均值较沥青路面抬升约 2.3m。另外针对两种路面结构人为上限变化率也略有差异,沥青路面的融化速率约为 0.0369m/a,略高于砂砾路面的 0.0315m/a。

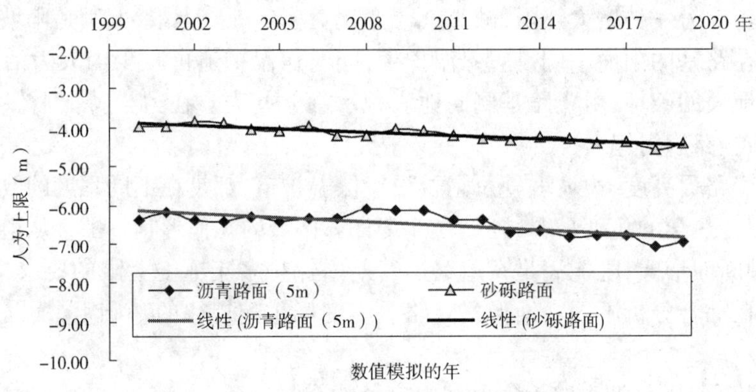

图 4-35　两种路面条件下人为上限随时间的变化

两种路面结构下人为上限差异的另一种结果是路基下融化盘形态的不同。图 4-36 描述了数值模拟的 2010 年两种路面下最大融深的分布,如图 4-36 所示。在 2010 年沥青路面下明显形成宽度达 7.5m 深度达 1.27m 的凹形融化盘。此类融化盘在高含冰量多年冻土区极易形成路基凹陷、沉陷等病害。相对而言,在路基高度相同的条件下,由于砂砾路面吸热能力较弱,透气能力较强的特性,它能有效改善地基的地温状况,致使路基内无法形成类似于沥青路面下的融化盘形态,人为上限还略有抬升。因此,砂砾路面下路基病害发生几率则大大减小,路基运行的安全性也会相应的大大提高。

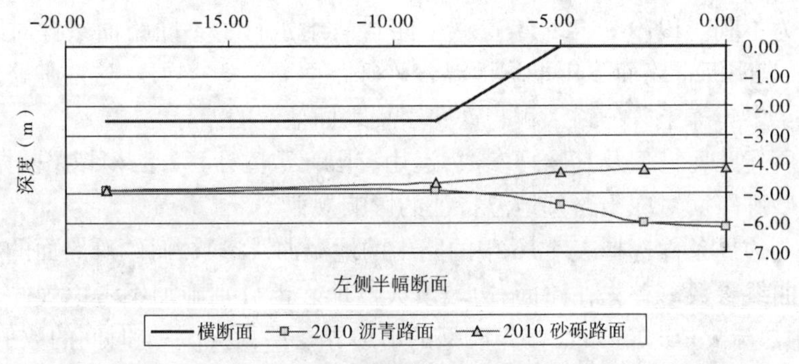

图 4-36　两种路面下融化盘形态的对比

对于多年冻土区的铁路工程而言,正好可以利用铁轨道渣层的热吸收率低与透气的特征改善路基内融化盘形态,从而提高路基的稳定程度。然而对于公路工程而言,砂砾路面作为低等级的路面形式,毕竟无法满足现代高等级公路建设的需求。因此,由于铁道工程与公路工程表面条件的差异也造成了多年冻土区两类道路工程建设的诸多不同之处。

(2)不同路面对路中年平均地温的影响

冻土年平均地温也是反映多年冻土敏感性与稳定性的重要指标,它能有效反映在一定地质、自然地理条件下,冻土层的热量收支状况。图 4-37 反映了两种路面地温年平均值随深度的变化关系。从图4-37中可以看出由于沥青路面的强吸热作用，造成附面层底年平均温度较高致使年变化深度内的平均温度梯度表现出较砂砾路面下更强烈的吸热作用。然而天然地表下的平均温度梯度则均为负值，即表现为放热作用。这主要是由于低温区天然状态下地表平均地温较低所致。从路中及天然状态下平均地温的变化规律中，不难看出对于所讨论的路基几何模型整体而言，路面吸收的热量是路基平均地温升温的主要原因。

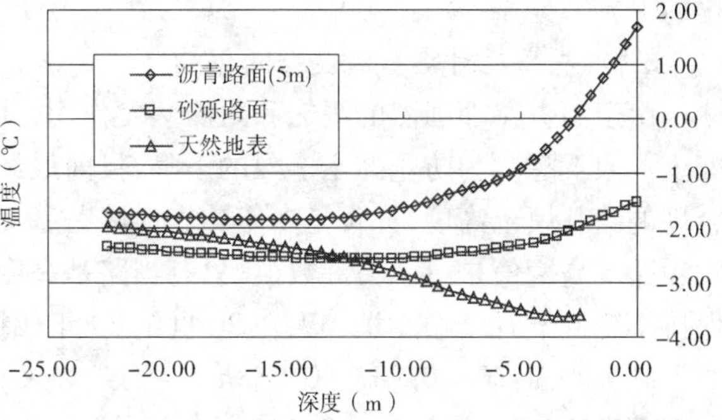

图4-37　不同路面条件下地温年平均值随深度的变化

(3)不同路面下路堤基底热量收支的比较

图4-38描述了路堤基底垂直方向平均热流密度从路中到左侧坡脚下的变化规律。图中 B 区域下部边界线与 D 区域上部边界线构成了沥青路面下路堤基底热流密度的变化趋势，而 A,C 区域下部边界线与 E 区域上部边界线构成了砂砾路面下路堤基底平均热流密度的变化趋势。图4-38中各阴影部分所围成的面积表示热量(单位为 W)，其中 A 与 B 的面积和表示沥青路面下路堤基底0～-6.02m范围内平均每年吸收的热量，为-184.5W，而 D 与 E 的面积和表示沥青路面下路堤基底-6.02～-8.75m范围内平均每年所放出的热量，为81.6W(吸热为负，放热为正)。同样 A,C 的面积和为砂砾路面下路堤基底0～-7.46m范围内平均每年吸收的热量，为-91.7W，E 的面积代表-7.46～-8.75m范围内平均每年放出的热量，为30.5W。由此可知，沥青路面平均每年吸收的热量约有102.9W通过路堤基底传入下伏地基，而砂砾路面约有61.2W的热量传入下伏地基。可见，在路堤高度与宽度相同的条件下，沥青路面平均每年的吸热能力较砂砾路面强1.68倍。实际上通过路面传入路堤的热量，一部分通过基底传人地基，另一部分则通过边坡横向扩散了。

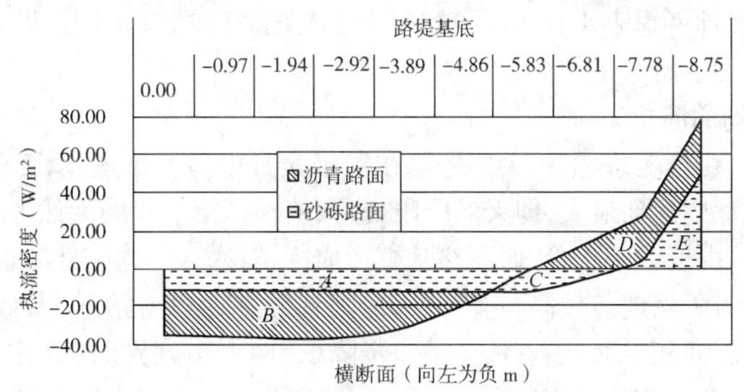

图4-38　两种路面条件下路堤基底垂直方向平均热流密度

对所模拟的路基与地基而言，年均吸收的热量主要来源于路面，地中热流虽然也有所贡献，但相比较则可忽略。每年平均吸收的热量主要消耗于三个方面：第一，用于多年冻土层的土体升温；第二，用于横向扩散；第三，通过天然地表面和部分坡面放出。由此可见，如果地面或坡面透气性较差，每年通过它释放的热量越少，则多年冻土层吸收的热量越多，土体升温速率越大，即加快了多年冻土的退化速度。横向扩散的强度，则主要取决于路基周边分布多年冻土的地温特点,年均地温越低则扩散速度越快,反之地温越高则扩散速度越慢。

综上所述,由于沥青路面强烈的吸热与阻滞蒸发的作用,造成沥青路面下多年冻土的生存条件较砂砾路面更差。这两种路面结构也在一定程度上反映了多年冻土区铁道工程与公路工程的差异。

2. 路基高度对路基温度场的影响

由于沥青路面强烈的吸热和阻滞蒸发作用,使冻土路基温度场发生剧烈变化,土温升高,冻土上限下降。为防止冻土上限的下降,目前最经济的方法是抬高路基高度。如何确定安全、合理的路基填土高度,一直是多年冻土地区路基工程研究的重要课题之一。冻土路基设计中,临界路基高度值是一个关键数值,只有当路基高度大于或等于临界高度时,才能保证冻土上限保持不变或上升。喻文学等人在20世纪80年代提出了路基临界高度的经验公式:

砂砾路面:$H_0 = 0.933 - 0.088h_{天}$

沥青路面:$H_0 = 2.16 - 0.38h_{天}$(气温 $-6.0 \sim -7.5$℃)

$H_0 = 2.50 - 0.44h_{天}$(气温 $-4.5 \sim -5.5$℃)

式中:H_0——路基临界高度(m);

$h_{天}$——冻土天然上限(m)。

利用前述模型参数,以数值计算的方法模拟路基温度场,试图揭示路基高度对冻土路基温度场的影响规律,并讨论路基临界高度及合理高度。

取图4-34所示几何模型作为路基的计算模型,首先在路表(HA)、边坡(AB)、天然地表(BC)等上边界上分别施加不考虑气候变暖的温度边界条件(即表4-16中不考虑c_0项),将地中热流$q = 0.06w/m^2$作为模型边界(DE)的下边界条件。路基高度分别选择为0.5m、1.0 m、1.5m、2.5 m、3.5 m、4.5 m和5.5 m等七种情况,边坡坡度均取为1:1.5,通过一定时间的数值模拟计算,图4-34所示路基的计算模型内温度场已达到动态平衡状态,将这一温度场作为后续计算的初始温度场。保持计算模型及其物理参数,将上边界HA、AB、BC的温度边界条件中加入气候变暖项(即考虑表4-16中c_0项),下边界条件不变,在不同的路基高度条件下分别模拟20年,其结果如下。

(1)路基温度场的演化

模拟结果表明,在自然条件下,天然地基在每年5月中旬开始融化,冻融两相界面向下移动,在10月初融化深度达到最大,即天然上限处,数值模拟第一年的天然上限为1.92m。此时对于低路基,在路基内形成融化盘,而高路基则形成冻结核,天然地表此时也开始回冻,由于路面及边坡的地温相对天然地表较高,它们的回冻则有所滞后,发生在10月底。从11月初开始路基内形成两个冻融两相界面,随着地温进一步降低,两个冻融界面也在逐渐收缩,直至完全冻结。次年4月中旬路面下开始融化,全断面开始融化则发生在5月中旬。图4-39~图4-41分别是路基高度的1.0 m、2.5 m、4.5 m的路基横断面在不同融冻期的温度场分布。

根据对青藏公路沿线多年地温观测资料分析,路面及天然地表以下0.5m处年平均地温的升温速率为0.04 ℃/a。这主要是全球气候变暖的大背景影响的结果,这一情况的持续将会导致青藏高原多年冻土逐步退化,低温冻土区冻土上限下移。

青藏高原气候效应的必然结果是路基或地基土体升温,但不同深度处的地温升温速率不同。图4-42描述了不同高度路基内路中增温速率随深度的变化关系,其深度值从计算模型的

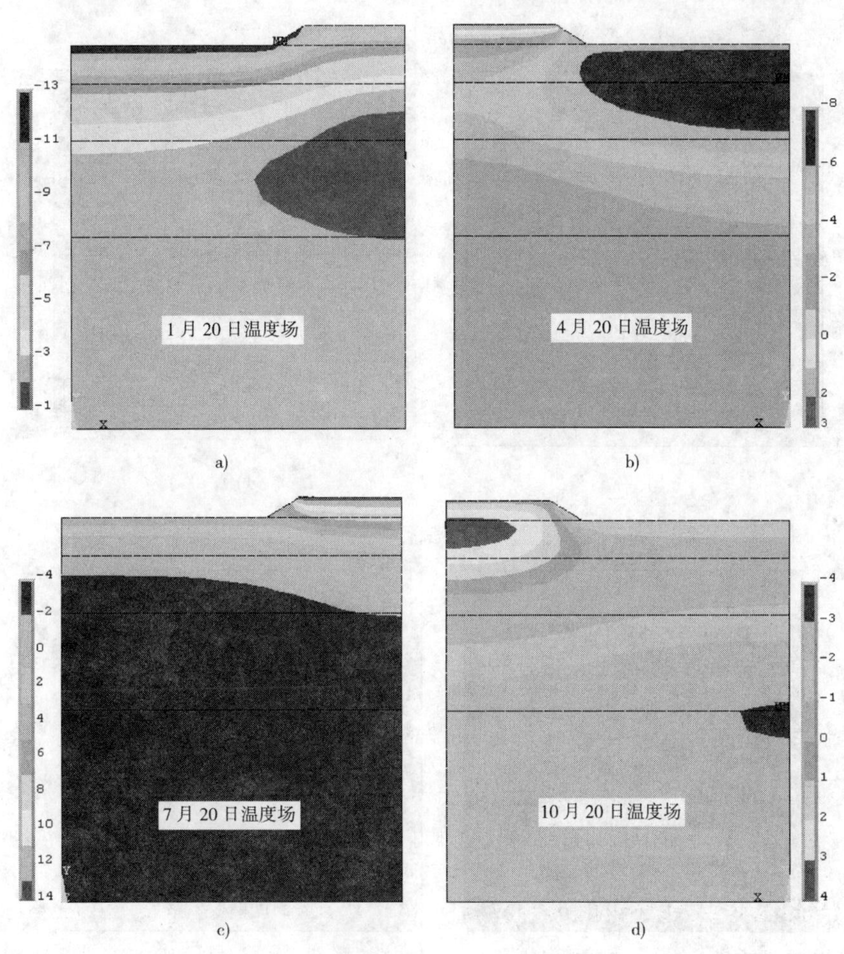

图4-39 路基高度为1.0m时路基温度场

a)1月20日;b)4月20日;c)7月20日;d)10月20日

路面边界开始起算,可以看出不同高度的路基内年升温速率在5.5~6.5m间,均出现了明显的极小值点。这一极值点出现的深度,刚好分布在路中人为上限随时间的变化区间内。可以相信路基内地温的年升温速度在季节融化层与在多年冻土层表现出不同的规律。从图4-42中可以看出,在季节活动层随着深度的增加,年地温年升温速率在逐渐减小,即每当深度增加1m,地温年升温速率约降低0.0031(℃/a);进入多年冻土层以后,气候效应的影响则明显缓和,与季节活动层相衔接的冻土层内,地温年升温速率随深度增加略有增大,进入下伏稳定多年冻土层以后,地温年升温速率则趋于稳定,稳定值约为0.027℃/a。

气候效应造成路基土体升温,势必导致多年冻土上限下移。冻土上限即天然上限与人为上限,前者是指在自然地表条件下,多年冻土区最大季节融化深度;而后者是指由于人为原因引起的,在最大融化季节时,季节融化层的厚度。显然两者与年平均地温关系密切,当年均地温升高时,冻土上限也会随着改变。表4-18列出了不同高度路基在计算第一年的天然、人为上限及其年变化率。

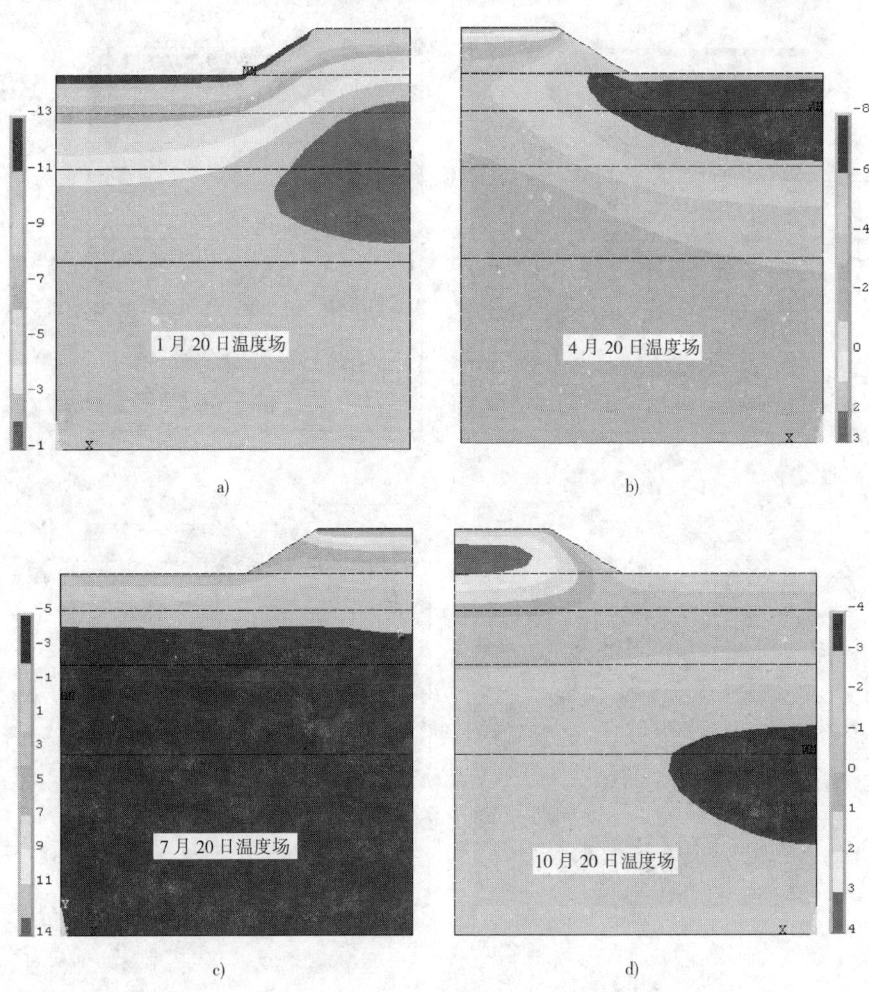

图 4-40　路基高度为 2.5m 时路基温度场

a)1 月 20 日;b)4 月 20 日;c)7 月 20 日;d)10 月 20 日

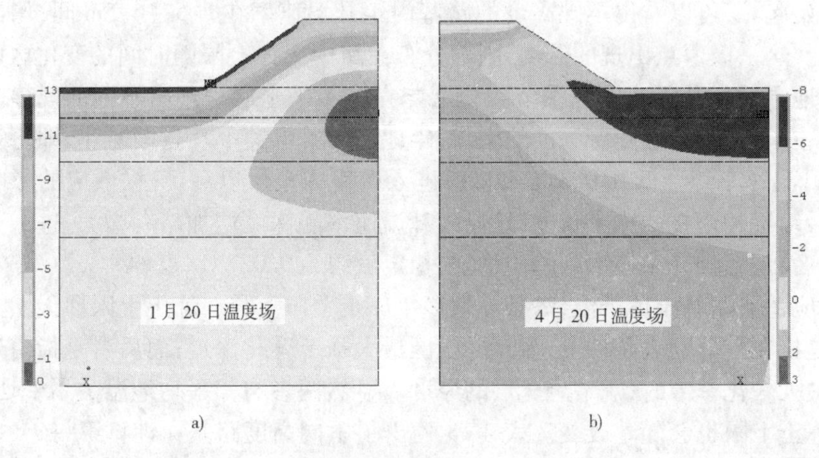

图　4-41

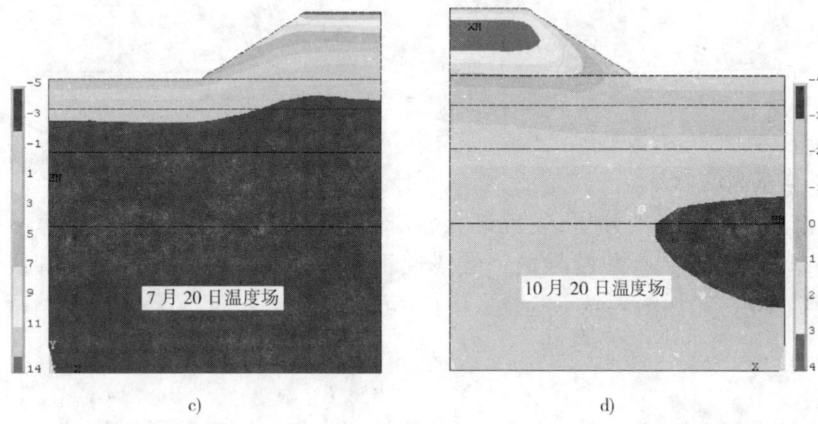

图4-41　路基高度为4.5m时路基温度场

a)1月20日;b)4月20日;c)7月20日;d)10月20日

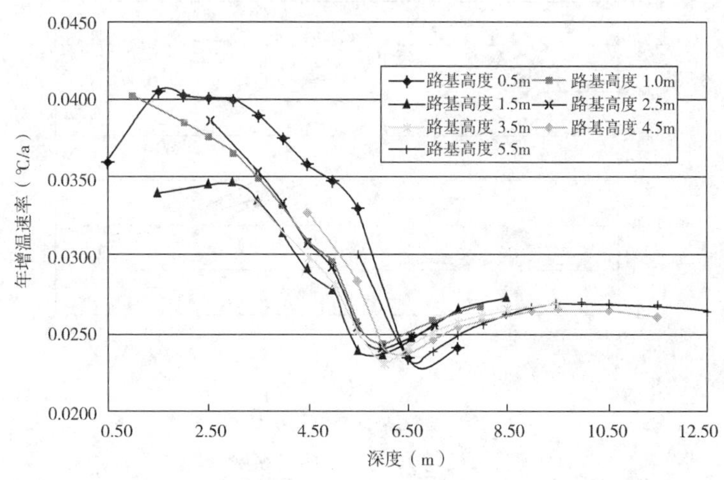

图4-42　不同高度的路基内路中增温速率随深度的变化

计算第一年的天然、人为上限及其年变化率　　表4-18

路基高度(m)	0.5	1.0	1.5	2.5	3.5	4.5	5.5
人为上限(m)	5.15	4.93	4.87	4.95	5.03	5.14	5.65
年变化率(m/a)	0.0573	0.0438	0.0393	0.0415	0.0547	0.0467	0.0391
天然上限(m)	2.01	2.01	2.01	2.01	2.01	2.01	2.01
年变化率(m/a)	0.0232	0.0252	0.0232	0.0232	0.0232	0.0232	0.0232

从表4-18中数据可以看出冻土上限受气候变化的影响较为明显,各高度的路基人为上限深度每年约下移4~6cm,天然上限每年约下移2~3cm。

(2)低温多年冻土区路基临界高度与合理高度

为分析问题的方便,引入最大相对融深的概念。所谓最大相对融深是指最大融化季节时,路面以下冻融两相界面处距未填筑路堤前原天然地表的距离,也就是说最大相对融深应等于人为上限与路基高度的差值(如图4-43所示),用公式表达为:

$$H_r = H_a - H \tag{4-18}$$

式中：H_r——最大相对融深(m)；

H_a——人为上限(m)；

H——路基高度(m)。

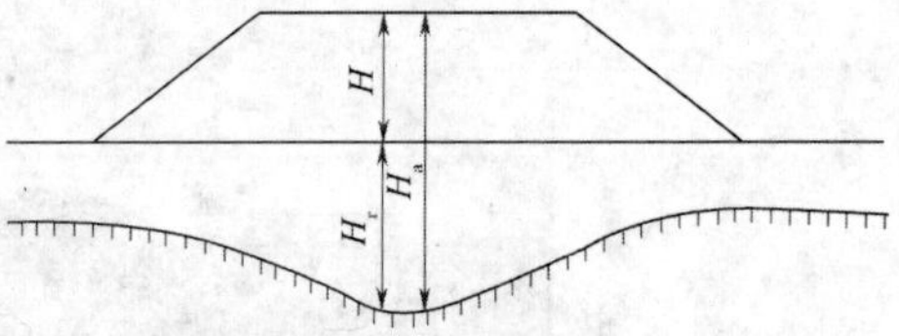

图 4-43　最大相对融深、人为上限与路基高度的关系

通过对数值模拟结果的分析，发现最大相对融深(H_r)与路基高度(H)具有非常强的一维线性相关性，即随着路基高度增加，最大相对融深(H_r)呈线性减小趋势(如图 4-44 所示)。因此，可假设最大相对融深(H_r)与路基高度(H)之间满足一维线性关系为：

$$H_r = a \cdot H + b \tag{4-19}$$

式中：a,b——为与时间相关的常数，通过对数值计算结果的回归分析，得出模拟计算 20 年间的 a,b 值及 H_r 与 H 的线性关系数(R^2)如表 4-19 所示。

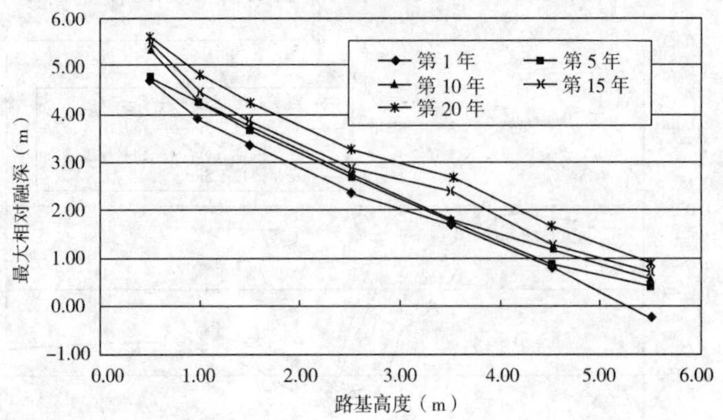

图 4-44　最大相对融深与路基高度的关系

a,b 值及 H_r 与 H 的线性相关系数(R^2)　　表 4-19

模拟的时间	a	b	R^2
第 1 年	−0.9332	4.9176	0.9924
第 2 年	−0.8811	4.8583	0.9856
第 3 年	−0.8739	4.8658	0.9838
第 4 年	−0.8825	4.9570	0.9858
第 5 年	−0.8962	5.0640	0.9895
第 6 年	−0.8948	5.0801	0.9888
第 7 年	−0.8972	5.1165	0.9874
第 8 年	−0.8941	5.1334	0.9866
第 9 年	−0.9180	5.3000	0.9742
第 10 年	−0.9157	5.3194	0.9721
第 11 年	−0.9183	5.3541	0.9700
第 12 年	−0.9170	5.3706	0.9697

续上表

模拟的时间	a	b	R^2
第 13 年	−0.9159	5.3990	0.9690
第 14 年	−0.9017	5.4376	0.9708
第 15 年	−0.9044	5.4812	0.9724
第 16 年	−0.9146	5.5651	0.9759
第 17 年	−0.9185	5.6404	0.9821
第 18 年	−0.9189	5.7103	0.9887
第 19 年	−0.9063	5.7242	0.9889
第 20 年	−0.9055	5.7625	0.9893

最大相对融深(H_r)是随着青藏高原气候变暖而动态变化的,在气候均匀变暖的情况下,H_r 表现出与时间具有一定的相关性,而这种相关性是通过式(4-19)中的 a,b 项联系的。图 4-45 描述的是 a,b 随时间的变化曲线,从图 4-45a)中可以看出随时间变化随机波动明显,线性回归拟合度也较差,且 a 值的变化差异相对较小,因此,可认为 a 与时间不相关,其值可取计算 20 年间的几何平均值,即:

$$a = -0.9054 \tag{4-20}$$

从图 4-45b)中可以看出,b 值与时间具有非常强的线性关系,与时间的回归拟合度为 98%。b 值与时间(t)的回归方程可表达为:

$$b = 0.0491 \cdot t + 4.7876 \tag{4-21}$$

式中:t 为年数(年)。

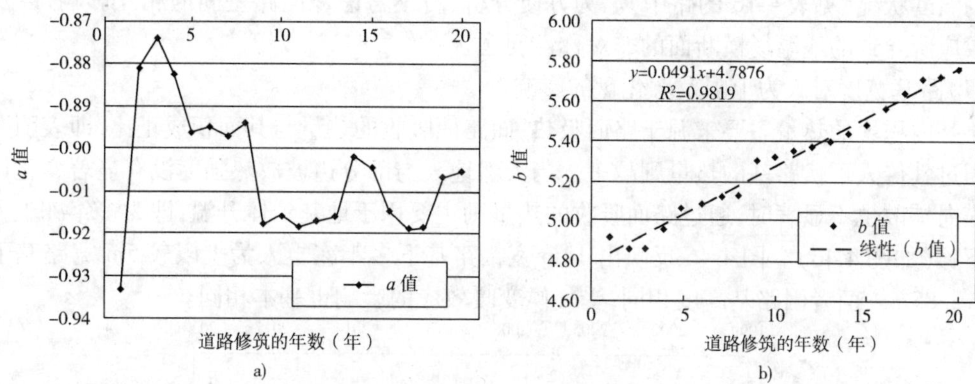

图 4-45　常数 a、b 随道路修筑年数的变化规律

a) a 随道路修筑年数的变化;b) b 随道路修筑年数的变化

至此将式(4-20)、式(4-21)式代入式(4-19)得:

$$H_r = -0.9054 \cdot H + 0.0491 \cdot t + 4.786 \tag{4-22}$$

进而将式(4-22)代入式(4-18)得:

$$H_a = 0.0946 \cdot H + 0.0491 \cdot t + 4.7876 \tag{4-23}$$

低温冻土区路基设计原则是保持多年冻土上限不变或上升。对于新建公路,在冻土路基设计中,只有当路基高度大于或等于临界高度时,才能保证这一原则的实施,这也是保证冻土

路基稳定的前提条件。当路基高度处于临界高度时,其人为上限由路基填土高度与天然上限深度两部分组成,即

$$H_a = H_0 + h_{天} \tag{4-24}$$

式中:H_a——人为上限(m);

H_0——临界路基高度(m);

$h_{天}$——冻土天然上限(m)。

联立式(4-23)与式(4-24)可得:

$$H_0 = 0.0542 \cdot t - 1.1045 \cdot h_{天} + 4.7876 \tag{4-25}$$

式中各参数意义同前。

式(4-25)是根据数值计算总结出来的半经验半理论公式,在年平均气温为-4.5℃~-5.5℃的低温冻土区具有普遍的适用性。

用式(4-25)反演80年代的新建路基临界高度为2.0m,与当时提出的经验公式的计算结果1.85 m,仅差0.15 m。当时提出的经验公式被实践证明是合理。

3. 宽幅路基对路基地温特征的影响

我国大部分多年冻土区均分布在经济不发达的农牧区,较差的交通基础设施严重制约了该类地区的发展。随着我国国民经济持续高速发展,在多年冻土区修建宽幅路面的高等级公路或高速公路逐渐提上了议事日程。显而易见随着路基路面的加宽,地基表面的吸热面也相应扩大,通过黑面路面,使多年冻土在与外界环境的热交换过程中将会吸收更多的能量。

按我国现行高速公路建设标准,双向四车道的路面宽度可达24m。在模拟计算中以12m的半幅路基进行计算,路堤边坡坡度为1∶1.5,路堤高度为2.5m,路面的温度边界选择沥青路面下的温度状况(见表4-16的路中)。为方便分析,暂不考虑双向路基间的相互影响,以及阴阳坡效应所导致的地温场横断面的非对称性问题。

(1)路基宽度对人为上限及融化盘的影响

路基内积聚的热量主要来源于路面吸热,而路面吸收的热量与其面积成正比,即表明路面越宽通过其传人下伏路基的热量则越多。当天然地表与部分边坡放热强度没有显著变化以及热量横向扩散也不显著时,通过路面吸收的热量则主要用于地基土体升温,即为多年冻土人为上限下移(如图4-46)。图4-46反映出12m宽幅路基下多年冻土人为上限较5m宽路基下移2.49~2.85m。两者因路基高度相同,受气候变暖效应的影响也基本相同。

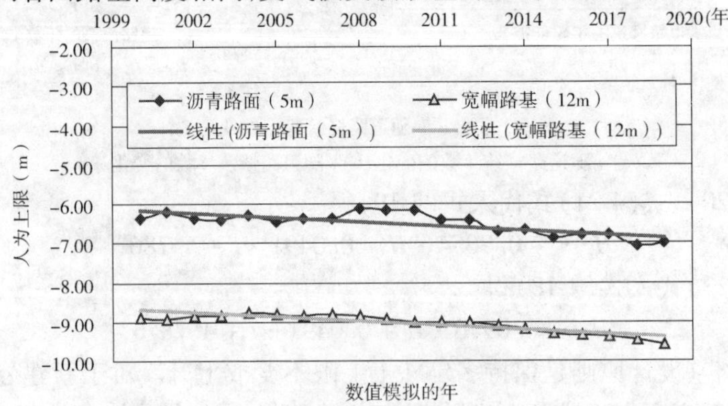

图4-46 两类路基下人为上限的比较

路基横断面方向人为上限的差异则表现了路基融化盘的分布形态。图4-47比较了5m与12m宽的路基在2010年其内融化盘的形态，可以看出随路基宽度的增加，其内融化盘的深度与宽度也相应增加（表4-20），并且融化盘深度增加的比例大于路基宽度增加的比例，而融化盘宽度增加的比例小于路基宽度增加的比例。即表明随着路基宽度的增加，路基内融化盘深度则增加的更快，而其宽度则变化的相对较慢。

5m与12m宽的路基内融化盘大小　　表4-20

路基宽度	融化盘深度（m）	融化盘宽度（m）	深度/宽度
5 m	1.27	8.70	0.146
12 m	4.05	15.80	0.256
比例（12m/5m = 2.4）	3.19	1.82	

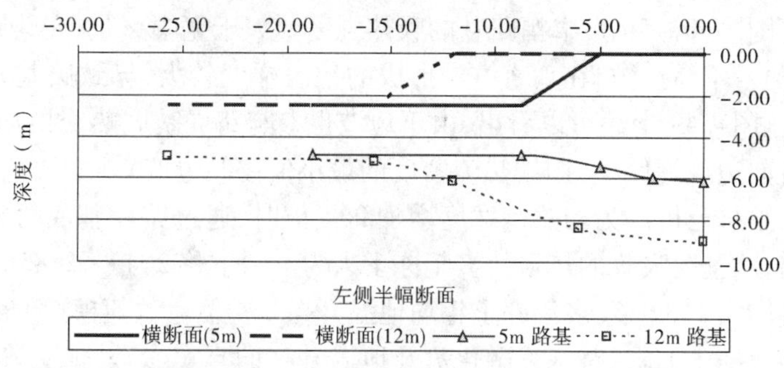

图4-47　两类路基下融化盘形态的对比

（2）路基宽度对路中年平均地温的影响

因宽幅路基吸热面较大，整体路基内积聚的内能也相应较大，路基下伏多年冻土层的平均温度较窄幅路基约高出1℃（如图4-48）。从图4-48中不难看出在同等边界条件约束下5m路基下的多年冻土年均地温为-1.80℃，属于低温冻土范畴，而12m路基下的多年冻土年均地温为-0.75℃，则已属于较危险的高温冻土的范畴。由此可见，路基宽度尤其是黑色路面的宽度对多年冻土的影响十分显著。

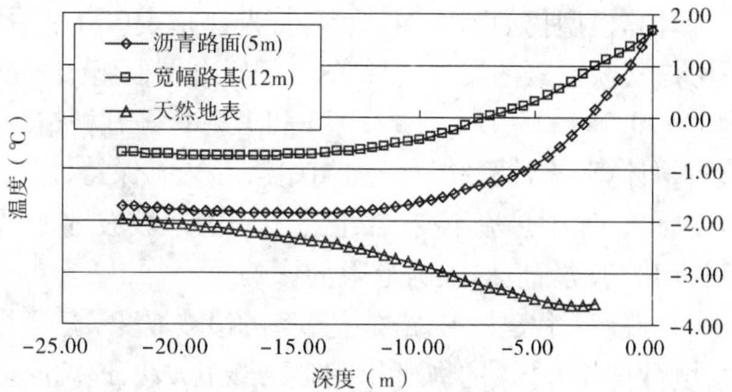

图4-48　不同路基宽度下地温年平均值随深度的变化

（3）不同路基宽度的路堤基底热量收支的比较

5m宽路基与12m宽路基的路堤基底垂直方向的年均热流密度，从路中到左侧坡脚下的变化规律如图4-49所示。图4-49中A、B的面积之和，为平均每年通过5m宽的路堤基底吸收的热量，D为放出的热量；A、C的面积之和，为平均每年通过12m宽的路堤基底吸收的热量，E为放出的热量。数值模拟得知5m宽路堤基底平均每年吸收的热量为-184.5W，而放出的热量为81.6W，即通过该路基基底平均每年净吸收102.9W的热量；对于12m宽路堤基底平均每年吸收的热量为-255.8W，放出的热量为61.4W，净吸收的热量为194.4W。由此可见当路

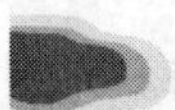

基宽度增大2.4倍时,通过路堤基底吸收的热量则增大1.9倍。

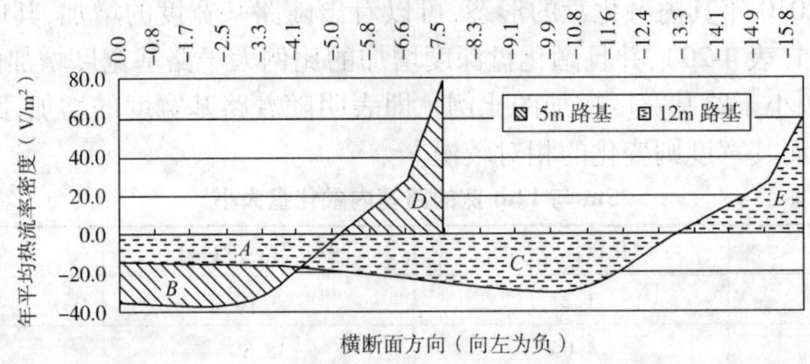

图4-49 不同路基宽度下路堤基底垂直方向年均热流密度的对比

在路中一定范围内(0~5m),窄幅路基的吸热强度要大于宽幅路基,究其原因是因为路基宽度较窄,吸收的热量不易扩散,在垂直方向形成的地温梯度较大,导致路基垂直方向的热流密度较大。另外,从图4-49中还可以看出,由于边坡也参与路堤基底热交换作用,致使基底热交换最强烈的位置向边坡侧偏移(图中热流密度的最小值偏向边坡)。

对数值模拟的结果分析认为当路基宽度增加2.4倍时,通过路堤基底每年平均吸收的净热量则增大1.9倍,路基内吸收的热量使多年冻土人为上限下移2.49~2.85m,融化盘厚度增大3.19倍,其宽度增大1.82倍,多年冻土年均地温升高2.4倍。数值模拟的结果虽不能真正反映路基加宽后多年冻土上限、路基下融化盘及地温升高的真实参数,但它表明,在多年冻土区修建高等级公路,由于路面宽度的增加会导致冻土路基内热量积累更加严重。

4. 边坡坡度对路基温度场的影响

计算模型仍如图4-34所示,首先在路表(HA)、边坡(AB)、天然地表(BC)边界上分别施加不考虑气候变暖的温度边界条件,DE边界上施加地热流$q=0.06\mathrm{W/m^2}$。边坡坡度分别选择为1:1.0、1:1.25、1:1.5、1:1.75和1:2.0等五种情况,路基高度均取为1.5m,通过10年的数值模拟计算,将计算结果作为初始温度场。保持计算模型及热学参数,将上边界条件中添加气候变暖项,地中热流不变,在上述不同的边坡坡度下再分别模拟20年。

(1)边坡坡度对人为上限的影响

在道路工程建设中,路堤或路堑的边坡坡度一般根据当地的工程地质与水文地质条件,路基高度,填料或当地土质的物理力学性质,施工方法,地貌形态等因素,并结合自然稳定山坡形式及力学分析方法综合确定。我国行业标准规定,道路边坡坡度一般取1:1.5~1:1.75。在多年冻土区富冰冻土、饱冰冻土和含土冰层上修筑路堤时,若细粒土层中天然含水率较高,一般将边坡坡度放缓到1:1.5~1:2.0,这是从力学稳定性来考虑的。在多年冻土区,尤其在低温冻土区路基设计的原则,首先是保护冻土,对于放缓路基边坡而言,一方面不仅在力学上增强了路基稳定性,同时由于边坡土体的加厚,使热阻增大,对保护冻土有利;但另一方面,放缓边坡无疑又增大了受热面,而边坡土体温度一般较天然地表高,导热性能也较天然地表好,对保护冻土又不利。

图4-50描述了人为上限随边坡坡度的变化规律,可以看出在边坡从1:1.0至1:2.0的变化范围内,随着坡度的变缓路中人为上限则越大,即年最大融化深度越大,并且两者之间具有较好的一维线性关系,人为上限对边坡坡度的变化率(上限的变化除以坡度的变化)如表4-21所示。从表4-21中数据可知,边坡对人为上限的影响是不显著的,对于多年冻土区的道路工

程而言，边坡坡度不应作为考虑路基热稳定性的主要影响因素。

不同坡度下的人为上限值(单位:m)　　表 4-21

时间 \ 边坡坡度	1:1.0	1:1.25	1:1.5	1:1.75	1:2.0	上限变化率
第 1 年	5.06	5.07	5.09	5.09	5.11	0.05
第 5 年	5.15	5.17	5.19	5.22	5.23	0.08
第 10 年	5.27	5.28	5.29	5.30	5.31	0.04
第 15 年	5.36	5.37	5.39	5.43	5.47	0.11
第 20 年	5.48	5.50	5.53	5.54	5.55	0.09

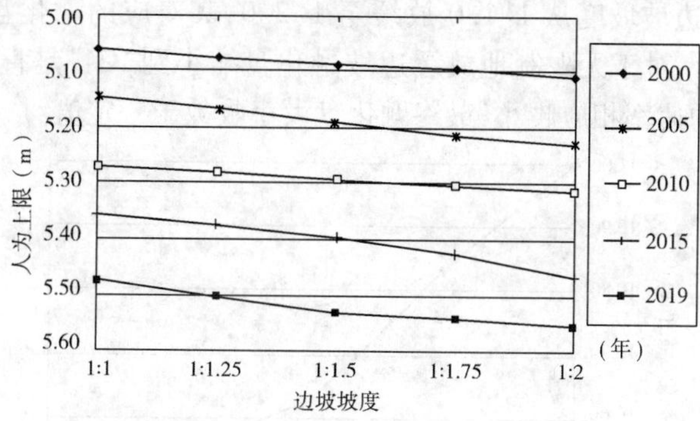

图 4-50　路中人为上限随深度的变化

(2)边坡坡度对年平均地温的影响

图 4-51 描述了路中不同深度处的年平均地温随坡度的变化，可以看出，坡度越缓地基土体的年

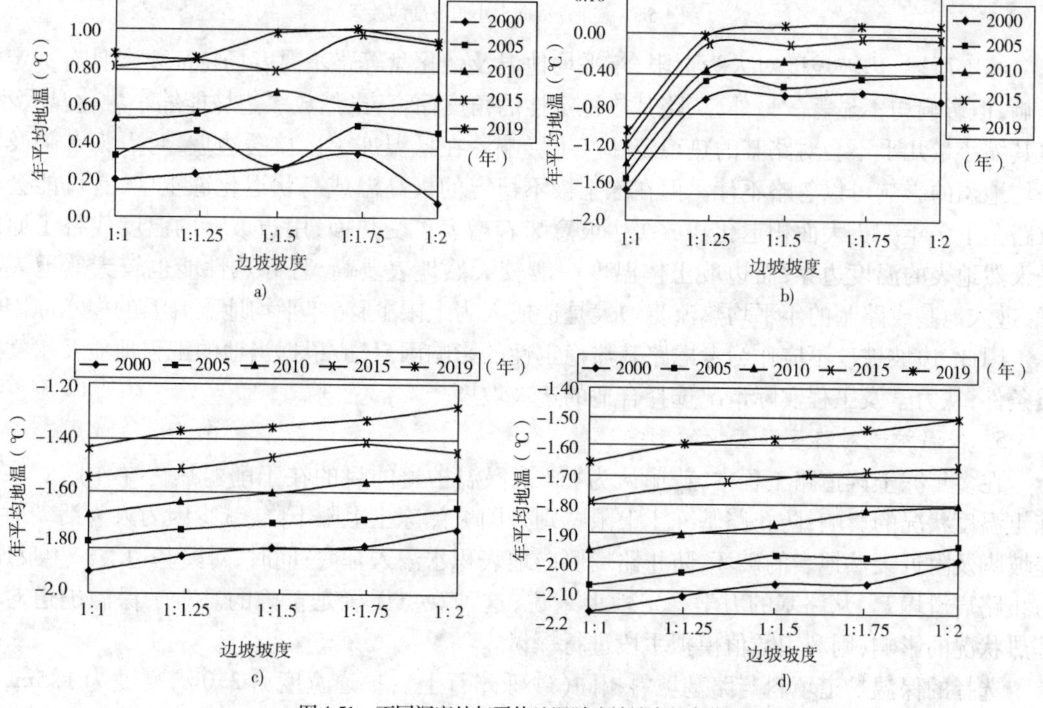

图 4-51　不同深度处年平均地温随边坡坡度的变化

a)1.5m 深度处；b)4.0m 深度处；c)6.0m 深度处；d)8.5m 深度处

平均地温明显有升高的趋势。这种趋势在多年冻土层表现的更为突出〔如图4-51c)、图4-51d)〕,当边坡由1:1.0放缓至1:2.0时,多年冻土层的年平均地温约升高0.1~0.2℃。这一数值不至于威胁到低温或连续分布的高温冻土区的路基稳定性,但它对极高温冻土区或濒临退化的岛状冻土区则是不容忽略。因此,在极高温冻土区或濒临退化的岛状冻土区,不能用放缓边坡来保护冻土。

(3)边坡坡度与路基下伏融化盘的关系

对多年冻土地区的路基而言,只有当路基高度低于临界高度时,路基下才会发育融化盘。为探讨融化盘的大小与边坡坡度的关系,选择路基高度为1.5m(小于路基临界高度)。图4-52描述了融化盘大小随边坡坡度的变化关系,可以看出融化盘随坡度放缓而减小,基本上具有较好的线性关系,当边坡坡度从1:1.0放缓至1:2.0,其对应的融化盘横向最大距离则从11.0m缩小到10.50m。对于无限制地放缓边坡融化盘缩小到"零"是肯定不会出现的,因为边坡越缓融化盘缩小的速率相应越小,最终融化盘大小收敛于一定值。

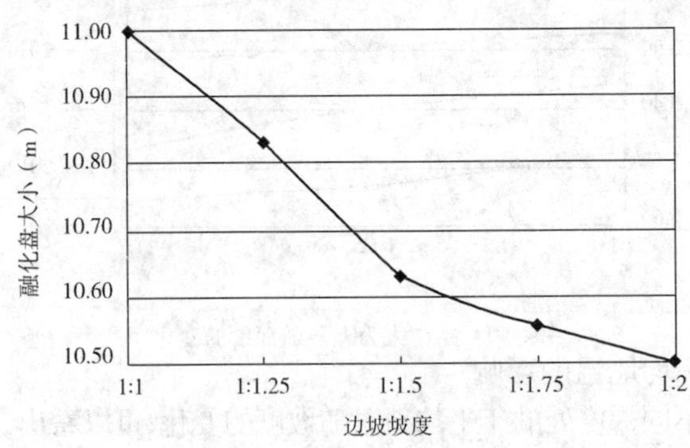

图4-52 融化盘横向大小与坡度的关系

综上所述,边坡坡度对人为上限、年平均地温及融化盘等路基温度场特征要素具有一定的影响,但影响均不显著。另外,从路基热稳定性的角度而言,虽然放缓边坡能缩小融化盘大小,但其缩小量几乎不会对路基的热稳定性产生影响。在低温冻土区放缓边坡,对人为上限及年平均地温的影响可以忽略不计。但在冻土极不稳定的极高温或岛状退化冻土区,有可能会导致路基下多年冻土大面积退化。放缓边坡意味着增大了受热面,用边坡上的温度代替了原应是天然地表的温度边界,而边坡土体温度一般较天然地表要高,且导热性能也较天然地表要好,进入地基或路基的年平均热流将增大是造成人为上限下移,年平均地温升温的根本原因。

因此,边坡坡度不应作为考虑路基热稳定性的影响因素,应根据当地的工程地质及水文地质条件,从力学及工程实际情况选择合适的边坡坡度。

5. 保温护道对路基温度场的影响

在多年冻土区道路工程中,普遍认为"修筑保温护道的目的在于削弱热传导作用对多年冻土温度状况的影响,防止路基冻土上限特别是阳坡侧冻土上限下降,减少因为人为活动对路堤坡脚及附近天然地表的破坏,防止路堤侧向地表积水渗入基底;同时,对路基边坡产生反压,防止路肩滑塌"。从路基的力学稳定性上来说,这种观点无疑是正确的。对于保温护道对路基热状况的影响,则利用数值模拟手段进行探讨。

选择的保温护道填料与路基填料相同(砂砾碎石土),护道宽度为2.0m,高度为1.5m,路基高度为2.5m,护道边坡与路基边坡相同均为1:1.5。地基土层及其物理参数与前文相同。

计算模型的上边界条件见表4-16所示,下边界的地中热流为0.06W/m²。

(1)有无护道路基温度场特征的比较

图4-53a)~图4-53d)分别描述了是否设置保温护道对每年1月20日、4月20日、7月20日和10月20日的路基温度场的影响。可以看出,设置保温护道以后,路基土体地温有所上升,在季节活动层这一情况表现不很明显,在多年冻土区低温等值线包围的范围明显收缩(或低温等值线向土体深处移动),均表明地温有不同程度的上升,路中的升温更加明显。

(2)有无护道路中年平均地温的比较

图4-54表明了有无保温护道的路中平均地温随深度的变化关系,可以看出有保温护道的路中年平均地温明显高于无保温护道的年地温,并且随着深度增大其差值更大(如图4-55所示)。

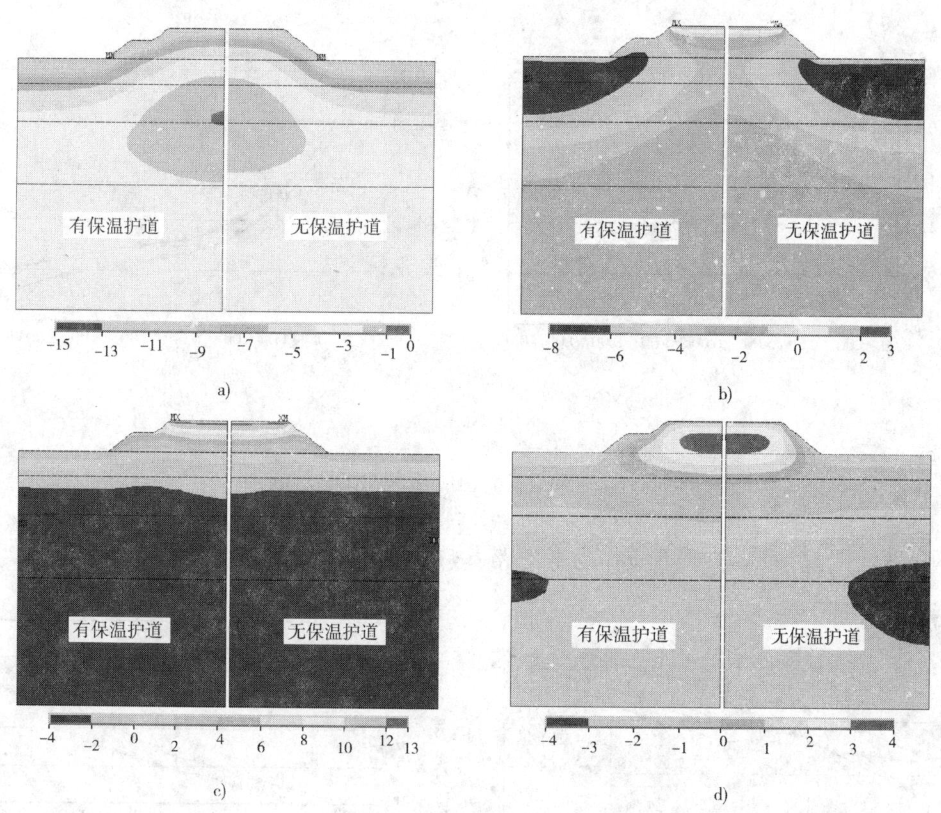

图4-53　不同日期路基温度场比较

a)1月20日;b)4月20日;c)7月20日;d)10月20日

由于修筑保温护道以后,改变了原有的天然地表条件,增大了受热面,当保温护道表面年均温度高于天然地表时,则使路中地温升高。

(3)有无护道对路基人为上限及融化盘影响的比较

当修筑保温护道以后,路中年均地温升高的另一结果是路中人为上限下移。从图4-56中可以看出,在道路修筑后的各年中,有护道的路中人为上限均大于无护道的路中人为上限,共差值在各年基本相等,即表明设置保温护道引起的人为上限差值与道路运营时间没有直接的相关性,两者对应的人为上限差值很小(平均为6.0cm),不足以影响路基稳定性。

保温护道对人为上限、年平均地温及融化盘等路基温度场特征要素具有一定的影响,但影响并不显著。因此,保温护道不应作为考虑路基热稳定性的影响主要因素。

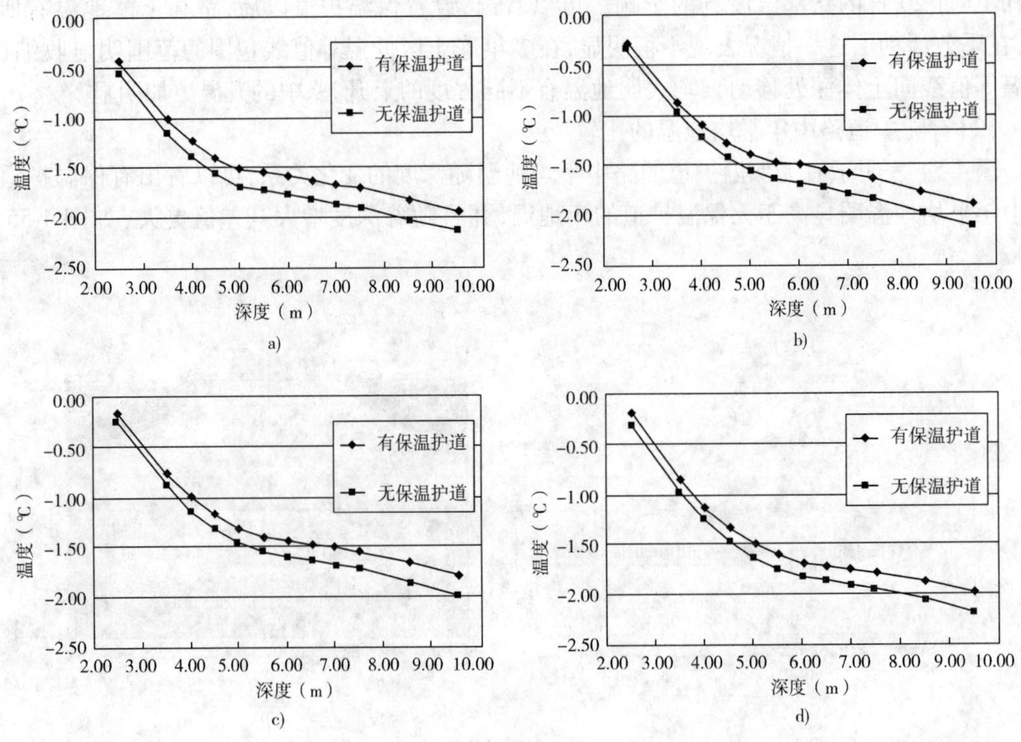

图4-54 不同年份有无护道路中地温与深度关系曲线

a)第1年;b)第5年;c)第10年;d)第15年

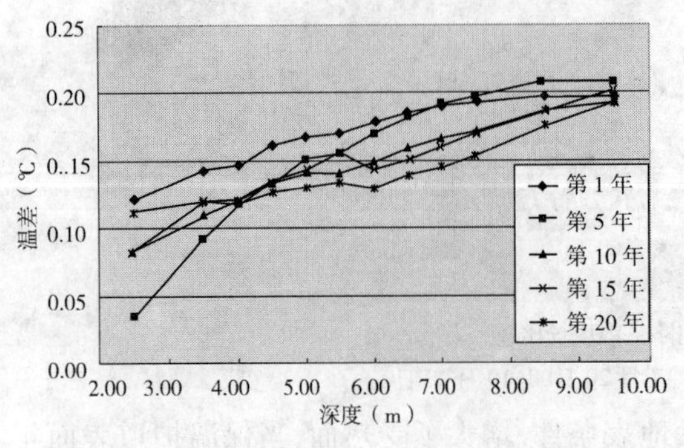

图4-55 有无保温护道的路中年均地温差值与深度的关系

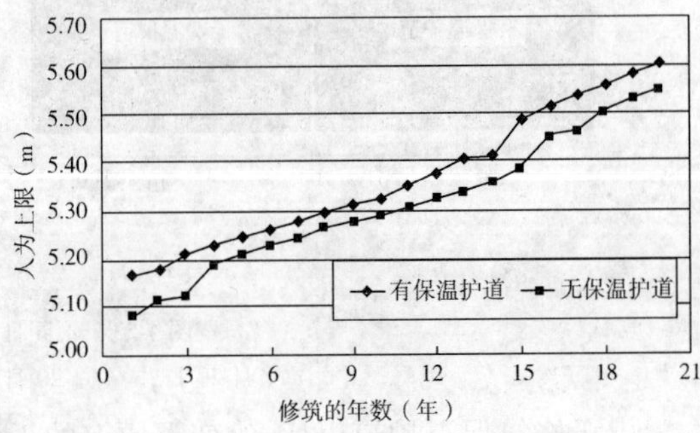

图4-56 有、无保温护道路中人为上限的比较

第五章　多年冻土区路基高度与横断面结构

第一节　多年冻土区路基高度

由于沥青路面强烈的吸热、封水作用，对多年冻土路基水热条件产生极大的影响，也是路基稳定极不利的影响因素。根据多年来的研究和工程实践，结合我国的具体条件，提高路基的填土高度是解决路基稳定性的较好途径。

一、多年冻土地区公路路基的临界高度

青藏公路科研组自1979年再度组建以来，通过对青藏公路已竣工路段沥青路面的大量调查研究，于1980年提出《青藏公路多年冻土地区沥青路面修筑路基高度问题》的成果报告，推荐沥青路面路基临界填土高度的计算公式为：

$$H_0 = 2.4 - 0.55h_{天} \tag{5-1}$$

式中：H_0——临界填土高度(m)；

$h_{天}$——多年冻土天然上限深度(m)。

按照式(5-1)编制了青藏公路沥青路面路基高度建议值(如表5-1所示)，并于1981年后用于青藏公路多年冻土区沥青路面的路基设计与施工中。

1981年保护冻土路基高度建议值　　表5-1

冻土类型	天然上限(m)	临界高度 H_0(m)	设计高度(m)	备　注
多冰冻土	>2.5	1.0	(0.6~0.7)H_0	河谷地带
富冰冻土	2.0~2.5	1.0~1.3	H_0	高平原地区
饱冰冻土	1.6~2.0	1.3~1.6	(1.1~1.2) H_0	高平原与河流阶地
含土冰层	>1.2~≤1.8	1.4~1.8	(1.2~1.3) H_0	山岭区
含土冰层	≤1.2	>1.8~2.0	(1.2~1.3) H_0	泥炭冻土岛

随着青藏公路多年冻土区沥青路面的路基施工的工程实践和研究工作的深入，在1981~1984年间青藏公路科研组又继续进行调查研究，并将调查范围扩大到唐南的安多段，同时对同类地区砂砾路面的路基填土高度也作了一定的探讨。根据近4年的调查勘探和观测资料的分析，提出了路基临界高度的两类经验公式及计算方法。

(1)根据天然上限计算

根据路基人为上限、天然上限与路基填土高度三者之间较好的线性关系，得出如下公式：

砂砾路面路基临界填土高度($H_{砂}$)：

$$H_{砂} = 1.0 - 0.15h_{天} \tag{5-2}$$

沥青路面路基临界填土高度($H_{沥}$)：

$$H_{沥} = 2.46 - 0.4h_{天} \tag{5-3}$$

由于当时青藏公路系在旧路基础上进行改进，勘探砂砾路面人为上限比较方便，因此当时为应用方便也导出了直接用砂砾路面人为上限计算沥青路面临界填土高度的计算公式：

$$H_{沥} = 2.61 - 0.496h_{砂人} \tag{5-4}$$

式中：$h_{砂人}$——砂砾路面人为上限。

唐南多年冻土因属高温冻土，采用式(5-2)~式(5-4)时，应乘以1.1~1.2的系数。

(2)根据融化指数计算临界高度

多年冻土地区路堤—地基体系的融化深度，取决于暖季的持续时间、地表温度、路基与地基土的热物理性质和路堤高度等因素的综合作用。当时根据标准地基(五道梁观测断面路基土为较单一的粗颗粒土，将其作为标准地基断面)的路基融深，提出适用任何地基条件任意填料的临界填土高度H_0：

$$H_0 = K_2(K_1h_{融} - h_{天}) \tag{5-5}$$

$$h_{融} = 1.39 + 0.239I_{砂} \quad 或 \quad h_{融} = 46.8 - 0.394H_{拔} - 0.699L_{纬} \tag{5-6}$$

$$K_1 = \sqrt{\frac{\lambda_1}{Q_1} \cdot \frac{Q}{\lambda}} \tag{5-7}$$

$$K_2 = \sqrt{\frac{\lambda_2}{Q_2} \cdot \frac{Q_1}{\lambda_1}} \tag{5-8}$$

上式中：$h_{融}$——标准地基的路基融深，可按式(5-6)计算；

$I_{砂}$——砂砾表面融化指数，单位为100℃·天；

$h_{天}$——当地天然上限；

K_1——利用标准地基路基融深计算当地路基融深的换算系数；

K_2——填料换算系数；

λ, Q——标准地基土的导热系数和相变热；

λ_1, Q_1——当地天然上限以内土的平均导热系数和平均相变热；

λ_2, Q_2——代换填料的导热系数和相变热。

以上相变热Q的计算公式为：

$$Q = 80(w - w_u)\rho_d$$

式中：w——总含水率(%)；

w_u——未冻水含率(%)；

ρ_d——土壤干密度(g/cm^3)。

标准地基的热参数取全断面的加权平均值$\sqrt{\frac{Q}{\lambda}} = 79.00 \sim 73.00$。如果计算路段钻探时间在寒季则取低值，在最大融季时取高值，用于填料换算系数时均取高值。K_2也可近似地按表5-2比较取值。

填料换算系数 K_2 表 表5-2

土名	粉黏性土	亚砂土	砂质细砂砂土	砂、砂土质砾石砂砾土	干燥密实砂砾
K_2	0.6~0.65	0.7~0.75	0.8~0.85	1.0	1.1~1.2

采用融化指数计算路基临界高度的方法,涉及地基土及填料的热学参数,给设计计算工作带来一定困难,不如根据天然上限计算路基临界填土高度的经验公式简便,但该法应用范围则要大得多。根据冻土上限与采用融化指数计算路基临界高度的两类计算方法的相互对比后,在1991~1999年的青藏公路整治改建中发挥了十分重要的指导作用。

青藏高原长期的气候研究表明,高原多年冻土日趋退化,冻土上限出现不同程度的下移。在青藏高原气候变化的背景下,沥青路面路基临界高度也必将具有随气候变化的特征。通过大量数值模拟提出青藏高原低温多年冻土区路基临界高度随时间的变化关系如下式:

$$H_0 = 0.0542t - 1.1045h_{天} + 4.7876 \tag{5-9}$$

式中:t——需要计算路基临界高度的年份与1999的差值(a);

$h_{天}$——计算当年的天然上限,$h_{天} = 0.0232t + 2.01$(m)。

二、多年冻土地区公路路基的合理高度

从式(5-9)中可以看出,如果要保持多年冻土上限不变,路基临界高度每年约需增加5.42cm,即意味着每年均要抬高路基到该年临界高度,这在工程上显然是不可能的。因此,在路基设计时,必须要使路基高度达到一合理值,即合理路基高度,从而使路基在设计年限内不会出现热融破坏。将路基合理高度定义为:当路基达到这一高度时,其下最大相对融深不大于路基设计年限内的最大天然上限。根据其定义路基合理高度可表达为:

$$\begin{gathered} H_{合} = 0.0542 \cdot \Delta t - 1.1045 \cdot h_{天}^{0} + 4.7876 \\ h_{天}^{0} = 0.0232 \cdot (t_0 - 1999) + 2.01 \end{gathered} \tag{5-10}$$

式中:$H_{合}$——路基合理高度(m);

Δt——道路设计年限(a);

$h_{天}^{0}$——路基设计所在年份(如1999年)的天然上限(m);

t_0——设计路基时的年份。

如假设道路的设计年限为20年,于2004年设计施工的新建路基合理高度的确定过程如下:

$$h_{天}^{0} = 0.0232 \cdot (2004 - 1999) + 2.01 = 2.216\text{(m)}$$

$$H_{合} = 0.0542 \cdot 20 - 1.1045 \cdot h_{天}^{0} + 4.7876 = 3.56\text{(m)}$$

随着全球气候变暖,我国大多数多年冻土都在逐渐退化,多年冻土上限在逐年下移。因此,路基临界高度与路基合理高度,只有在年平均地温小于-1.5℃的低温多年冻土区,才有实际意义,存在路基合理高度的地温条件为:

$$T_0 \leqslant -\frac{\partial T_0}{\partial t} \cdot \Delta t - 1.5 \tag{5-11}$$

式中:T_0——年平均地温(℃);

$\frac{\partial T_0}{\partial t}$——年平均的变化率,即升温速率;

Δt——道路设计年限(a)。

三、多年冻土地区公路路基设计原则与高度

1. 1979 年以前的路基设计原则与路基设计高度

1978 年 10 月青藏公路科研组编制的《青藏公路多年冻土地区沥青路面的修筑》报告中指出,青藏公路沿线属饱冰冻土及含土冰层的路段在 100 km 以上,老路(砂砾路面)由于采取的保护冻土措施不够,在通车初期曾经发生过热融滑坍(泥流)、路基沉陷、热融翻浆等病害,经过 20 年的行车营运及养护,目前这些病害已基本消除。但修筑油路后由于沥青路面吸热性强,如在改建工程中不注意保护冻土,都会重新破坏多年冻土的热平衡,导致新的病害。并提出"高原多年冻土地区的路基除少冰冻土、多冰冻土地段及融区外,一般均应遵守宁填不挖的路基设计原则"。具体要求为:少冰、多冰冻土及融区的路基,可按一般季节冻土地区设计与施工;富冰冻土段路基适当注意保护冻土;饱冰冻土段路基应采取必要的保护冻土措施和含水冰层段路基应采取严格保护冻土措施的路基设计原则。由此可见,当时冻土地区路基设计原则为"保护冻土"。

对试验路观测研究认为,修筑砂土路面可使多年冻土上限加深 15 ~ 25 cm;路基高度(H)与多年冻土天然上限(h)的关系为 $h = 0.95H - 0.15$;在没有沥青路面的情况下,路基下多年冻土上限升高后呈曼丘状;但在修筑黑色路面后则上限下降,呈碟(盘)式,其路面边缘与路面中心相差 25 ~ 30 cm;由于沥青路面与砂砾路面的热力学条件不同,考虑青藏公路沿线气候条件不同试验工程观测资料的分析,并考虑不同的冻土类型对路基的危害之后,1978 年的研究报告推荐了路基高度(见表 5-3)。

不同冻土类型路基高度建议值(m)　　表 5-3

填筑路基用土 / 冻土类型	粉、黏性土	砂土、砂性土	砂砾碎(碎)石土
富冰冻土	0.5 ~ 0.8	0.5 ~ 0.8	0.5 ~ 0.8
饱冰冻土	0.8 ~ 1.0	0.8 ~ 1.1	0.8 ~ 1.2
含土冰层	1.0 ~ 1.2	1.1 ~ 1.3	1.2 ~ 1.4

由表 5-3 知,1978 年之前青藏公路多年冻土区路基高度在不考虑路线纵坡的条件下,路基高度最高值不应大于 1.5 m。

根据保护冻土的设计原则和推荐的路基高度,对五道梁(K3007)至唐古拉山(K3350)段的路基设计进行了修改与完善,肯定地回答了在高原多年冻土区能否修筑黑色路面的问题。

2. 1979 至 1985 年的路基设计原则与路基设计高度

自 1979 年起,黑色路面将主要集中在地质条件差、冻害问题最多的多年冻土地区修建。为保证工程质量,结合青藏公路的工程实践与试验路观测研究、提出在高原多年冻土地区应以提高路基作为保护冻土的基本措施如下:①在多年冻土区路基设计施应遵循"保护冻土"的原则;②提高路基高度以抵消黑色路热影响,同时作好侧向保护;③在确定路基必需的填土高度时,不采用国外的完全冻结法,而采用保护路基下多年冻土上限不变,富冰以下冻土允许上限少量下降的原则。根据这些原则将青藏公路沿线冻土路段划分为四种类型,分别于 1980 年和 1981 年提出了两种路基设计高度推荐值(表 5-4、表 5-5)。

表 5-4、表 5-5 两种路基设计高度建议值与"1978 年建议值"比较,路基设计高度均有所提

高，就 1980 年和 1981 年两种设计建议值来比较，表 5-5 比表 5-4 的路基设计建议值也高，有的高出近 1.0 m。1980 年提出的路基设计高度是以地基冻土类型和路基填土为依据的，而 1981 年值则是以地基冻土类型、冻土天然上限和地形地貌为依据的，所以二者比较，1981 提出的路基设计高度更符合保护冻土的设计原则与青藏公路建设的实际情况。

1980 年保护冻土路基最小填土高度建议值　　表 5-4

填筑路基用土 / 冻土分类	粉、黏性土（m）	砂土、砂性土（m）	砂砾、碎（砾）石土（m）
富冰冻土	0.8～1.0	0.9～1.1	1.0～1.2
饱冰冻土	0.9～1.2	1.0～1.3	1.2～1.5
含土冰层	1.1～1.4	1.2～1.5	1.3～1.7

1981 年保护冻土路基最小高度建议值　　表 5-5

冻土类型	天然上限（m）	临界高度 H_0（m）	设计高度（m）	备　注
多冰冻土	>2.5	1.0	(0.6～0.7)H_0	河谷地带
富冰冻土	2.0～2.5	1.0～1.3	H_0	高平原地区
饱冰冻土	1.6～2.0	1.3～1.6	(1.1～1.2)H_0	高平原与河流阶地
含土冰层	>1.2～≤1.8	1.4～1.8	(1.2～1.3)H_0	山岭区
含土冰层	≤1.2	>1.8～2.0	(1.2～1.3)H_0	泥炭冻土岛

由于投资能力、工期等原因，青藏公路多年冻土地区的路基在应尽量利用老路的原则下，仅按 1980 年建议值，对部分路段路基设计进行了修改，大部分路段都是在老的砂砾路面上直接加铺路面而修建的。

随着青藏公路科研工作的深入，根据对试验工程、试验场和代表路段观测资料的分析研究，提出在多年冻土地区修筑公路其路基应采取如下措施：①必须采取措施保证路基稳定，在设计施工中应遵循保护冻土原则；②提高路基，抵消黑色路面吸热影响，同时还要作好侧向保护和路基排水；③在确定路基必需的填土高度时，不采用国外的完全冻结法，而采用保持路堤下多年冻土上限不变和富冰以下冻土允许上限少量下降的原则；④由于沿线砂石材料缺乏，除特别地段外，一般允许用路侧土作为填土材料，但不得在坡脚 10 m 以内取土；⑤根据工程地质条件不同，将路段划分为少冰冻土、多冰冻土、富冰冻土、饱冰冻土和含土冰层五种类型，分别提出不同的保护冻土要求，同时考虑不同填料导温性能的差异，采用不同的填土高度。在考虑冻土类型、冻土上限及地形地貌的基础上，又将由于路基填土及汽车荷载的作用，使季节融化层压缩路基产生的沉降量，融入路基设计高度中，提出了路基设计高度计算公式和相关设计参数（表 5-6 至表 5-8）。

路基设计高度 $H_{设}$ 用下式表示：

$$H_{设} = mH_{临} + S \tag{5-12}$$

式中：m——综合修正系数，可结合公路沿线冻土类型、上限深度及已成路基季节融化层含水率情况进行验算确定，其值可以从表 5-6 查取，上限浅，含冰量大者取高值，反之取低值；

$H_{临}$——临界填土高度（唐古拉以南应使用修正后的临界高度）；

S——季节融化层压缩沉降量,可按下式计算:

在最大融深季节施工时:

$$S = \sum_{1}^{N} a_{0i}\delta_{0i} \tag{5-13}$$

在冻结期施工时:

$$S = \sum_{1}^{N} A_{0i}h_i + \sum_{1}^{N} a_{0i}\delta_{0i}h_i \tag{5-14}$$

式中:N——路基填土基底以上季节融化层层数;

h_i——第 i 层土层厚;

δ_{0i}——第 i 层平均总应力等于平均附加应力 + 重量应力;

A_{0i}——第 i 层融沉系数;

a_{0i}——第 i 层压缩系数;

A_{0i} 及 a_{0i}——系数,值可由表 5-7 与表 5-8。

综合修正系数 m 表 5-6

冻土类型	多冰冻土	富冰冻土	饱冰冻土	含土冰层
m	0.6~0.7	0.9~1.0	1.1~1.2	1.15~1.25

冻土融化下沉系数 表 5-7

多年冻土工程分类	多冰冻土	富冰冻土	饱冰冻土	含土冰层
融化下沉系数 A(%)	<5	5≤~<10	10≤~<40	≥40

季节融化层冻胀系数 表 5-8

季节融化层的冻胀类型	上限较深,颗粒较粗、颗粒土含水量小的路段	富冰冻土之上的季节融化层	饱冰冻土之上的季节融化层	沼泽、积水坑过湿地含土冰层之上的季节融化层
冻胀系数 a_{0i}(%)	1.0~1.5	1.5~2.0	2.0~3.0	3.0~5.0

1985 年提出的路基设计原则和路基设计高度计算等研究成果,虽然既科学又符合青藏公路的实际情况,但当时青藏公路改建工程铺筑沥青路面于 1985 年全线建成通车,仅在 1986 年的昆仑山(K2898)至五道梁(K3007)段路基病害整治工程中得到应用。

3. 20 世纪 90 年代的路基设计原则与路基设计高度

青藏公路穿越 630 多公里的多年冻土地带,其中连续大片分布的多年冻土区占 83.6%,岛状多年冻土区占 16.4%。由于青藏高原冻土工程地质性质随时空的变化和受多因素的控制,使青藏公路沿线的冻土工程地质异常复杂和具有多变性;再加全球气候转暖对多年冻土的影响逐渐显现,沥青路面强烈的吸热作用给多年冻土所造成的严重热干扰,使青藏公路沿线多年冻土的退化日趋严重,所产生的多年冻土工程地质新问题,导致青藏公路产生了新病害的。据 1990 年 10 月调查统计,因多年冻土上限下移,造成了路基热融沉陷而使公路破坏的累计长度达 152km,约占多年冻土区总长的 24%。针对这一情况,1991 年 3 月交通部批准对青藏公路多年冻土区严重病害的 339km 进行第一期整治工程。

青藏公路第一期整治工程的路基填土高度设计仍遵循保护冻土的原则,按路基临界设计满足沥青路面使用年限内多年冻土上限下降所产生的沉降不超过路面允许变形量的要求原则，进行路基填土高度设计，并考虑全球气候转暖对多年冻土的影响，在路基设计高度（式5-12）基础上增加30cm。在这一原则指导下，1991年推荐了路基设计高度建议值（表5-9）。

1991年路基最小填土高度建议值　　表5-9

冻土类别	多、少冰冻土	富冰冻土	饱冰冻土	含土冰层
路基填土高度（m）	1.5	1.8	2.2	2.6

在青藏公路第一期整治工程实施过程中，1993年冬季安多以北的K3403～K3409段，路基出现了宽度达15～20cm，累计长度近300m的严重纵向开裂。1995年冬季K2932～K2935，K2947～K2951又出现了宽度达15～25cm，累计长度近500m的严重纵向开裂。到1997年4月调查时，累计纵向裂缝长度已达14km左右，与此同时，部分新整治的路段，路基也产生了不同程度的沉降变形。针对这一情况，青藏公路科研组组织科研人员，对青藏公路严重纵向开裂的路段与路基严重下沉路段进行了多次调查。并结合试验和典型观测路段的地温资料等进行比较深入的研究，发现纵向开裂的病害80%以上发生在路基左侧（阳面）。1990年前严重破坏的昆仑山垭口、可可西里山及风火山、唐古拉山垭口等高山多年冻土区纵向开裂病害现象很少，而楚玛尔河高平原、北麓河盆地、乌里、开心岭至通天河与安多北部的多年冻土区纵向开裂与沉降变形很多，占纵向开裂路段的95%以上。经对青藏公路多年的地温观测资料分析发现，当冻土年平均地温低于－1.5℃时，纵向开裂与路基沉降极少，而当冻土年平均地温高于－1.5℃时，纵向开裂与沉降路段则很多。这种现象表明，冻土年平均地温与路基产生病害有着十分密切的关系。

1995年在青藏公路第一期整治工程竣工的同时，第二期整治工程的勘察设计工作也在进行。为将冻地温这一评价冻土稳定性的指标应用于路基设计中，结合青藏公路冻土地温分布状况，将－1.5℃作为划分高温冻土、低温冻土的标准，提出了"保护冻土，控制融化速率及综合治理[7]"的路基设计原则。低温冻土区的路基采用"保护冻土"的路基设计原则；高温冻土区的路基采用"控制冻土融化速率"的路基设计原则；"综合治理"则是从不同的冻土地质环境出发治理路基病害。根据这一设计原则，提出冻土路基设计填土最小填高度建议值（见表5-10）。并提出对应根据冻土类型、地形、地貌及路基坡脚积水情况，设置高0.8～1.5m，宽2～3m的防水保温护道、回填路基坡脚5m范围内积水坑及系统的防排水设施等工程措施，以达到综合治理的目的。

1995年沥青路面路基填高度建议值　　表5-10

设计原则	保护冻土（低温冻土）			控制融化速率（高温冻土）		
冻土类型	富冰冻土	饱冰冻土	含土冰层	富冰冻土	饱冰冻土	含土冰层
路基高度（m）	1.6～2.0	1.8～2.6	2.4～3.2	1.8～2.4	2.2～3.2	2.6～3.4

4. 2001年以后的路基设计原则与路基设计高度

从1991～1999年青藏公路第一期整治、第二期整治工程的工程实践来看，在路基设计引入冻土温度这一概念，并将其融入路基填高设计中，根据不同的冻土温度、冻土类型分别采用"保护冻土，控制融化速率及综合治理"的设计原则，实践证明是非常正确的。

青藏公路由于受超重车辆的影响，再加上全球气温转暖对多年冻土区路基稳定性的影响，

部分路段又出现不均匀沉陷、翻浆、路基变形、路基纵裂等病害。多年对青藏公路冻土地温观测研究表明,青藏公路沿线多年冻土的地温特点可以归纳为四种类型,即放热型、吸热型、过渡型和残留型。在高山基岩区与中高山区,地温在 -5.0 ~ -3.0℃范围内变化,为放热型;低山丘陵地带,地温在 -3.0 ~ -1.5℃范围内变化,为吸热型;在广阔的高平原区、断陷盆地及河谷地带,地温在 -1.5 ~ -0.5℃之间变化,为过渡型;在南北界和融区边缘,地温一般在 0.0 ~ -0.5℃之间变化,甚至更高,为残留型。在高山基岩区与中高山地带多年冻土年平均地温变化较为稳定;低山丘陵地带、广阔高平原区和断陷盆地地带多年冻土地温变化处于基本稳定状态;而在多年冻土的南北界附近和融区附近冻土地温变化属于极不稳定性,极易受气温波动和人为活动的影响,使多年冻土升温而退化。

针对青藏公路的路基病害与冻土地温分区、冻土类型等因素,具体方案如下。

低温多年冻土地区(放热型、吸热型)路基设计,以“保护冻土”为原则,具体方案为:提高路基设计高度与设置 XPS 板隔热层路基,路基两侧加修保温护道等,其路基设计高度以表 5-11 推荐设计值控制。

高温多年冻土地区(过渡型和残留型)路基设计以“控制融化速率”为原则,采用“主动降温与被动保护相结合、治理路基病害与治理环境相结合”的工程措施,具体方案为:在保证一定路基设计高度的基础上,采用片(块)石路基、热棒—XPS 板隔热层复合式路基、热棒路基、对流土工格室路基、通风管路基,以及以桥代路和路基两侧加修保温护道等多种冻土路基整治方案,路基临界高度不再是高温多年冻土区路基设计控制指标,但保持一定的路基设计高度是采取各种主动降温或被动保护工程措施的先决条件,也是提高路基抗灾能力、保护冻土环境的先决条件,其路基设计高度以表 5-12 推荐设计值控制。

保护冻土(低温冻土区)路基设计高度推荐值 表 5-11

设计原则	保护冻土(低温冻土区)			备　注
冻土类型	富冰冻土	饱冰冻土	含土冰层	冻土年平均地温 ≤ -1.5℃
路基高度(m)	1.6 ~ 2.0	1.8 ~ 2.6	2.4 ~ 3.2	

控制融化速率(高温冻土区)路基设计高度推荐值 表 5-12

设计原则	控制融化速率(高温冻土区)			备　注
冻土类型	富冰冻土	饱冰冻土	含土冰层	冻土年平均地温 > -1.5℃
路基高度(m)	1.6 ~ 2.2	1.8 ~ 3.0	2.2 ~ 3.4	

注:路基设计高度必须满足片(块)石路基、热棒 - XPS 板隔热层复合式路基、热棒路基、通风管路基所需的最小值。

第二节　多年冻土区路基侧向保护与横断面结构

加强路基侧向保护和排水,可以保护路基及其附近的生态环境,促使路基人为上限稳定,防止地表水危害路基变形,从而起到减少路基变形,保证路基稳定的作用。

侧向保护及排水工程的主要内容包括:护道、坡面防护与排水系统设计。护道及排水系统需根据地表水文条件、地形、冻土类型等进行设计。

一、路基护道与排水

1. 防水护道对路基地温特征的影响

青藏公路的 K2933 + 500 ~ K2934 + 150 保温护道段共设置 4 个测温断面，布设于 2002 年（详见表 5-13）。此段地表植被覆盖较好，路基左侧为阳面，右侧为阴面，从地温上来说，左侧地温要高于右侧地温，路基断面下伏地温要高于天然地表的地温。图 5-1 绘制了不同测温孔在 0.5m 深度处的地温变化。可以明显看出，路面部分由于黑色路面的强烈的吸热作用造成下伏 0.5m 深度处土体夏季地温（图中波峰部分）较天然地表部分高出约 10℃，较左护道部分高出约 5℃；另一方面修筑路基以后，地表覆盖条件的改变对下伏土体冬季地温（图中波谷部分）的影响则相对较小。由于路基高度较高，阴阳坡面地温的差异也较为明显，左护道在 0.5m 深度处最大地温较右护道高约 5℃，年均地温也高出约 2.5℃。因为阴阳面的差异使到达两者表面的太阳辐射总量也存在较大差异。左护道地温与天然地温的差异则表明加铺（尤其在阳面）护道以后，天然状态的地温有明显升高的趋势，护道表面条件相对与天然地表而言，则更有利于吸收热量，即不利于下伏冻土的热稳定性。

保温护道段测温断面　　表 5-13

断面桩号	路基高度（护道高度）（m）	数据起讫日期（年、月）	冻土年平均地温（℃）	测温孔位置
K2933 + 500	3.8(1.0)	2002 - 11 ~ 2004 - 12	−1.5 ~ −1.8	左、右护道，左、右路肩，路中，天然
K2933 + 850	3.5(1.0)	2002 - 11 ~ 2004 - 12	−1.2 ~ −1.5	左、右护道，左、右路肩，路中
K2933 + 950	3.8(1.0)	2002 - 11 ~ 2004 - 12	−1.2 ~ −1.5	左、右护道，左、右路肩，路中，天然
K2934 + 150	4.0(1.0)	2002 - 11 ~ 2004 - 12	−0.5 ~ −0.7	左、右护道，左、右路肩，路中

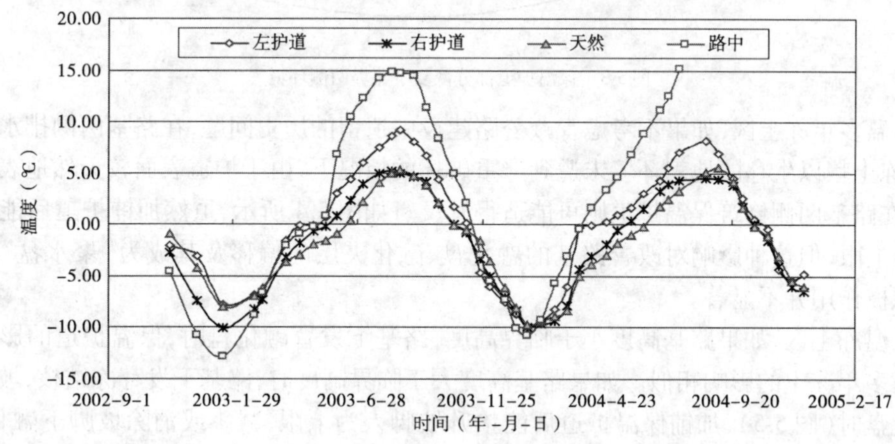

图 5-1　不同测温孔 0.5m 深度处地温变化

保温护道相对于天然地表其表面条件不利于冻土生存,冻土退化趋势有所加强。在实际的地温观测数据中,则表现为左护道孔在不同深度处的年平均地温较天然孔高(如图5-2所示)。可以看出左护道孔与路中孔上部年平均地温较下部为高,热流方向向下,对多年冻土而言表现为吸热;天然孔与位于阴面的右护孔则刚好相反,热流方向向上,对多年冻土而言表现为放热。

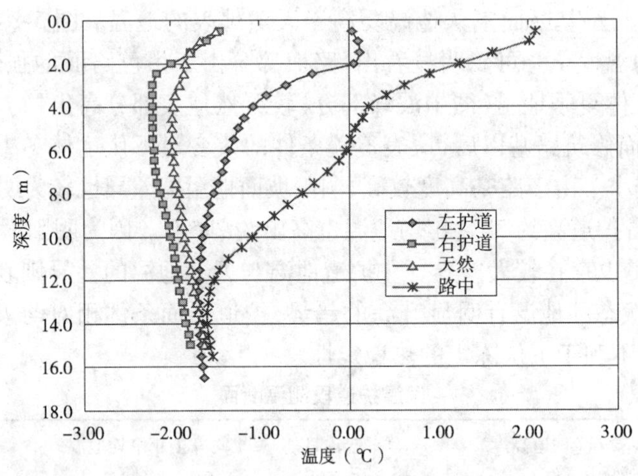

图5-2　不同测温孔年平均地温随深度的变化

青藏公路在建设初期,采用直接在路基两侧表土取土的方法填筑路堤(图5-3)。这种情况造成路基两侧一定范围内植被铲除较为严重,坡脚较易积水,造成路基融沉、翻浆、纵向裂缝等病害。加铺保温护道以后,有效回填了坡脚两侧凹陷,一定程度上恢复了两侧冻土环境,防止了两侧坡脚积水,对防止地表水对多年冻土的热扰动,抬升坡脚下人为上限、缩小融化盘,减少路基病害的发生,减缓路基病害的发展起到了十分积极的作用。

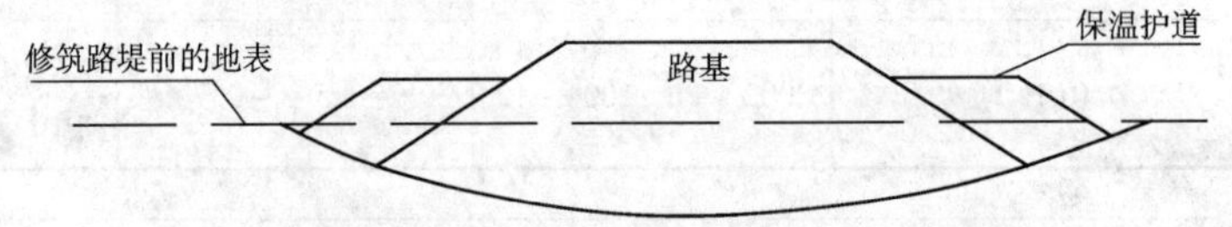

图5-3　保温护道部分恢复了路堤两侧环境

在高温多年冻土区,如果不考虑青藏公路建设中遗留的历史问题,在路基两侧排水较为通畅,多年冻土赖以生存的地表环境未遭到严重破坏的情况下,由于护道表面较天然地表强的吸热作用,在路基两侧修筑保温护道则可能适得其反。如图5-4所示,虽然加铺护道后能抬升坡脚下人为上限,但这种影响对改善路基的融化盘、融化夹层的偏移及其成为"聚水盆"等方面产生的积极作用并不显著。

在低温冻土区,如果路基高度小于临界高度,路基下发育融化盘时,保温护道的影响与在高温区对多年冻土的影响相似。如果路基高度大于临界高度时,路基下发育冻结核,坡脚下形成了融化盘时(图5-5),加铺保温护道后能抬升坡脚人为上限,减小或消除坡脚下融化盘,能有效防止路基纵向裂缝、路肩(边坡)滑坍等路基病害。

修建保温护道增加了对路基边坡的反压,从力学上增强了路基稳定性,但相对于天然地表

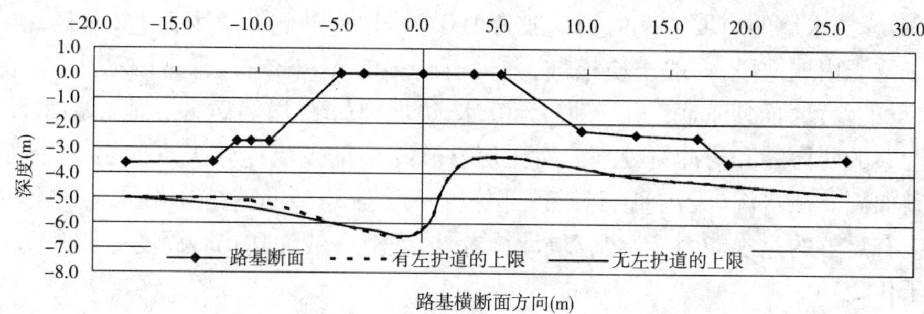

图 5-4　有无护道对人为上限的影响

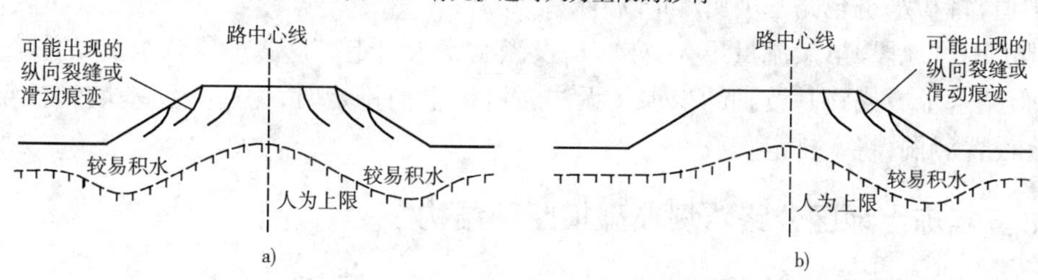

图 5-5　冻结核可能引发的路基病害示意图

a）对称冻结核；b）非对称冻结核

而言，保温护道表面条件不利于冻土生存，冻土退化趋势有所加强。

2. 路基排水系统

多年冻土区的路基地表排水与侧向保护设施，需根据地表水文条件、地形、冻土类型进行设计。

多年冻土区，路基地表排水沟一般采用梯形断面或“三角形”断面。排水沟断面尺寸，除按地表泾流进行设计确定者外，排水沟宜采用宽浅形式，以减少对多年冻土的热干扰，排水沟的底宽一般不得小于0.6m，深度一般不大于0.4m。水沟边坡坡度当为未腐朽及半腐朽的泥炭时，用1∶0.5～1∶1；对软塑及流塑状的黏性土、含一定数量黏性土的粗粒土，则放缓为1∶1.5～1∶2。排水沟应设计较大纵坡，以利排水通畅。当排沟纵坡过大时，应对其进行加固。排水沟宜采用草皮或干砌片石加固，采用干砌片石加固时，其两侧与底部应铺设防水土工布或防水土工膜，以防止排水沟渗漏，使排水沟过早破坏。排水沟应与附近桥涵或天然河沟相通，以形成有效的排水系统。

在青藏公路沿线，多为含一定数量黏性土的粗粒土，其下又是高含冰量冻土，开挖排水沟过深将会给多年冻土带来危害，开挖的排水沟有时也不能持久稳定，营运一段时间后，由于排水沟边坡土受冻融作用逐渐坍塌堵塞而失效。

1994年进行青藏公路第一期整治工程时，在风火山北坡地段（K3069～K3075）调查发现，前一年修建的梯形断面的排水沟（边沟），经过一个冬季的冻融，第二年绝大部分排水沟（边沟）被堵塞而失效。结合当地地形地貌条件，将原设计的梯形断面排水沟（边沟），改造成底部呈弧线状的“三角形”断面的排水沟，效果较好。

当路基地形一侧较高或挖方边坡一侧的山坡汇水面积较大时，为防止冻结层上水渗入路基，在路基上方一侧10m以外应设置当水埝（截水沟）。挡水埝的顶宽不宜小于1.0m，高度不

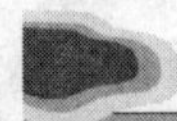

宜小于0.8m。挡水埝的边坡坡率内侧一般为1:0.5～1:1,外侧一般为1:1.5～1:2。

路堑多位于山坡地段,一般土质松散,并夹有较多的碎(砾)石,常常因截水沟(侧沟及天沟)或挡水埝的渗漏,而使基底产生冻胀、涎流冰、边坡坍(滑)塌等病害。地面排水设计,应做好沟底及沟壁的防渗漏和防冲刷处理。对土层松软易渗漏及流速较大可能引起冲刷的地段,应采取铺砌加固。截水沟(天沟)距路堑顶部位置一般在3～5 m左右。截水沟(侧沟及天沟)的横断面应有足够的过水能力,除按流量计算者外,底宽一般为0.6m,深度一般为0.4m,其纵坡不宜小于0.2%。

当路基侧沿坡脚的积水无法与排水沟连通排离时,应回填积水坑,或设置一定高度、宽度的防水护道,将积水挤至路基坡脚5m以外。

在排水困难地段,虽然流量不大,亦应增设涵洞将水引走。这些地段从水文条件考虑可不设涵洞,但路基上方或路基坡脚的积水又无法通过排水沟排走时,为防止路基坡脚长年积水,仍应考虑设置涵洞,将水排走。

二、多年冻土地区公路路堤典型横断面结构

1. 多年冻土地区的平坦地段

1)填土高度符合要求时

①地表水条件较好时,可用当地细粒土填筑路堤下部,上部须用粗粒土填筑,其厚度不小于0.5m。

②地表水条件较差时,宜用粗粒土填筑路堤。如用细粒土填筑,下部应设毛细水隔断层,其厚度在路堤沉落后应高出冻前水位大于或等于0.5m。

2)填土高度不符合要求时

①厚层地下冰较薄且埋藏较浅时,可全部挖除换填,其结构如图5-6所示。换填选用保温、隔水性能较好的细粒土。

②厚层地下冰较厚时,可部分挖除换填,其结构如图5-7所示。换填选用保温、隔水性能较好的细粒土。应使换填后的路堤高度不小于路基设计高度。

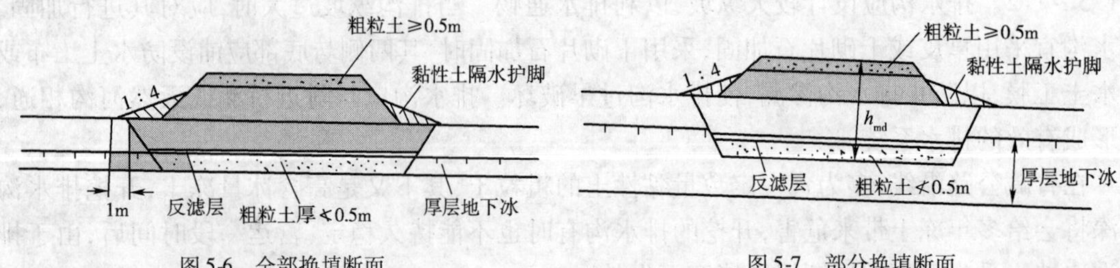

图5-6 全部换填断面

图5-7 部分换填断面

3)设置保温护道、护脚

①设置条件:厚层地下冰埋藏较浅,有可能热融,影响路堤稳定时,路侧人为活动频繁,破坏坡脚冻土,影响路堤稳定时。

②保温材料:采用泥炭、草皮塔头草或黏性土等当地材料。采用泥炭时,表面应覆盖0.2m厚的黏性土保护层,以防失火、冲毁与浸湿。采用草皮时,草根向上分层铺筑,最外一层草根宜多带泥土,以便拍压成一护面。

③经验尺寸:兴安岭地区设计保温护道、护脚地经验尺寸见表5-14。

护道或护脚尺寸　　表5-14

路堤高度(m)	采用护道或护脚	高度(m)	宽度(m)
≤3	护脚	0.8	2.0
>3	护道	1.0	2.0

④断面结构:兴安岭地区所用保温护道、护脚地断面结构如图5-8~图5-9所示。

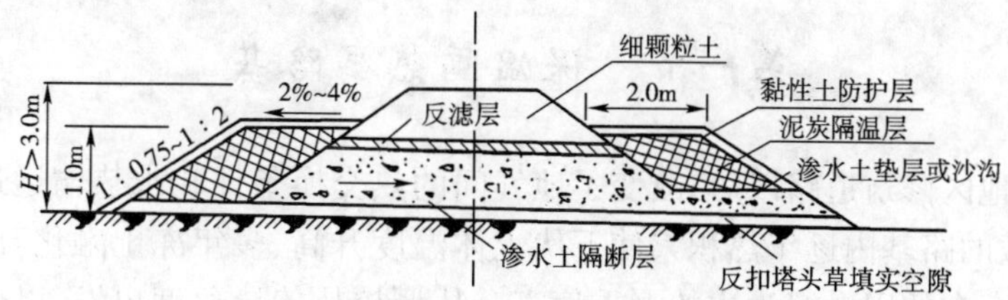

图5-8　保温护道

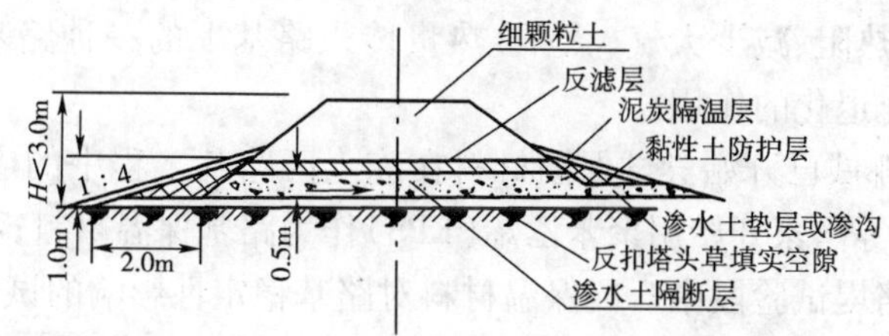

图5-9　保温护脚

2. 多年冻土地区的缓坡地段

在缓于1:5的斜坡地段,路基应设计成路堤形式。为避免基底厚层地下冰热融,基地不挖台阶,路基结构如图5-10所示。

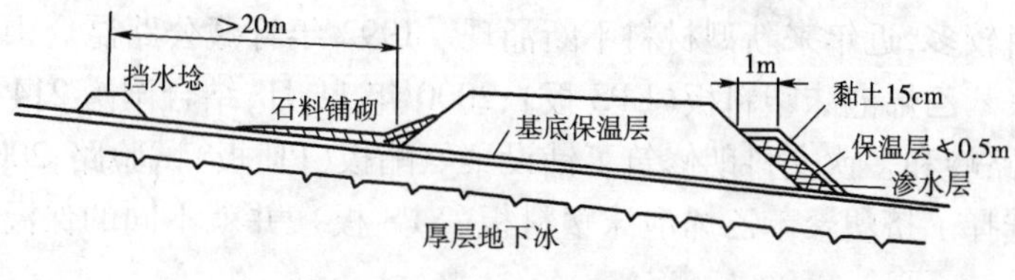

图5-10　缓坡地段路基结构

第六章　调控多年冻土路基稳定性的工程措施

第一节　保温隔热层路基

在多年冻土地区修筑道路以后，改变了地气间的热交换条件和水热输运过程。表面热交换条件改变，导致的路基内逐年热积累使下伏土体温度升高、多年冻土融化，由此而引起了多年冻土路基普遍存在的以融沉为主的严重病害。从调控热传导角度出发，以减少传入路基土体的热量，来实现调整路基热状况为目的。保温隔热路基就是利用工业材料，在不过多加高路堤的情况下，增大路基热阻、减少大气（太阳）热量传入路基下的一种路基结构形式。它可以起到保护冻土延缓冻土退化的作用。

20 世纪 50 年代，挪威已开始尝试保温材料在冻土区路基工程中的应用；70 年代起，前苏联、日本、美国、加拿大等国家开始用聚苯乙烯（EPS）作为路基保温材料；70 年代中期，我国在青藏高原风火山地区路堤试验段中开展保温材料对路基稳定性影响的试验研究；1992 年，在青藏公路昆仑山越岭地段，将保温材料铺设于实体公路路基工程中进行试验研究。研究表明，多年冻土区路基中的保温隔热层，对于保护下伏多年冻土具有积极的效果和作用，发现路基中保温隔热材料可以阻止或控制冻土融化。

一、保温隔热材料室内试验

工业隔热材料较多，近年来新型材料不断涌现。1992 年青藏公路昆仑山段保温隔热材料试验路基选用了聚苯乙烯泡沫塑料板（EPS 板）；2000 年 11 月，结合国道 214 线姜路岭—清水河改建工程，在姜路岭和多钦安科朗修筑了铺设聚氨酯板（PU 板）试验路；2003 年青藏公路昆仑山北坡试验段选择了挤塑聚苯乙烯泡沫塑料板（XPS 板），并就不同的保温隔热材料进行了室内试验。

1. EPS 材料室内试验和基本性质

EPS 材料为一种硬质、闭孔的泡沫塑料，又称膨胀性聚苯乙烯，是应用广泛的包装材料和新兴的建筑材料，其材料的性质主要取决于聚苯乙烯自身的密度和它的发泡数量，并与其密度密切相关。

EPS 材料的密度，随发泡率而变化，发泡率增加，密度减少。就工程而言，EPS 材料的密度一般在 20 ~ 40kg/m^3 之间。在室内压缩试验中，对 50mm × 50mm × 50mm 的立方体试样进行了单轴和三轴压缩试验，单轴试验结果表明，压缩应变小于 2% 时，EPS 处于弹性状态，超过 2% 进入塑性状态；三轴试验结果表明，当轴向应变 $\varepsilon \leqslant 5\%$，不论围压是多少，侧向应变很小，亦即 EPS 材料的泊松比很小。压缩应力处于弹性区域时，EPS 几乎不发生永久的压缩蠕变，当 5% 应变的压缩强度小于 1/2 荷载时，可不考虑其压缩蠕变。EPS 材料的吸水量与板材密度、水头压力和制造方法有关,摸内发泡的EPS吸水量大于挤压发泡的EPS。挪威国立公路研究所得出如下结论:在地下水位以下埋置了9年的EPS,最大吸水量为体积的9%,而在发生周期性湿干变化的状态中,EPS最大吸水量为体积的4%。EPS材料因紫外线而变色,EPS遇到汽油、沥青等会逐渐溶解,埋藏在土中的EPS在无特殊情况时性质一般不会劣化。通过大直剪仪对EPS和EPS、砂土、黏土和水泥混凝土进行结合面剪切试验发现,EPS与EPS之间摩擦系数为0.5;EPS与砂土之间摩擦系数为0.8;EPS与黏土之间摩擦系数角为45°;EPS与混凝土之间摩擦系数为0.7。

根据EPS材料应用于道路工程的需求,对试验工程中使用的EPS板隔热材料进行了导热性、吸水性、压缩强度等常规物性以及经过冻融循环后材料性能的稳定性等进行试验测试。表6-1中列出了EPS板的主要物性测试结果。

EPS板隔热材料的物性测试结果　　表6-1

材料类型	表观密度(kg/m^3)	导热系数(W/m·℃)	体积吸水率(%)	抗压强度(kPa)
EPS板	30	0.030	3.6	345

2. XPS材料室内试验和基本性质

XPS板是一种硬质、闭孔的泡沫塑料,又称挤塑聚苯乙烯,是由聚苯乙烯树脂及其它添加剂挤压成型的板材。挤压过程制造出拥有连续均匀的表层及闭孔式蜂窝结构,这些蜂窝结构的互联壁有一致的厚度,完全不会出现空隙。图6-1为XPS板的显微结构,这种特殊的结构和挤压过程中形成的均匀组织使得XPS板具有导热系数很低、隔热性能良好等特殊性能,室内试验结果见表6-2。

XPS板隔热材料的检测结果　　表6-2

检测项目	检测结果		检测依据及主要仪器
	冻融循环前	-45℃至20℃冻融循环200次后	
导热系数(W/m·℃)D_{20}(20℃导热系数)	0.024 5	0.024 9	改变 0801—20028810—8813—1998 数字式导热仪 电子天平电子万能试验机
导热系数(W/m·℃)D_{-18}(-18℃导热系数)	0.024 3	—、	
表观密度(kg/m^3)	44.9	43.1	
体积吸水率(%)	0.39	0.45	
抗压强度(kPa)	711	675	
尺寸稳定性(%)			
ε_L(长度尺寸变化率)	0.3	—	
ε_L(宽度尺寸变化率)	0.2	—	
ε_L(厚度尺寸变化率)	0.5	—	

3. EPS、XPS等隔热材料主要物性对比

在主要物理性质对比试验中,EPS、XPS这两种材料在反复冻融作用下和不同的荷载作用下的导热系数、吸水率和强度变化,确定两种材料在反复冻融条件下的老化问题。对实际工程中采用的两种隔热材料分别进行了5、10、20、30次冻融循环后的导热系数、吸水率和抗压强度测试,测试结果如表6-3。

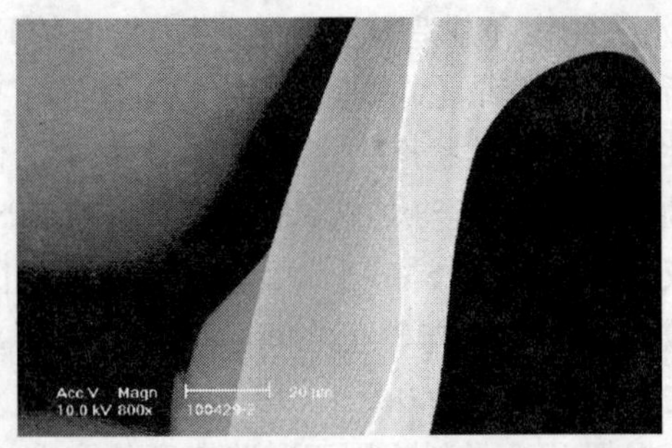

图 6-1　XPS 板的显微结构

EPS 板、XPS 板两种隔热材料冻融循环后的物性测试结果　　表 6-3

材料类型	循环次数	导热系数（W/m·℃）	体积吸水率（%）	抗压强度（kPa）
EPS 板	5	0.0253	2.6	347
	10	0.024 9	2.5	335
	20	0.0253	2.8	352
	30	0.024 2	2.5	326
	平均	0.024 9	2.6	340
XPS 板	5	0.022	0.422	646
	10	0.023	0.362	637
	20	0.021	0.39	628
	30	0.019	0.38	633
	平均	0.021	0.389	636

测试结果表明，冻融循环后这两种隔热材料的导热系数、体积吸水率变化不大，抗压强度的结果表现出一定的波动性，呈现出随冻融循环次数增多稍有下降的趋势。EPS 板的导热系数比 XPS 板大，体积吸水率 EPS 板是 XPS 板的 6 倍多，而抗压强度 EPS 板几乎只有 XPS 板的一半。

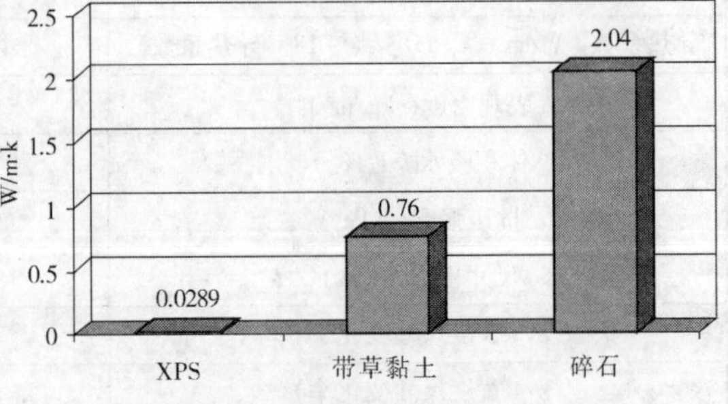

图 6-2　几种材料导热系数对比

图 6-2 为几种材料的导热系数比较图，可以看出，XPS 板的导热系数为 0.0289W/m·K，碎石的导热系数为 2.04W/m·K，是保温板的 70 倍，带草黏土为 0.76W/m·K，是保温板的 26 倍；图 6-3 为不同保温材料的热阻保持率。从图 6-3 的对比数据可以看出，XPS 板耐久性很好，其保温性能随时间的变化很小，使用两年以后，其热阻几乎趋于稳定，保温性能仍然保持在刚开始时的 80% 以上。经过 200 次 −45℃ 至 20℃ 的冻融循环后其仍保留 98.4% 的热阻。

在强度测试中，除了常规抗压强度外，对 XPS 试样在长期荷载下的蠕变也进行了测试，如图 6-4。图 6-5 为浸水 24 小时后与浸水前几种隔热材料的强度对比图。图 6-6 中比较了对冻融循环前、后的吸水率。

由图 6-5、图 6-6 可知，XPS 板经冻融循环后其性质较为稳定。

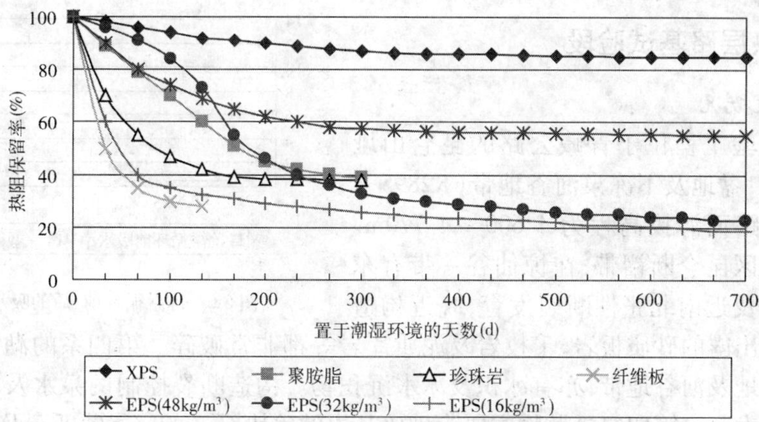

图 6-3　不同材料热阻保持率的对比

图 6-4　XPS 试样长期荷载作用下的蠕变测试

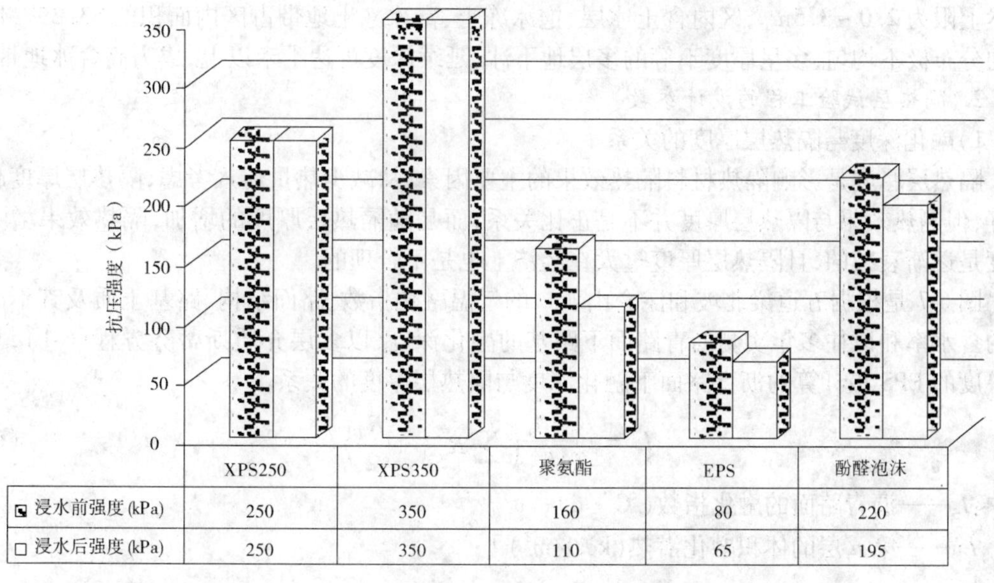

	XPS250	XPS350	聚氨酯	EPS	酚醛泡沫
浸水前强度 (kPa)	250	350	160	80	220
浸水后强度 (kPa)	250	350	110	65	195

图 6-5　浸水 24 小时后与浸水前几种隔热材料的强度对比图

二、隔热层路基试验段

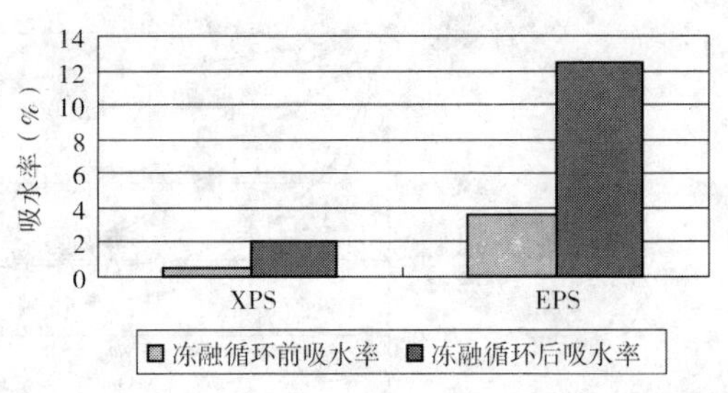

图 6-6 冻融循环前、后的吸水率对比

1. 试验段概况

第一段试验工程位于青藏公路的昆仑山垭口、昆仑山垭口盆地及不冻泉河谷地带（K2895～K2923），公路路面海拔高程为 4 600～4 770m。昆仑纬向构造区昆仑断褶带，在惊仙谷一带有东西挤压断裂带及近南北张性断裂发育，晚近构造亦相当发育。出露的砂质板岩、千枚岩及泥质片岩等都非常破碎。第四系的湖相及河床相沉积物覆盖着盆地及河谷地带，亦有冰积及冰水沉积物。构造断裂控制的泉水及第四纪松散物的孔隙水非常发育。第四纪松散物主要为破碎基岩的碎块石、角碎石、砂砾石及早更新世冰期湖相沉积的灰色、灰绿色泥灰岩、黏性土。黏性土层属于盐渍土（含盐量 >0.15%～0.23%）。年平均气温为 -5.0～-7.0℃，多年冻土年平均地温为 -1.5～-2.6℃，天然上限为 1.5～2.8m，局部的河滩及基岩地段可达 3.5～4.5m。在湖相沉积的多年冻土中含有大量的厚层地下冰，含土冰层、饱冰冻土、富冰冻土占 75% 左右。少冰冻土、多冰冻土主要存在于河床相及坡残积的砂砾石、碎块石和角碎石土中。除了河床相的砂砾石及基岩地带属于较好和良好工程地质地段外，湖相沉积地带均属于不良和极差的工程地质地段。

第二段试验工程位于青藏公路的斜水河、清水河及楚玛尔河区段（K2923～K2987）。平均海拔为 4600m 左右，下层堆积着第三系（上新世）中细砂岩和泥质粉砂岩，上层为早更新世间冰期的灰色、灰绿色泥岩、粉砂岩等湖相沉积物，夹有肉红色至灰黄色的泥灰岩，以及近表层属第四纪中—上更新世冰水相砂砾及泥灰岩沉积。第四纪沉积物厚度超过 300m 以上。地表水和地下水的含盐量较高。冻结层上水较发育，常常形成冰丘与冰椎。区内年平均气温为 -4.0～-5.0℃，多年冻土年平均地温为 0～-1.0℃，为高温多年冻土带，厚度为 15～40m，天然上限为 2.0～3.5m。区内含土冰层、饱冰冻土、富冰冻土地带占区内面积的 83.2%，地下冰的分布极不均匀，多呈厚度不等的多层地下冰，延续深度可达十米以上，成为高含冰地带。

2. 隔热层试验工程的设计参数

1）融化深度与隔热层厚度的关系

隔热层厚度是影响隔热材料隔热效果的主要因素，从减少热量传入考虑，隔热层厚度越厚越好，但隔热效果与隔热层厚度并不是正比关系，而是随隔热层厚度的增加，隔热效果增大的程度是逐渐衰减的，且隔热层厚度过大在经济上也是不合理的。

图 6-7 是根据五道梁北坡和昆仑山亚口的气温融化指数、路面结构、路基土质及其不同深度的含水率和以往多年实测沥青路面下路基的融化深度，以多层介质斯蒂芬方程(6-1)，与不同厚度的 EPS 板计算的沥青路面下融化深度与隔热层厚度的关系。

$$I_s = \frac{L_n \cdot t_n}{24K^2}\left(\sum R_{n-1} + \frac{R_n}{2}\right) \tag{6-1}$$

式中：I_S——沥青路面的融化指数（℃·d）；

Ln——第 n 层的体积融化潜热（kcal/m^3）①；

① 1kcal = 4186.8J。

t_n——第 n 层的融化深度(m)；

R_n——第 n 层中融化层的热阻(h·℃·m²/kcal)；

$\sum R_{n-1}$——第1层至第 n-1 层的热阻之和(h·℃·m²/kcal)；

K——地区修正系数，$K=1.20\sim1.95$。

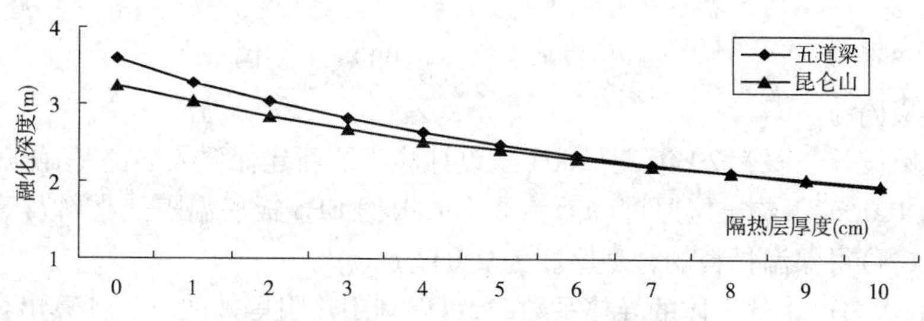

图6-7　黑色路面下融化深度与隔热层厚度的关系

从图6-7可以看出，隔热层从1cm增加到5cm时，融化深度迅速减小，从5cm增加到10cm时，融化深度的减小就缓慢得多了。以五道梁地区为例，当EPS板隔热层厚度为5cm时，可使路面下融化深度减小31.6%；隔热层增加至10cm时，路面下融化深度减小46%，厚度增加一倍，融化深度减小仅增加14.4%。从融化深度减小曲线来看，厚度增加减小融化深度速率增长得更慢。以昆仑山垭口为例，隔热层厚度从1cm增至2cm时，可使路面下融化深度减小5.8%，从9cm增至10cm时，仅使路面下融化深度减小1.9%。因此，在隔热层路基设计时，应考虑工程要求，选择经济合理的隔热层厚。

2）隔热层设置厚度的确定

修筑保温隔热层和抬高路基都是通过增大热阻达到保护多年冻土的目的。因此，从热阻等效的角度出发，根据保护冻土路堤填土高度的需要（以EPS板为例），为使两者热阻相等，则有：

$$\frac{d_e}{k_e}=\frac{d_s}{k_s}\text{ 即 }d_s=\frac{d_e\cdot k_s}{k_e}\text{ 或 }d_e=\frac{d_s\cdot k_e}{k_s}\tag{6-2}$$

式中：d_e，d_s——分别为EPS板与等效土体的厚度；

k_e，k_s——分别为EPS板与等效土体的导热系数。

计算中选择的EPS板，其厚度为0.1 m，导热系数为0.034 W/m·℃，如果将其热阻等效为导热系数为1.919 W/m·℃的融土，则由(6-2)融土的等效厚度为5.64 m，显然在低温冻土区的道路运营期内，这一路基高度是没有必要的。根据路基合理高度的概念和表达式进一步提出保温隔热材料的合理厚度，由式(6-2)可以得出保温隔热材料的合理厚度为：

$$d_{合}=\frac{(H_{合}-h_u-h_d)\cdot k_e}{k_s}\tag{6-3}$$

式中：$d_{合}$——保温隔热材料合理厚度；

$H_{合}$——用砂砾碎石土作为路堤填料的路基合理高度；

h_u——从隔热材料上伏土体厚度；

h_d——隔热材料下垫土层厚度；

k_e、k_s——分别为EPS板与等效土体的导热系数。

将上式代入式$H_{合} = 0.0542 \cdot \Delta t - 1.1045 \cdot h_{天}^{0} + 4.7876$

$$h_{天}^{0} = 0.0232 \cdot (t_0 - 1999) + 2.01$$

则有：

$$d_{合} = 0.0542 \cdot \frac{k_e \cdot \Delta t}{k_s} - 1.1045 \cdot \frac{k_e \cdot h_{天}^{0}}{k_s} + 4.7876 \cdot \frac{k_e}{k_s} - \frac{k_e}{k_s}(h_u + h_d)$$

$$h_{天}^{0} = 0.0232 \cdot (t_0 - 1999) + 2.01 \tag{6-4}$$

式中各符号意义同前。

如假设道路设计年限为20年，于2004年设计施工的新建保温隔热路基，隔热材料上伏土体厚度(h_u)为1.0 m，下垫土层厚度(h_d)为0.2m，根据EPS板保温隔热材料及等效土体的导热系数，由式(6-4)得保温材料的合理厚度为0.042 m。

也就是说，当知道路基土体的导热系数时，可以利用热阻等效的方法计算出合理的隔热层厚度。

3)隔热层埋设深度的计算

隔热层合理埋深是关系到施工质量能否保证，竣工后使用状况和隔热效果的大问题。使用这一工程措施时，就必须确定一个合理的埋设深度，以使行车应力对隔热层影响较小(甚至无影响)，其隔热效果又能满足设计需要。合理埋置深度的确定原则是在满足隔热材料自身强度和路面结构层厚度要求的基础上尽可能的将隔热层向靠近面层的方向埋置，以最大效能地发挥它的功效，减少路基体吸热，保护路基体的稳定。

根据车辆荷载的特点和路面下应力扩散原理，以及隔热层板材容许承载力等条件(见图6-8)，可以推导出下列公式，以计算隔热层合理埋设深度。

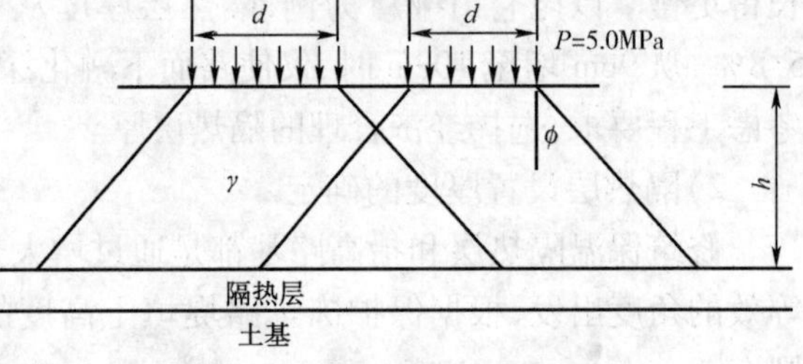

图6-8 车辆荷载扩散示意图

$$\frac{2Pd}{d + 2h\tan\Phi} + h\gamma \leqslant \sigma \tag{6-4}$$

式中：P——轮胎压强(MPa)；

d——单轮传压面当量圆直径(m)；

γ——隔热层以上各结构层重度加权平均(MN/m^3)；

Φ——隔热层以上和结构层应力扩散角加权平均值(°)；

h——隔热层合理埋深(m)；

σ——隔热层容许压应力(MPa)。

不同隔热材料，有着不同的(σ)容许压应力，隔热层上不同填料对应计算出不同的(Φ)应力扩散角加权平均值和(γ)结构层重度加权平均值。带入不同参数可以计算出相应合理埋深。

若以标准轴载BZZ—100，$\Phi = 36°$，$\gamma = 0.023$MN/m^3，$6 = 0.58$MPa(γ、Φ取值可能有偏差)$p = 0.7$MPa，$d = 0.17$m为例，经计算：$h \geqslant 0.17$m。在设计应用中，考虑到现在青藏公路上行驶的车辆载重较大超载严重以及上述计算的误差，对上述计算结果增加1.5的安全系数，则XPS板隔热层的埋置深度为路基设计高程以下25.5cm。考虑设计与施工的影响，将XPS板隔热层埋置在路面结构层与土基之间是合理的。

4)隔热层上结构层最小压实厚度的确定

使用的保温隔热材料其强度不可能满足车辆荷载直接作用其上,其上结构层太薄隔热材料容易被挤压坏,太厚压实时又不能满足要求。当结构层在被压实过程中传递到隔热层上的压应力小于隔热层板材的容许压应力,即控制压路机接触应力和结构层自重应力叠加后不大于隔热层容许压应力,隔热材料才不致被压坏变形。

依据圆柱体与平面挤压理论,圆柱体与平面挤压产生的最大接触应力为:

$$\sigma_{max} = \sqrt{\frac{q}{\pi^2 R(\theta_1 + \theta_2)}} \tag{6-5}$$

式中:q——线压力;

R——压路机滚轮半径;

θ_1、θ_2——分别为土基、压轮刚度。

结合试验,并经过简化,对滚轮最大接触应力 σ_{max} 可以由下式计算:

$$\sigma_{max} = \sqrt{\frac{qE_0}{R}} \tag{6-6}$$

式中:E_0——土基(结构层)形变模量(MPa)。

要想得到高质量的压实效果,就必须有一定的接触应力,而隔热层的容许应力又是有限的,这就是必须以这两个条件来控制,才能既使结构层被压密实,又保证隔热层密度不致增加、变薄,而降低隔热效果。据有关资料介绍,当压路机的接触应力与结构层极限强度的关系为 $\sigma_{max} = (0.8 \sim 0.9)\sigma_p$时,能得到最好的压实效果。对于光滚轮压路机其极限强度如表6-4。以两轴三轮压路机后轮为例,设隔热层上结构为水泥稳定土,并取 $\sigma = 0.3$MPa, $\Phi = 36°$,再结合应力扩散原理(见图6-9)可以推出下列公式:

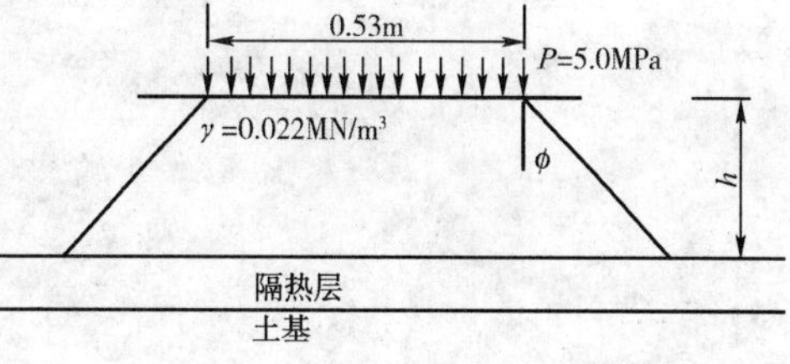

图6-9 压路机接触应力扩散示意图

$$\frac{0.53 \times 5}{0.53 + 2h\tan36°} + h\gamma \leqslant 0.3 \tag{6-7}$$

部分材料极限强度表

表6-4

被压材料	极限强度(MPa)	被压材料	极限强度(MPa)
低黏性土(砂土、亚砂土)	0.3~0.6	碎石路基	3.8~5.5
中黏性土(亚黏土)	0.6~1.0	砾石路基	3.0~3.8
高黏性土(重亚黏土)	1.0~1.5	水泥稳定土	5.0~6.3

经计算上式无解。这就是说,若压路机的接触应力为5MPa水泥稳定土可以被压密实,但这时无论其施工压实厚度为多少,都无法控制压路机传递到隔热层上的压应力不大于0.3MPa,即在隔热层上不可能采用水泥稳定土这种混合料作为上结构层。若以隔热层上结构层压实厚度为 $h = 20$cm、$\sigma = 0.3$MPa、$\gamma = 0.018$MN/m³,作为控制条件,求 σ_{max}。由图6-9可推出下列计算式:

$$\frac{0.53\sigma_{max}}{0.53 + 2 \times 0.2\tan36°} + 0.2 \times 0.018 \leqslant 0.3 \tag{6-8}$$

解之得 $\sigma_{max} \leqslant 0.46$(MPa)

由此可知,若想得到高质量的压实度,又使 $\sigma \leqslant 0.3$MPa,压路机的压实厚度以不小于20cm

时，其接触应力不得大于0.46MPa，从表6-4知，只有采用低黏性土，才能满足要求，故对不同的混合料，隔热层板材有不同的施工埋设深度。

5）保温隔热材料的搭接与施工控制

隔热材料的施工工艺是影响隔热材料对保护多年冻土效果的关键因素，从设计到施工的整个过程，在相应的环节中对其施工质量进行控制。

以XPS板为例，其拼接方式有平接、搭接、企口，如图6-10。在订购隔热材料时，应该考虑拟定搭接方式，由厂家预先制作搭接槽或在施工时采用黏合剂进行胶接连接，从而提高工程质量，减少劳动强度。当铺设2层板材时，对每一层均进行错缝铺设。

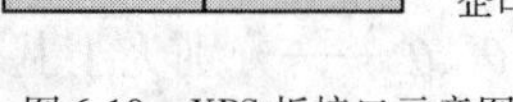

平接

搭接

企口

图6-10　XPS板接口示意图

直线段线形要素简单，拼接布设板材相对较容易，曲线段拼接就比较困难。当隔热层工程措施段位于弯道上时，可以采用直向积累集中拼缝处理的方法进行铺设，如图6-11。在隔热板铺设完成检查无误后，进行板上填料铺筑。施工时，施工机械不能直接碾压隔热板，应将适合的填料用自卸汽车运抵保温隔热材料路段的一端卸料，由铲车将填料按照预留压实厚度向前推运，依次类推，完成板材上填料的铺筑工作，随后用平地机整平，压路机压实。

图6-11　弯道处拼缝处理

由于保温隔热材料，既保温又隔热，在暖季施工将导致保温隔热层下的热量无法释放，特别是在路堤铺设后最初的1～2年内，铺设保温隔热材料的施工季节对路堤下冻土上限有较大影响，两年后路基中部的人为上限的变化，才能趋于逐渐稳定。因此，保温隔热路基的施工季节最好能选择在冬季，如果冬季无法施工，应避开最大融深季节，根据青藏高原多年冻土区的气候特点与变化规律，保温隔热材料铺设的时间宜选择在6月底以前。

3. 试验工程结构设计

根据隔热材料的特点，进行EPS板的试验工程施工图设计，EPS板的技术要求为：密度不小于30kg/m^3，导热系数不大于0.03kcal①/m·h·℃，抗压强度不小于300kPa，规则为(4+4)cm×100cm×150cm。试验工程的EPS板埋设在路基中路面设计高程以下85～100cm深度处，4cm+4cm两层错缝铺设，每块板的尺寸为150cm×100cm×4cm，每一层均以道路中线为中心，其中下层7块板子各宽1m并排组成7m宽，上层中间6个1m宽的板子两侧各0.5m宽的板子，每一层均进行错缝铺设，EPS板与路面结构层之间用符合设计要求的建筑材料填筑并压实，如图6-12。

2003年，在昆仑山口试验段K2897+000～K2897+300段之间又设计了XPS（挤塑泡沫隔热板）试验路。XPS（挤塑泡沫隔热板）导热系数为0.025kcal/m·h·℃，抗压强度为600kPa，XPS板单层铺筑。XPS板铺设在整平后的底基层与基层之间，XPS板尺寸为240 cm×120 cm

① 1kcal=4186.8J。

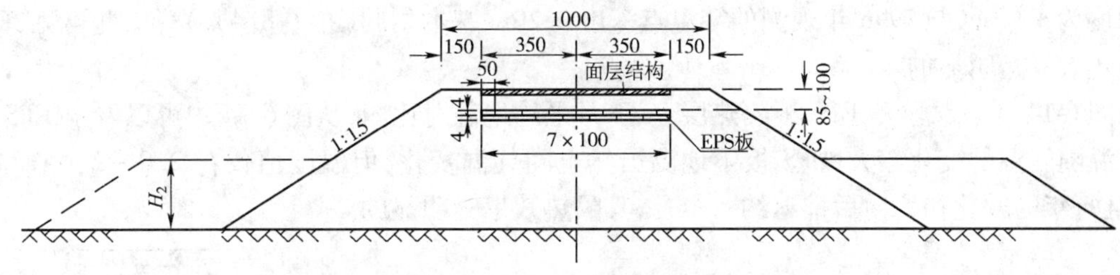

图6-12 EPS板隔热层路基横断面设计图(尺寸单位:cm)

×6cm,板子上四边都带有1cm宽的搭接槽。以道路中线为中心,2.4m长的板材拼接组成7.2m宽,顺着路线前进方向铺筑,如图6-13。

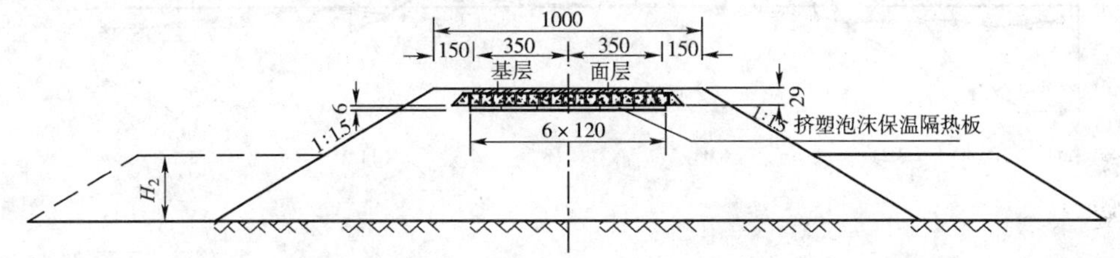

图6-13 XPS板(挤塑泡末保温隔热板)隔热层路基横断面设计图(尺寸单位:cm)

三、试验工程地温观测数据分析

1. EPS隔热层观测数据分析

表6-5为EPS隔热层板上与板下融化指数、冻结指数比较表,从6-5可以看出,PES板上下的融化指数、冻结指数都发生了很大的变化。EPS板下融化指数比板上融化指数平均降低1100~1300℃·d;EPS板下冻结指数比板上冻结指数平均降低1000~1200℃·d,经由多层介质斯蒂芬方程(6-1)计算可减少昆仑山垭口段沥青路面下多年冻土融化深度1.0~1.5m(见表6-6)。

EPS隔热层板上与板下融化指数、冻结指数比较 表6-5

隔热层厚度		6cm	8cm	10cm
融化指数(℃·d)	隔热层上	126 2.34	151 6.34	142 3.80
	隔热层下	127.85	198.90	164.64
	相差值	113 4.49	131 7.44	125 9.16
冻结指数(℃·d)	隔热层上	137 9.50	152 0.76	143 0.90
	隔热层下	360.86	258.20	252.00
	相差值	101 8.64	126 2.56	117 8.90

昆仑山垭口沥青路面下多年冻土融化深度对比表 表6-6

融化指数(℃·d)	1432.8	164.6	1987年观测值	1996年观测值
融化深度(m)	3.25	2.03	3.10	2.20

由表6-6知,若不设EPS板隔热层,即以EPS板上融化指数计算时,不计EPS板的热阻,昆仑山哑口沥青路面下多年冻土融化深度为3.25m,与1987年观测的零温点深度3.10m基本相同(相差4.6%);以EPS板下融化指数计算,即考虑EPS板的热阻,沥青路面下多年冻土融

化深度为2.03m,与1996年观测的零温点深度2.20m基本相同(相差8.4%)。由此可见,EPS的隔热效果是明显的。

图6-14为该试验路EPS板隔热层上、下月平均地温对比图,从图6-14中可以看出EPS板上地温随气温的变化较大,EPS板下地温虽然也随气温变化,但温度值仅在-2.0~2.0℃间变化,且每年的融化初期向后推迟约一个月,其隔热效果是明显的。

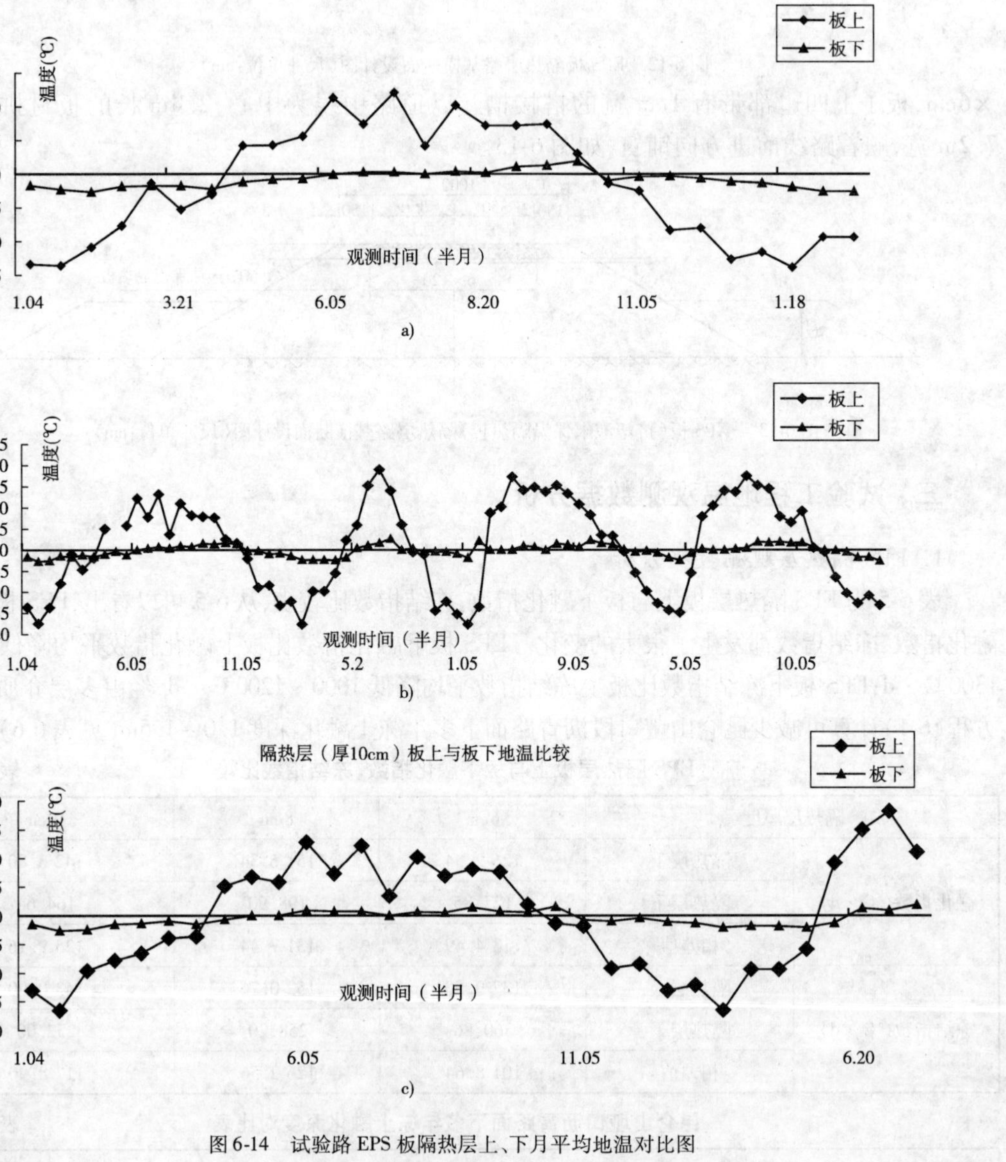

图6-14　试验路EPS板隔热层上、下月平均地温对比图

a)厚6cmEPS板;b)厚8cmEPS板;c)厚10cmEPS板

图6-15为不同条件路基的年地温振幅图。从图6-15可以看出EPS板隔热层路基的地温分布状态发生了很大的变化。无论是高温冻土区还是低温冻土区,其沥青路面下路基地温年振幅沿深度的分布规律是基本相同的,只是"喇叭口"的开口深度和年振幅在正温区与负温区的多少不同。但设置EPS板隔热层后,路基下6cm厚的EPS板温度年振幅沿深度的分布则呈

“漏斗”形状,在同一观测时间,EPS 板隔热层上温度基本相同(深度仅 20cm)。“漏斗”形状分布的突变点与 EPS 板隔热层埋设深度的位置相同,在 EPS 板隔热层以下,路基年地温振幅随深度的变化幅度很小,从图 6-15(a)上看,其路基年地温振幅沿深度的分布近似于直线,这充分说明 EPS 板隔热层的隔热效果显著的。但从表 6-5 和图 6-14 可以看出,EPS 板隔热层厚度对隔热效果的影响并不明显。

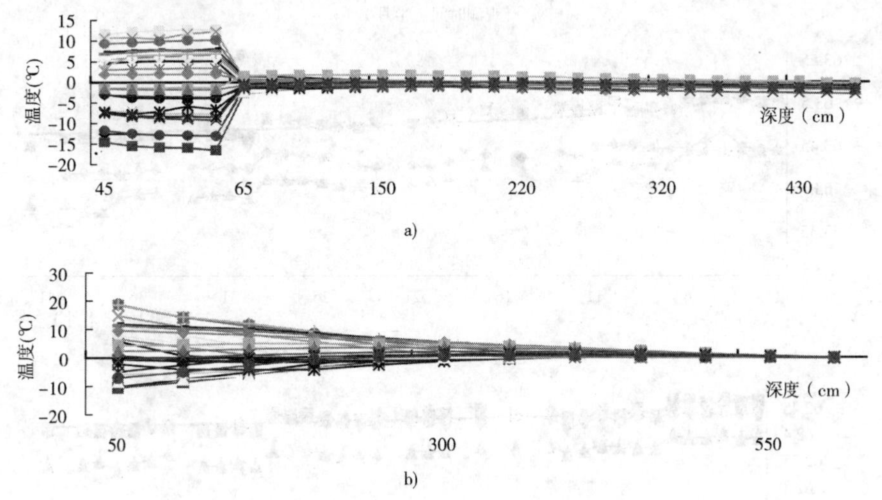

图 6-15　不同条件路基的年地温振幅图

a) 隔热层路基地温沿深度分布图;b) 高温冻土区路基地温沿深度分布图

图 6-16 是该试验路 1992 年 11 月至 1994 年 9 月冻融变形过程曲线,从图 6-16 中可以看出,路基路面整体沉降变形最大值为 5cm,再以曲线的发展趋势看,路基路面的沉降变形在逐渐衰减。特别是从 1994 年 9 月加铺沥青表处之后,沉降变形的相对增长量更小。当前路基无不均匀热融沉降,路基路面稳定。

2. XPS 隔热层观测数据分析

XPS 板隔热层试验段的路面为沥青混凝土,XPS 板设在底基层与基层之间,并在该段布设了两个测温断面和板上下的测温装置,在 2003 年 10 月进行了首次观测,以后平均每月观测两次。

图 6-17 ~ 图 6-18 分别反映了 XPS 断面路中孔地温随深度与随时间的变化关系。

对于 K2897 +150 路中孔,从图 6-17 可以看出,在铺设 XPS 板的路中孔,刚铺设后第一年暖季末即 10 月到 11 月,路面下 2.0m 处观测到的地温还存在正温,但第二年开始正温深度已明显减少,2.0m 深度已是全年处于负温状态下,1.5m 深度也只有 9、10、11 三个月观测有正温存在,其余月份全部为负温值。近地表 0.5m 深度,11 月下旬开始回冻,5 月底 6 月初开始解冻,2 月份近地表温度达到最低值,铺设 XPS 板后,季节活动层变浅 0.5m 以上。在铺设隔热板后初期 2.0m 以下、一个冻融周期稳定后 1.5m 以下,地温随深度的波动不是很明显,常年处于负温且波动趋势相似。在地温随时间的关系曲线上,在冷季,可以看出活动层内温度降低很明显,在 1.5 ~3.5m 深度范围内,暖季甚至出现全年温度最低值,这种波动的极值与 XPS 板有良好的隔热性能是分不开的,路面下 2.5m 深度以下地温的波动已基本消失。

对于 K2897 +150 左路肩孔,从图 6-18 可以看出,在铺设 XPS 板后第一年暖季末即 10 月

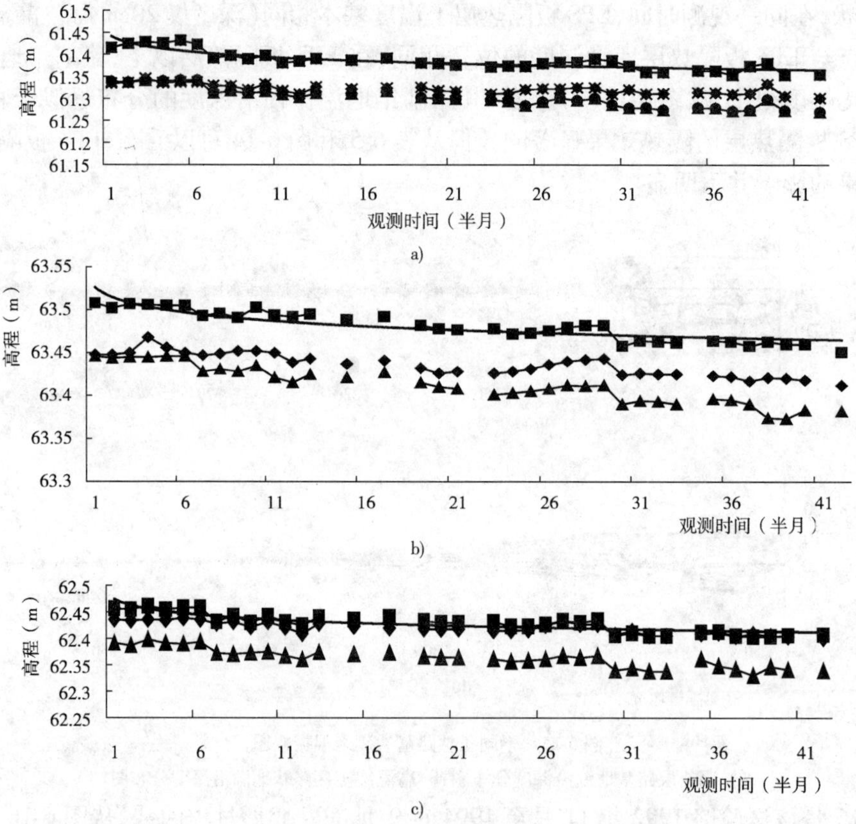

a)

b)

c)

图 6-16　EPS 试验路路基冻融变形过程曲线

a) K2897 + 750；b) K2897 + 750；c) K2897 + 790

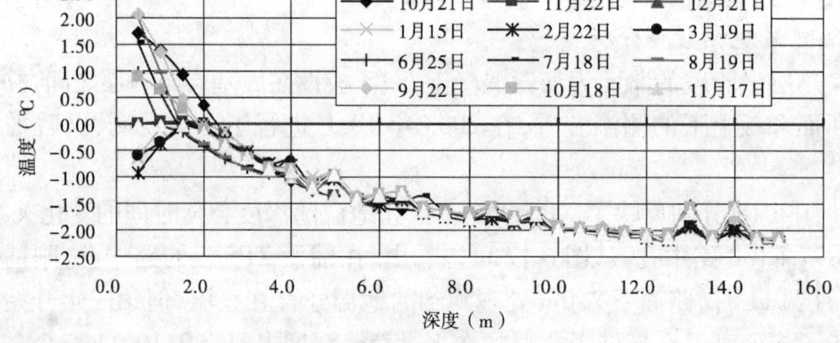

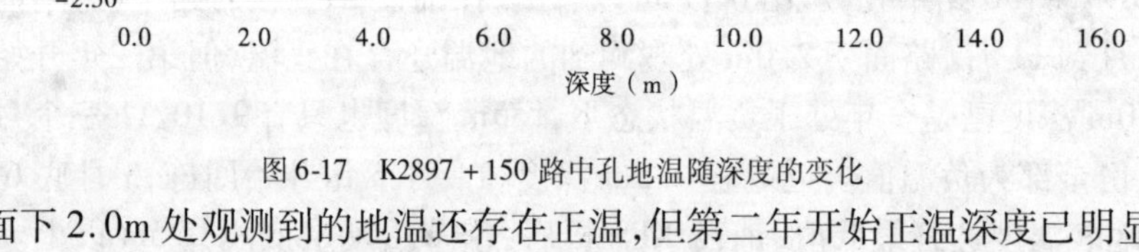

图 6-17　K2897 + 150 路中孔地温随深度的变化

到 11 月，路面下 2.0m 处观测到的地温还存在正温，但第二年开始正温深度已明显减少，2.0m 深度已是全年处于负温状态下，1.5m 深度也只有 9、10、11 三个月观测有正温存在，其余月份全部为负温值。近地表 0.5m 深度，11 月下旬开始回冻，5 月底 6 月初开始解冻，2 月份近地表（0.5m 深度）温度达到最低值-4.2℃。铺设 XPS 板后，季节活动层也变浅 0.5m 以上，在刚铺设隔热板后 2.0m 以下、一个冻融周期稳定后 1.5m 以下，地温随深度的波动不是很明显，常年处于负温且波动趋势相似。

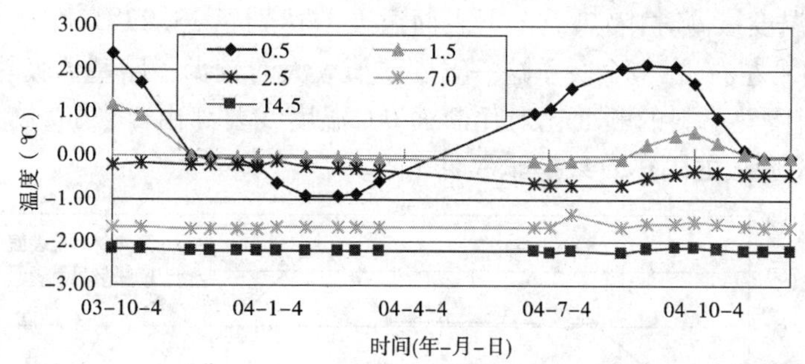

图 6-18　K2897 + 150 左路肩孔地温随时间的变化

K2897 + 150 路中与路肩孔相比，左路肩孔活动层下面温度降低明显，且温度梯度较大；在冷季，左路肩孔活动层温度要比路中孔温度低 2 ~ 3℃。其中原因为：路中孔处沥青路面中央吸热明显，XPS 板隔热层有良好的隔热性能，夏天隔热、冬天隔冷保温，使得暖季热量进入路基体较少，冷季外界低温度与路基体的热冷交换减弱；在左路肩孔处，由于路肩部分没有铺设 XPS 板，路肩处较之路中有开放的与外界进行水热交换的边界条件，路肩处暖季吸热减少了，冷季冷热交换没有减弱，冷季回冻比较充分且温度降低的比较大。

图 6-19 ~ 图 6-21 为隔热板上、下表面温度的对比和变化，保温板上表面为 1 ~ 14 测点，下表面为 15 ~ 30 测点，上表面平均温度为 - 1. 294℃，下表面平均温度为 0. 052℃，上表面温度波动较大，暖季最大值达到 18. 41℃，冷季最低温度达到 - 18. 46℃，温度年较差在 34℃左右，下表面暖季最大值为 5. 26℃，冷季最低温度为 - 5. 97℃，温度年较差在 7. 16℃左右，即设置隔热层后，下部土体地温年振幅大大减小。

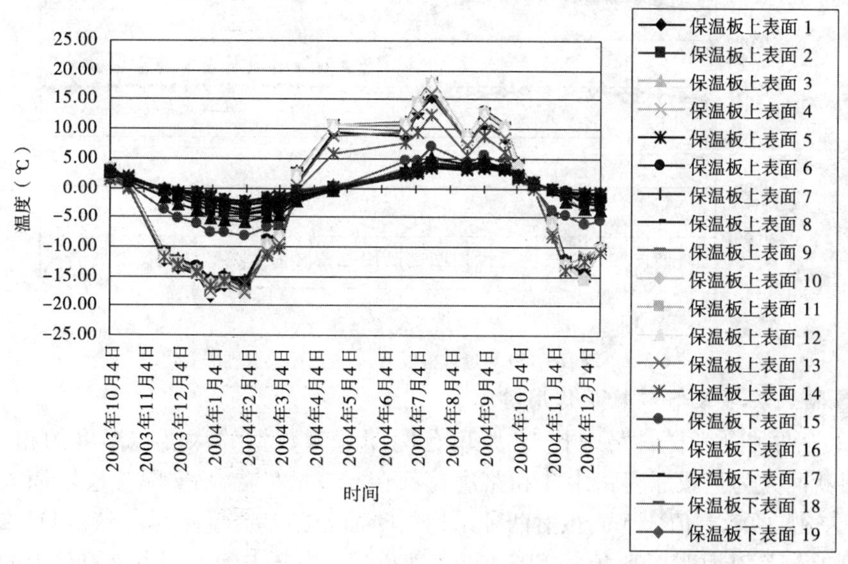

图 6-19　K2897 + 150 隔热材料板上、下表面温度随时间的变化

从隔热材料的工作时效上看，暖季是对冻土路基有益的正效应期，隔热材料层的效果显示，观测数据显示。在 7 月份隔热层上表面温度达到了全年最大值，7 月上旬为 14. 17℃，7 月中下旬达到最高值 17. 42℃，而以上两个时间测得的隔热层下表面对应温度为 3. 05℃和

4.19℃,在上表面温度最高时,隔热板上下表面温度差达到了13.23℃,在整个暖季上下表面温度差平均值在8℃左右,在整个暖季这一温度差值大大的较少了路基体吸热,累积效应就是地温等值线图中有隔热材料的断面比对比断面0℃温度线要高出2~3m,较大的温度差及综合观测数据表明XPS板的隔热效果是非常明显的。

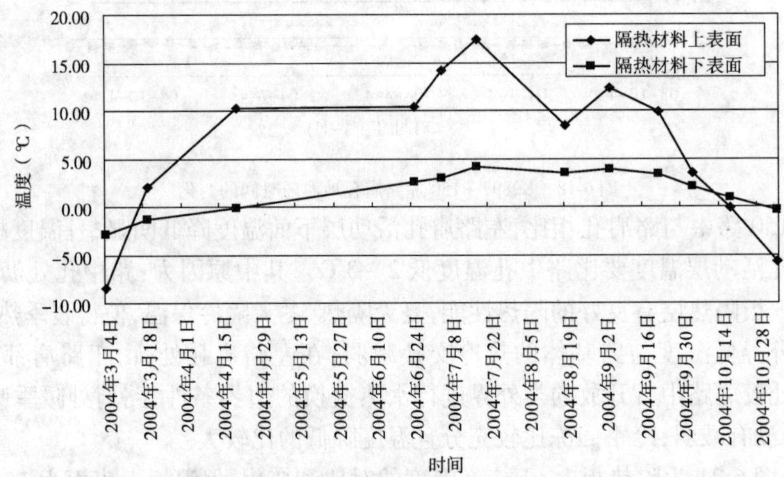

图6-20 K2897+150 暖季隔热材料板上、下表面温度平均值对比图

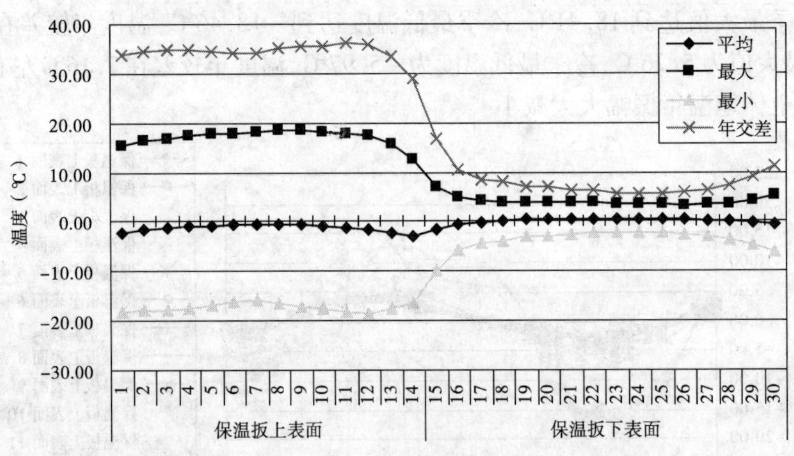

图6-21 K2897+150 隔热材料板上、下表面相关温度的变化

3. EPS隔热层与XPS隔热层作用对比

图6-22为两种隔热材料路中孔、左路肩孔同期观测数据的深度与温度的相关曲线,在EPS隔热层断面人为上限深度路中孔和路肩孔都在6.0m左右,XPS隔热层断面人为上限深度在2.5m左右,两者差值3.5m,虽然两种结构层断面处路基高度不尽一致,但这么大的地温年变化深度差值足以说明XPS板较EPS板在保护冻土、控制人为上限方面有较大的优势。

四、保温隔热板对路基地温特征影响的仿真

多年冻土区道路的修筑,改变了地表与大气间的热交换关系,尤其是沥青路面的铺设,隔断了下伏土层与地表间的水力联系,使路面终年处于水分蒸发很少的状态,加之沥青路面强烈

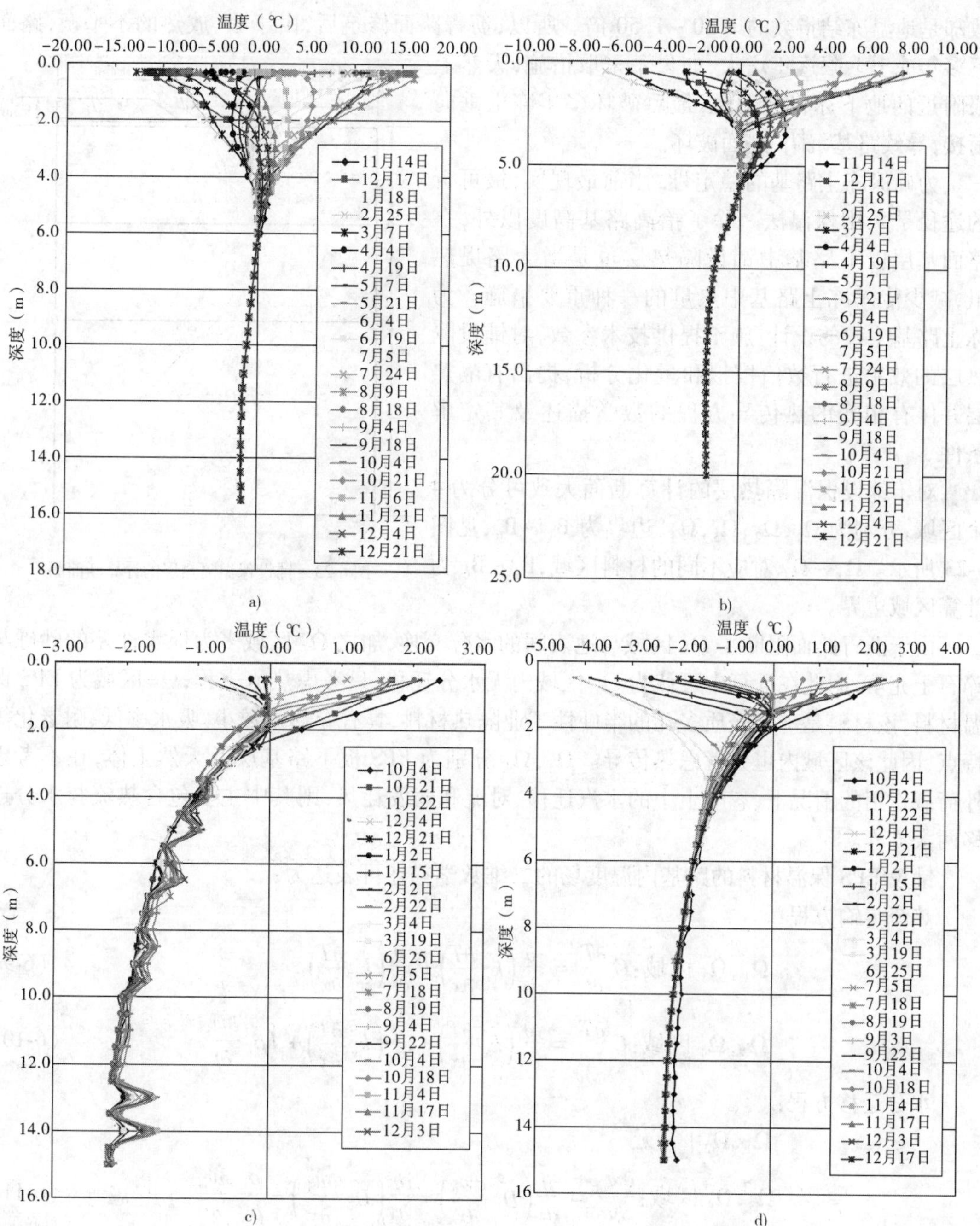

图 6-22　隔热材料路中和左路肩的深度与温度的相关曲线

a）EPS 隔热层断面路中孔深温曲线；b）EPS 隔热层断面左路肩孔深温曲线；

c）XPS 隔热层断面路中孔深温曲线；d）XPS 隔热层断面左路肩孔深温曲线

的吸热作用和路堤填土的导热性能，使通过路面进入路基的年吸热量大于散热量，导致路基下冻土上限深度逐年加大，严重威胁道路的正常运营。据多年的观测资料，虽然青藏公路沿线多年冻土区的气温冻结指数是融化冻结指数的 3 ~7 倍，但沥青路面下 0.5m 深处的地温融化指数却是地温冻结指数的1.10~1.50倍。所以,沥青路面修筑后,由于吸、放热的不平衡,路面下多年冻土上限逐年增大,如果不采取措施,天然上限附近的地下冰将会融化,最后破坏多年冻土垂向衔接,导致路基沉陷,路面破坏。

为确保冻土路基的稳定性,当前最现实,最可行的途径是采用保温法。除了抬高路基高度以外,在路面基层以下路基中铺设隔热层也是增大路堤热阻,减少传入冻土路基中热量的一种重要措施。为冻土路基工程的设计、施工提供技术参数,对铺设隔热层的效果进行数值模拟和量化分析,提出有隔热层并伴有相变的热传导方程的数学描述及其定解条件。

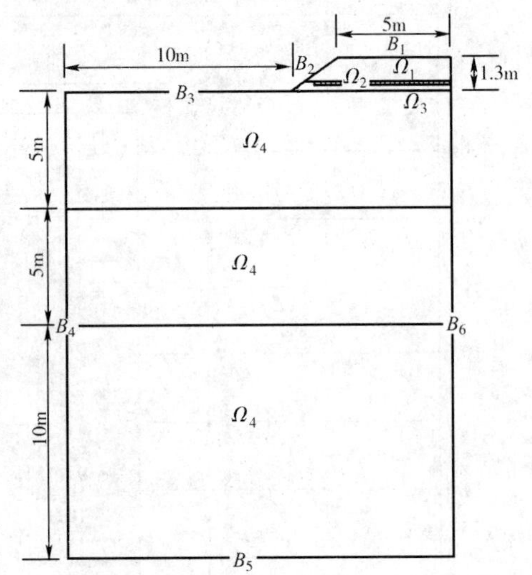

图6-23 铺设保温隔热层的计算断面图

对于铺设保温隔热层的计算断面大致可分为4个区域,分别为Ω_1,Ω_2,Ω_3,Ω_4,边界为B_1~B_6,见图6-23所示。Ω_1~Ω_4对应不同的材料区域,B_1~B_6为计算区域边界。

由于沥青路面阻断了Ω_1区域与地表间的水分交换,加之Ω_1区域多为保水性差的砂砾与碎石土充填,因此在计算中可认为Ω_1区域内无水分迁移,只考虑热流方程;Ω_2区域为EPS保温材料,该材料是一种轻质多孔的半硬性工业隔热材料,具有导热系数小,吸水率低、耐老化等特点,因此该区域内也只考虑热传导。Ω_3,Ω_4分别为EPS板下路基层及天然土体,在不考虑外荷载作用的情况下,忽略土中的水汽迁移、对流和蒸发耗热,则其中主要包含热流与水分迁移两大方程。

铺设EPS保温材料的路基内温度场的二维数学描述可表达为:

热流传输方程:

$$\Omega_1,\Omega_2\text{ 区域:}C\frac{\partial T}{\partial t}=\frac{\partial}{\partial x}\left(k_x\frac{\partial T}{\partial x}\right)+\frac{\partial}{\partial y}\left(k_y\frac{\partial T}{\partial x}\right) \tag{6-9}$$

$$\Omega_3,\Omega_4\text{ 区域:}C\frac{\partial T}{\partial t}=\frac{\partial}{\partial x}\left(k_x\frac{\partial T}{\partial x}\right)+\frac{\partial}{\partial x}\left(k_y\frac{\partial T}{\partial x}\right)+L\rho_i\frac{\partial w_i}{\partial t} \tag{6-10}$$

水分迁移方程:

Ω_1,Ω_2区:无

$$\Omega_3,\Omega_4\text{ 区域:}\frac{\partial w_u}{\partial t}=\frac{\partial}{\partial x}\left(D_x\frac{\partial w_u}{\partial x}\right)+\frac{\partial}{\partial y}\left(D_y\frac{\partial w_u}{\partial y}\right)-\frac{\rho_i}{\rho_w}\frac{\partial w_i}{\partial t} \tag{6-11}$$

联系方程:
$$w_u=f(\mathrm{T})\quad T<T_m \tag{6-12}$$

式中:C——容积热容量;

T和T_m——分别为路基土的温度与冻结临界温度;

T——时间;

k_x,k_y——分别为各区域所对应的导热系数的分量;

L——冻结或融化潜热；

ρ_i,ρ_w——冰和水的密度；

w_i,w_u——分别为路基土的体积含冰量及未冻水体积含量；

D_x,D_y——分别为各区域所对应的水分扩散系数分量。

铺设 EPS 保温材料的路基边界的定解条件主要可分为：

第一类边界条件：即规定边界上的温度值；

B_1,B_2,B_3 上：

$$\begin{aligned} T_{B_1} &= f_1(t) \\ T_{B_2} &= f_2(t) \\ T_{B_3} &= f_3(t) \end{aligned} \tag{6-13}$$

式中：$f_i(t)(i=1,2,3)$为边界上的温度函数；t 为时间（天）。

第二类边界条件：即规定了边界上的热流密度值；

B_4,B_5,B_6 上：

$$\begin{aligned} \left(\frac{\partial T}{\partial n}\right)_{B_4} &= 0 \\ \left(\frac{\partial T}{\partial n}\right)_{B_5} &= q_0 \\ \left(\frac{\partial T}{\partial n}\right)_{B_6} &= 0 \end{aligned} \tag{6-14}$$

式中：n——边界外法线方向的单位向量；

q_0——在该问题中为地中热流；

$B_1 \sim B_6$——图 6-23 计算区域边界。

计算模型如图 6-23 所示，路基高度为 1.3m，EPS 板埋置深度为 1.0m，其厚度为 10cm，导热系数为 0.034 W/m·℃，密度为 40kg/m^3，路基填料及下伏各土层热物理参数与前面章节（表 4-17）相同。在不考虑阴阳坡影响的情况下，计算模型是按中轴线对称的，模拟时只计算半幅路基断面。考虑水分迁移及冻融相变对路基温度场影响的情况下，作如下假设：

①路基断面各层土体及 EPS 板是均质的，各向同性；

②在冻结和融化过程中无任何外荷载作用；

③忽略路基中的水汽迁移、空气对流和蒸发耗热作用；

④忽略路基内应力对路基温度场的影响；

⑤忽略 EPS 板内的水分迁移；

⑥忽略温度变化对 EPS 板热学参数的影响。

根据数值模拟设计习惯，用无温度变化条件下的天然地表温度边界在无路堤的情况下模拟计算 10 年，分别取第 10 年 5 月 15 日和 7 月 15 日的地基温度场作为初始条件，再填筑路堤，路堤土体的初始温度分别为 －4℃ 和 2℃，并施加含气候变暖影响的上边界条件及地中热流（0.06 W/m^2）的下边界条件，进行 20 年的数值模拟计算，其计算结果如下。

1. EPS 板对人为上限的影响

在路基内铺设工业隔热材料，能大大增加路堤热阻，减少传入地中的热量，提高路中人为上限。从图6-24可知,未铺设隔热板的路基在第一年人为上限为5.13 m,比5月15日施工的隔热板路基在第一年的人为上限低3.53 m,比7月15日施工的低2.93 m。由此可见工业隔热路基在低温冻土区对提高人为上限,防止下伏多年冻土退化,保证路基稳定性是十分有效可行的。

铺设保温隔热材料的施工季节对路堤下冻土上限有较大影响,如图6-24所示。特别是在路堤铺设后最初的1~2年内,随后路中人为上限的变化趋势逐渐稳定,直至第6年施工季节对路中人为上限的影响才逐渐消失。图6-24中还可看出,7月15日施工对路中人为上限的扰动比5月15日的施工扰动大得多。这主要是由于路堤及下伏土体的初始正温造成的。因此保温隔热路基的施工季节最好能选择在冬季,如果冬季无法施工,应避开最大融深季节,综合考虑保温隔热材料铺设的时间应选择在6月底以前。

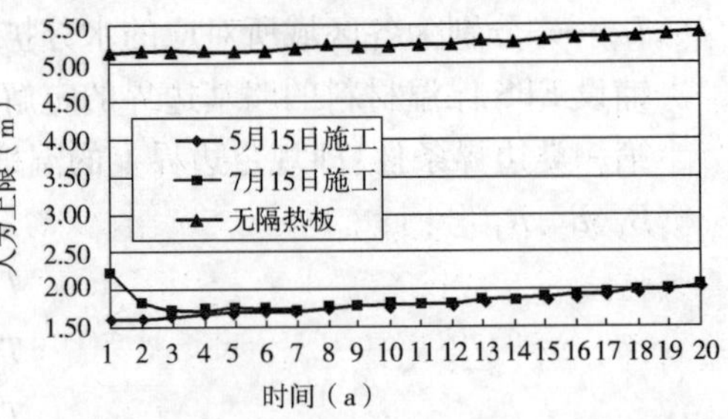

图6-24 隔热板施工季节对人为上限的影响

2. 路基温度场特征的比较

图6-25描述了是否设置隔热层,路基竣工第一年后的1月20日、4月20日、7月20日、10月20日的路基温度场的影响。从图6-25中可以看出,铺设隔热材料的路基体冷季温度高于未铺设隔热材料的路基体,从1月到4月这种趋势在变得更加明显;铺设隔热材料后路基体下土体人为上限上升。这主要是因为暖季隔热层减少路基体吸热,路基体原来冷季暖季的热交

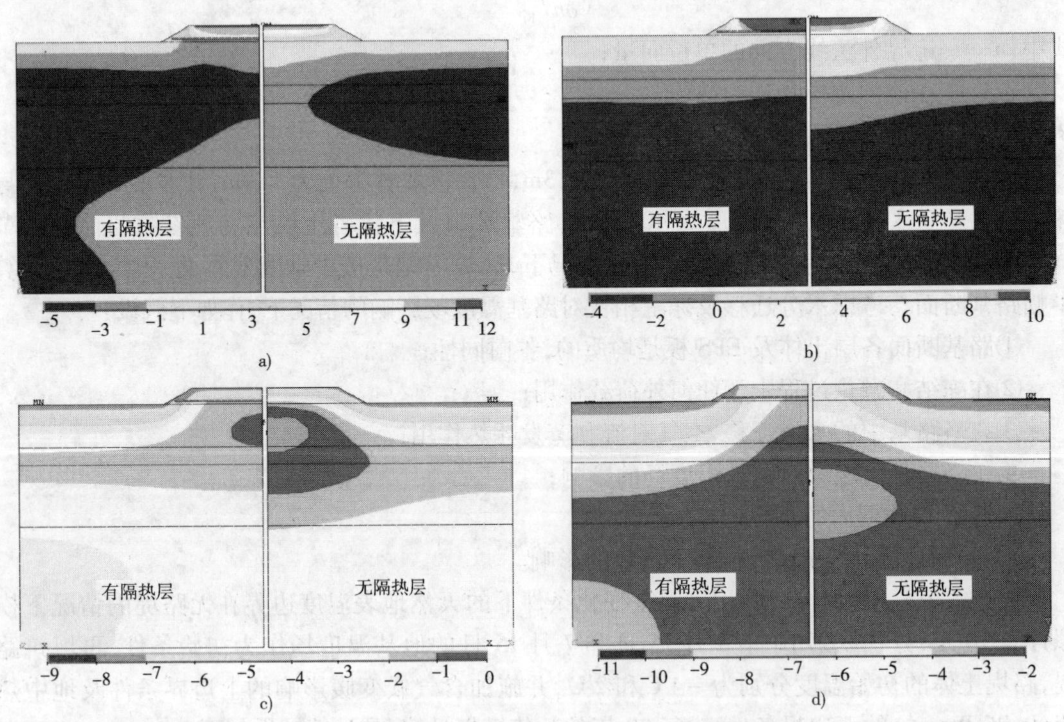

图6-25 有无隔热层路基温度场对比图

a)1月20日路基温度场;b)4月20日路基温度场;c)7月20日路基温度场;d)10月20日路基温度场

换平衡被人为大幅改变，虽然冷季隔热层亦减少了路基体吸收外界冷量，不利于路基体在这个季节进行趋于保护冻土路基的热交换，但暖季隔热材料的高热阻使得路基体在暖季的吸热量大幅减少。无隔热材料的路基体内暖季正积温甚至使得下伏土体内出现融化核，整个暖季融化核在扩大。相比之下，有隔热材料的路基体则没有出现融化核，只是暖季路基体同步升温。铺设隔热材料后，冷季近地表路基体温度的变化即温度梯度明显大于未铺设隔热材料的路基，暖季则相反。这些差异与隔热材料的性状有关，与其自身的隔热保温效果一致。另外从路基温度场效果图中也能看到，从尽量减少路基体热储的角度出发，施工季节要在冷季，并且在暖季来临之前完成铺设施工。这样隔热材料下面的土体温度较低，更有利于隔热材料优越性能的发挥，有利于以后路基体的热量循环与交换。

第二节　碎块石路基

对于青藏公路高原高温、高含冰量多年冻土和气候变暖等问题，采用传统路基结构将很难保证冻土路堤的安全和稳定，需要采取能积极保护冻土、主动冷却地基的地温调控新技术。其中用碎石作为路基填料，基于多孔介质中空气自然对流原理，利用天然冷源使碎石路基温度场持续降低，从而达到多年冻土区路基稳定，是一种值得推广的有效措施。国内外均做过许多理论和试验研究，在碎石中自然对流的机理及数值计算方面均取得了长足的进展。

一、碎块石路基室内试验

1. 试验方法

在一个大的绝热箱体内，安装了环境温度控制器（如图6-26），使大绝热箱内环境温度恒定在2～4℃。内部放置两个由壁厚为155cm聚氨基甲酸脂板组成的绝热试样箱，其内部长×宽×高的尺寸分别为50cm×50cm ×65cm。与低温循环冷浴相连的箱体温度控制器控制试验箱顶温度按正弦变化规律波动，温度振幅除粒径$D=4\sim6$cm和$D=6\sim8$cm的试样为30℃外，其余试样均为为25℃，平均温度为0℃，波动周期为24h。每个箱体内布设三个测温剖面，采用热敏电阻传感器、DT500型数据采集仪和计算机组成测温系统，每5min采集一次碎石温度。图6-27列举了测温剖面中热敏电阻传感器布设位置。试样分别采用碎石、卵砾石和砂砾石三种材料。试验分单一结构、复合结构和混合结构三种情况进行。详细试验设计见表6-7。

试验参数一览表　　表6-7

序号	名称	粒径(cm)	高度(cm)	密度(kg/m^3)	备注
1	碎石	4～6	49	1 563.49	单一结构
2	碎石	6～8	53	1 472.45	
3	碎石	2～4	55	1 533.82	
4	碎石	10～15	54	1 369.27	
5	砂砾石	0.05～0.5	55	1 780.73	
6	卵砾石	1～4	55	1 844.73	

续上表

序号	名称	粒径(cm)	高度(cm)	密度(kg/m^3)	备 注
7	碎石	6~8	29	1 502.07	复合结构
	卵砾石	1~4	26	1 895.38	
8	碎石	6~8	25	1 502.07	
	卵砾石	0.05~0.5	29	1 998.60	
9	卵砾石	1~4	25	1 972.80	
	砂砾石	6~8	29	1 502.07	
10	砂砾石	0.05~0.5	19	1 975.80	
	碎石	6~8	36	1 601.10	
11	砂砾石 碎石	1~4(含量49%) 6~8(含量25%) 10~15(含量26%)	55	1 874.18	混合结构

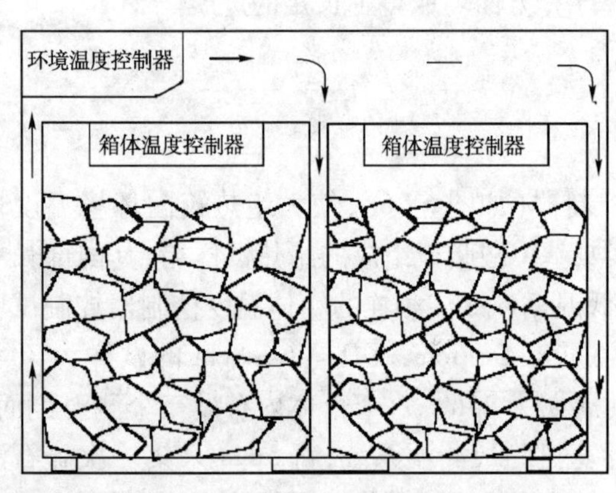

图6-26 控温箱体结构

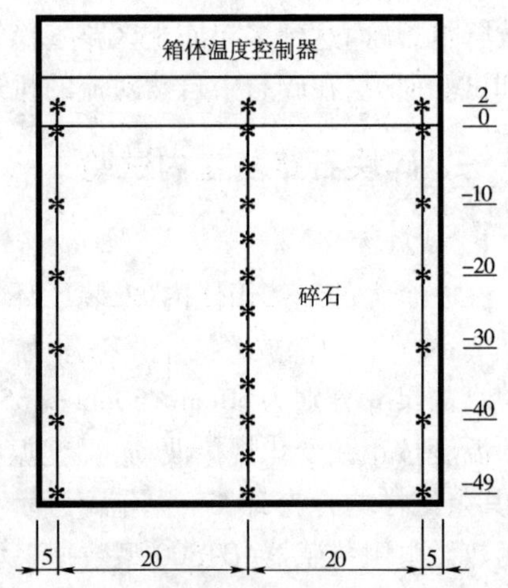

图6-27 热敏电阻传感器布设位置图(尺寸单位:cm)

2. 试验结果及分析

(1)自然对流机制的判别

在试验设计的三种材料不同结构的试样中,试样与环境间的热交换可能存在着两种机制:热传导和自然对流。一维条件下试样温度场随箱顶气温周期正弦波动而变化,在只有热传导机制的情况下,傅立叶热传导公式可写作:

$$\frac{\partial \theta}{\partial t} = \frac{\lambda}{C} \frac{\partial^2 \theta}{\partial z^2} \tag{6-15}$$

式中:θ——温度(K);

t^*——时间(s);

C——容积热容量($J \cdot m^{-3} \cdot K^{-1}$);

λ——导热系数($W \cdot m^{-1} \cdot K^{-1}$);

z——深度(m)。

可见,在一维热传导情况下,均质试样中某一点的温度只是时间(t)和坐标(z)的函数,即同一时刻、同一深度上试样中各点的温度应是相同的。

在存在自然对流传热效应的情况下,试样温度分布将变成为二维问题,其能量方程可写作:

$$C\frac{\partial\theta}{\partial t}+C_a\left(u_y\frac{\partial\theta}{\partial y}+u_z\frac{\partial\theta}{\partial z}\right)=\lambda\left(\frac{\partial^2\theta}{\partial y^2}+\frac{\partial^2\theta}{\partial z^2}\right) \tag{6-16}$$

式中:u_y,u_z——孔隙空气的速度分量(m/s);

C_a——孔隙空气的容积热容量($J\cdot m^{-3}\cdot K^{-1}$)。

可见,在存在孔隙空气自然对流的情况下,均质试样中某一点的温度是时间(t)、孔隙气流速度(u_y,u_z)和坐标(y,z)的函数,即同一时刻、同一深度上试样中各点的温度应是不相同的,成为一个二维的温度分布问题。

基于上述分析,选择某一深度上每一周期内的平均温度作为判别指标,对试样中三个温度剖面的某一深度处的温度进行比较。图6-28~图6-30列举了试样某一深度上每一周期内的平均温度随循环次数变化曲线。

由图6-28,对于高度为53~55cm的由相同块、粒径组成的单一结构碎石试样,其中,砂砾

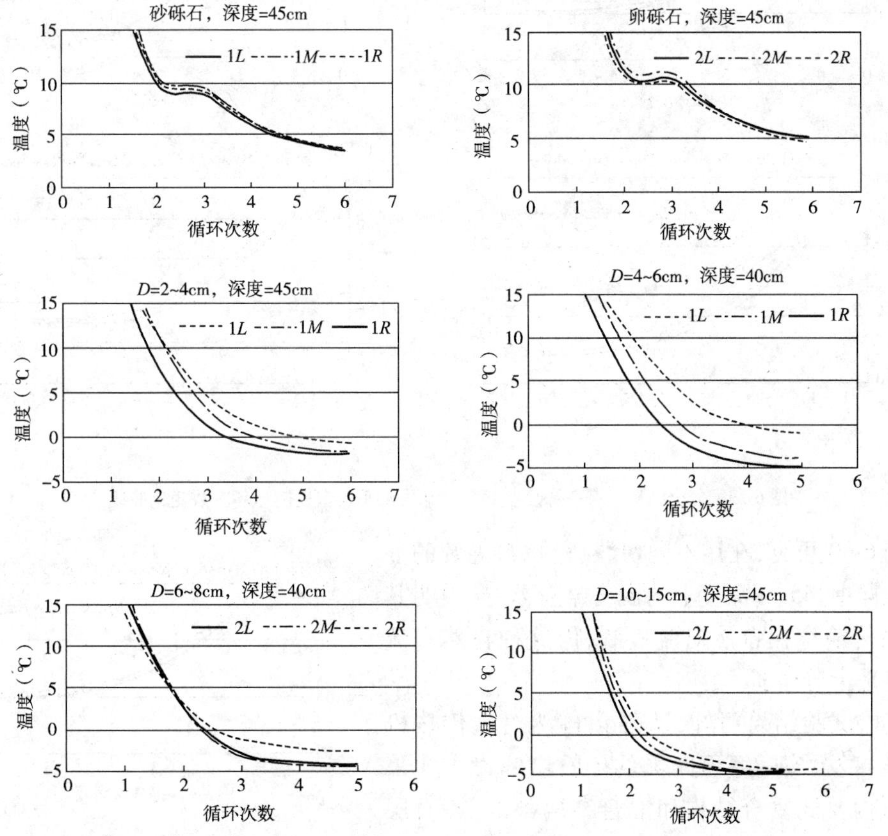

图6-28　单一结构中某一深度上每一周期内的平均温度随循环次数变化曲线

石试样的45cm深度上，除在前三个循环周期中，由于初始温度分布不均匀，左、中、右三个剖面测得的温度略有差异外，其余的温度基本是相同的。由此可以认定，试样中的热传输只有热传导机制。而其他单一结构试样中，从第四个周期开始，或多或少存在一定温度差异，说明存在自然对流传热机制，但卵砾石中的自然对流传热机制是十分微弱的。从同一深度温度分布的高低来看，具有两种模式，即左高右低或左低右高，说明碎石试样中存在自然对流传热机制时，其空气的流动形式总体上是由试样的一边流向另一边。

由图6-29可见，在由两种块、粒径分层铺设的复合结构试样中，粒径为6～8cm的碎石与砂砾石搭配时，在同一深度上温度基本相同，即使砂砾石层厚度只有19cm，而下面铺设的碎石厚度达36cm，其试样内部基本上不存在自然对流传热效应。但是，当粒径为6～8cm的碎石与卵砾石搭配时，试样在同一深度上的温度略有差异，说明存在比较小的自然对流传热机制。其中，碎石铺于上层的试样温度差异比碎石铺于下层的试样温度差异略大，说明碎石铺于上层的试样自然对流传热效应，优于碎石铺于下层的试样。

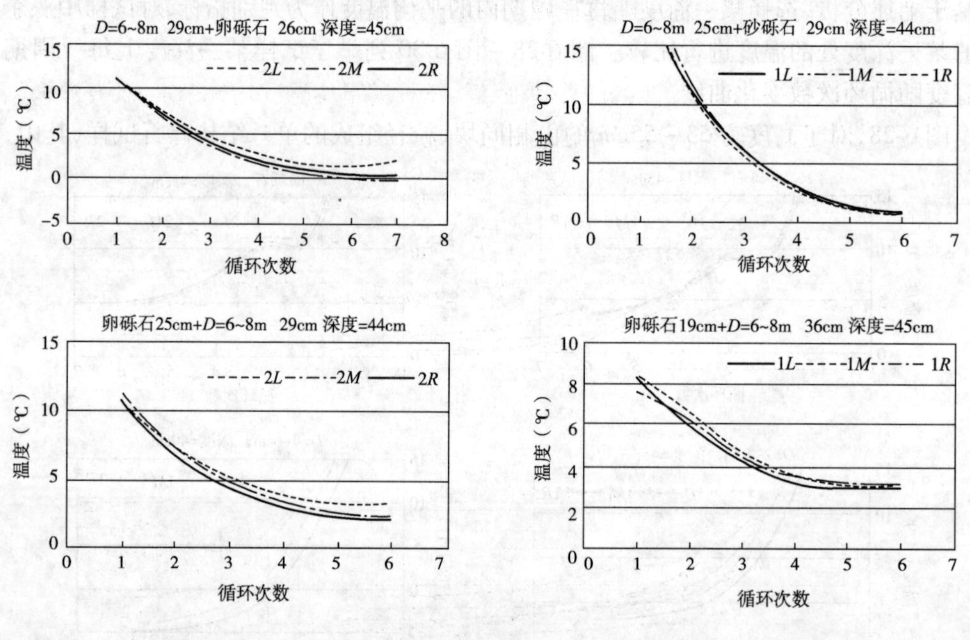

图6-29 复合结构中某一深度上每一周期内的平均温度随循环次数变化曲线

由图6-30可见，在用不同块、粒径材料混装的混合结构试样中，45cm深度上的温度略有差异，说明其内部的热传输存在自然对流机制，但这种自然对流传热效应是十分微弱。

由室内试验结果可知，从强化自然对流传热机制的角度出发，实际寒区路堤的碎石层铺设方式采用单一结构要比复合结构和混合结构都好，碎石层铺设厚度应以大于50cm为宜，且应从路基顶面开始铺设。

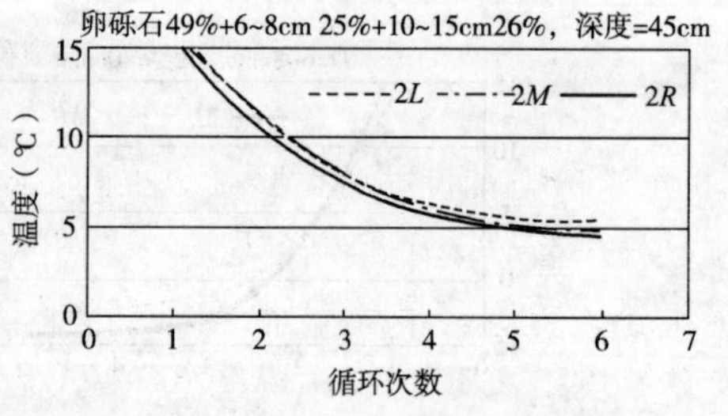

图6-30 混合结构中某一深度上每一周期内的平均温度随循环次数变化曲线

(2)不同粒径试样降温效果评价

由于存在自然对流传热机制时,不同测温剖面在同一深度上的温度值是不相等的,同时,在边界气温周期波动条件下形成的温度场可视为准稳态的温度分布;因此,采用试样内各测点在每一次循环中各个时刻温度的平均值,即采用每一次循环试样平均温度来评价总体降温效果是合理的。

图6-31 列举了三种结构形式试样的整体平均温度随循环次数变化曲线。由图6-31 可见,单一结构试样中,砂砾石和卵砾石的整体平均温度随循环次数增加,其降温速率基本接近,卵砾石快于砂砾石,且经过6 个周期循环,其平均温度仍为2.5℃,再次显示其中只有热传导机制。而其他4 种碎石的试样高度为49 ~ 55cm,经过3 ~ 4 次循环后,其平均温度均已进入负温,即已低于气温周期波动的平均温度0℃。这种现象只有存在自然对流传热机制的情况下才能出现。4 种不同粒径组成的碎石试样降温效果,由强到弱排列依次为 D = 4 ~ 6cm 的最佳,D = 6 ~ 8cm 和 D = 10 ~ 15cm 的次之,D = 2 ~ 4cm 的较差。产生这种情况的原因,可能与碎石体中的孔隙大小和碎石的比表面积有关。众所周知,碎石体中的孔隙大小将会影响孔隙空气的流动速度,碎石的比表面积随粒径减小而呈几何级数增大,这两者均直接影响碎石试样的降温效果。复合和混合结构试样中,经过5 次循环后只有上覆25 ~ 29cm 厚 D = 6 ~ 8cm 碎石的复合结构的试样平均温度进入负温,其他结构试样的平均温度均处于正温,且混合结构的平均温度最高,说明上覆砂砾石或卵砾石层都会削弱降温效果。

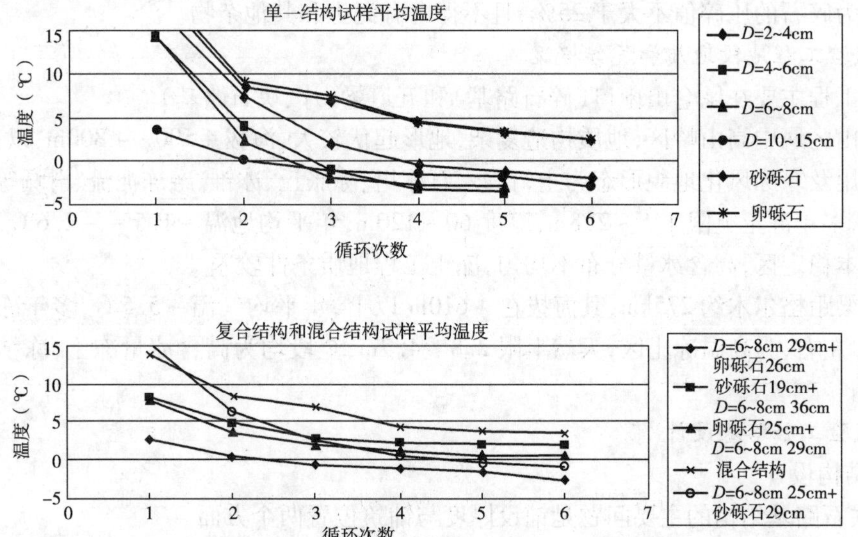

图6-31 试样平均温度随循环次数变化曲线

(3)碎石铺设厚度对降温效果的影响

图6-32 列举了粒径 D = 6 ~ 8cm 的碎石体在经历第3、4、5 次气温波动后,平均温度与碎石厚度的关系曲线。由图6-32 可见,碎石体的平均温度随碎石层厚度增加近似按指数规律递降。

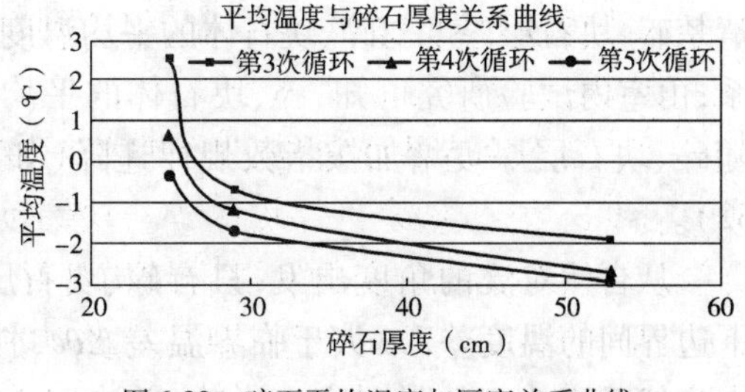

图6-32 碎石平均温度与厚度关系曲线

二、碎块石路基试验工程研究

1. 试验工程路段的选择

选择试验路段时,主要考虑典型性和代表性两方面特点。首先在充分调研原有试验研究资料及以前相关科研项目,并进行纵向分析与横向比较的基础上,根据不同的地层、地温条件和冻土类型,选择能充分反映高原高温高含冰量多年冻土的工程地质特点的路段;然后通过研究比选,最终选在路基沉降变形与纵向裂缝较为严重的昆仑山垭口地区与五道梁地区作为试验工程。该路段冻土地质病害典型,具有代表性,是理想的试验路段,其试验路具体情况如下。

(1)碎石路基试验工程:青藏公路桩号 K2896 + 600 ~ K2897 + 000(昆仑山北坡),设计主要指标为:长度 400m,碎石置于底基层下,碎石粒径 2 ~ 5cm,厚度 60cm。

(2)片、块石路基试验工程:青藏公路桩号 K3005 + 500 ~ K3006 + 450(五道梁地区)。设计主要指标为:基底部填石厚度 1.5m,其中,第一层(下层)0.8 ~ 1.0m 为规格不小于 20cm 的块石,第二层(上层)0.5 ~ 0.7m 为规格 5 ~ 15cm 的小块石,在块石层上为 60cm 最大粒径 5.0cm的级配碎砾石层。

(3)碎石坡面试验工程:为整治路基融化盘偏移造成的路基的纵向裂缝,在 K2932 ~ K2962 的部分高温冻土路段路基阳坡上设置了 30cm 厚的碎石坡面。块石粒径 20 ~ 50mm。技术要求为碎石的压碎值不大于 25%,且不得含有泥土和其他杂物。

2. 试验工程地段地质和气候概况

试验工程主要在昆仑山垭口(碎石路基)和五道梁(片、块石路基)。

昆仑山区属中高山岭区,地质构造复杂,地形起伏较大,海拔 4 500 ~ 4 800m,以古冰川、现代冰川作用及寒冻风化地貌形态为主,石海、石冰川、冻胀丘、冰锥、融冻泥流、滑塌等不良冻土现象发育,多年冻土上限 1.5 ~ 2.8m,厚度 60 ~ 120m,年平均地温 - 1.5 ~ - 2.6℃,属于低温稳定和基本稳定区,高含冰量分布不均匀,冻土工程地质条件较差。

五道梁距格尔木约 275km,其海拔在 4 610m 以上,年平均气温 - 5.5℃,多年冻土年平均地温 - 1℃左右,为高温冻土区,天然上限 2.8 ~ 4.7m,全段均为高含冰量冻土,冻结层上水极为发育。

3. 试验工程路基设计

(1)结构设计

碎、块石路基结构的主要问题是铺设厚度与铺筑位置两个方面。

碎、块石铺设厚度对降温效果有很大的影响,要使碎、块石路基能充分的发挥降温作用就必须清楚碎、块石层厚度与碎、块石体的平均温度的关系,由室内试验研究可知,碎、块石体的平均温度随碎、块石层厚度增加按指数规律递降(如图 6-32)。

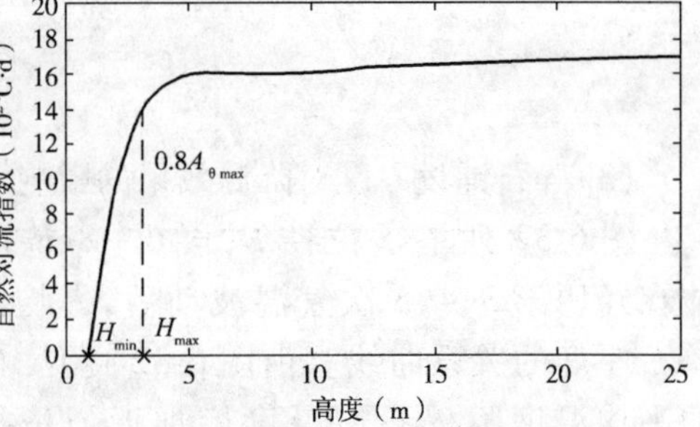

图 6-33　自然对流指数随碎石层厚度的变化曲线

从自然对流的角度出发,只有碎、块石层上、下边界间的温度差 $\Delta\theta$ 大于临界温差 $\Delta\theta c$ 才对路堤自然对流效应的强弱产生影响,并决定着自然对流效应延续的时间。自然对流的效果与碎、块石层高度的变化有如(图6-33)关系,图中纵向为度量碎石路堤自然对流降温效应的积温指数。

碎、块石路堤在冬季能产生自然对流的指数 $A_{\emptyset}$ 要大于零,而且为了使对流效应尽可能大,其值也应尽可能大。图中为一种碎石路堤在给定具体边界条件下的自然对流指数 $A_{\emptyset}$ 随碎石层高度 H 的变化规律,在 H 较小时,积温指数保持为零,碎石层存在一个最小高度 H_{min},在 $H>H_{min}$后,自然对流指数将大于零;然后,随着 H 的增加,自然对流指数急速增加,在 H 达到一定值后进入缓慢变化阶段,直到 $A_{\emptyset}$ 达到最大值。因此,碎石层高度在超过一定值后,再增加对自然对流效应增加已不起大的作用,路堤碎石层高度太大并没有必要。结合整个碎、块石路基的效果和经济性,可以把自然对流指数达到最大值的 0.8 倍时的碎、块石高度定义为最大高度 H_{max}。

为使路堤在冬季能产生自然对流效应,路堤碎、块石层必须要达到值,即能产生自然对流效应的路堤碎石层实际高度应为 $H_{min} \leqslant H \leqslant H_{max}$。

具体对试验路设计如图6-34~图6-36。分别为青藏公路 K3005+500~K3006+450 块石路基设计图、K2932+000~K2997+000 碎块护坡设计图与 K2896+600~K2897+000 碎石路基设计图。

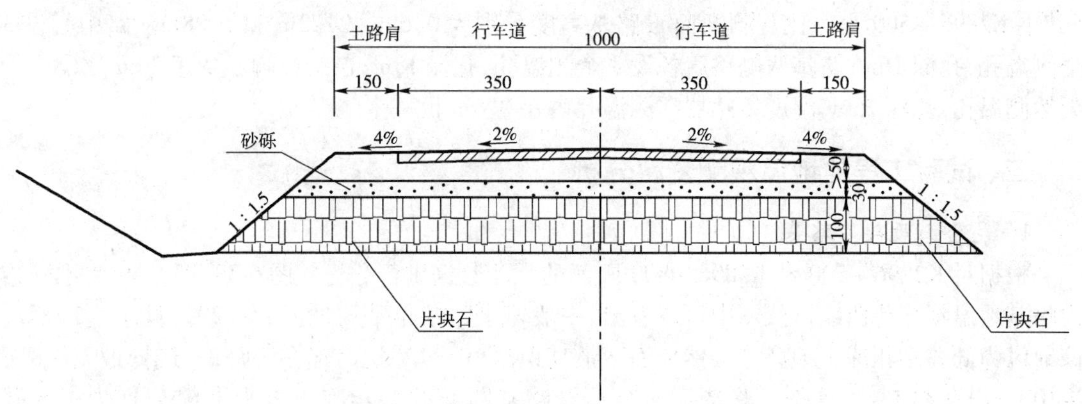

图6-34 K3005+500~K3006+450 块石路基设计图(尺寸单位:cm)

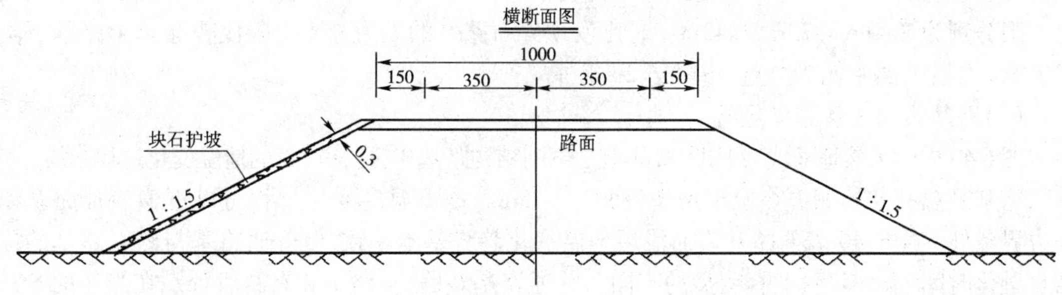

图6-35 K2932+000~K2997+000 碎石护坡设计图(尺寸单位:cm)

(2)地温观测仪器断面设计

五道梁段共设两个测温断面,桩号分别为 K3006+300 和 K3006+600(其中 K3006+600

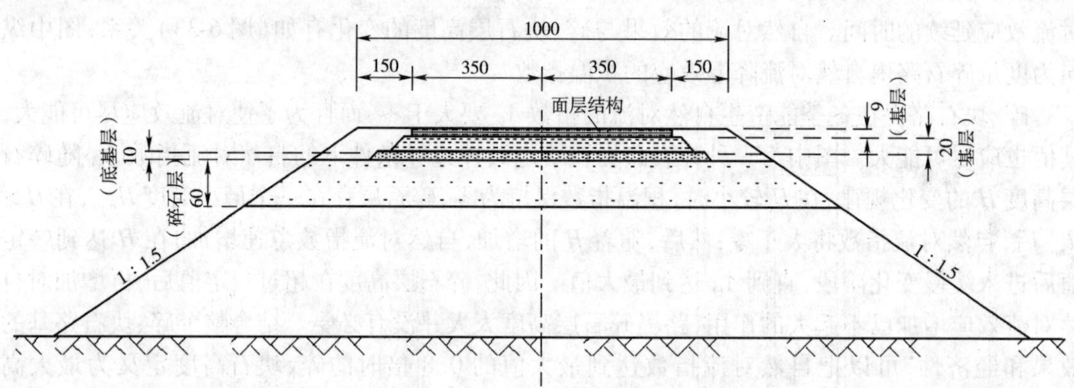

图 6-36　K2896 +600 ~ K2897 +000 碎石路基设计图(单位:cm)

为对比观测断面)进行地温观测,路基中心测温孔 2 个,孔深 20m;左路肩测温孔 2 个,孔深 20m;右路肩测温孔 2 个,孔深 15m;天然孔 1 个,孔深 15m;温度传感器在测温孔内按不同温度梯度设置(布置形式如图 6-37 所示)。

昆仑山垭口段共设三个测温断面,桩号分别为 K2896 +500、K2896 +700 和 K2896 +800(其中 K2896 +500 为对比观测断面),路基高度分别为 0.68m、2.22m 和 1.88m。路中心设 3 个测温孔,孔深 16m;路基两侧路肩各设 3 个测温孔,孔深 15m,在距坡脚不少于 20m 处设一个天然测温孔,孔深 15m,温度传感器在测温孔内每 0.5m 设一个测点。

三、试验工程的地温观测资料分析

1. 昆仑山段碎石路基

根据对 K2896 +500 和 K2896 +800 断面的观测数据进行分析。图 6-38、图 6-39 为不同结构路基地温年变化曲线。从图中可以看出,一般填土路基年平均地温 -2.2℃,低于 -1.5℃,该地区为低温多年冻土地区。天然地面下最高地温 10 ~12℃,出现在 7 月份;最低地温 -8 ~ -10℃,出现在 1 ~2 月份。路基下左、中、右路基断面的多年冻土人为上限分别为 1.8m、1.71m、2.00m。碎石路基断面年平均地温 -0.58℃,天然地面下最高地温 8 ~10℃,出现在 7 月份,最低地温 -7 ~ -8℃,出现在 1 ~2 月份。碎石路基下左、中、右路基断面的多年冻土人为上限分别为 2.4m、3.75m、2.43m。对比发现碎石路基的人为冻土上限比普通填土路基下降了 1.8m 左右。路中尤为严重,下降了 2m 左右。

(1)路基表面浅层温度分析

图 6-40 中的天然地面浅层温度,实际上是不同结构路基 0.5m 深度处的地温变化过程曲线。

路基测温孔初始测温点位于路基表面下 0.5m。该点温度变化过程可以近似表征路基温度边界条件。图 6-40 表明路基表面浅层地温变化趋势基本一致,但普通路基与碎石路基的冻结与融化时间、温度年较差有明显的不同。普通路基左路肩、路中和右路肩分别在当年的 5 月上旬、3 月下旬和 4 月下旬开始融化;而碎石路基左路肩在当年的融化时间在 4 月中旬,路中和右路肩则都在 4 月下旬;冻结时间普通路基和碎石路基都在 10 月中下旬,而温度达到最高与最低点值基本一致,分别在 8 月下旬和 1 月下旬,温度年较差在 18 ~28℃ 左右,其中路中的温度年较差最大。

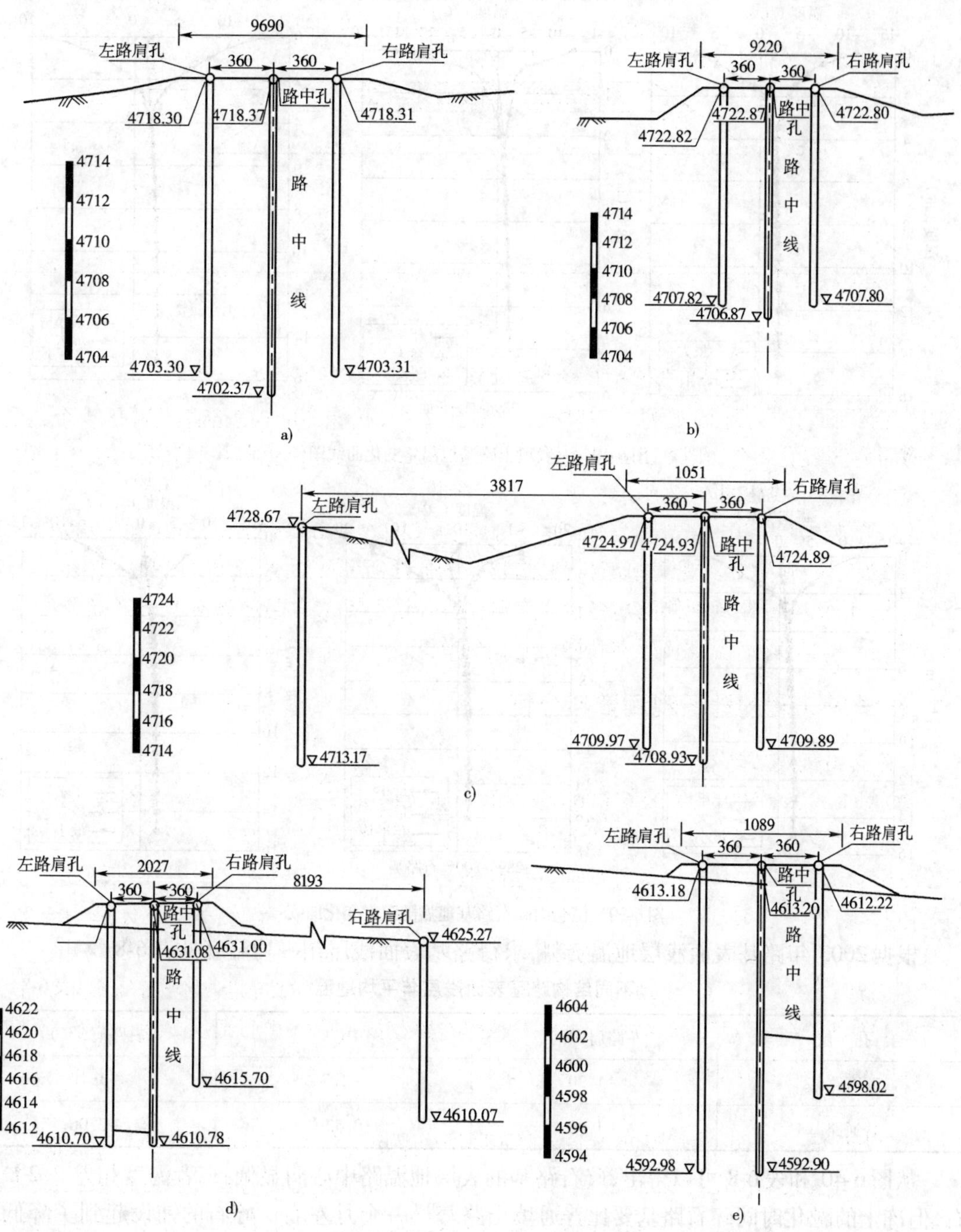

图 6-37　测温孔布置图(尺寸单位:cm;高程单位:m)

a)K2896 +500 测试断面横向布设图;b)K2896 +700 测试断面横向布设图;c)K2896 +800 测试断面横向布设图;d)K3006 +300 测试断面横向布设图;e)K3006 +600 测试断面横向布设图

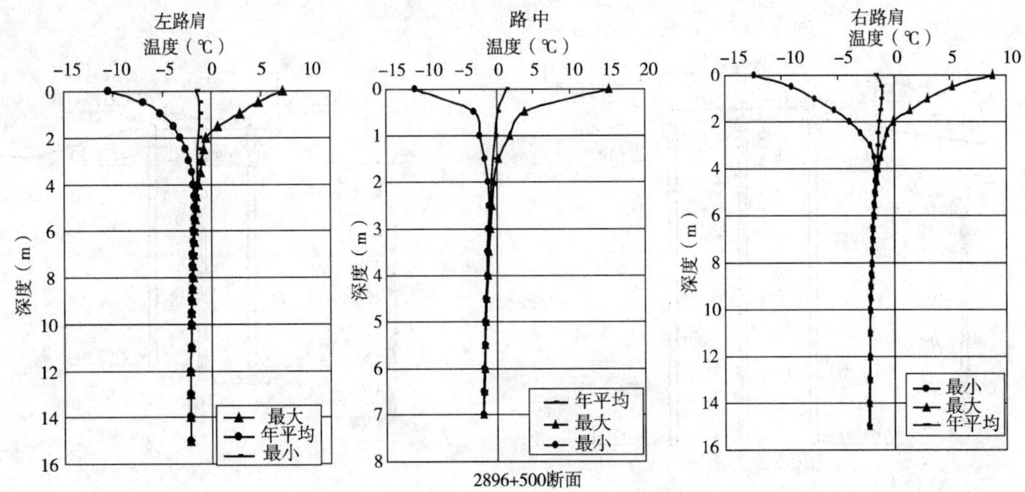

图6-38 一般填土路基地温年变化曲线图

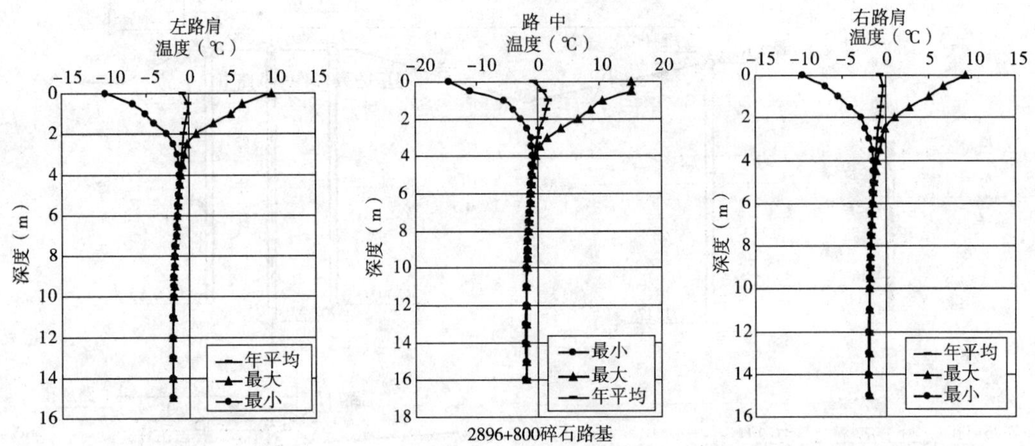

图6-39 昆仑山碎石路基地温随深度变化曲线

根据2003年路基表面浅层地温资料，求得路基表面浅层年平均温度见表6-8。

不同结构路基表面浅层年平均地温 表6-8

孔 位	左路肩(℃)	路中(℃)	右路肩(℃)
碎石路基	-1.20	-1.7	-1.10
普通路基	-1.90	0.52	-2.06

从图6-40和表6-8可以得出，碎石路基的表层地温路中心明显低，二者温度相差2.2℃左右，但冻土的融化时间碎石路基要比普通填土路基早一个月左右。碎石的铺设起到了降低表层温度和推迟冻土融化时间的作用。

(2)路基基底地温分析

在天然地面修筑路基后，路基基底代表路基填土与原天然地面的一个界面，该界面处地温变化过程对原活动层及下部多年冻土有着重要作用。图6-41为路基基底地温随时间变化过程。

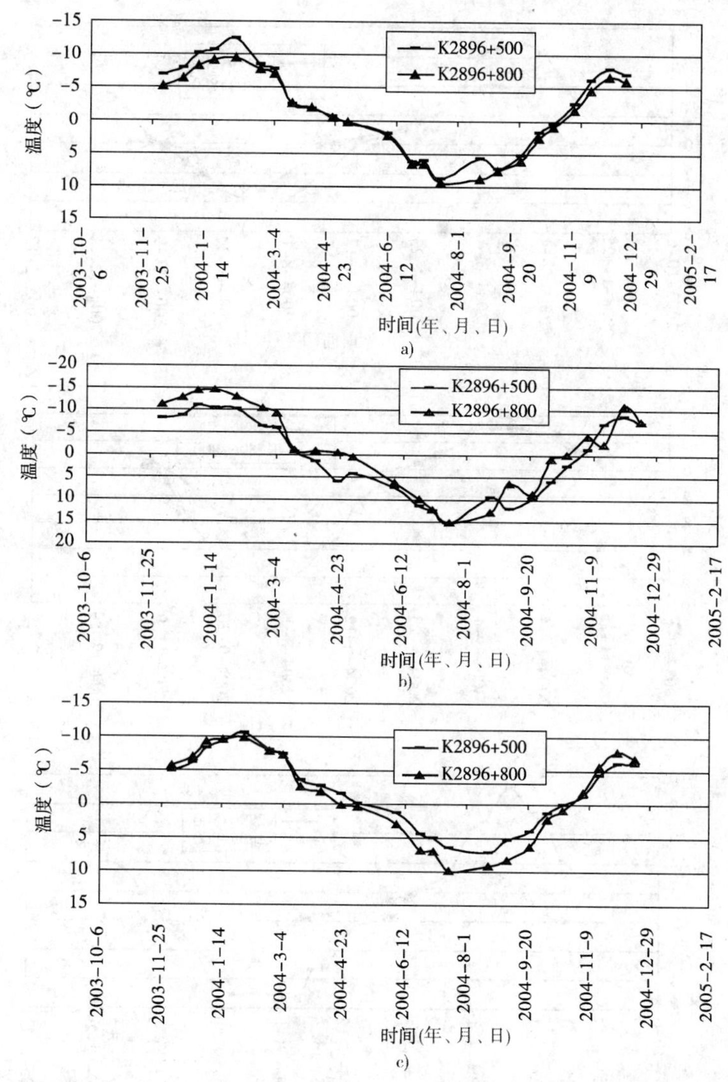

图 6-40　路基表面下 0.5m 地温变化过程

a）左路肩；b）路中；c）右路肩

不同结构路基基底年平均地温

表 6-9

孔　位	左路肩(℃)	路中(℃)	右路肩(℃)
普通路基	-1.31	0.04	-1.27
碎石路基	-0.40	1.22	-0.51

由图 6-41 和表 6-9 看出，不论是路基中心还是路肩位置，碎石路基基底年平均温度均高出普通填土路基相同位置的温度，均在 1℃左右，这表明 2～5cm 的碎石层没有充分的降温效果。

（3）路基下地温分析

图 6-42 分别描述了有无碎石层路基在左、右路肩和路中处地温年平均值随深度的变化。从图中可以看出，路面表面年平均地温，碎石断面的左路肩为 -0.71℃，对比断面的左路肩为

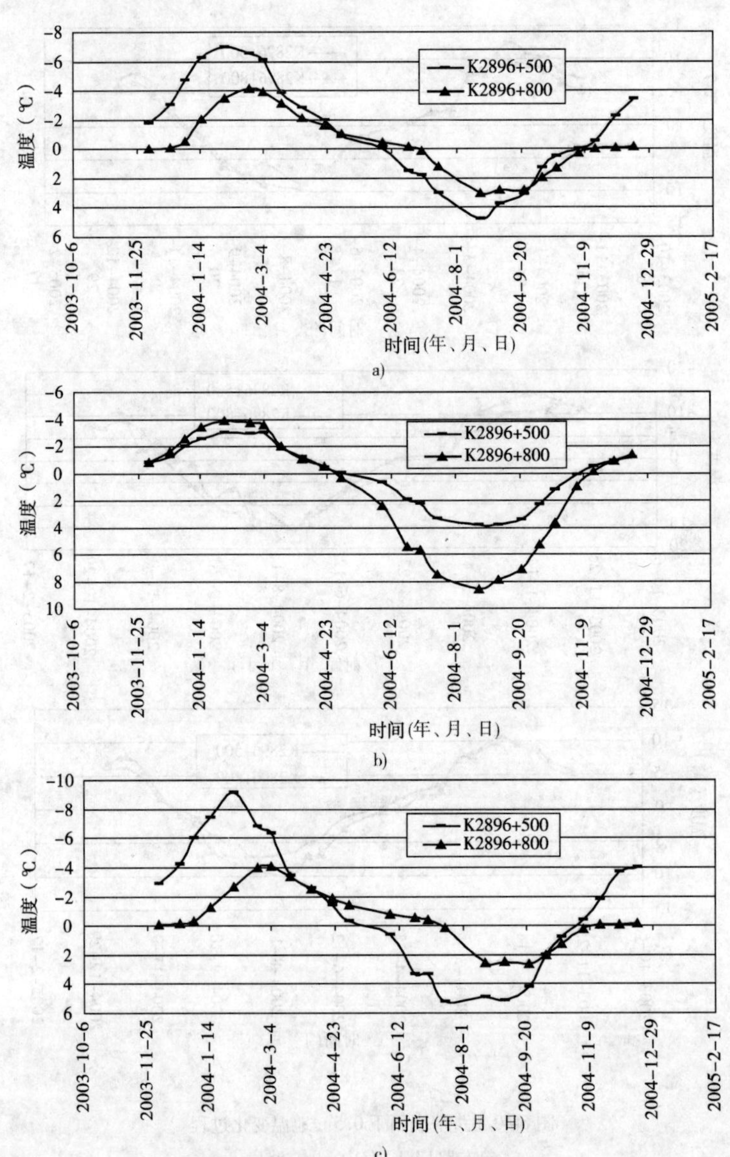

图6-41 路基基底地温随时间变化过程

a)左路肩;b)路中;c)右路肩

-1.57℃,碎石断面的右路肩为-0.67℃,对比断面的右路肩为-1.57℃;路面下6m处年平均地温,碎石断面的左路肩为-1.18℃,对比断面的左路肩为-1.81℃,碎石断面的路中心为-1.18℃,对比断面的路中心为-1.65℃,碎石断面的右路肩为-1.56℃,对比断面的右路肩为-1.82℃。从以上数据看观测断面路面温度平均比对比断面高1℃左右,路面下15m处温度平均要对比断面高0.3℃左右。也可以说明2~5cm的碎石层没有充分的降温效果。

图6-43描述了有无碎石层路基在暖季和寒季温度随深度的变化,从图中可以看出碎石降温效果不甚明显。分析原因可能是碎石粒径过小。碎石的孔隙被堵塞没有形成通风对流条件。

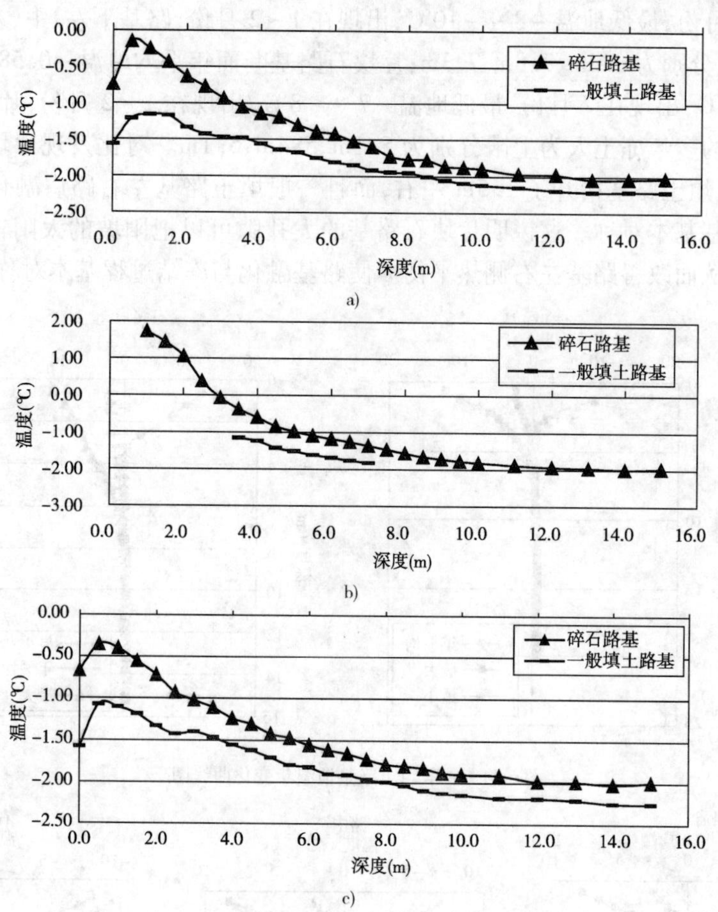

图 6-42 有无碎石层地温年平均值随深度的变化

a)左路肩;b)路中;c)右路肩

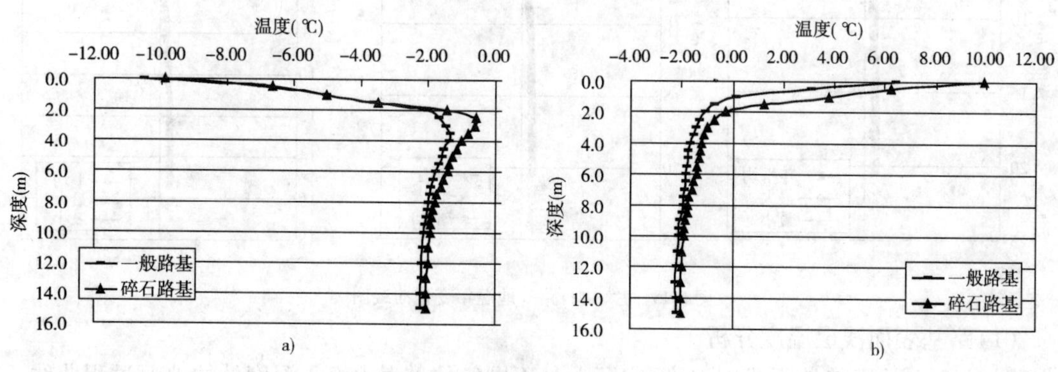

图 6-43 地温随深度的变化曲线

a)寒季(2 月 2 日);b)暖季(7 月 18 日)

2. 五道梁段片块石路基

图 6-44、图 6-45 为不同结构路基地温年变化曲线。从图中可以看出,一般填土路基年平均地温 -0.48℃,大于 -1.5℃,该地区为高温多年冻土地区。天然地面下最高地温 10 ~

12℃,出现在7月份,最低地温 -8~-10℃,出现在1~2月份,路基下左、中、右路基断面的多年冻土人为上限分别为6.4m、7.8m、7.3m;片块石路基断面年平均地温 -0.58℃,天然地面下最高地温8~10℃,出现在7月份,最低地温 -7~-8℃,出现在1~2月份,片块石路基下左、中、右路基断面的多年冻土人为上限分别为5.1m、5.4m、5.1m。对比发现片块石路基的人为冻土上限比普通填土路基抬升了1.5m左右,而且一般填土路基左右路肩融化与冻结过程不对称,片块石路基基本对称。这说明片块石路基的大孔隙可以把阳坡的太阳辐射热有效的传递到路基阴坡,从而改善路基左右侧热平衡。使路基融化与冻结过程基本对称。

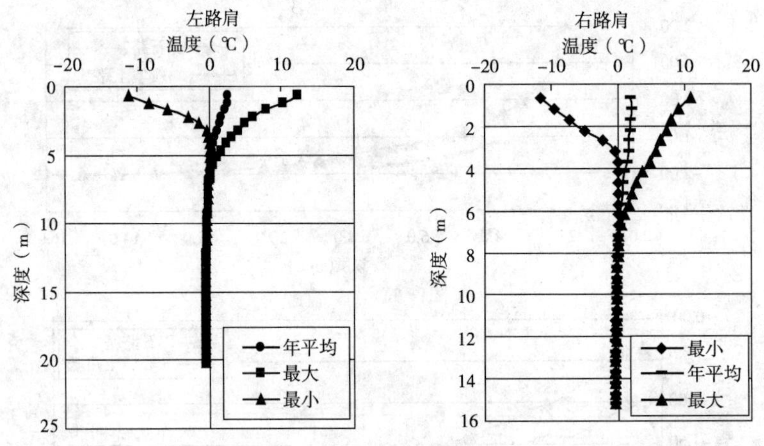

图6-44 一般填土路基地温年变化曲线图

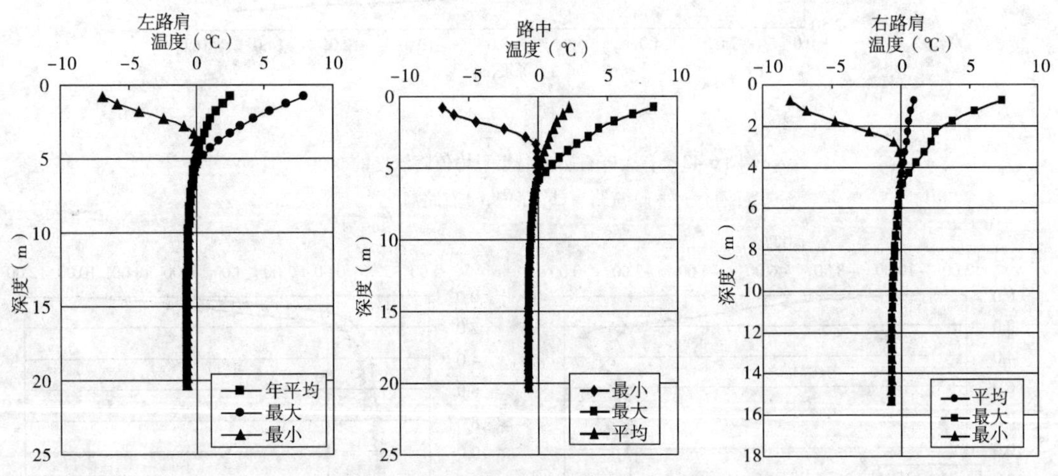

图6-45 片、块石路基地温年变化曲线图

(1)路基表面浅层温度分析

图6-45中的天然地面浅层温度,实际上是不同结构路基0.7m深度处的地温过程曲线。

图6-46表明路基表面浅层地温变化趋势基本一致,但普通路基与片块石路基的冻结与融化时间、温度年较差有明显的不同,普通路基在当年的4月下旬开始融化,而片块石路基在当年的融化时间在5月上旬;冻结时间普通路基在11月下旬,片块石路基在12月上旬,而温度达到最高与最低点值基本一致,分别在8月下旬和1月下旬。普通路基温度年较差在22~

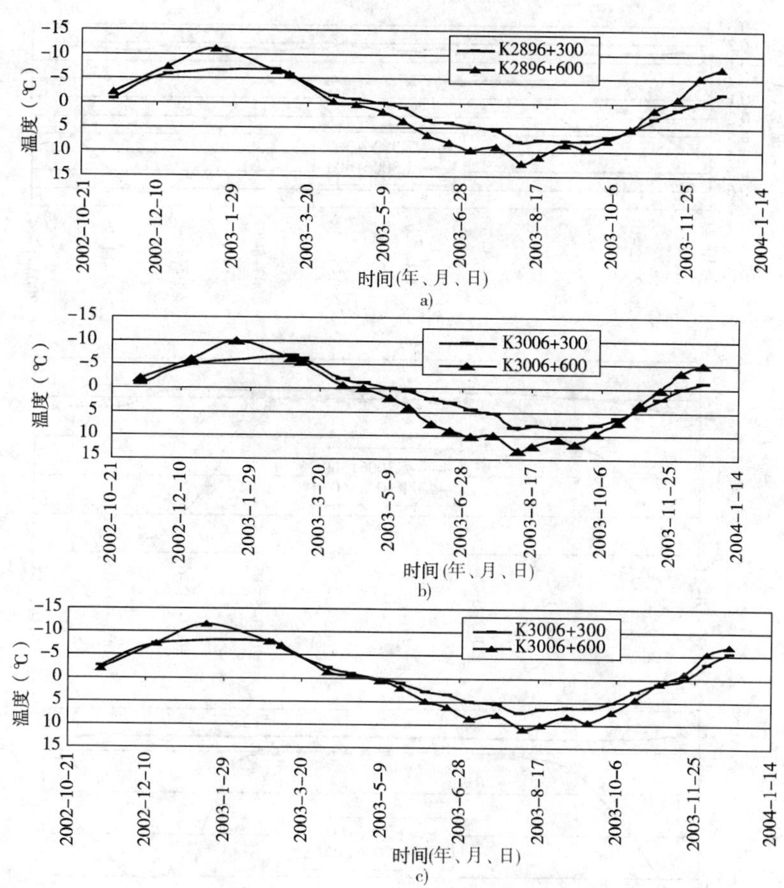

图6-46　路面下0.7m地温变化过程

a)左路肩；b)路中；c)右路肩

24℃左右，片块石路基在14~16℃左右。

根据2003年路基表面浅层地温资料，求得路基表面浅层年平均温度见表6-10。

不同结构路基表面浅层年平均地温　　表6-10

孔　位	左路肩(℃)	路　中(℃)	右路肩(℃)
片块石路基	1.96	2.09	0.81
普通路基	2.04	3.11	1.30

从图6-46和表6-10可以得出，片块石路基的表层地温较低，路中心尤其明显，二者温度相差1.1℃左右，冻土的融化时间片块石路基要比普通填土路基晚20天左右。片块石的铺设起到了降低表层温度和推迟冻土融化时间的作用。路基表层温度的降低和融化时间的推迟都有利于冻土的生存，利于冻土路基的稳定。

(2)路基基底地温分析

在天然地面修筑路基后，路基基底代表路基填土与原天然地面的一个界面，该界面处地温变化过程对原活动层及下部多年冻土有着重要作用。图6-47为路基基底(路面下5.7m)地温随时间变化过程。

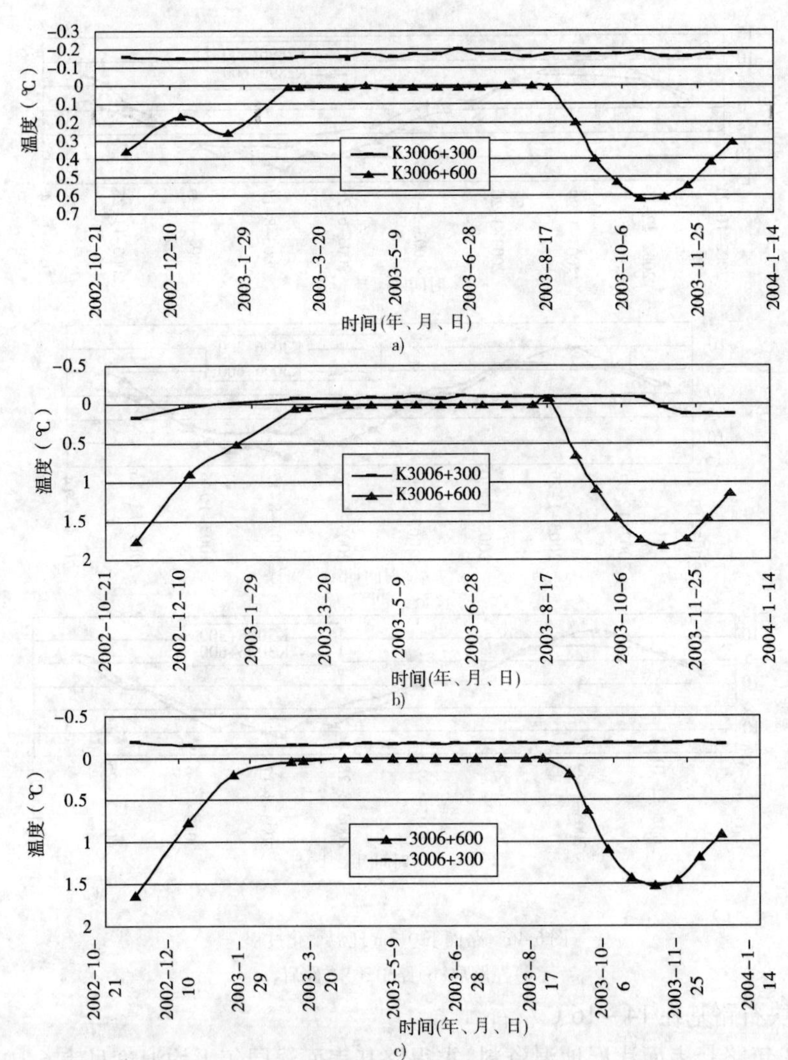

图 6-47　路基基底地温随时间变化过程

a)左路肩;b)路中;c)右路肩

由图 6-47 看出,不论是路基中心还是路肩位置,片块石路基基底年平均温度均低于普通填土路基相同位置的温度,冷季片块石路基基底温度明显低于普通填土路基相同深度处的温度,暖季片块石路基低面温度略低于普通填土路基相同深度处的地温,可见片块石路基可以降低冻土的地温,有利于多年冻土路基的热稳定。

(3)路基下地温分析

图 6-48 分别描述了有无片块石层路基在左、右路肩和路中处地温年平均值随深度的变化。从图中可以看出,路面表面地温年平均值,片块石断面的左路肩、路中心、右路肩分别为 1.96℃、2.09℃、0.81℃,对比断面的左路肩、路中心、右路肩分别为 2.04℃、3.11℃、1.30℃;路面下 15m 处年平均地温,片块石断面的左路肩、路中心、右路肩分别为 -0.70℃、-0.73℃、-0.70℃,对比断面的左路肩、路中心、右路肩分别为 -0.49℃、-0.46℃、0.48℃。从数据看

面路面温度平均比对比断面低1℃左右,路面下15m处温度平均要对比断面低0.3℃左右。由以上数据说明,片块石路基的地温都明显低于一般的填土路基。说明片块石路基起到降低温度冷却路基的作用。

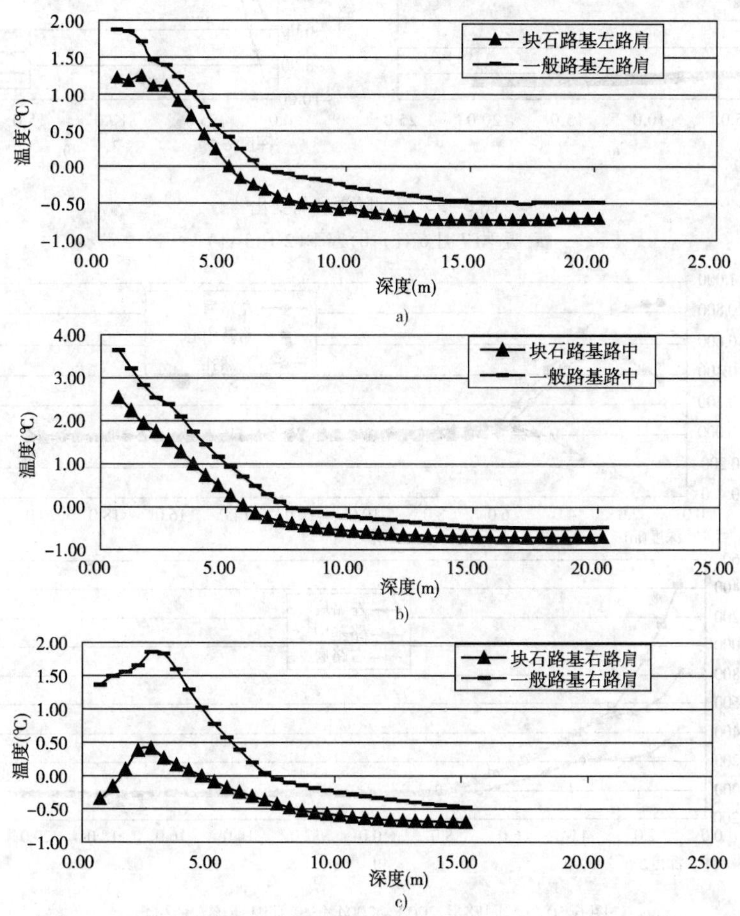

图6-48 有无片块石层地温年平均值随深度的变化

a)左路肩;b)路中;c)右路肩

图6-48描述了青藏公路五道梁山坡坡脚K3006+300片块石路基与K3006+600对比断面在2月3日和7月6日的路中孔地温与深度的变化曲线对比。图6-49中可以看出暖季使用片块石路基起到了降温作用,而寒季没有降温。可见片块石路基暖季地温片块石底部较高温度而产生自然对流,而冬季没有工作。

(4)片块石路基长期效果分析

图6-50描述了碎石路基(K3006+300断面)和一般填土路基(K3006+600断面)在2003-2004年度升温速率。

可以看出天然观测孔在4m以上地温的略有升高,4m以下地温基本不变。而路基观测孔在6m以上地温都有所升高。路基中心上升最快、左路肩次之、右路肩最小,路中心一般路基最高升温达到1.4℃。片块石路基处最高升温为0.85℃。比一般填土路基小0.6℃左右。说明片块石路基经过一年以后路基下温度总体还在上升,但比一般填土路基上升缓慢。

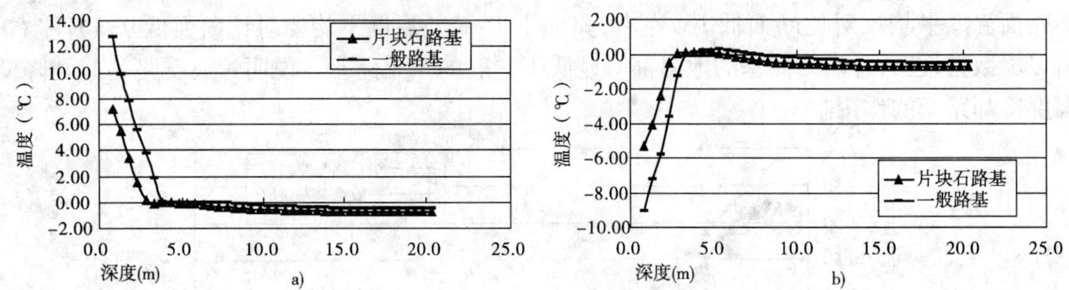

图 6-49 温度随深度的变化

a)暖季(7 月 6 日);b)寒季(2 月 3 日)

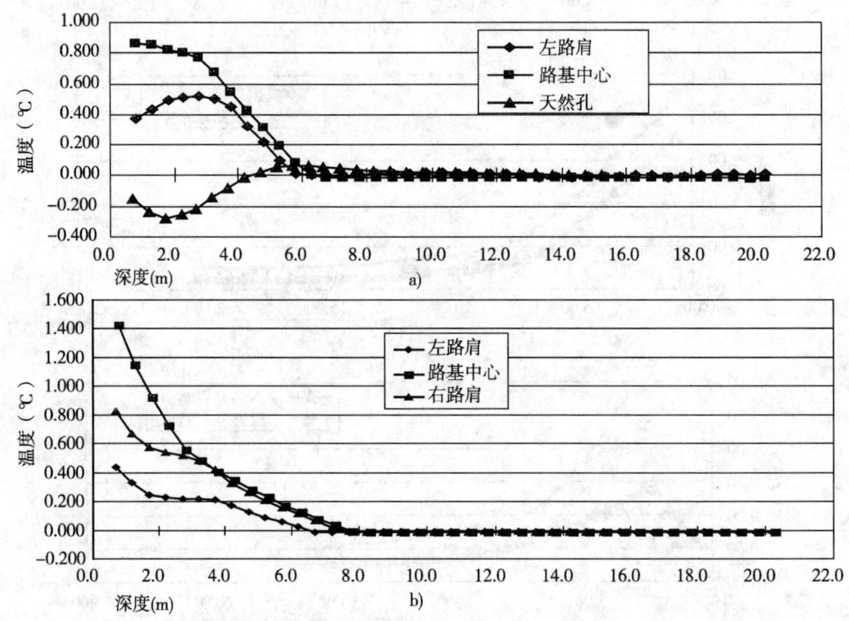

图 6-50 不同路基 2003~2004 年度升温速率(℃/a)

a)K3006+300 断面;b)K3006+600 断面

3. *碎石护坡*

图 6-51 中描述了青藏公路风火山北麓 K3053+700 碎石路肩与 K3053+701 碎石路肩对比端面 7 月 22 日的地温与深度的变化曲线对比。从图中可以看出在路基下 4m 的范围内碎石路肩的温度,明显低于一般填土路基的温度。在 0.5m 处一般填土路基路肩下的温度,比碎石路基下高出 0.66℃,最高处则能高出 1.44℃。该路肩一侧碎石路肩比一般填土路肩的人为上限提升了 1m 左右。可以说明在夏季使用碎石护坡后,由于碎石层外空气温度较碎石空隙中空气温度高、密度小,此时热量主要通过碎石接触点缓慢地向下传导,碎石层起到了较好的热量屏蔽作用,阻止了大量的热量传入路基,使路基下的温度场在夏季得到明显的改善。

图 6-52 中描述了青藏公路风火山北麓 K3053+700 碎石路肩与 K3053+701 碎石路肩对比断面 12 月 21 日的地温与深度的变化曲线对比。从图中可以看出路基下碎石路肩的温度与一般填土路基的温度基本相同,可以说明在寒季碎石护坡没有工作。

由上述试验工程观测分析可知:块石路基、碎石路基或碎石坡面仅在暖季对冻土路基稳定

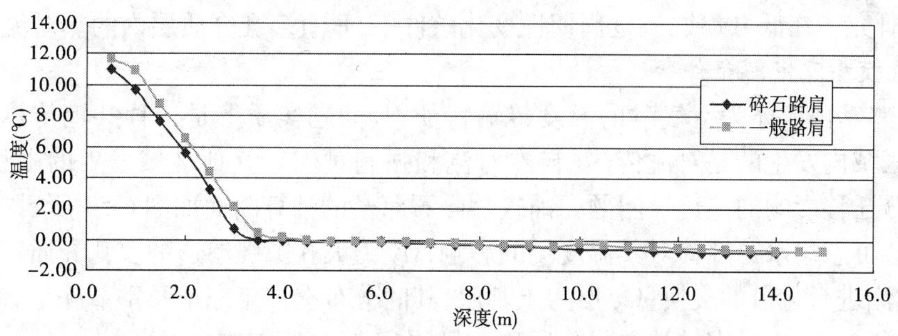

图6-51　7月22日路肩地温与深度变化曲线对比

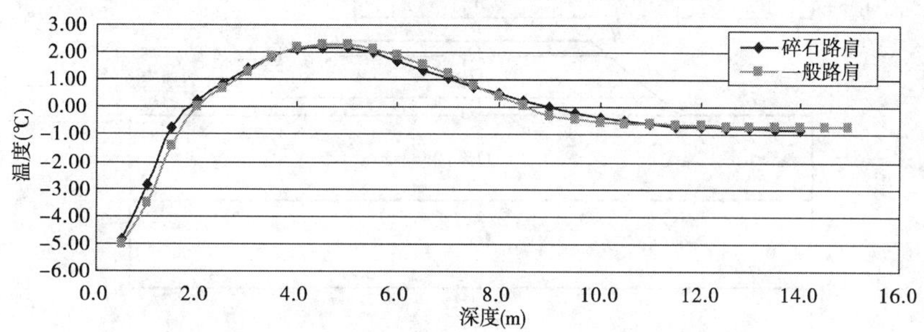

图6-52　12月21日路肩地温与深度变化曲线对比

性有利，而寒季其没有工作。对路基热稳定性而言，这说明，块石路基、碎石路基或碎石坡面等多孔介质与隔热板路基作用基本相同。

四、碎石路基温度场数值模拟

近年来，基于多孔介质中空气自然对流原理，在青藏高原冻土区开展了片、碎石路基的试验研究。该方法利用天然冷源使片、碎石路基温度场持续降低，从而达到多年冻土区路基稳定的目的，是一种值得推广的有效措施。

作为多孔介质的片、碎石路基的对流换热是指气体流过片、碎石壁面时，由于气体和片碎石表面的温度差所导致的热量交换现象。对流换热中，气体与片、碎石壁面必须直接接触，且导热和对流同时起作用。气体流动可以是由外部动力源（如风力）引起，也可能是由于冬季片、碎石层中的温度差异造成其中气体的密度差引起，它们分别对应为强烈对流换热和自然对流换热。实际上对片、碎石路基而言，导热、强制对流换热和自然对流换热这三种机理可能同时存在，对于不同时段、片碎石形状大小、铺筑位置和厚度，其作用机理会不同或有主次之分。很多研究人员在多孔介质传热方面作了大量的工作。Charrier-Mojtabi 等（1979），Caltagirone 等（1985），Bradean 等（1996），Afify 等（1999），Shankar 等（2000）研究了在不同边界条件下（温度周期性变化和常温）垂直和倾斜多孔介质层内的热质传输问题。另外，Poulikakos（1984）分别研究了在垂直边界和水平边界上加热/冷却的条件下多孔介质内的自然对流现象。Riky（1988）报道了在温度周期性变化的情况下垂直多孔介质层内的二维热对流的研究成果。Antos 等（1989）在高 Ra 数的情况下做了多孔介质内的自然对流研究。Nield（1991）提出了确定多孔介质当量导热系数的近似方法。Bauer（1993）给出了一个计算多孔介质导热系数的通用解析方法。Royer 等（1994）研究了一个矩形，各项异性，内部充填一种流体的自然对流现象。

Yoo(2003)研究了在低 Ra 数、温度周期性变化条件下,垂直多孔介质层内的热对流。

1. 对流模型及定解条件

片碎石路基内流体为空气时的温度传输特征,其问题实质上是一种共轭传热问题,铺筑片、碎石的区域内发生的是对流传热(自然对流和强制对流),其他区域发生的则是伴有相变的,具有水分迁移影响的热传导问题。铺筑片碎石路基的计算断面如图 6-53 所示,其中 Ω_1 层含水率较低,可忽略水分迁移对其温度场的影响;Ω_2 为大孔隙强渗透的多孔介质层,其间主要依靠空气对流进行热量的交换;Ω_3 层为土基层,其间分布有多年冻土及季节冻土,该层内热传导过程较为复杂,不仅具有较强的水分迁移,而且在不断进行着冻融循环。

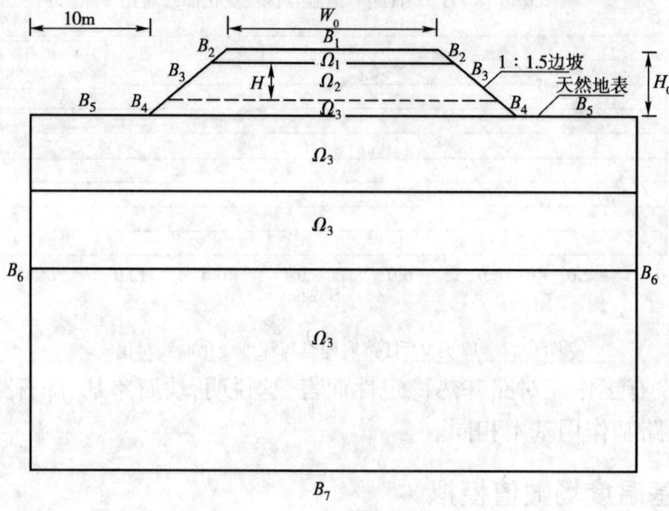

图 6-53 铺筑片碎石路基计算断面

综上所述,铺筑片碎石对流路基的二维温度场的数学描述可表达为:

Ω_1 区域:

热流传输方程:

$$C\frac{\partial T}{\partial t}=\frac{\partial}{\partial x}\left(k_x\frac{\partial T}{\partial x}\right)+\frac{\partial}{\partial y}\left(k_y\frac{\partial T}{\partial x}\right) \tag{6-17}$$

Ω_2 区域:

连续性方程:

$$\frac{\partial \rho}{\partial t}+\frac{\partial(\rho u)}{\partial x}+\frac{\partial(\rho v)}{\partial y}=0 \tag{6-18}$$

动量方程:

$$u=-\frac{K}{\mu}\frac{\partial p}{\partial x} \tag{6-19}$$

$$v=-\frac{k}{\mu}\left\{\frac{\partial p}{\partial y}-\rho_0\left[1-\beta(T-T_0)\right]g\right\} \tag{6-20}$$

能量方程：

$$C_e \frac{\partial T}{\partial t} + C_a\left(u\frac{\partial T}{\partial x} + v\frac{\partial T}{\partial y}\right) = \frac{\partial T}{\partial y}\left(k_y\frac{\partial T}{\partial y}\right) + \frac{\partial}{\partial x}\left(k_x\frac{\partial T}{\partial x}\right) \tag{6-21}$$

Ω_3 区域：

热流传输方程见式(6-17)，水分迁移方程见式(4-4)。

以上式中：ρ——多孔介质中空气密度，是温度的函数，即 $\rho = \rho_0[1-\beta(T-T_0)]$；

ρ_0——空气初始密度；

T_0——初始温度；

β——体积膨胀系数；

u,v——空气流动的速度分量；

K——多孔介质的渗透系数；

μ——空气动力粘滞系数；

C_e——多孔介质有效容积热容量；

C_a——空气的容积热容量；

k_y,k_x——多孔介质有效导热系数的分量。

该问题包含 8 条边界，其定律条件可分为以下三类。

第一类边界条件：规定边界上的温度值；

B_1,B_2,B_4,B_5 上：

$$T_i = f_i(t) \quad (i = 1,2,3,4,5) \tag{6-22}$$

第二类边界条件：规定边界上的热流密度；

B_6,B_7,B_8 上：

$$\left(\frac{\partial T}{\partial n}\right)_{B_6,B_8} = 0$$

$$\left(\frac{\partial T}{\partial n}\right)_{B_7} = q_0 \tag{6-23}$$

式中：n——边界外法线方向的单位向量；

q_0——地中热流。

第三类边界条件：规定边界与周围流体间的表面传热系数 h 及周围流体的温度 T_f，可表示为：

B_3 上：

$$-\left(\frac{\partial T}{\partial n}\right)_{B_3} = h(T - T_f) \tag{6-24}$$

式中：n——边界外法线方向的单位向量；

h——表面传热系数；

T_f——周围流体温度。

计算模型如图 6-53 所示，路堤坡度为 1∶1.5，路面宽度为 W_0（分为 10m 和 12m 两种情况)，碎石层填筑厚度 H，公路路堤总高度 H_0(分为 2.2m 和 2.8m 两种情况)，碎石层下垫层可用传统路基填料填筑(图 6-53 的虚线以下部分)。

求解公路碎石路堤区域中的自然对流传热问题，还需要具体的温度和压力边界条件。其中，路堤表面、边坡坡面和天然地面三个区域组成的上边界为具有给定温度值的温度边界条件，其边界温度见表 4-16。计算区域的左、右边界为绝热边界，下边界的地中热流密度取为 $0.06W/m^2$。

对于压力边界条件，沥青路面、水泥混凝土等公路路面由于路基结构层的特殊要求可以近似为不透气边界，两边边坡多数直接曝露在空气之中，或者冬季有结雪等覆盖物，或者采取特定工程措施，可以分为透气定压边界和不透气边界两种情况进行讨论，考虑到黏土、砂砾等材料的空气渗透率要比碎石的空气渗透率小 4 ~5 个量级，碎石层以下计算区域各土层的左右边界和下边界均为不透气边界。

碎石层由 6 ~8cm 的碎石铺设而成，其物理参数如表 6-11 所示。在海拔 4 000m 以上、常温条件下，空气密度取为 $0.678kg/m^3$，膨胀系数为 $3.50\times10^{-3}K^{-1}$，定压比热为 $1.004kJ/kg\cdot K$。

碎石层物理参数 表 6-11

材料类型	各层位置(m)	密度 ($kg\cdot m^{-3}$)	λ_f,λ_u ($W\cdot m^{-1}\cdot K^{-1}$)	C_f,C_u ($kJ\cdot m^{-3}K^{-1}$)	相变热 ($J\cdot m^{-3}$)	渗透系数 $K(m^2)$
6 ~8cm 碎石	$0.0\sim H$	1 490	0.396	1250	0	4.38×10^{-6}

2. *碎石路堤的冬季自然对流降温效应*

对于满足上述所给边界条件和各区物理参数的公路碎石路堤，通过式(6-17) ~式(6-21)对碎石路堤计算模型的温度分布和空气自然对流运动的流场进行了有限元数值模拟，分析了公路碎石路堤冬季自然对流降温效应的产生机理及其演化过程，其中碎石层的具体填筑厚度为 1.8m，左右边坡为不透气边界，路堤在 7 月 15 日完成施工。图 6-54 ~图 6-56 为该公路碎石路堤修建第 2 年 10 月 14 日、11 月 14 日、11 月 28 日、12 月 4 日、12 月 19 日、1 月 14 日、3 月 15 日、3 月 31 日、4 月 5 日和 4 月 15 日的瞬时等温线分布和路堤孔隙空气自然对流运动情况。其中，左边图形为等温线分布，右边图形为孔隙空气自然对流运动的流线分布(均为同量级的流线比较)，显然除路堤碎石层以外的其他区域空气自然对流运动均可忽略。

由图 6-54a)可知，路面温度开始从 7 月 15 日的最高值下降到 10 月 14 日年平均值 3.0℃(天然地表为 -1.0℃，边坡表面 1.2℃)，路堤碎石层的靠近边坡区域已形成 1 个自然对流涡包(为半个路堤区域，下同)。这是由于边坡表面温度低于碎石层内部温度而引起的自然对流，但从左边等温线变形程度看其自然对流降温能力还比较弱，这时可以看作为碎石路堤冬季自然对流降温效应开始的起点。到了 11 月 14 日路面温度下降到 -4.57℃，这时从图 6-54b)左边等温线变形程度看其碎石层的靠近边坡区域自然对流已明显增强，且坡脚区又形成了 1 个小的自然对流涡包。到了 11 月 28 日，路面温度下降到 -7.45℃，从图 6-54c)等温线变形程度和流线密度看，除碎石层的靠近边坡区域自然对流进一步增强外，路堤中间偏外侧区域也开始形成自然对流涡包，表明碎石路堤形成了 1 强 2 弱共 3 个自然对流涡包，这时可近似作为路堤在碎石层中间区域开始形成冬季自然对流降温效应的起点。

由图 6-55a)，到了 12 月 4 日路面温度下降到 -8.50℃，从等温线变形程度和流线密度看，除碎石层原来已经存在的 3 个自然对流涡包进一步发展外，在路堤中间又形成了 1 个自然对

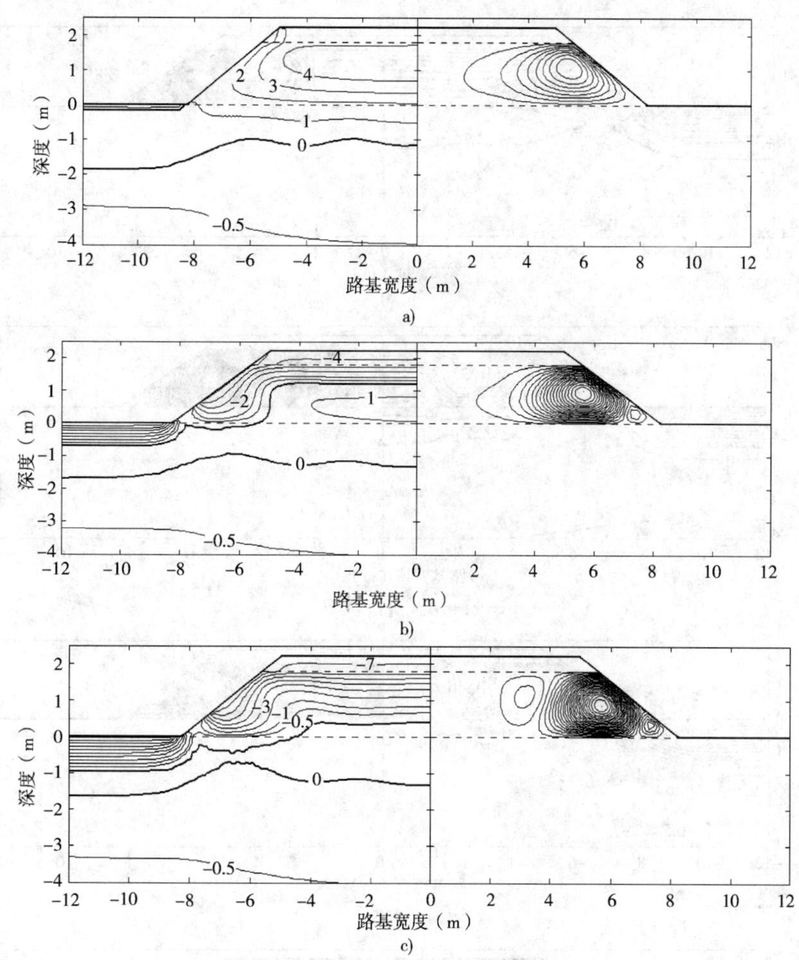

图 6-54 路堤在修建后各时间温度分布和自然对流
a)第 2 年 10 月 14 日;b)第 2 年 11 月 14 日;c)第 2 年 11 月 28 日

流涡包,表明碎石路堤形成了共 4 个自然对流涡包,且碎石路堤的冬季自然对流降温能力已比较强了(在左边等温线畸变程度中得到反映)。到了 12 月 19 日路面温度下降到 -10.58℃,碎石层原来已经存在的 4 个自然对流涡包明显变强,同时流线密度也明显变密,且路堤中间又形成了 1 个小的自然对流涡包,碎石路堤共形成 5 个自然对流涡包,从左边等温线的严重畸变程度显示出碎石路堤的冬季自然对流降温能力已经很强了,如图 6-55b)。到了 1 月 14 日路面温度下降到一年的最低点,碎石路堤的 5 个自然对流涡包均已充分发展,如图 6-55c),从左边等温线的严重畸变程度和右边孔隙空气对流运动的流线密度显示碎石路堤的冬季自然对流降温能力达到最大,这时在路堤下方的融化盘已经变得非常小了。这以后,路面温度开始回升,碎石路堤的冬季自然对流降温能力也开始减弱,到了 3 月 15 日路面温度升高到 -4.57℃,碎石路堤虽然仍有 5 个自然对流涡包,已明显退化,如图 6-55d),但路堤还具有一定的自然对流降温能力。

到了 3 月 31 日路面温度已回升到 -0.77℃,路堤碎石层即将退化为 4 个弱自然对流涡包,如图 6-56a),路堤具有的自然对流降温能力已非常弱,可近似为碎石路堤冬季自然对流降温效应

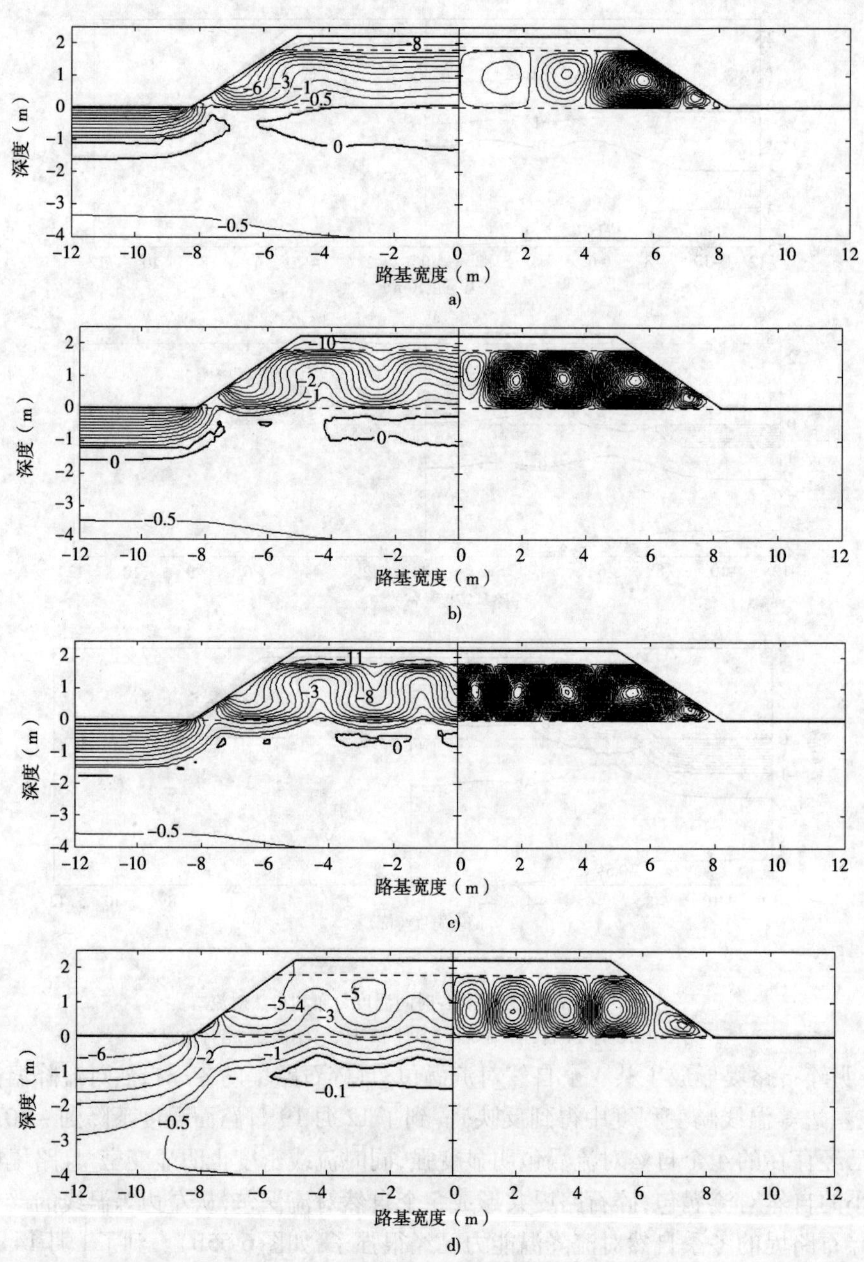

图 6-55　路堤在修建后各时间的温度分布和自然对流

a)第 2 年 12 月 4 日;b)第 2 年 12 月 19 日;c)第 2 年 1 月 14 日;d)第 2 年 3 月 15 日

的终止点;到了 4 月 5 日路面温度进一步回升到 0.49℃,碎石路堤的自然对流即将退化为 3 个极其微弱的对流涡包,如图 6-56b);到了 4 月 15 日路面温度回升到 3.0℃,碎石路堤的自然对流即将消失,如图 6-56c),路堤的自然对流降温能力已经可以忽略不计了(流线已经很稀疏)。

综上所述,碎石路堤的冬季自然对流降温效应是从两个边坡最先开始形成,逐渐向路堤中间区域发展。随着路面温度的不断下降,整个路堤孔隙空气的自然对流运动由靠近左右边坡区域 2 个对流涡包不断发展演化成更多对流涡包数,直到路面温度下降到最低时形成的 10 个

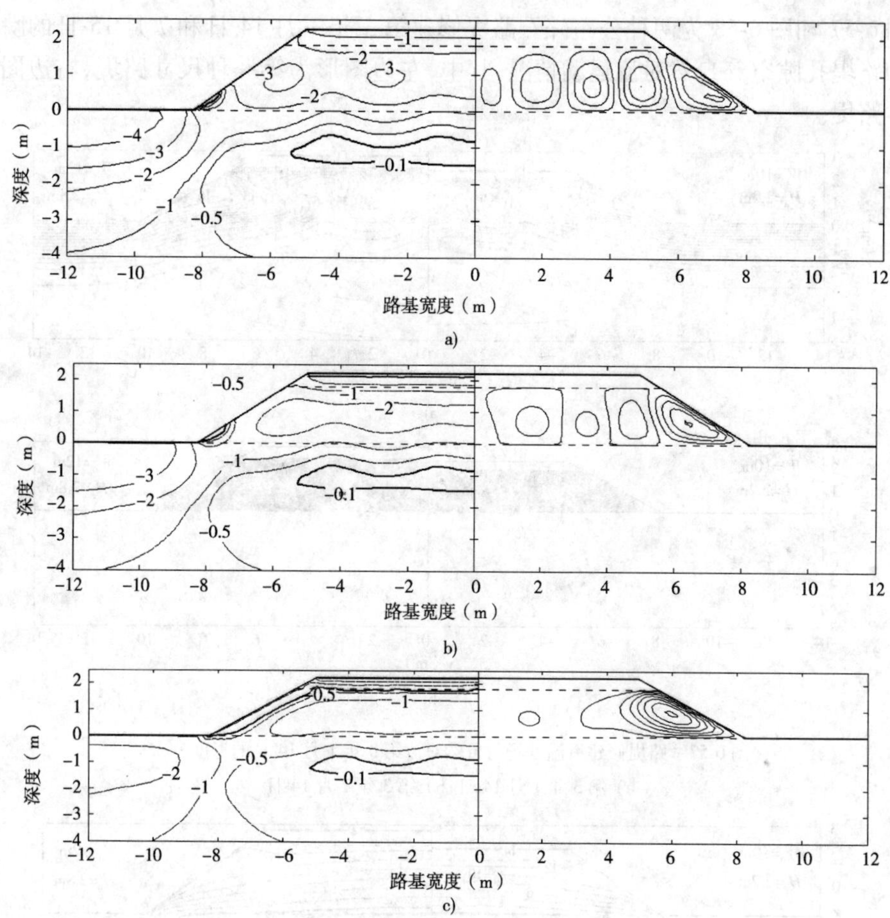

图6-56 路堤在修建后各时间温度分布和自然对流

a)第3年3月31日;b)第3年4月5日;c)第3年4月15日

对流涡包。等温线的畸变程度不断加重和流线的变密,表明路堤上部区域中的冷空气在不断向下运动,下部区域中的暖空气在不断向上运动,使得碎石路堤的冬季自然对流降温效应也越来越强。路堤通过碎石层由下向上传输的热量要远大于单纯热传导所传输的热量,从而达到主动冷却地基的目的。

碎石路基不仅在冬季具有较强的主动冷却路基的作用,在夏季由于碎石层的导热系数要低于普通路基填土,因此具有一定的保温隔热作用。如果将其在夏季的热阻等效为普通路基填料,等效土体的厚度可参照式(8-17)计算。对于6~8cm的碎石层,如果其填筑厚度为1.0m,则其在夏季的热阻将等效于用砂砾碎石土填筑4.85m。

3. 路面宽度、路堤高度对碎石路堤冬季自然对流降温效应的影响

不同路面宽度、路堤高度,对碎石路堤冬季自然对流降温效应的影响不同,对两种尺寸的碎石路堤进行了数值分析:一种路面宽度为10m、路堤总高度为2.2m,其路面结构层厚度为0.4m,碎石层填筑厚度为1.8m;另一种路面宽度为12m、路堤总高度为2.8m,其路面结构层厚度为0.5m,碎石层填筑厚度为2.3m。碎石粒径选为6~8cm,路堤下面的土层分区如图6-53所示,各区热学参数由表6-11给出。左右边坡均为透气边界,假设碎石路堤在7月15日完成

施工。图6-57和图6-58为两种公路碎石路堤修建第3年1月14日和7月15日的瞬时等温线分布和路堤孔隙空气自然对流运动情况，其中，左边图形为第一种尺寸路堤，右边图形为第二种尺寸路堤。

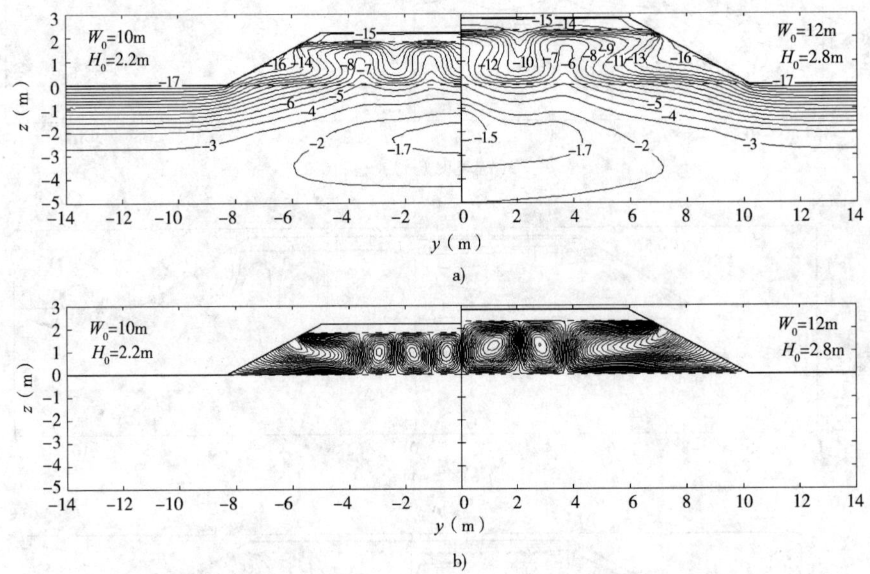

图6-57　路堤修建后温度场与自然对流第3年1月14日的温度分布

a）第3年1月14日；b）第3年1月14日

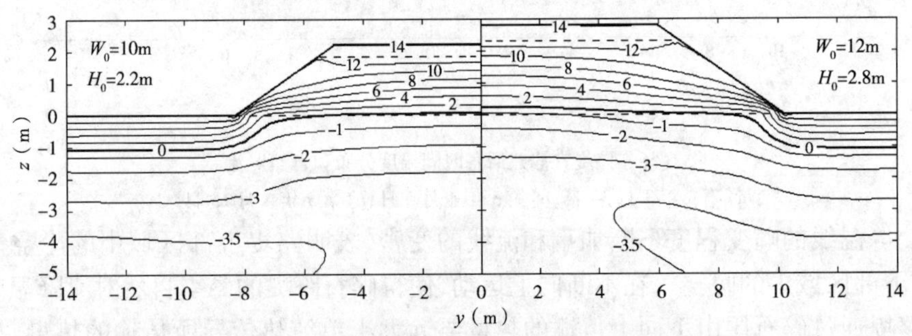

图6-58　路堤修建第3年7月15日的温度分布

由图6-57a)等温线的畸变程度和图6-57b)碎石层孔隙空气的流动模式可知，当路表温度波动到一年的最低温度时，两种碎石路堤中的自然对流降温效应都达到最大程度。比较而言，路堤高度较大的碎石路堤具有更强的冬季自然对流降温能力，其下面土层具有更低的温度。这主要是因为高碎石路堤具有较厚的碎石层。这种现象在路表温度波动到一年的最高温时还同样存在。如图6-58所示的公路路堤瞬时等温线分布，此时公路路堤的碎石层中几乎不存在空气自然对流，虽然路堤中只存在单纯的热传导传热机理，但由于冬季自然对流降温效应使路堤下冻土储存了更多的冷储量，而使其在夏季时期仍然可以保持较低的温度。

在相同的温度和空气渗透边界条件下，路面宽度、路堤高度对碎石路堤冬季自然对流降温效应的影响主要表现为：

(1)对于相同路面宽度的不同高度路堤，当填筑相同厚度的碎石层时，较高路堤的冬季自然对流降温效应,要稍弱于较低路堤的冬季对流降温效应。

(2)对于相同路堤高度的不同宽度路堤,当填筑相同厚度的碎石层时,较宽路面路堤的冬季自然对流降温效应,要强于较窄路面路堤的冬季对流降温效应。

4. 基于冬季自然对流降温效应的公路路堤碎石层厚度

(1)自然对流指数

试验研究表明,在保证路基力学稳定性的前提下,路堤碎石层的铺设位置应尽可能靠上,以加大碎石层上下边界之间引起冬季自然对流的温度差。因此路堤计算模型中的碎石层被填筑在路面结构层下面的区域(如图6-53)。根据碎石层不同填筑厚度,其下路堤用普通路基填料(如砂砾石等)填筑,从而确保路堤高度能够满足多年冻土区路堤的设计高度。

研究表明,影响多孔碎石路堤发生冬季自然对流降温效应的主要无量纲参数之一是 Rayleigh 数 Ra。针对寒区路堤的碎石层,Rayleigh 数 Ra 可定义为:

$$\mathrm{R_a} = \frac{\rho_0 g\beta C_a K_0 H\Delta\theta}{\mu\lambda_0} \tag{6-25}$$

式中:$\Delta\theta$——路堤中碎石层下边界与上边界之间的温度差(K);

H——路堤碎石层的填筑高度(m);

K_0——路堤碎石层的空气渗透系数(m^2);

λ_0——路堤碎石层的空气渗透系数($W \cdot m^{-1} \cdot K^{-1}$);

ρ_0——对应参考温度 θ_0 的空气密度(kg/m^3);

g——重力常数(m/s^2);

β——孔隙空气的热膨胀系数(K^{-1});

μ——孔隙空气的动力粘滞系数($kg \cdot m^{-1} \cdot s^{-1}$);

C_a——孔隙空气的容积热容量($J \cdot m^{-3} \cdot K^{-1}$);

根据前面分析,对于一种给定具体尺寸和形式的公路碎石路堤,其决定自然对流产生的临界 Rayleigh 数 Rac 已经给定,这时公路路堤碎石层中自然对流能否产生,将完全由温度差 $\Delta\theta$ 所决定,即由寒区公路所处的实际环境条件决定,H 和 $\Delta\theta$ 必须要达到一定的值,使得 Rayleigh 数 Ra 能大于产生自然对流的临界相似 Rayleigh 数 Rac,由式(6-25)可得

$$H\Delta\theta \geqslant \frac{\mu\lambda_0}{\rho_0 g\beta K C_a}\mathrm{Rac} \tag{6-26}$$

式中各符号意义同前。

只要冻土路堤碎石层的填筑厚度能满足上式,即能产生自然对降温流效应。如果碎石层填筑厚度 H 已经给定,则发生自然对流的临界温度差 $\Delta\theta_c$ 可表示为

$$\Delta\theta_c = \frac{\mu\lambda_0 \mathrm{Rac}}{\rho_0 g\beta K C_a}\frac{1}{H} = \frac{M_p}{H} \tag{6-27}$$

只有当 $\Delta\theta \geqslant \Delta\theta_c$ 时,路堤碎石层中才会产生自然对流效应。在某一时刻路堤中碎石层下、上边界间的温度差 $\Delta\theta$ 是沿边界线变化的,图6-59 描述了冻土路堤中碎石层下、上边界间温度差的变化。其中,能产生自然对流的部分温度差为图6-59 中的竖线部分。为考虑时间效

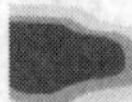

应,可定义积温:

$$A_{\theta} = \int_{t_1}^{t_2} (\Delta\theta - \Delta\theta_c)\,\mathrm{d}t = \int_{t_1}^{t_2} \left(\Delta\theta - \frac{M_P}{H}\right)\mathrm{d}t \tag{6-28}$$

为度量公路碎石路堤冬季自然对流降温能力的积温指数,A_{θ} 可称为自然对流指数(℃·d)。

研究发现,自然对流指数能够表征由路堤碎石层引起的冬季自然对流降温效应的强度及其持续时间。

图 6-60 为通过数值计算得到的公路碎石路堤在给定具体环境条件下的自然对流指数 A_{θ} 随碎石层厚度 H 的变化规律。在 H 比较小时,积温指数保持为零,碎石层存在一个最小厚度 H_{min},在 $H > H_{min}$ 时,自然对流指数大于零。随着 H 的增加,自然对流指数急速增加,在 H 达到一定值后自然对流指数进入缓慢变化阶段,H 一直增加直至 A_{θ} 达到最大值,即满足

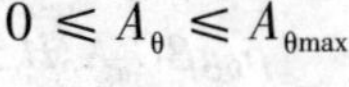

$$0 \leqslant A_{\theta} \leqslant A_{\theta max}$$

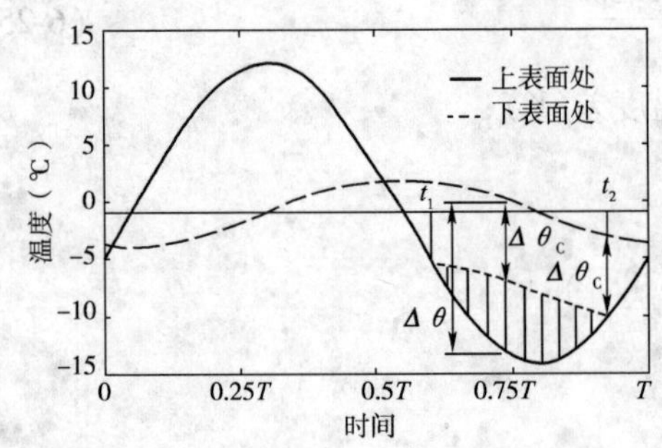

图 6-59　路堤碎石层中产生自然对流的温度差

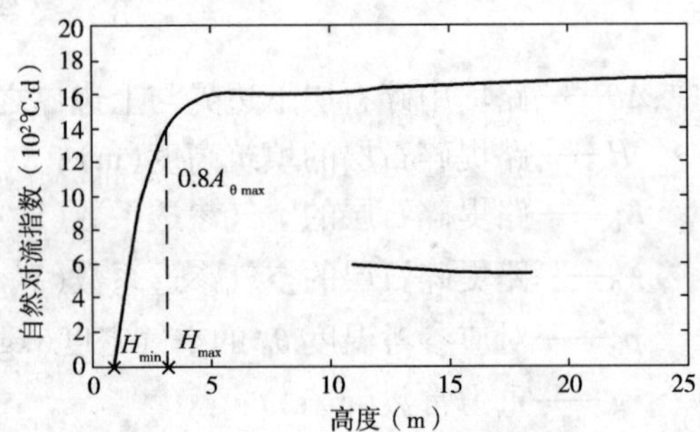

图 6-60　自然对流指数随碎石层厚度的变化曲线

由图 6-60 可知,对一给定冻土区碎石路堤,其自然对流指数 A_{θ} 随冻土路堤碎石层填筑厚度的变化规律可以分为三个不同区域,即恒零区、急增区和缓变区。它们分别对应着碎石路堤冬季自然对流降温效应不发生阶段、产生并急速演化阶段和平缓发展阶段。大量的数值计算显示这一规律对于寒区碎石路堤具有普遍性。因此,自然对流指数能定量表征多年冻土区碎石路堤具有的冬季自然对流降温能力。

(2)公路路堤碎石层的填筑厚度

冻土路堤存在一个临界高度,其高度的具体确定需要根据多年冻土工程地质类型、冻土的工程类型、冻土地温、冻土上限以及区域性的冻土稳定性条件、气温上升速率和准备采用的路面类型等因素综合考虑。冻土路堤中填筑碎石层的目的是为了利用其具有的冬季自然对流降温能力。因此,路堤碎石层需要填筑多大厚度应从其是否能发生冬季自然对流降温效应来考虑。

自然对流指数 A_{θ} 随冻土路堤碎石层填筑厚度变化的恒零区、急增区和缓变区。对应于急增区的起始期和终止期,碎石层填筑厚度存在一个最小厚度 H_{min} 和一个最大厚度 H_{max}。当 $H < H_{min}$ 时,碎石层中并不产生冬季自然对流降温效应,这时的碎石层只起到类似于绝热材料的作用;当 $H \geqslant H_{min}$ 时,碎石层中开始产生冬季自然对流降温效应,直到碎石层填筑厚度达到最大值 H_{max};当 $H > H_{max}$ 时,超过厚度最大值的碎石部分并不会对自然对流效应产生更有利的影

响。从节约碎石和经济性考虑，可以把自然对流指数达到最大值的0.8倍时的碎石层厚度定义为最大厚度H_{max}

$$H_{max} = H|_{A_\theta = 0.8A_{\theta max}} \tag{6-29}$$

因此，冻土路堤中填筑太厚碎石层是没有必要的，对于给定冻土区环境条件下的碎石路堤，基于自然对流降温效应的碎石层填筑厚度应满足：

$$H_{min} \leqslant H \leqslant H_{max} \tag{6-30}$$

在具体工程应用中，考虑到自然对流降温效应的周期性，实际冻土路堤的碎石层填筑厚度并没有必要一定要达到H_{max}，可取一个大于最小厚度的适当数值。具体取值需要根据工程要求通过式(6-27)描述的自然对流指数及式(6-28)~式(6-29)来确定。作为近似，碎石层下、上边界间的温度差$\Delta\theta$可用单纯热传导时的温度差代替。

根据前述分析，青藏公路碎石路堤发生冬季自然对流降温效应的临界相似 Rayleigh 数取为4.5和37.9，分别对应路堤边坡附近区域产生自然对流和路堤中间区域发生自然对流。粒径分别为4~6cm，6~8cm和8~10cm的3种碎石物理参数由表6-12给定，表6-13给出了公路碎石路堤在路面温度振幅为20℃、16℃和13℃时的碎石层最小填筑厚度和最大填筑厚度，天然地表平均温度仍取为-1℃。

碎石物理参数　　表6-12

粒径(cm)	渗透率(m^2)	导热系数($W \cdot m^{-1} \cdot K^{-1}$)	容积热容量($J \cdot m^{-3} \cdot K^{-1}$)
4~6	2.28×10^{-6}	0.407	1.260×10^{6}
6~8	4.38×10^{-6}	0.396	1.250×10^{6}
8~10	5.46×10^{-6}	0.390	1.220×10^{6}

不同工程条件下公路路堤碎石层的最小厚度和最大厚度　　表6-13

序号	路面温度振幅	临界R_{ac}	粒径(cm) / 填筑厚度(m)	4~6	6~8	8~10
1	20℃	$R_{ac} = 4.5$	H_{min}	0.27	0.19	0.17
			H_{max}	1.74	1.65	1.64
		$R_{ac} = 37.9$	H_{min}	0.84	0.57	0.50
			H_{max}	2.82	2.20	2.08
2	16℃	$R_{ac} = 4.5$	H_{min}	0.30	0.23	0.19
			H_{max}	1.78	1.67	1.65
		$R_{ac} = 37.9$	H_{min}	0.95	0.65	0.57
			H_{max}	3.15	2.35	2.20
3	13℃	$R_{ac} = 4.5$	H_{min}	0.35	0.25	0.22
			H_{max}	1.84	1.70	1.68
		$R_{ac} = 37.9$	H_{min}	1.06	0.73	0.64
			H_{max}	3.59	2.53	2.34

上述计算发现，冻土公路路堤基于冬季自然对流降温效应的碎石层填筑厚度具有如下

特点：

1）较大粒径的碎石层填筑厚度相对较小，表明在相同条件下较大粒径的碎石路堤更容易产生冬季自然对流降温效应。

2）公路碎石路堤冬季自然对流降温效应的发生，可分为边坡附近区域和路堤中间区域两个阶段。其中，对应于路堤边坡附近区域发生冬季自然对流降温效应的碎石层填筑厚度明显小于路堤中间区域发生冬季自然对流效应的碎石层厚度。

3）碎石护坡层对冻土路堤具有足够的冬季自然对流降温能力，是一种相对经济、简便的地温调控技术。

4）单纯从冬季自然对流效应来讲，路面温度波动幅度越大，产生的自然对流效应也越大，碎石层的填筑厚度则越小。

第三节　热棒路基试验工程研究

一、热棒的工作原理

1. 热棒制冷原理

热棒的工作原理如图6-61所示。当下部环境温度 $t_下$ 高于上部环境温度 $t_上$ 时，热棒下部（蒸发段）的管内工质受热后蒸发变为蒸汽向上升，由于上部环境温度 $t_上$ 低于 $t_下$，所以当蒸汽升入上部空间（热棒冷凝段）后受管外冷风的冷却，冷凝成液体，在重力作用下回到下部空间，通过工质循环的蒸发，冷凝过程将下部环境的热量源源不断的送到上部环境，也就是说将上部环境的冷量源源不断地送到下部环境，使下部环境的温度不断下降；直到上下温度相等，即 $t_上=t_下$ 时，这时对下部环境的制冷过程才停止。而当 $t_上>t_下$ 时，在重力场中由于蒸汽密度远远小于冷凝液的密度，蒸汽不可能自发往下流，冷凝液也不可能自发往上流，所以相反的传热过程中不可能发生。因此，热棒是一种单向传热的元件，只能把上面的冷量传到下面，不能把上面的热量传到下面去。也就是说当热棒放置于冻土环境中，在气温低于地温时，它是一种对下部冻土的很好的制冷元件；而当气温高于下部地温时，不会通过它把热量传入地下，此时它是一种隔热元件。因此，热棒是一种很好的单向制冷元件，可以把外部的冷量直接传送到地下深处，起到稳定降低地温的作用。

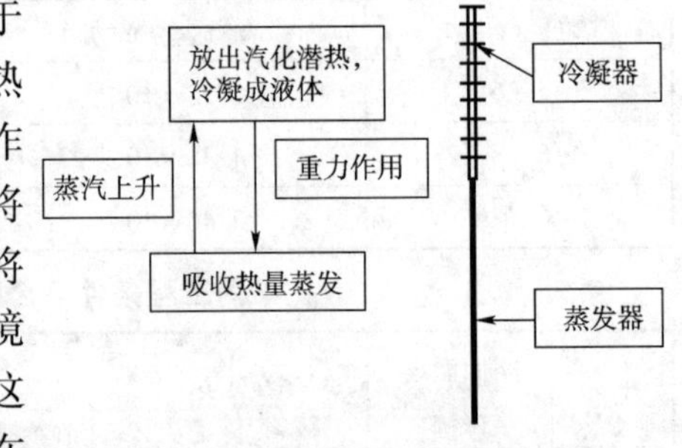

图6-61　热棒工作原理示意图

2. 热棒在多年冻土季节融化层中的制冷机理

1）无热棒时多年冻土季节融化层的冻结过程与融化过程

当气温t小于0℃后，多年冻土季节融化层中，从地表面自上而下，及由多年冻土最大融化深度自下而上，两个方向同时进行冻结；在无外来水源补给情况下（有外来水源时情况将更严重），潮湿松散土冻结时，水分向冻结锋面迁移、积聚，冻结成冻层或冰透镜体；在上下双向冻结时，上部和下部含水和含冰量大，冻土多呈层状～网状构造，又由于冰晶的析出方向是与热流方向垂直的，所以冻夹层是与地表面平行的；而中部含水率与含冰量较少，冻土多呈整体状。

季节融化层的融化过程在日平均气温在0℃上下波动时，开始由地面向下单方向进行，直至最大融化深度。

冻结过程使土体体积产生膨胀，土表面升高，且土在冻结过程中与它所挟持的物体（如石块、桥墩和桩基等）冻结在一起并共同胀起。在融化过程中土融化时，这些冻结过程中与土冻在一起胀起的物体，往往不能回到原位（如它被冻拔时所留下的空间，被其它土所占据），被挤到土体上部，导致基础上拔与建筑物破坏，这就是冻胀。当发生冻胀时，土体对一切阻碍它膨胀的物体（例如基础）施力，这种力称为冻胀力，有切向与法向二种冻胀力。据试验切向冻胀力可达170kN，法向冻胀力可高达4 300kN，其破坏力是很大的。

2）放置热棒后多年冻土季节融化层的冻结过程与融化过程

根据热棒的工作原理，可以应用热棒防治多年冻土中的冻胀灾害。热棒垂直插入土中，深至超过多年冻土最大融化深度0.5m，蒸发段位于多年冻土季节融化层和多年冻土中，冷凝段位于地表面以上，为了强化气体的对流换热，冷凝段往往装有肋片。

当气温小于0℃后，由于热棒地表以上部分（冷凝段外）的温度（即气温）已低于热棒地下部分（蒸发段外）季节融化层中的温度，热棒就启动，下部（蒸发段）的工作介质开始蒸发，当蒸汽上升至上部（冷凝段）时受外面冷风的冷却，凝结成液体，流回下部。通过工作介质蒸发、冷凝循环的结果，把外界的冷量源源不断的传入地下；随着气温的进一步下降，这一作用不断加强。由于热棒内的工质处于汽液两相的平衡状态，所以蒸发段的温度基本上保持相等，即热棒蒸发段管外上下基本上处于同一等温线上，所以放置热棒后季节融化层中的冻结过程为从地表面自上而下、从最大融化深度自下而上及从热棒管外在半径方向自内而外三个方向同时进行。热棒管外径向冻结所需的冷量，全部是热棒直接从外界环境传入的；这种三个方向同时进行的冻结过程，不但加快了冻结速率，减小了冻胀力，而且由于冻结表面大，冻结速率快，周围水分几乎来不及向冻结锋面迁移、聚集，有效地抑制了冻结水分向冻结锋面移动的数量及速度，所以冻结后引起的膨胀（冻胀率）大大减小，冻胀力也大大减小；而且冻结所形成的冻土圆柱体的自重本身也增强了稳定性；冻土体的构造也由原来的层状—网状构造向整体构造转变，大大的减少了在融化过程中的融沉系数（最大可下降10倍左右），减少了热棒周围土体的冻胀，保证了热棒地基的稳定性。如热棒与基础成为一个整体，则保证了地基基础在冻融循环周期中的稳定性。

二、热棒路基试验工程研究

1. 热棒试验工程路段的选择与确定

依据2002～2004年的青藏公路整治改建工程，试验工程选择路基沉降变形与纵向裂缝较为严重的楚玛尔河高平原K2937＋100～K2939＋160和K2947＋500～K2951＋100段约5.6 km的路基病害路段。K2947＋500～K2951＋100，该段位于楚玛尔河高平原的清水河以北地区，路基病害主要为严重不均匀下沉与纵向开裂。此段属高温高含冰量多年冻土区，人为上限4.7～7.6m，多为饱冰冻土与含土冰层，冻土温度－0.3～－1℃。该段路基两侧湿洼地占80%左右，路基高度已达3.0～3.5m，采用提高路基方案已不能治理路基病害的产生。为此，对此段采取的整治方案为恢复路基两侧的冻土环境,在路基两侧设置防水保温护道,并在路基两侧的路基边坡与防水保温护道相交处设置热棒回冻冻土地基,热棒设置间距4.0m,设置深度为路基下多年冻土人为上限以下1.5~2.0m。

2. 热棒试验路地质概况

该试验路段位于楚玛尔河高平原,地势开阔平坦,地表植被稀疏,热融湖塘发育,平均海拔约4470m左右,出露地层以砂砾土为主,下伏基岩为全风化泥岩,多年冻土天然上限2.7~3.0m,路基填土高度2.1~3.8m,人为上限5.7~7.7m。冻土类型为富冰冻土—含土冰层。

3. 热棒路基设计

采用热棒制冷技术处理多年冻土路基,主要有两个方面的作用。

(1)冷却地基。冻土路基在多年的运营过程中,在以黑色路面的吸收为主导因素的多种外在因素影响下路基已形成了融化盘,由于路基阴阳面的吸热不均,融化盘向阳坡偏移,导致了路基的纵向裂缝。利用热棒制冷技术,使上限回升,以达到治理路基纵向裂缝的问题,同时防止冻土上限的进一步下移,减小路基沉降变形。

(2)提高冻土上限,防止路侧冻结层上水分向路基下迁移。由于冻土路基下形成了融化盘,导致路基侧的冻结层上水分向路基下迁移,一方面降低了路基基础的强度;另一方面冻结层上水带来的热量加速了路基下冻土上限的下移,路基下沉。热棒制冷可使上限回升,阻止冻结层上水的运移,以达到保护冻土,促进路基稳定的目的。

设计中依据热棒制冷的冷冻范围,设计在左侧路肩设置热棒,纵向设置间距为4m,横向距离路中线5.1m(如图6-62所示),并在部分路段路的双侧设置热棒。设置单侧热棒的目的是为了防止融化盘的偏移,造成路肩边坡滑塌以及纵向裂缝。设置双侧热棒的目的是为了加强制冷效果,降低土体温度,提高人为上限,防止冻土融化。

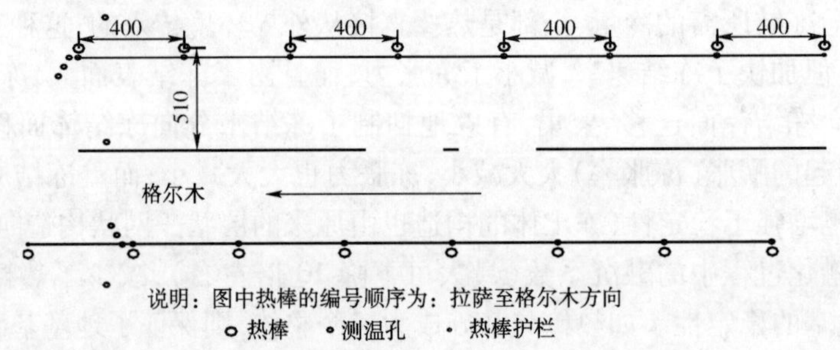

图6-62 热棒平面布置图(尺寸单位:cm)

三、热棒路基试验工程数据分析

1. K2939+120断面热棒冷却地温测试效果分析

测试路段路基高3.0~4.0m,路基两侧设1.0~1.5m高、3.0~5.0m宽的保温护道,测试断面分别在天然地表、保温护道(坡脚处)、路中及距热棒0.5m、1.0m、1.5m处布设测温孔,沿深度方向10m以上每0.5m、10m以下每1.0m间距测试温度变化,观测孔在断面上的位置如图6-63所示。热棒安装示意图如图6-64所示。

为了检测热棒路基的使用效果,试验工程在离热棒路基试验段不远的K2939+185处设

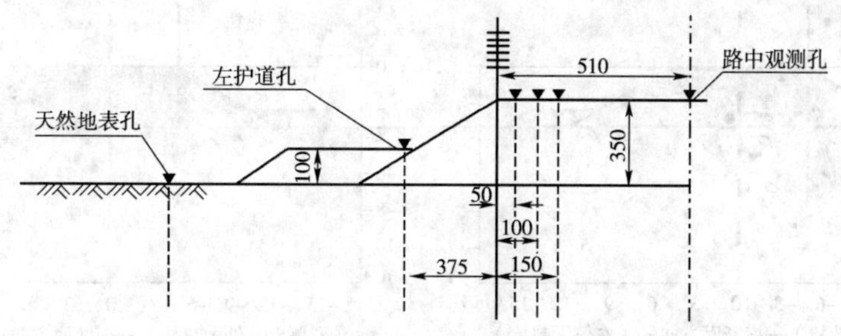

图 6-63　热棒路基观测断面示意图(尺寸单位:cm)

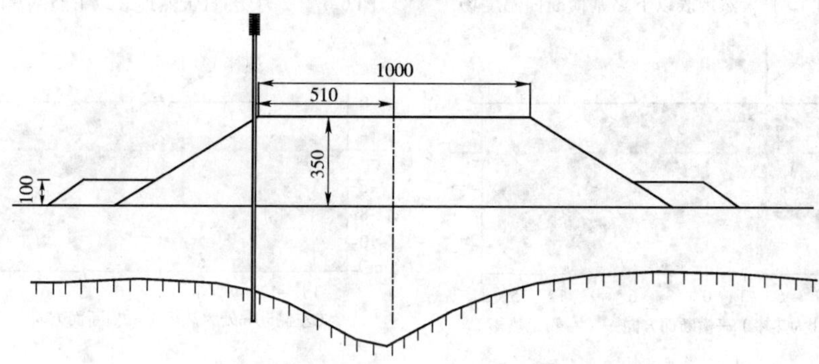

图 6-64　单侧热棒布置示意图(尺寸单位:cm)

置了热棒路基对比断面,如图 6-65 所示。即在没有热棒的路基的左护道、左路肩、路中、右路肩、右护道设置测温点,与热棒路基的地温进行对比观测。

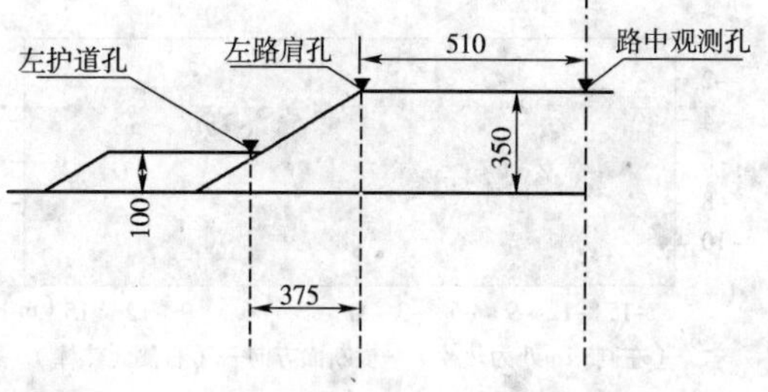

图 6-65　普通路基观测断面示意图(尺寸单位:cm)

(1)热棒的工作周期与工作状态

图 6-66 ~ 图 6-77 分别描述了天然地表以下在 2004 年 1 月到 2004 年 12 月一年路基横断面的温度场分布(图中纵坐标为深度坐标,其中“0”坐标表示路面以下 0.5m 深,“-2”表示路面以下 2.5m 深,以此类推;横坐标是以路中为中心的横断面,热棒位于左路肩上)。

图 6-66 ~ 图 6-68 为 2004 年第一季度热棒路基温度场分布图,可以看出,由于热棒的存在,路基温度场发生了巨大变化,形成了以热棒为中心的地温等温曲线,沿热棒径向形成了较强的温度梯度,1 月份,热棒周围的土体还有部分正温区,到了 2 月份,只有很少的正温区,3 月份中旬,热棒周围的土体就全部为负温。

图 6-69 ~ 图 6-74 为 2004 年 4 月中旬到 9 月中旬的热棒路基温度场分布图。从图中可以发现,热棒周围的温度梯度逐渐变小,5 月份其周围等温线变的较为稀疏,6 月份到 9 月份,热棒的制冷效果仍可显现。虽然正温从路面开始向下传入路基,使温度场由路面向下形成了一个大致平行于路面,但左浅右深的等温线分布。这是因为热棒布置于路基左侧,由于热棒的储冷作用,使接近热棒的土体内含有更多的冷量,延缓了路面热量的向下传导;而路基右侧离热棒较远,土体内储存的冷量较少。

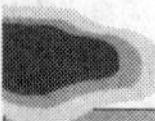

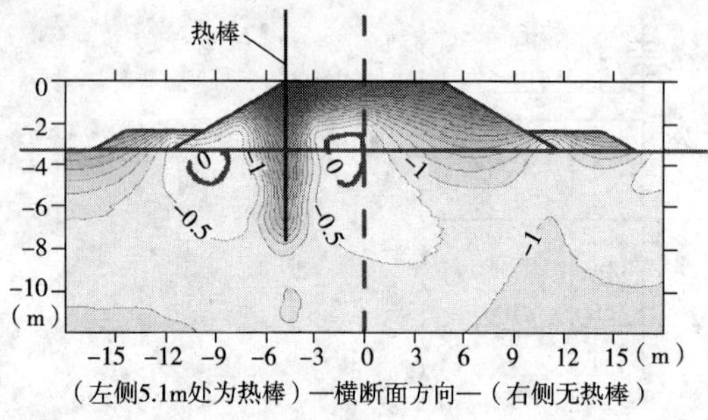

图 6-66　1 月 15 日天然地表以下路基横断面温度场

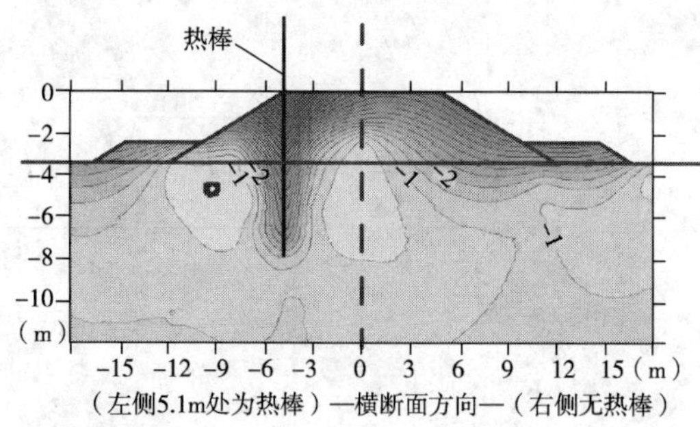

图 6-67　2 月 18 日天然地表以下路基横断面温度场

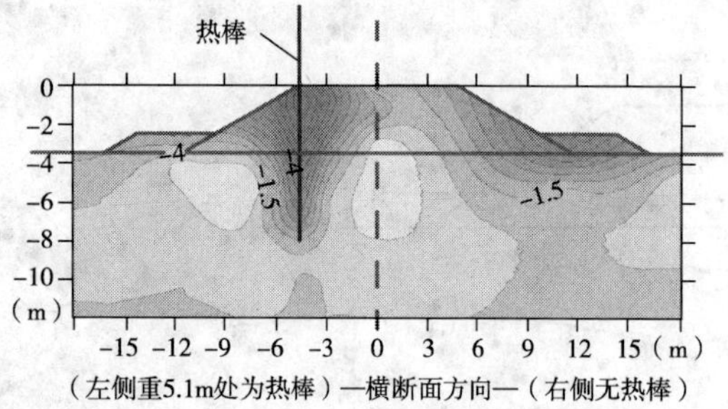

图 6-68　3 月 15 日天然地表以下路基横断面温度场

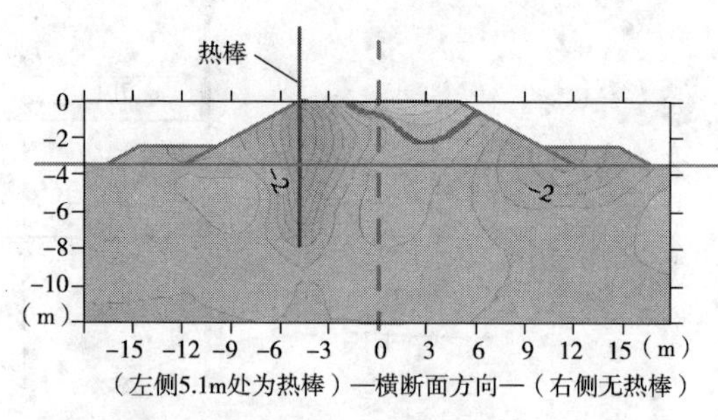

图 6-69　4 月 21 日天然地表以下路基横断面温度场

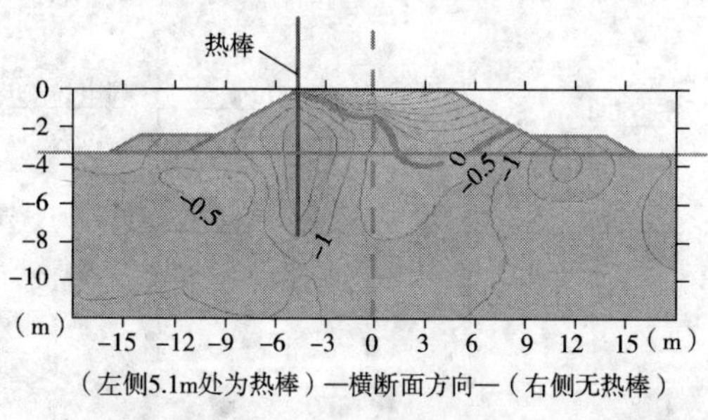

图 6-70　5 月 21 日天然地表以下路基横断面温度场

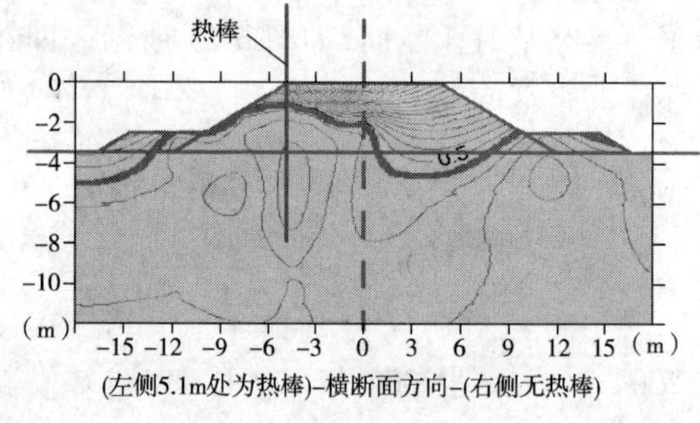

图 6-71　6 月 25 日天然地表以下路基横断面温度场

图 6-75 ~ 图 6-77 为 2004 年 10 月中旬到 12 月中旬的热棒路基温度场分布图。从图中可以发现，热棒 10 月中旬开始工作，但温度梯度变化较小，即表明其工作强度还很小。而在图 6-76中，可以明显看到热棒周围等温线变化较大，有较强的温度梯度，并将热棒周围的正温区

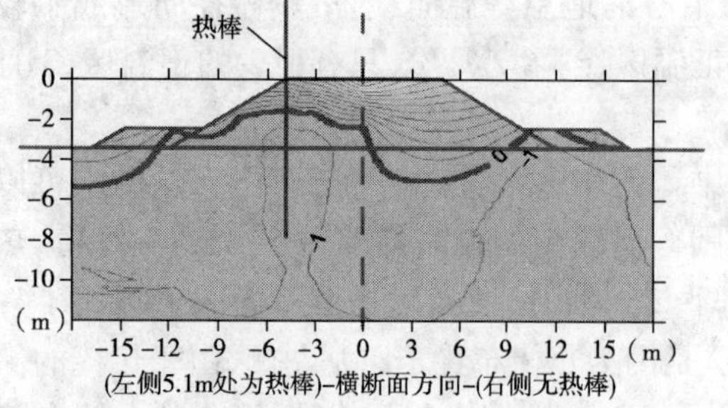

图 6-72　7 月 18 日天然地表以下路基横断面温度场

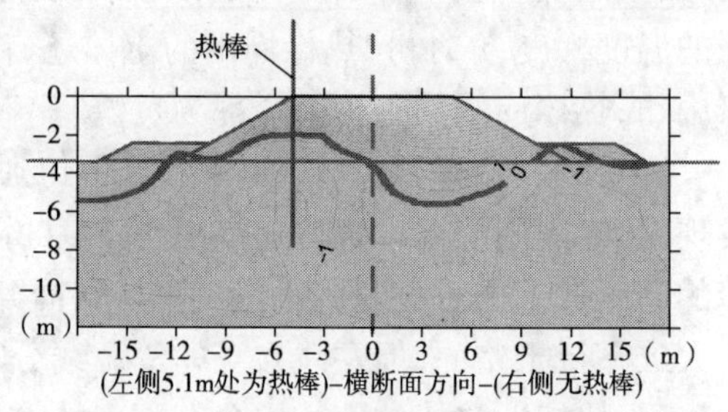

图 6-73　8 月 19 日天然地表以下路基横断面温度场

分为两部分,这说明热棒已经开始大功率工作。

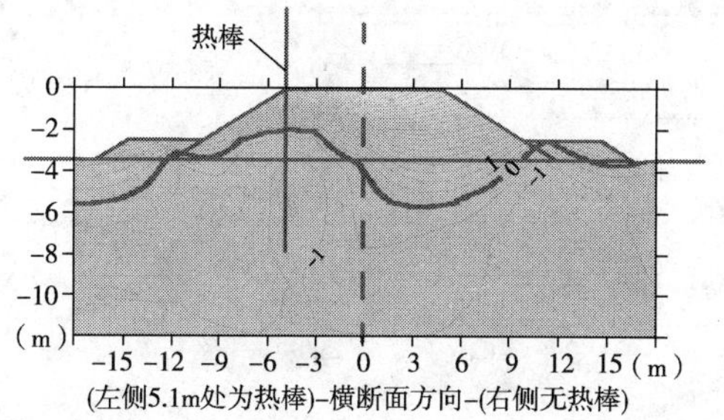

图6-74　9月4日天然地表以下路基横断面温度场

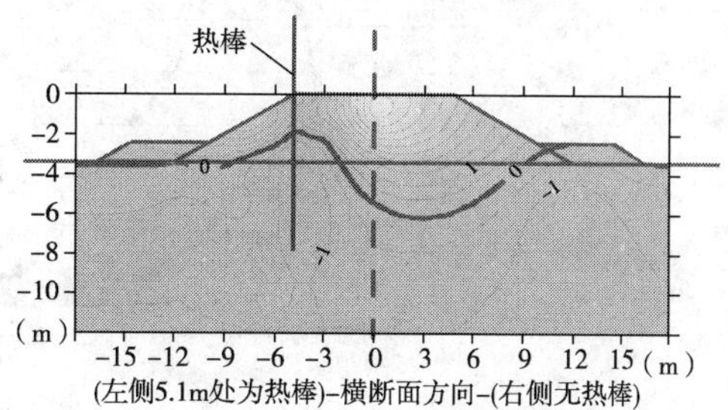

图6-75　10月18日天然地表以下路基横断面温度场

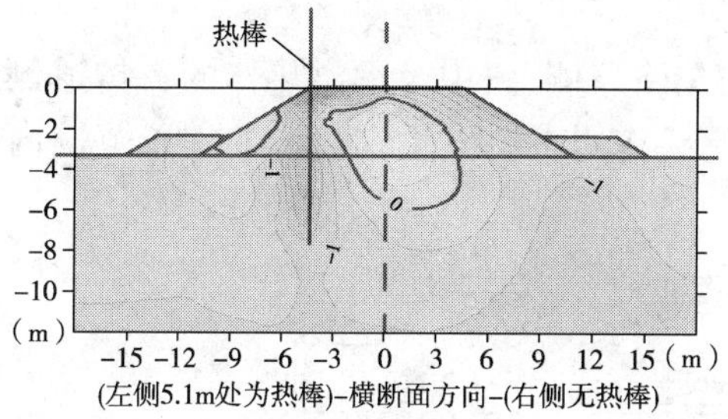

图6-76　11月17日天然地表以下路基横断面温度场

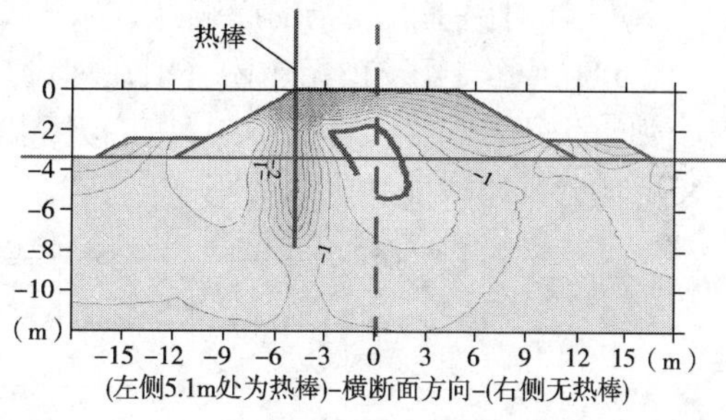

图6-77　12月18日天然地表以下路基横断面温度场

(2)热棒的影响范围

热棒的影响范围是热棒降温效果的主要表征之一。所谓热棒的影响范围是指热棒在工作期间所带入的外界冷量在地中所传递的距离,分为有效影响范围和最大影响范围。

图6-78描述了热棒路基断面与未埋设热棒的路基断面,在路面以下6.5m处,2004年1月份平均地温的对比情况(其中纵坐标为地温,单位为℃;横坐标为以路中为中心的横断面,单位为m)。无热棒路基在1月份形成的地温是一个平滑的曲线,由于左侧处于阳面,地温稍高一些。而热棒路基在路基左侧路肩下形成了一个突变,地温从-0.4℃左右下降到的-3.3℃左右,又上升到0.3℃左右。这说明热棒带入了冷量,使地温下降。热棒位于左路肩上,地温突变说明热棒的有效影响范围大约为2m左右,路面中部(距热棒5.1m),热棒路基与非热棒路基地温基本上趋于一致,说明热棒对该处的影响已经很小。热棒路基中心右侧7.5m处地温高于非热棒路基,这是因为右侧7.5m处离热棒约为12.5m,超出了热棒的最大影响范围,而热棒路基该处地温本身就高于非热棒路基相同位置的地温。这进一步说明热棒的作用效果,能大大的降低地温,达到保护冻土的作用。

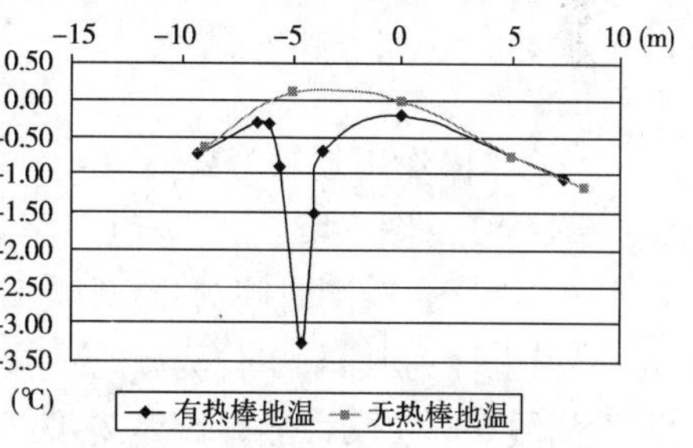

图6-78　地下6.5m处有、无热棒1月平均地温对比

图6-79描述了未埋设热棒与埋设热棒的断面,在左路肩、路中及右护道的温差与深度的关系。从图中可以看出热棒在其埋设侧的左路肩温差最大、影响最大,路中次之,对离其较远的右护道则还残留有一定影响,即表明越远离热棒方向其影响越小。

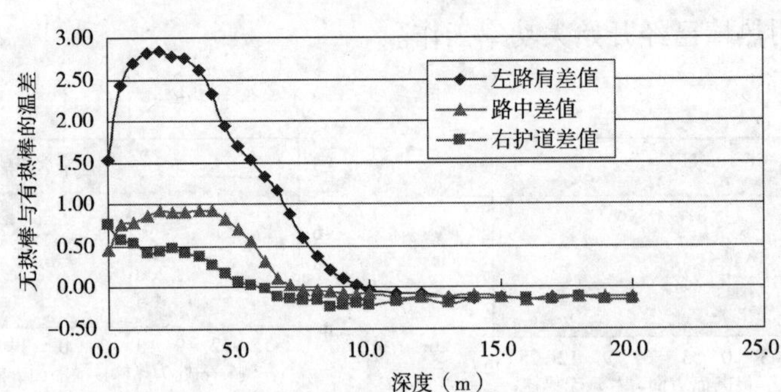

图 6-79　有无热棒分别在不同位置的温差随深度的变化

(3)热棒对路基温度场的影响

图 6-80 中绘制了有、无热棒分别在埋设热棒的左路肩侧、路中及远离热棒的右护道侧地温随深度的变化关系。从图 6-80 中可以看出，“储冷”作用主要发生在热棒的埋置范围内即 0 ~ 8m，且离热棒越远其影响越小。

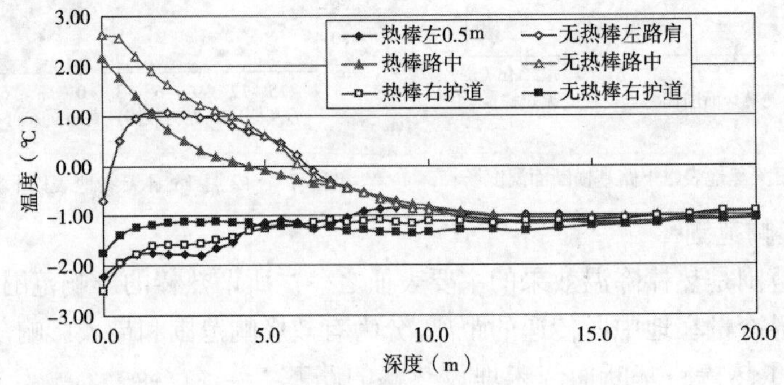

图 6-80　有无热棒在不同位置的地温对比

(4)热棒作用效果分析

图 6-81 ~ 图 6-83 分别为热棒路基左路肩、路中、右护道与非热棒路基的同一位置的温度场分布对比图，观测时间为 2003 年 12 月 4 日到 2005 年 12 月 18 日(图中纵坐标为深度，单位为 m，横坐标为时间，单位为 d)。

如图 6-81 所示，热棒路基左 0.5m 处上限约为 -2.5m 左右，而非热棒路基左路肩却有

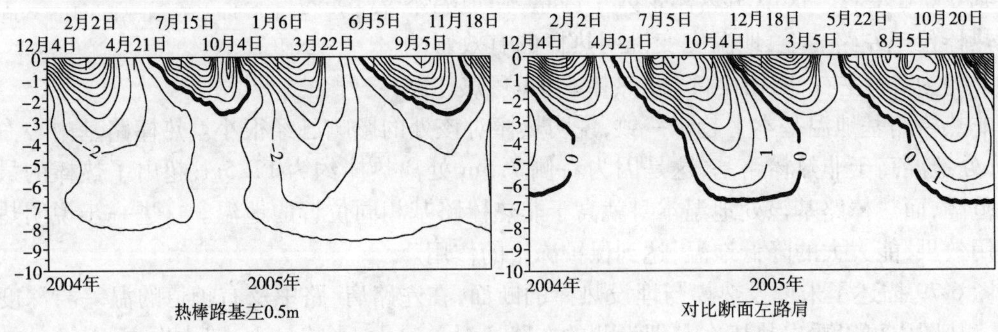

图 6-81　左路肩温度场分布对比图

-6.5m左右;热棒路基左0.5m处融化期约为5月上旬到10月中旬,非热棒路基左路肩的融化期约为4月中旬到10月中旬,说明热棒对左路肩有明显的降温效果,能大大的提高冻土的人为上限,延长冻土的冻结时间。

在图6-82中,有热棒路中上限约为-5.5m左右,非热棒路基路中上限约为-6.3m左右;融化期有无热棒路中大致相同,约为4月中旬到10月中旬;在图6-83中,有热棒路基右护道上限约为-2m左右,无热棒路基右护道约为-1.1m左右,融化期大致相同,约为5月上旬到10月中旬。

在图6-81~图6-83中可以发现,无论是热棒路基还是无热棒路基,2005年的人为上限或天然上限均比2004年稍微加深,这是因为在全球变暖的大环境下,冻土有退化的趋势。

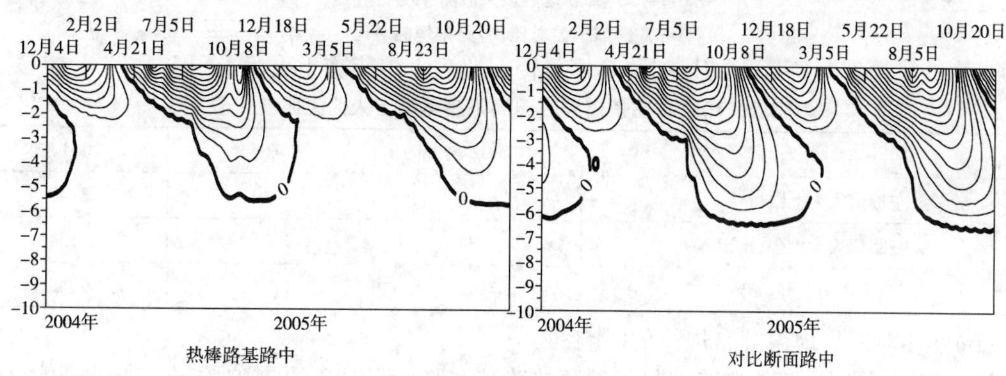

图6-82　路中温度场分布对比图

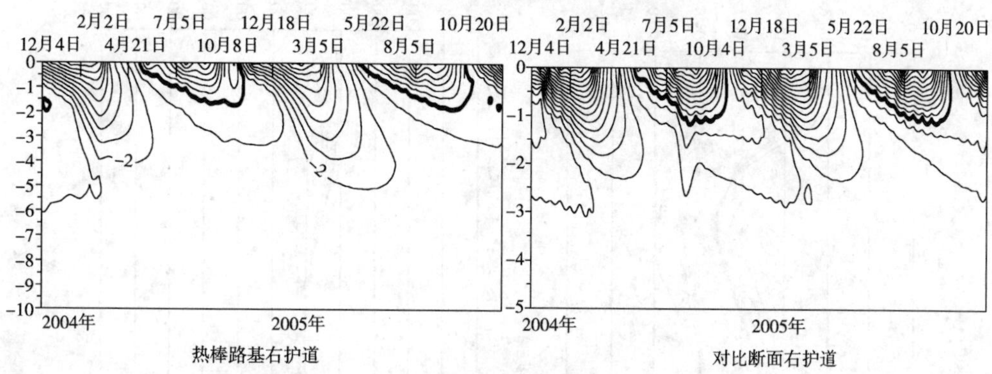

图6-83　右护道温度场分布对比图

(5)热棒对冻土上限的影响

图6-84为2004年在左路肩与路中处地温最大值随深度变化关系。图6-84a)表明,在天然状态下冻土上限约为-2.1m,有热棒左路肩冻土上限约为-2.7m,热棒对比断面冻土上限约为-6.3m。由此可以看出,未埋设热棒的路基下的冻土上限较大,热棒路肩与天然地表的冻土上限比较接近,但与热棒对比断面相比,热棒路肩的冻土上限要小约3.6m。另外,从图6-84b)中可以看出,无热棒对路中人为上限的影响较小,这主要是由于路中孔距热棒有5.1m的距离,远大于热棒的有效影响半径。两图也从另一个侧面反映了热棒在其埋设部位左路肩起到了明显的抬高人为上限的作用。

表6-14为热棒路基左护道和左路肩测温孔所观测到的左护道、左路肩与路中下多年冻土

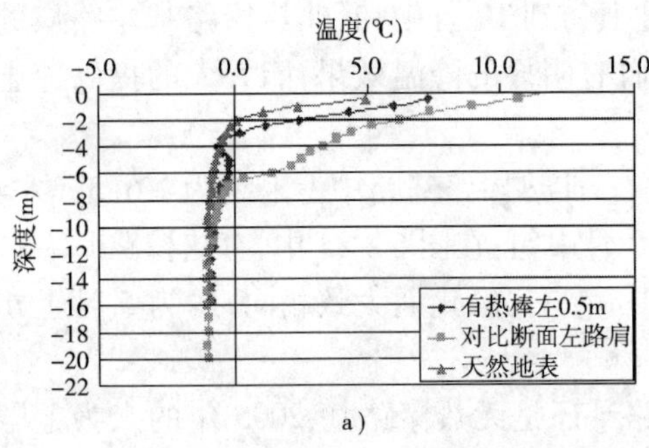

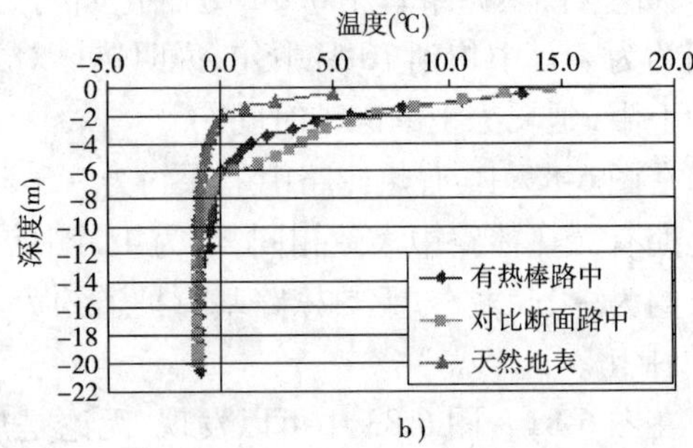

图 6-84　2004 年地温最大值随深度变化关系

a)左路肩地温对比；b)路中地温对比

人为上限变化情况表，可以看出，安装热棒可使左路肩下多年冻土人为上限上升。

单侧安装热路基左护道和左路肩下多年冻土人为上限变化表　表 6-14

	2002 年	2003 年	2004 年
左护道人为上限(m)		3.40	3.40
左路肩人为上限(m)	7.74	7.61	7.54
路中人为上限(m)	7.42		7.48

(6)热棒对路肩地温分布规律的影响

图 6-85 为单侧设置热棒路基与不设置热路基左路肩测温孔的 2004 年全年地温曲线对比

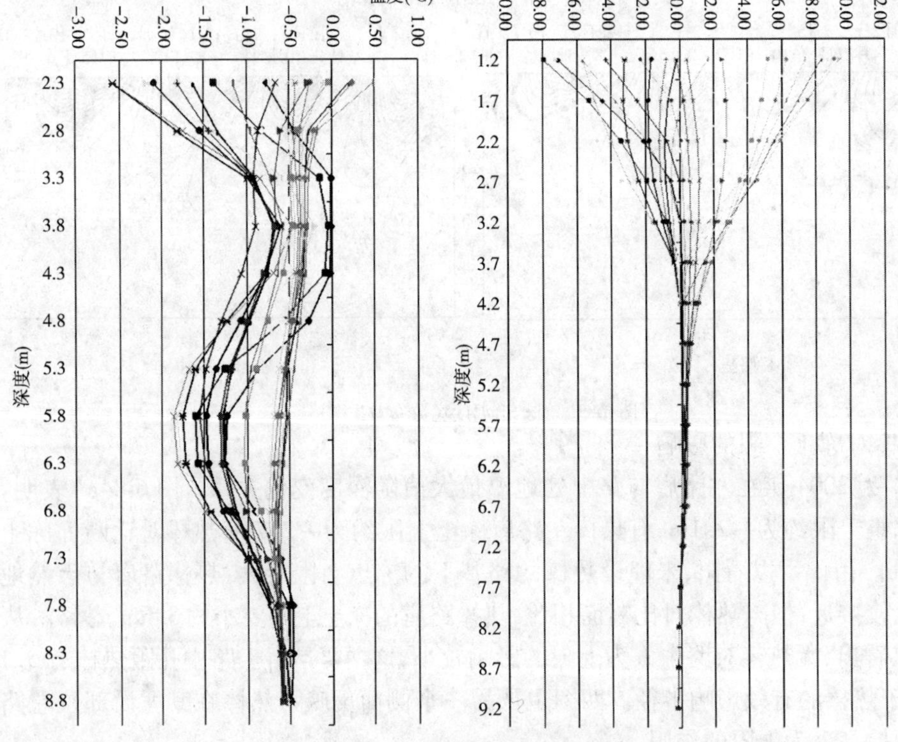

图 6-85　设置热棒与不设置热路基左路肩地基地温曲线对比图

图。从图中可以看出,设置热棒路基在4.8~6.8m间负温增大。

由上述分析可知,热棒可使路基下多年冻土地温降低,提高路基左侧地基的强度,从而防治由于路基阳面吸热增大而导致多年冻土人为上限下移,造成的融化盘偏移引起的路基纵向裂缝,从而提高冻土路基的稳定性。

2. 试验路技术状况

热棒路基试验路于2002年修筑完成。图6-86~图6-89为2005年7月现场调查试验路情况,可以看出,通车运营三年后,路基稳定,无明显的沉降、变形;路面平整,无明显纵、横向裂缝;边坡基本稳定,平整;车辆行驶平稳,乘客感觉舒适,无颠簸感;而且造型美观,成为青藏公路一道亮丽的风景线。

图6-86　单侧热棒路面状况

图6-87　单侧热棒边坡状况

图6-88　双侧热棒路面状况

图6-89　双侧热棒整体效果

四、热棒路基温度场仿真模拟研究

1. 热棒等效传热模型及定解条件

所谓热棒等效传热模型是在保证热棒传热功率与温差相同的条件下,把一根热棒的实际换热状况等效成一根外尺寸与热棒相同的实心圆杆,且热量从杆的一端(热端)以单纯导热方式(杆的其余部分完全绝热)传向另一端(冷端)。等效的结果可把一根热棒等效成一根导热性能极佳的金属杆。这样热棒就具有很高的等效导热系数。从等效导热系数的物理数学模型进行分析,对于重力热管,热量从热流体传到冷流体的过程中各个环节的热阻如下:

(1)从蒸发段外壁到内壁的导热热阻 R_1

$$31^{R_1=\ln(d_0/d_i)/2\pi\lambda l_e} \tag{6-31}$$

(2)蒸发段换热热阻 R_2

$$R_2 = \frac{1}{\pi d_i l_e h_{i,e}} \tag{6-32}$$

(3)从蒸发段到冷凝段蒸气流动的压降所引起的热阻 R_3,蒸汽的压降导致饱和温度下降,这等价于存在一个热阻。但实际上由于压降很小,因而所引起的相应的温差也很小,所以 $R_3 \approx 0$。

(4)冷凝段换热热阻 R_4

$$R_4 = \frac{1}{\pi d_i l_c h_{i,c}} \tag{6-33}$$

(5)冷凝段固体壁面导热热阻 R_5

$$R_5 = \ln(d_0/d_i)/2\pi\lambda l_c \tag{6-34}$$

所以,热棒的总热阻 $R = R_1 + R_2 + R_3 + R_4 + R_5$ 即:

$$R = \frac{1}{2\pi\lambda l_e}\ln\left(\frac{d_0}{d_i}\right) + \frac{1}{\pi d_i l_e h_{i,e}} + \frac{1}{\pi d_i l_c h_{i,c}} + \frac{1}{2\pi\lambda l_c}\ln\left(\frac{d_0}{d_i}\right) \tag{6-35}$$

式中:d_0, d_i——分别为热棒管壳的外径和内径;

l_e, l_c——分别为热棒蒸发段和冷凝段的长度;

$h_{i,e}, h_{i,c}$——分别为蒸发换热的表面传热系数和冷凝换热的表面传热系数;

λ——热棒管壳的导热系数。

将热棒的实际热阻 R 等效为一根同尺寸,热量从一端以单纯导热方式传向另一端的金属杆的热阻 Reff,即 $R_{eff} = R$。根据热阻 $R = \Delta T/Q$ 和傅里叶定律,则 $R = l/(\lambda_{eff} \cdot A)$。因此,可求得热棒的等效导热系数 $\lambda_{eff} = l/(RA)$,其中 A 为等效金属杆的横截面积,即为 $A = \pi d_0^2/4$,将式(6-35)代入 λ_{eff} 的表达式,则有:

$$\lambda_{eff} = l\Big/\left[\left(\frac{1}{2\pi\lambda l_e}\ln\left(\frac{d_0}{d_i}\right) + \frac{1}{\pi d_i l_e h_{i,e}} + \frac{1}{\pi d_i l_c h_{i,c}} + \frac{1}{2\pi\lambda l_c}\ln\left(\frac{d_0}{d_i}\right) \cdot \frac{\pi d_0^2}{4}\right)\right] \tag{6-36}$$

令 e 和 c 分别为蒸发段、冷凝段长度占热管总长度的比值,即 $e = l_e/l, c = l_c/l$,,则式(6-36)可改写为:

$$\lambda_{eff} = \frac{4l^2\lambda}{d_0^2}\left[1\Big/\frac{\ln(d_0/d_i)}{2C} + \frac{\lambda}{h_{i,e} \cdot d_{i,e}} + \frac{\lambda}{h_{i,c} \cdot d_{i,e}} + \frac{\ln(d_0/d_i)}{2C}\right] \tag{6-37}$$

为了使上式更加简化,可进一步将热棒内复杂的换热过程简化为一种等效的对流换热过程,用管内等效对流换热系数等价地来描述热棒蒸发段和冷凝段的综合换热过程。热棒内部对流换热热阻 $R_i = R_2 + R_4$,即

$$R_i = \frac{1}{\pi d_i l_e h_{i,e}} + \frac{1}{\pi d_i l_c h_{i,c}} = \frac{1}{\pi d_i l_e h_{eff}} + \frac{1}{\pi d_i l_c h_{eff}} \tag{6-38}$$

因此，$h_{eff}=h_{i,e}\cdot h_{i,c}\cdot(l_c+l_e)/[l_e h_{i,e}+l_c h_{i,c}]$

由热棒总热阻 $R=\Delta T/Q$，则可得等效对流换热系数 h_{eff}

$$h_{eff}=\frac{2\lambda Q(l_e+l_c)}{2\pi\lambda d_i\cdot\Delta T l_e l_c-Qd_i(l_e+l_c)\ln(d_0/d_i)} \tag{6-39}$$

式中：Q——蒸发段和冷凝段外壁热流；

ΔT——蒸发段与冷凝段外壁温度差。

将式(6-38)代入式(6-37)可得：

$$\lambda_{eff}=\frac{4l^2\lambda}{d_0^2}\cdot\left[1\bigg/\left(\frac{\ln(d_0/d_i)}{2e}\right)+\frac{\lambda}{h_{eff}d_i}\left(\frac{1}{e}+\frac{1}{c}\right)+\frac{\ln(d_0/d_i)}{2e}\right] \tag{6-40}$$

式(6-39)右端各项均可通过实验手段和直接量测得到，将式(6-39)的计算结果代入式(6-40)即可求得到热棒在工作状态下的等效导热系数。

青藏公路应用的热棒长度为12m，其中蒸发段和冷凝段的长度分别为6.0m和4.0m。热棒路段多年冻土人为上限为5.7～7.7m，因此热棒的蒸发段已埋入多年冻土上限以下。埋设热棒的热棒路基的计算断面如图6-90所示。其中 Ω_1 为路堤填土区，填料一般为亚黏土和砂砾土；Ω_2 为天然地基；Ω_3 为热棒。当蒸发段温度高于冷凝段时，热棒具有很高的导热系数，即 λ_{eff}，反之当蒸发段温度低于冷凝段时，热棒具有极低的导热系数，为气态工质在饱和状态下的导热系数。

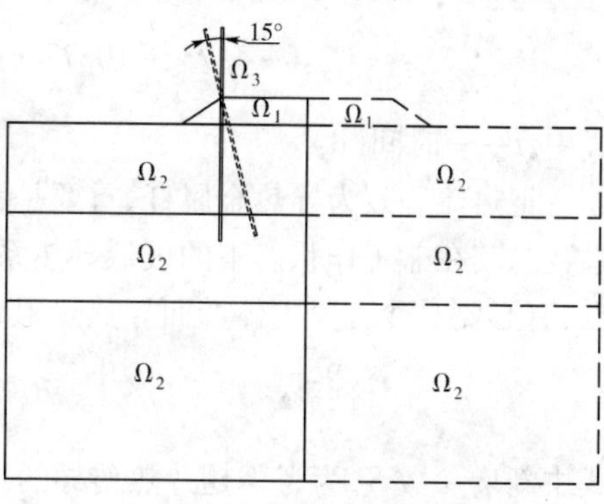

图6-90 热棒路基的计算断面

注：热棒本身有竖置和斜置两种埋设方式，在路基断面上有设计在单侧和双侧两种方式。图中虚线部分为可选部分，当热棒设计在单侧时，保留右侧虚线表示的断面；双侧设置热棒时取对称断面的左侧半副断面。

热棒路基二维高效传热模型的数学描述可表达为：

Ω_1，Ω_2 区域的热流及水分迁移方程分别见式(6-10)和式(6-11)，两式的联系方程见式(6-12)。

Ω_3 区域等效为一维的变导热系数的热传导方程，具体表达为：

$$\begin{cases} C\dfrac{\partial T}{\partial t}=\dfrac{\partial}{\partial y}\left(\lambda_{eff}\dfrac{\partial T}{\partial y}\right) & T_e>T_c+\Delta T \\ C\dfrac{\partial T}{\partial t}\approx 0 & T_e\leqslant T_c+\Delta T \end{cases} \tag{6-41}$$

式中：C——热棒等效的容积热容量；

λ_{eff}——热棒等效导热系数；

T_e，T_c——分别为蒸发段与冷凝段的平均温度；

ΔT——热棒的启动温差。

求解该问题的边界条件与铺筑工业隔热材料的隔热模型相同。另外，需增加热棒冷凝段边界条件，即第三类边界条件：

$$-\left(\frac{\partial T}{\partial n}\right) = h_c(T_c - T_f) \tag{6-42}$$

式中：h_c——热棒冷凝段表面传热系数；

T_c——冷凝段表面壁温；

T_f——冷凝段周围气温。

根据热棒路基的特点，针对四类热棒路基模型，即单侧竖置、单侧斜置15°、双侧竖置与双侧斜置15°，利用建立的数学模型，运用有限元方法分别对其进行数值模拟。需要指出的是，无论是竖置与斜置热棒均埋置于路肩外侧，斜置热棒是与竖直方向成15°角，其冷凝段偏向路基外侧。

数学模型采用的路基填料及地层结构各材料所对应的热物理参数见表4-17。路中、边坡及天然地表的温度边界条件见表4-16，热棒冷凝段为第三类边界条件，其热流表达式见式(6-43)，式中 T_f 为空气温度，其为：

$$T_f = -4.73 + 10.77 \cdot \sin\left(2\pi \cdot t/365 - \frac{7}{12}\pi\right) + 0.000\,011 \cdot t \tag{6-43}$$

式中：t——时间(d)。

把热棒等效为导热金属杆，首要是解决其导热系数问题，即热棒在工作状态下的极高导热系数与其在非工作状态下的极低导热系数问题。结合青藏公路应用的热棒带有大量翅片的特点，有必要对冷凝段固体壁面导热热阻 R_5 进行修正，修正后的公式为：

$$R_5 = \ln\left(\frac{D_0}{D_i}\right)/2\pi S_c \lambda l_c \tag{6-44}$$

式中新增参数 S_c 为考虑翅片热传导的形状因子，一般取为1.8。选择热棒的各部分几何及热学参数见表6-15所列。

热棒的各部分几何及热学参数(单位SI)　　表6-15

参数名称	值	参数名称	值
热棒内径 d_i	0.08	蒸发段内壁表面换热系数 h_i,e	5 000
热棒外径 d_0	0.10	冷凝段内壁表面换热系数 h_i,c	6 000
蒸发段长度 l_1	6.0	热棒管壁导热系数 λ	10.0
冷凝段长度 l_c	4.0	翅片热传导的形状因子 S_c	1.8

将表6-15各参数分别代入式(6-31)~式(6-34)及式(6-44)，知热棒在工作状态下总热阻 R 为 $1.384\times10^{-3}\text{m}^2\cdot$℃/W，将热棒等效为等长等径金属杆(长度为12m，直径为0.1m)，则其等效导热系数 λ_{eff} 为：$1.725\,5\times10^6\text{W/m}^2\cdot$℃。另外，热棒在非工作状态下，其内部充满饱和气态工质，其导热系数非常小，热棒蒸发段与冷凝段由于被具有极大热阻的多孔保温材料包裹的绝热段阻隔，热量通过热棒管壁传递的可能性也很小。因此在非工作状态下，热量无论是通过管内汽体或是管壁几乎都无法传递，也就是其导热系数非常低。计算中取其为：0.03 $\text{W/m}^2\cdot$℃(常温下氨气的导热系数)。

显然，把热棒等效成导热金属杆后，其冷凝段与空气间的换热形状发生了很大变化。前者含有大量翅片，而后者则是所谓的"光杆"，后者对于前者而言，换热面积则是大大缩小。也就是说在表面换热系数相同的情况下，"光杆"与空气的换热热阻要比实际热棒与空气的换热热阻大得多。因此,在计算中也必须将它们与空气间的换热热阻进行等效。

热棒冷凝段外壁及翅片与空气的表面换热热阻:

$$R_b = 1/S_f h_a[\pi l_c d_0 + 2n\pi(r_2^2 - r_1^2) \cdot \eta_f] \tag{6-45}$$

“光杆”与空气的表面换热热阻:

$$R_g = \frac{1}{\pi h_a l_c d_0} \tag{6-46}$$

以上两式中:h_a——空气到固体壁面的表面换热系数;

n——冷凝段的翅片个数;

η_f——翅片换热效率;

r_1——翅片基圆半径,与等效外径 d_0 相同;

r_2——翅片外圆半径,$r_2 = r_1 + H_c$,其中 H_c 为翅片的高度;

S_f——考虑翅片间辐射的影响因子。

在等效“光杆”几何形状一致的情况下,要将式(6-45)与式(6-46)进行等效,则必须要修改式(6-46)中的 h_a 设等效后的空气与光杆间换热系数为 h_a^{eff},则有:

$$h_a^{eff} = \frac{S_f h_a[l_c \cdot d_0 + 2n(r_2^2 - r_1^1) \cdot \eta_f]}{l_c d_0} \tag{6-47}$$

根据实际热棒特征及青藏高原气候特点,取:$h_a = 30\text{w/m}^2 \cdot ℃$;$S_f = 2.5$;$n = 333$;$\eta_f = 0.90$;$r_1 = d_0 = 0.10\text{m}$;$r_2 = 0.15\text{m}$;$l_c = 4\text{m}$,代入式(6-47)得:$h_a^{eff} = 1\,480\text{w/m}^2 \cdot ℃$

2. 有限元计算过程

经过等效简化后的热棒总长为12m,其中4.0m冷凝段全部暴露空气中,其余8.0m埋入土体中,2.0m为绝热段,6.0m为蒸发段。绝热段由于受高热阻的保温材料包裹,因此它与周围土体几乎不存在热量变换,在计算中设它为绝热边界。6m冷凝段内并不是全部充满工质,实际上只有其下部充填少量工质,以满足热棒在最大工作温差作用下,能完全蒸发。热棒在工作期间,首先是其下部充填工质的部分达到启动温差,然后在极短的时间使热棒内部几乎达到等温,这也就是热棒所谓的“等温性”。在有限元计算中,假定热棒下部0.5m内充满工质,该范围内全部单元节点的平均温度与冷凝段的平均温度进行比较,来决定是否启动或停止热棒工作。以下为热棒路基温度场有限元计算的详细过程。

①定义路基填土及其下伏各地层的热物理参数,即密度、初始含水量、等效导热系数和等效容积热容量等;

②分别建立四类模型(单侧竖置、单侧斜置、双侧竖置、双侧斜置),并根据热物理参数划分各地层网络;

③将不含地温增量的边界温度函数作为上边界条件加载于路中,边坡与天然地表等路基边界上;

④设定计算的时间步长为10年并计算,将结果保存为路基的初始温度场;

⑤在建立的路基模型内添加等效金属杆的热棒模型,并判断在施工季节其是否处于工作状态,若是则将其导热系数赋于工作状态下的极高导值,否则将赋于非工作状态下的极低值;

⑥施加含气候变暖影响的温度边界条件,包括热棒冷凝段气温、表面等效换热系数、路中、边坡与天然地表的温度函数;

⑦设定计算的时间步长为5天,并开始计算,保存计算结果;

⑧调取计算结果内蒸发段下部0.5m范围内所有节点温度值,并取它们在时间步长最后时刻的平均值,同样提取冷凝段在最后时刻的平均值;

⑨判断蒸发段与冷凝段平均值的差值是否大于或等于热棒的启动温差(青藏高原应用热棒的启动温差为0.5~1℃,计算中取值为0.8℃),若是则将其材料属性修改为热棒在工作状态下的材料,否则将改为热棒非工作状态下的材料;

⑩返回第⑥步,直止设定的计算终止时间。

3. 计算结果分析

运用上述计算流程,模拟了热棒路基三年的工作效果,分析了热棒冬季的降温能力及路基内温度场的演化过程。分析结果如下:

①热棒每年冬季开始工作,工作周期为5个月左右,从每年10月上旬到次年3月中上旬。图6-91为热棒工作期间蒸发段与冷凝段的温差变化,热棒启动温差取0.8℃。由此可见,在其工作周期内,热棒并不是始终连续工作的,实际工作时间约为工作周期的2/3。当热棒蒸发段与冷凝段的温差超过启动温差,使其开始工作时,由于热棒极高的导热系数,使其两段温降很快,直止低于启动温差,使热棒停止工作,但随着外界气温变化及热棒周围冷量的进一步扩散,致使热棒两段温差超过启动温差,又开始工作。

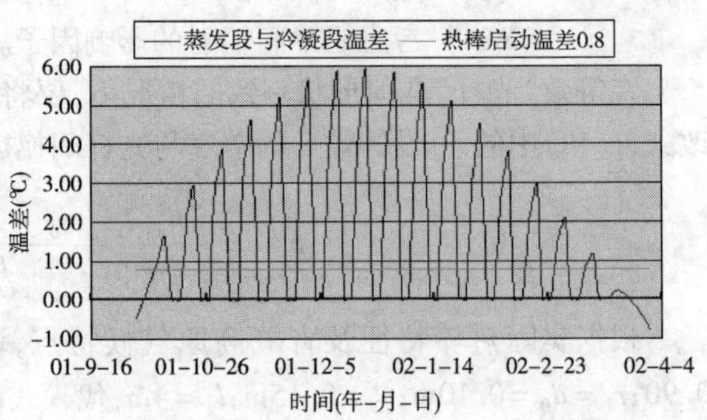

图6-91 热棒工作期间蒸发段与冷凝段的温差变化

②热棒实际工作功率 $Q=\frac{\Delta T}{R}$,与蒸发段和冷凝段的温差成正比。由图6-91知,随着热棒工作期间两端温差的变化,其实际工作功率也在不断变化。在热棒工作周期内热棒从土体带走的能量可用下式表达:

$$E=\int_{t_1}^{t_2} Q dt=\int_{t_1}^{t_2} \frac{\Delta T}{R}\cdot dt$$

式中:t_1——热棒开始工作时刻;

t_2——热棒停止工作时刻;

R——热棒总热阻,其在工作状态下为 $1.3836\times10^3\text{m}^2\cdot℃/\text{W}$,在非工作状态下为 509 55.4$\text{m}^2\cdot℃/\text{W}$;

ΔT——与时间相关的温差值。

对上式经过数值积分得出在热棒工作周期内传出地中的能量约为:1.997×10^3kJ,至此可知热棒年平均功率为551.18W。

③图6-92描述了热棒外壁土温沿深度的变化规律,0~1.5m深度为绝热段外壁土温。该段基本不受热棒内部传热影响,只受周围土体及路基边界温度的影响;1.5~7.5m深度为冷凝

段外壁土温。可以看出,在热棒工作期间,其冷凝段具有极高的等温性能。热棒从10月中上旬开始工作,其外壁土体温度主要受其从气温带入的冷量控制,随着气温的降低棒壁土体温度也逐步减小,直至12月中下旬降至最低达到-12.5℃,而此时热棒的工作功率也达到最大值(由图6-91中也可看出)。此后气温开始回升,虽然热棒仍然处于工作状态,但其两端温差缩小,功率降低,冷凝段棒壁土温也开始均匀回升,直至次年3月中旬热棒停止工作,此时棒壁土温达到(-10±0.5)℃。从3月中上旬至同年10月中上旬,热棒处于非工作状态,其外壁土温在周围土体及边界温度控制下,也逐步非均匀性回升,上部回升速度较快,下部回升速度较慢,至9月中下旬上下部土温均达到最大值。

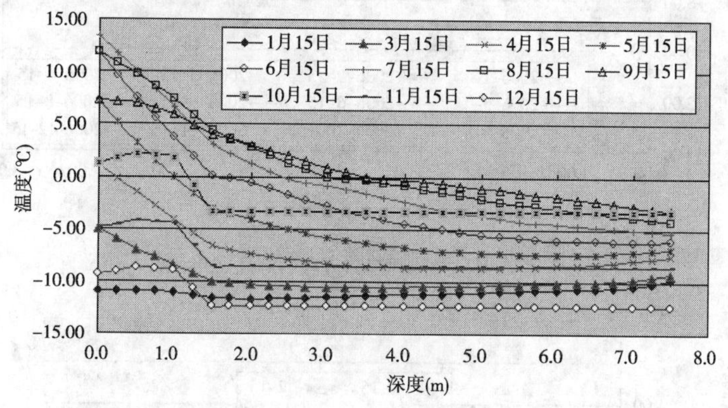

图6-92 热棒外壁土温沿深度的变化规律

④热棒的作用半径大小是热棒降温效果的主要表征之一。所谓热棒的作用半径是指热棒在工作期间所带入的外界冷量在地中所传递的最大距离。从温度的角度来说,是指热棒蒸发段周围的土体的温度梯度沿远离热棒方向开始出现零值或负值的范围;从热流的角度来说,是指在热棒工作期间,沿远离热棒方向,其周围土体中的热流全部为负值(流向热棒方向)的范围。显然热棒的作用半径与其蒸发段外壁面的温度及周围土体的导温系数(热扩散率)有关。因为含有相变,属于强非线性问题,因此求解该半径下的解析解几乎不太可能,但工程上需了解其数值范围。取热棒蒸发段中部水平截面来研究其作用半径。图6-93为沿远离热棒方向的温度变化。从图中可以看从10月15日至次年3月15日,热棒工作期,热棒蒸发段外壁与周围土体间温度变化较大,形成较大的温度梯度,其余时间的温度曲线则较平缓,其梯度变化较小,并且可以看出越远离热棒,其温度梯度越小。图6-94为沿远离热棒方向温度梯度的变化规律,显示所有时间的梯度曲线将沿远离热棒方向收敛于0,其值为7.6m,理论上这就是热棒最大作用半径。当然在工程应用中,用温度梯度为"0"作为热棒作用半径的控制标准显然是不合理的,有必要探讨热棒工作的有效影响范围。由图6-94可知,热棒在工作的不同季节均会出现一个温度梯度的最大值,并且随着热棒工作的深入,该最大值也在逐步远离热棒,到3月中旬热棒停止工作时,其出现的位置离热棒最远,即为2.25m。据此,可以进一步将图6-94分为两个部分,第一部分为0~2.25m范围内,为温度梯度的"振荡区";第二部分为2.25~8m范围内,为梯度变化"平缓区"。温度梯度在"振荡区"变化相当剧烈,可认为是热棒影响的主要范围,而"平缓区"温度及温度梯度变化相对较为平缓,主要是为平抑"振荡区"的振荡而引起的梯度渐变。因此,取"振荡区"范围2.25m作为热棒的有效作用半径,可以体现热棒的工

作强度和效果。需要指出的是热棒的作用半径是动态变化的,在不同的季节其作用半径是不同的,对于不同的冻土条件与不同功率的热棒其作用半径也是不同的。图6-95反映了热棒在工作期内最大作用半径及有效影响范围的变化规律。

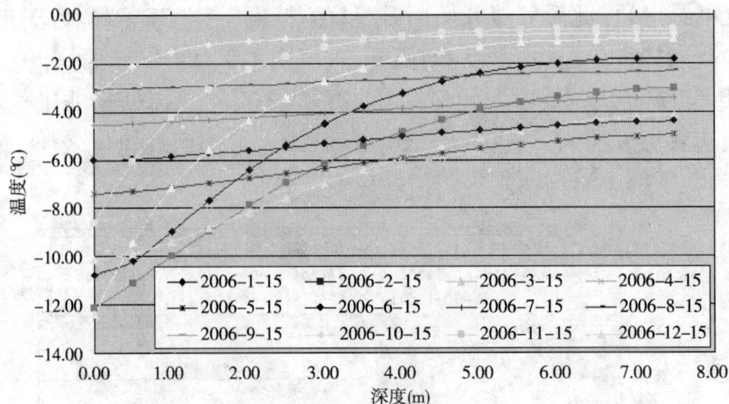

图6-93 沿远离热棒方向的温度变化

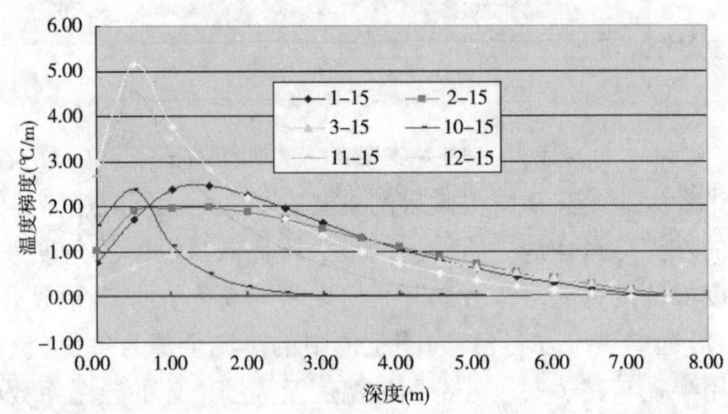

图6-94 沿远离热棒方向温度梯度的变化

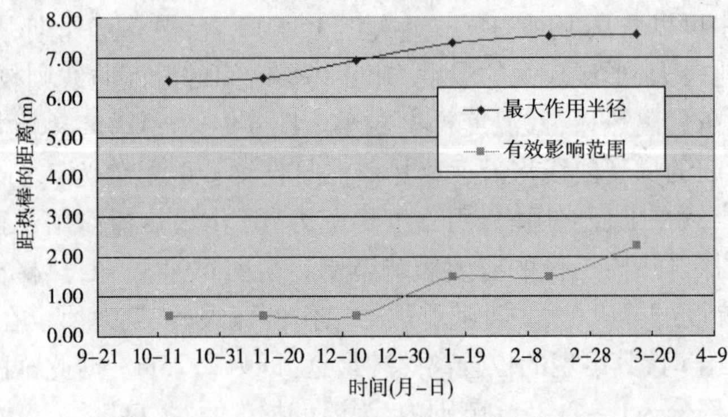

图6-95 热棒在工作期内最大作用半径及有效影响范围的变化

⑤图6-96~图6-99分别为单棒竖置,单棒斜置、双棒竖置及双棒斜置等不同的热棒埋设形式在热棒工作的不同季节所对应的路基温度场。从图中可以看出,在热棒埋设以后,明显改

变了路基温度场的分布特征,热棒工作期间其周围土体温度被大大降低。对于单向埋设的热棒路基,其内部温度场出现了明显的不对称性,埋设热棒的路基一侧温度场明显低于未埋设一侧的路基温度场,即便是在热棒不工作的 7 月份也一样。由此可知,热棒能明显地将冬季的冷量带入土体并储存,并且夏季的热量不会因为热棒而传入土体内。这对于有明显阴阳坡面影响的路段,为防止出现路基路面的侧向滑移及纵向裂缝将是十分有利的。对于双向热棒其冷却路基的效果则更加明显,热棒冷却的最大受益区域莫过于路面的下伏土体了,这一点也恰好符合设计热棒路基的初衷。另外对于斜置热棒,将有助于缓解路基温度场的不对称性,使冷量向路中方向流动,能更加有效地降低路面下伏土体温度。

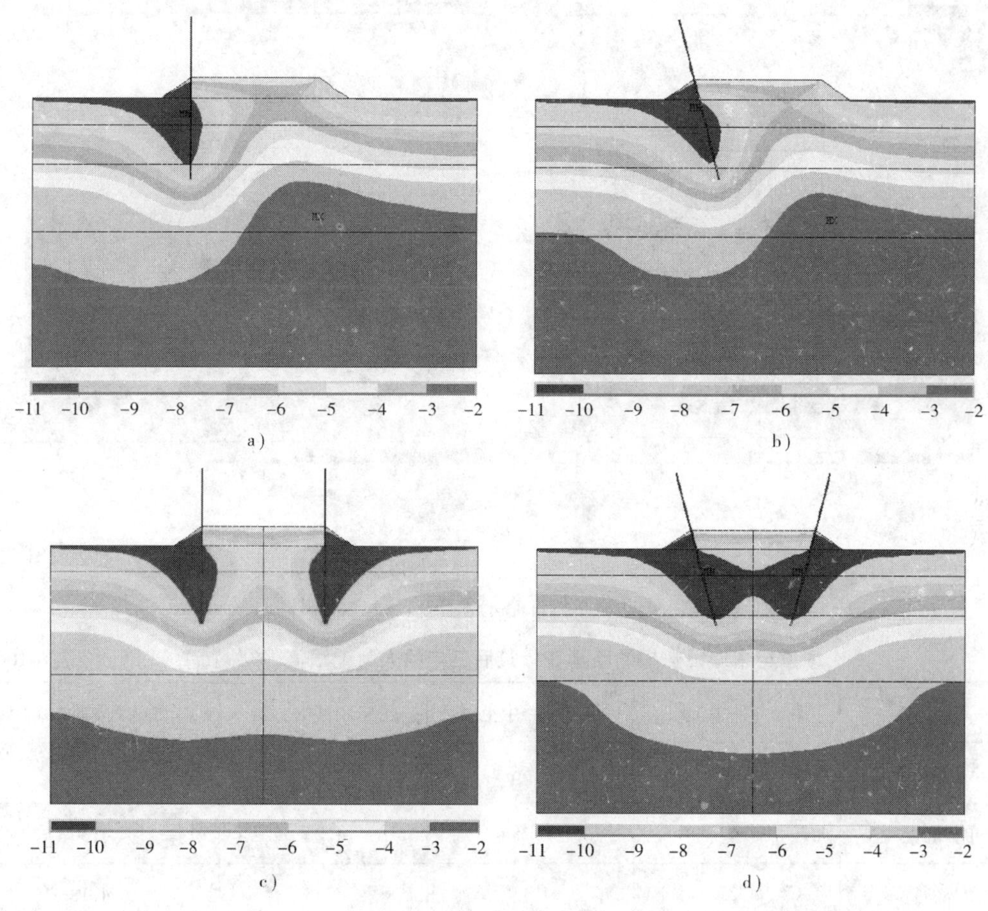

图 6-96　3 月 15 日路基温度场

a)单棒竖置;b)单棒斜置;c)双棒竖置;d)双棒斜置

⑥数值计算得出上述四种热棒埋设形式路基与未埋设热棒的路基的路中人为上限见表 6-16 所示,未埋置热棒路基的路中人为上限明显大于埋置热棒后所引起的路中人为上限。从图 6-100 也可以看出,设置热棒后人为上限是单棒大于双棒,竖置大于斜置。双棒斜置相对于未设热棒而言能有效抬升人为上限约为 1.8m,埋设热棒以后能有效削弱由于气候变暖而引起的人为上限变化。

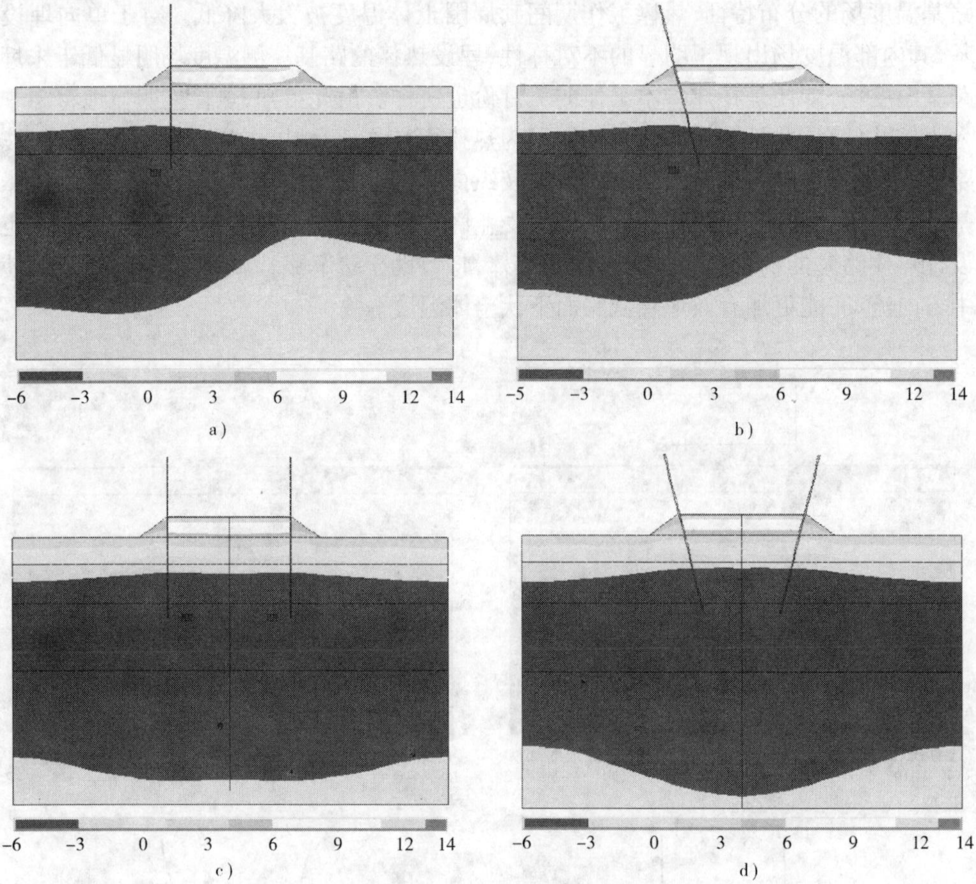

图 6-97　7 月 15 日路基温度场

a)单棒竖置;b)单棒斜置;c)双棒竖置;d)双棒斜置

埋设与未埋设热棒的路基在修筑后三年的人为上限值(单位:m)　　表 6-16

形　式	第一年路中上限	第二年路中上限	第三年路中上限	三年平均路中上限
未埋置热棒	5.50	5.56	5.62	5.56
单棒竖置	4.40	4.25	4.25	4.30
单棒斜置	4.25	4.15	4.15	4.18
双棒竖置	4.10	3.95	3.95	4.00
双棒斜置	3.85	3.75	3.75	3.78

⑦图 6-101 即为五种不同形式热棒路基的路中年平均地温随深度的变化规律。由此可知,埋设热棒以后能明显降低路基及下伏土体的年平均地温,并且还是双棒低于单棒,斜置低于竖置。对于未埋置热棒的路基随着深度的增大,其平均年地温也在逐渐降低,在一定的深度范围内,将趋向于一定值,也就是说年平均地温的最小值出现在计算范围

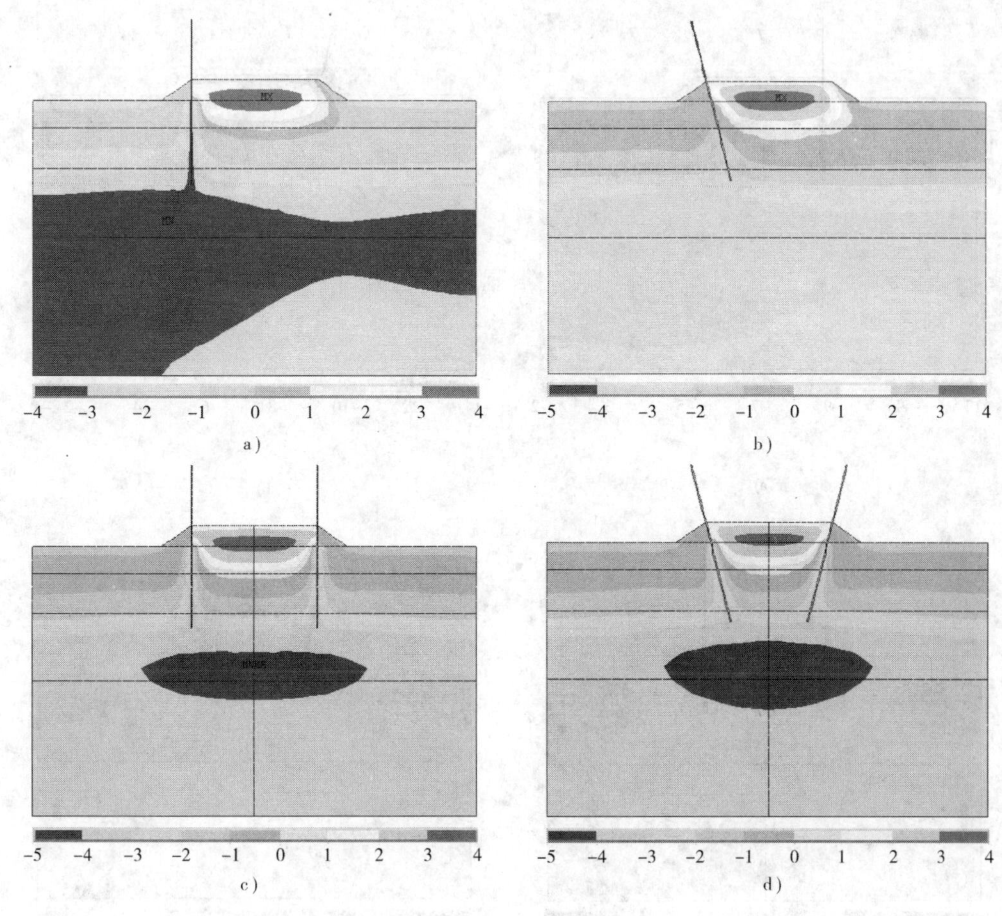

图 6-98 10 月 15 日路基温度场

a)单棒竖置;b)单棒斜置;c)双棒竖置;d)双棒斜置

内的最深处。然而在埋设热棒以后,这一情况则有所改变,不同热棒埋设形式都会或多或少的在热棒的埋置范围内使路中年平均地温出现"凹陷",即年平均地温的最(极)小值都会提前出现在热棒的作用范围内。这一点也能充分的证明热棒具有较强的"储冷"作用。

经过对未埋置热棒、单棒竖置、单棒斜置、双棒竖置与双棒斜置等五种不同的路基结构形式的影响结果进行比较,得知在路基埋置热棒以后能大大抬升路中人为上限,有效降低土体内的年平均地温,具有较强的"储冷"能力。因此,在中高温多年冻土区、冻土退化区应用热棒技术主动冷却路基,保持路基稳定性将是十分有效可靠的措施。从冷却效果上来说,双棒优于单棒,斜置优于竖置,但在实际应用中根据地温特点工程造价等斟情选择:第一,在施工条件允许并不损失热棒致冷效果的情况下应尽可能斜置热棒;第二,在极高温冻土区及冻土退化区应尽可能埋置双侧热棒,并保持适当的路基填土高度;第三,在中高温冻土区,如果人为上限较大,也可选用双侧热棒冷却路基,如果融化盘因阴阳坡的影响而偏移,应考虑在阳坡设置热棒。

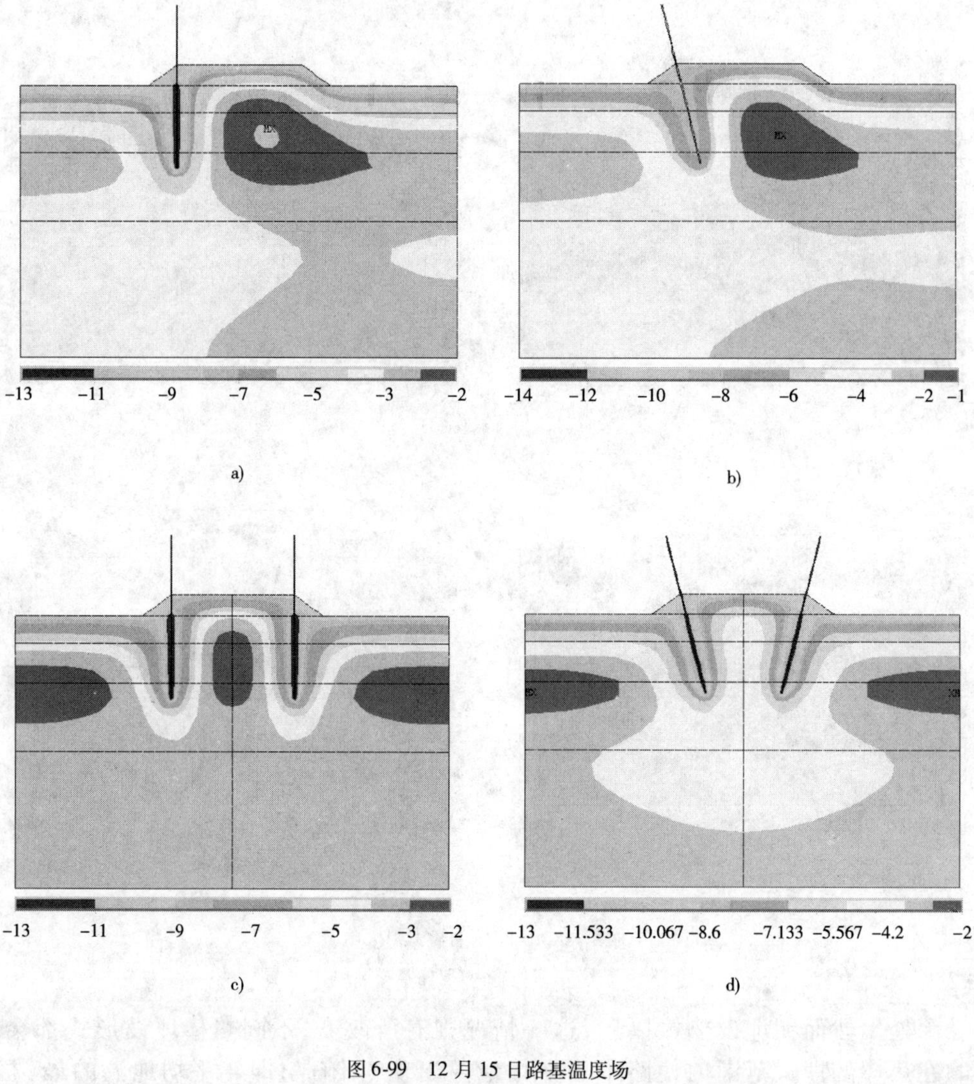

-13
-11
-9
-7
-5
-3
-2
a)
-14
-12
-10
-8
-6
-4
-2
-1
b)
-13
-11
-9
-7
-5
-3
-2
c)
-13
-11.533
-10.067
-8.6
-7.133
-5.567
-4.2
-2
d)

图 6-99　12 月 15 日路基温度场

a）单棒竖置；b）单棒斜置；c）双棒竖置；d）双棒斜置

6.00
5.50
5.00
4.50
4.00
3.50
3.00
人为上限(m)
1
2
3
时间(a)
未埋置热棒
单棒竖置
单棒斜置
双棒竖置
双棒斜置

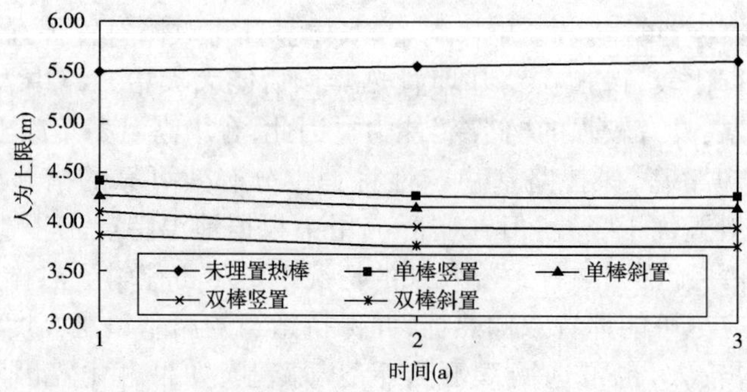

图 6-100　埋设与未埋设热棒的路基人为上限在修筑后三年内的变化

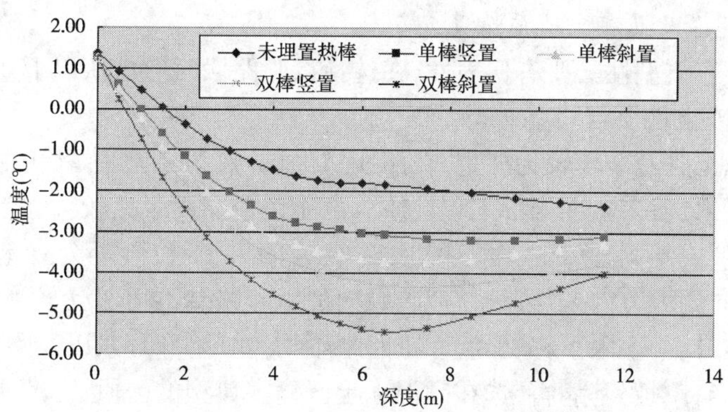

图 6-101　埋置与未埋置热棒的路基路中年平均地温随深度的变化规律

第四节　遮阳板路基

俄罗斯学者 kondratyev 提出在富冰冻土地段采用遮阳板遮蔽太阳直接辐射,加强路基稳定性的方法。美国学者 Esch 报道了阿拉斯加公路在路堤边坡上安装遮阳板来遮阳并挡雪的工程措施。在国内 2006 年建成的青藏铁路在风火山地区修筑了遮阳蓬路基试验工程。2003 年在青藏公路北麓河区段修筑了遮阳板试验工程。

一、遮阳板路基工程设计

1. 遮阳板路基主要工作机理

从传热理论上讲,遮阳板技术属于调控辐射的范畴,是一种积极主动的保护冻土的工程措施。在有明显阴阳坡面的路段,由于路基阴阳面的吸热不均,融化盘向阳面偏移,导致了路基纵向裂缝的发生,利用遮阳板路基能有效降低蓬下温度的这一特点,在路基吸热量较多的一侧设置遮阳板,如图 6-102 效果。一方面,它阻止了太阳对路基边坡的直接辐射,明显地减少了路基吸收的太阳辐射热,降低路堤的温度,以达到保护冻土路基的目的;另一方面,它避雨,切断了路基边坡的雨水补给,减少或阻隔了带有融化潜热的雨水下渗路基,减弱了因垂直渗流而加速下部冻结层融化的趋势。对于降低路基体温度,减少路基体下冻土的融化量,治理由于融化盘偏移引起的纵向裂缝严重路段起到非常好的作用,从而有效地保护并加强了多年冻土路基。

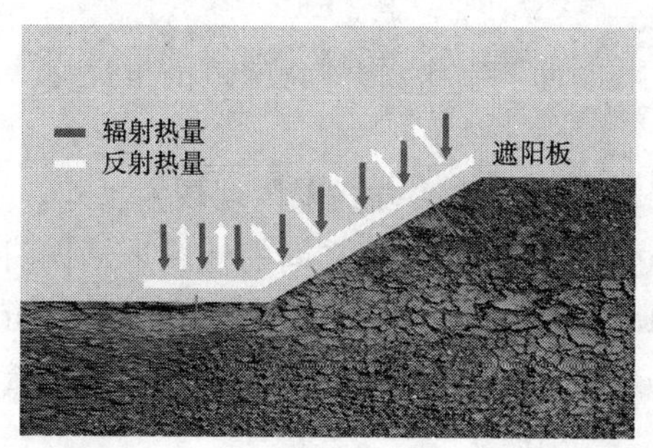

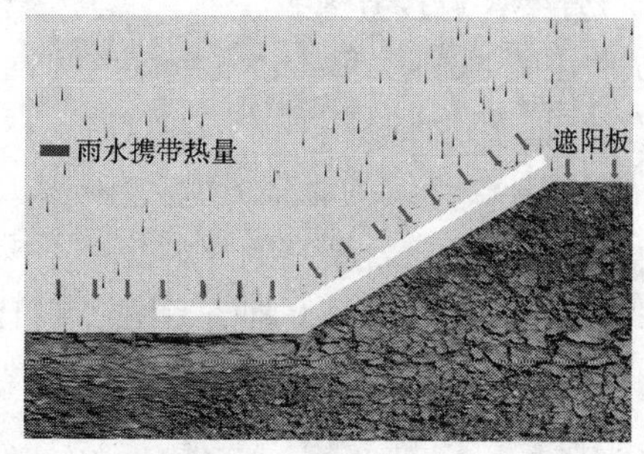

图 6-102　遮阳板作用机理效果图

2．试验路段选择及其冻土地质情况

试验路段既要有典型性又要有代表性，在选择试验路段时考虑从以下几点。

(1)试验路段冻土地质与路基病害

高温冻土区冻土路基破坏较为严重，在路线所经区域，表层具有季节性冻土的工程性质，底层为多年冻土层，具备多年冻土的工程性质。由于黑色路面吸热较大，路基下往往会形成融化盘，在路基断面形式不同，路基高度不同时，融化盘的大小、位置等会有差异，在有强烈阴阳面的区段，融化盘向阳坡方向偏移，较易产生纵向裂缝和路基不均匀沉陷。冻土区常年的热积累使多年冻土土体升温，上限下移，引起冻土路基不均匀沉陷和翻浆以及路基土体的热融滑塌等病害，试验段应当针对路基病害，选在高温冻土区病害典型的区段。

(2)试验路段路基走向方面

吸收太阳辐射热的强弱，既与接受面的大小有关，又与接受面的朝向有关。在同一区段，同样大小的接受面，朝向不同，吸收到太阳辐射热的多少差异较大，阳面较阴面吸热明显较多。由于高路基阴阳面吸收太阳辐射热差异明显，试验工程宜选在阴阳坡面强烈的东北至西南走向的路段。

青藏公路遮阳板路基试验工程选在了 K3057 +000 ~ K3057 +100 区段。

(3)试验段冻土、地质概况

试验段位于北麓河断险盆地和风火山中高山区过渡区，北麓河盆地南部，属北麓河冲、洪积高平原地貌。地势开阔，地形略有起伏，区域地表植被发育较好，覆盖率一般为 10% ~ 50%。属青藏高原干旱气候区，寒冷干旱，四季不明，平均海拔 4 700m，空气稀薄，气压较低，一年内冻结期长达 7 ~ 8 个月，蒸发量远大于降水量。根据北麓河自动气象站资料，试验段年平均气温为 -3.8℃，为连续多年冻土区，以饱冰冻土和含土冰层路段为主，年平均地温 -1.0 ~ -1.5℃，天然上限 1.5 ~ 2.8m，人为上限为 4.5 ~ 6.5m。

3．试验工程设计

(1)面板的选择

遮阳板面板选用不透光材料，用以更好的增强防辐射效果，同时面板应有较大的热阻，减少传导热传递。板材选择了柔性材料而非刚性材料，以利于抵抗不均匀沉降变形，同时面板要易于独立施工，易于稳固和加工。整个面板既要考虑其耐久性，又要考虑其经济性，在对市场进行调查的基础上，试验工程面板材料选用了平面尺寸为 122cm × 244 cm，厚度为 3mm 的双面铝塑板。

(2)骨架及连接方式

试验工程选用了 30mm × 30mm 的角钢进行遮阳板骨架制作，整体骨架依面板尺寸大小及铆固设计，骨架设计见图 6-103a)。

角钢骨架设计线为骨架成型后各棱、边的中线。骨架的连接方式采用现场依尺寸焊接，每个焊点应焊接良好，合格有效焊缝长度不少于 3cm 长。面板与骨架之间的连接采用铆钉铆接的方式，铆钉采用 Φ5mm 的抽芯铆钉，铆钉间距 20cm，图 6-103b) 为一块面板上的铆钉分布示意图。

(3)设置与锚固

遮阳板设置于 K3057 +000 到 K3057 +100 路基左侧边坡上，如图 6-104。

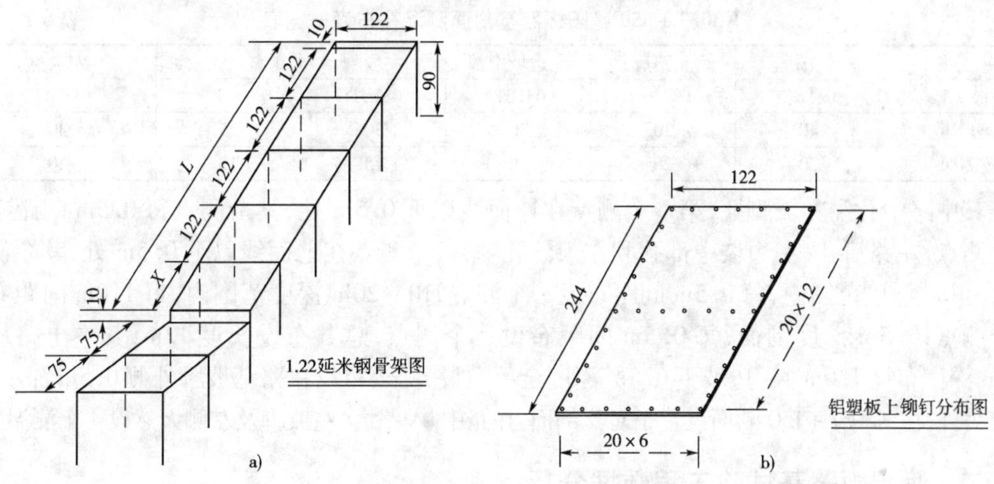

图 6-103　路基边坡遮阳板结构图(尺寸单位:cm)

a)路基边坡遮阳板钢骨架图;b)路基边坡遮阳板面板

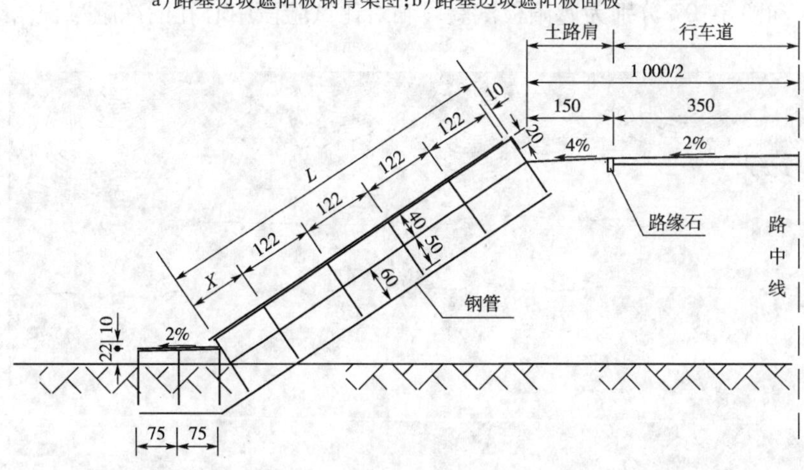

图 6-104　遮阳板路基横断面设计图(尺寸单位:cm)

遮阳板与坡面之间的距离为 40cm 左右,其中 K3057 + 000 断面坡长 5.5m,K3057 + 100 断面坡长 6.0m。考虑到高原空旷,风强度大,遮阳板作好后整体迎风面较大,受风力威胁严重的现实,设计时沿遮阳板纵向间距每 20m,在坡面下 60cm 深度处横向埋设如图 6-105 所示的 Φ40mm 的钢管,每道钢管上均匀布设 3 根 Φ8 的钢索,引出坡面用以锚固加固插入坡面的钢骨架。

(4)测试元器件设置

在遮阳板试验工程 K3057 + 050 断面的路中、左路肩、左边坡中间、左坡脚及左侧天然设 5 个测温孔,有效测深及测点数如表 6-17。

图 6-105　用钢索稳固遮阳板骨架

K3057 +050 遮阳板路基剖面测温孔布设一览表 表 6-17

孔 位	路中	左路肩	左边坡中部	左坡脚	0.5m 深剖面	左天然
探头号	03L8C	03L2F	03L3E	03L9D	S4L	03L4E
测点数	40	30	30	30	25	30
有效测深(m)	20	20	20	15	12	20

其中路中孔和左坡脚孔，第一个测点在地面线以下 0.5m 处，其余测点每 0.5m 间距布设一个测点；左路肩孔、左边坡中部孔和左天然孔，第一个测点在地面线以下 0.5m 处，其余测点为 0～10m 深度范围内，每 0.5m 间距布设一个测点，10～20m 深度范围内，每 1.0m 间距布设一个测点；0.5m 深度剖面，每 0.5m 间距布设一个测点，总共布设长度 12m，其中土路肩下 0.5m 深度布设 1.0m 长，边坡下 0.5m 深度全部布设，其余布设在路基坡脚外侧 0.5m 深度处。

另外，在 K3057 +150 断面设置了对比剖面，在路中、左路肩、左坡脚及左侧天然设 4 个测温孔。

二、遮阳板路基试验工程数据分析

1. 路基中心孔地温分析

图 6-106 和图 6-107 分别为遮阳板试验段和对比试验段中心孔的冻融过程曲线。

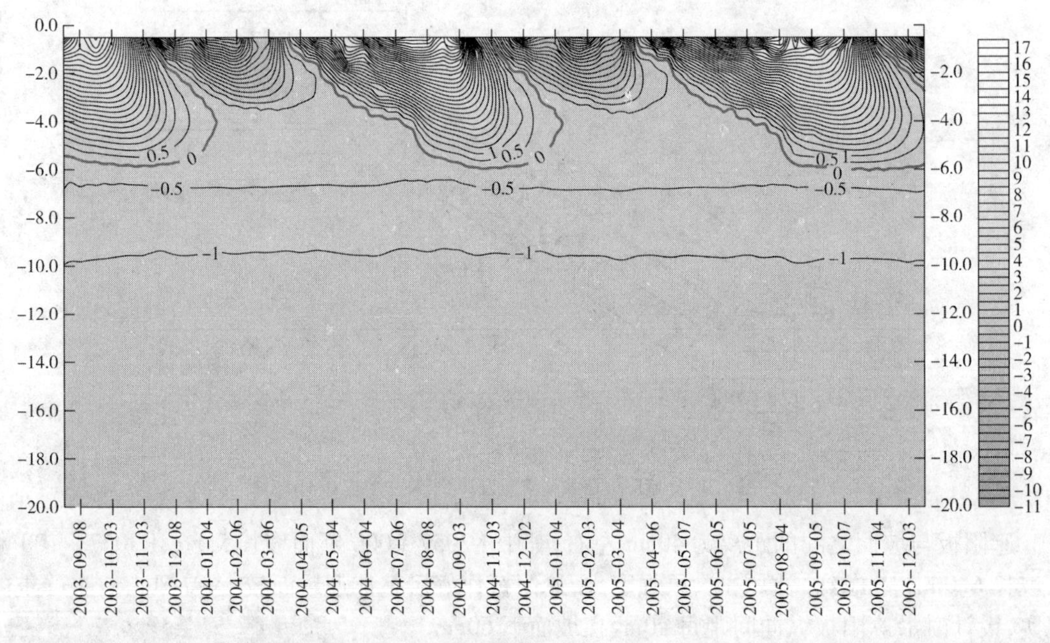

图 6-106 遮阳板段路中孔冻融过程曲线

从图 6-106 和图 6-107 看出，遮阳板路段中心孔在 2003 年到 2004 年第一个周期内观测的人为上限在路面高程下 5.8m，天然地表下约 2.2m 处，而对比断面中心孔人为上限在 6.0m，天然上限约 2.4m。到 2005 年底在又经过完整的一个周期后，遮阳板试验段人为上限在天然地表下 2.4m，而对比断面的人为上限在天然地表下 2.8m 处，遮阳板断面人为上限下降 0.2m，对比断面人为上限下降 0.4m，遮阳板段下降量明显较小。冻融过程等温曲线图总体趋势相似，但遮阳板断面活动层负温期相对较长，且活动层下冻土温度也相对较低，温度梯度大。无疑遮阳板断面有利于保护路基下深层冻土稳定。

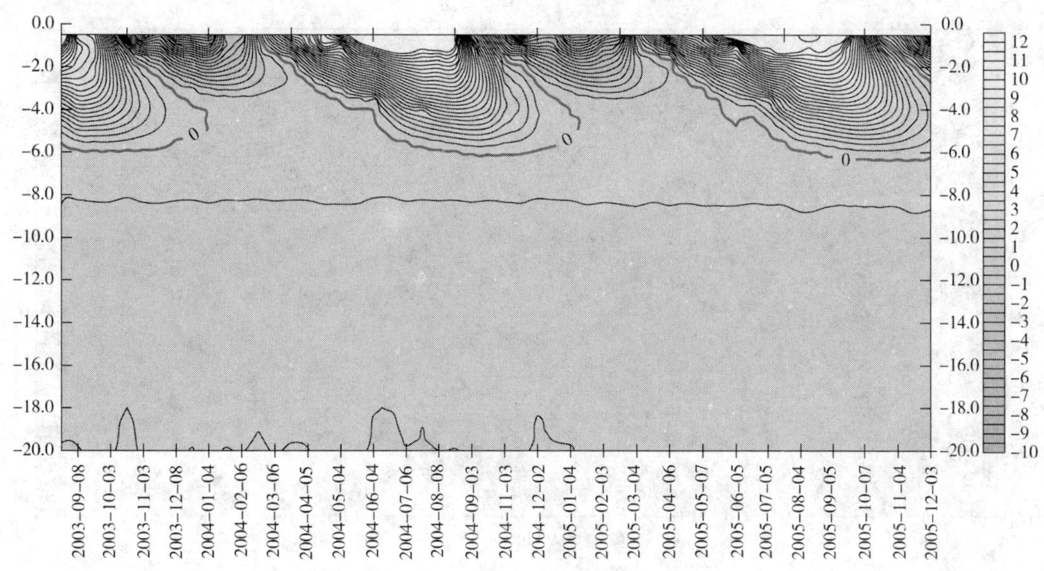

图 6-107 对比断面路中孔冻融过程曲线

2. 左路肩孔地温分析

图 6-108 和图 6-109 为试验段两个对比断面的左路肩(阳面)的冻融过程。从图中可以看出,遮阳板段左路肩人为上限为 6.12m,对比断面的人为上限为 6.73 m,二者相差 0.6m 左右。图 6-110 所示为人为上限以下年均温度比较曲线,可以看出遮阳板断面同深度地温要比对比断面低 0.2 ~ 0.6℃。由此可见,遮阳板在高温高含冰量冻土区具有明显的降低地温、保护冻土的作用。

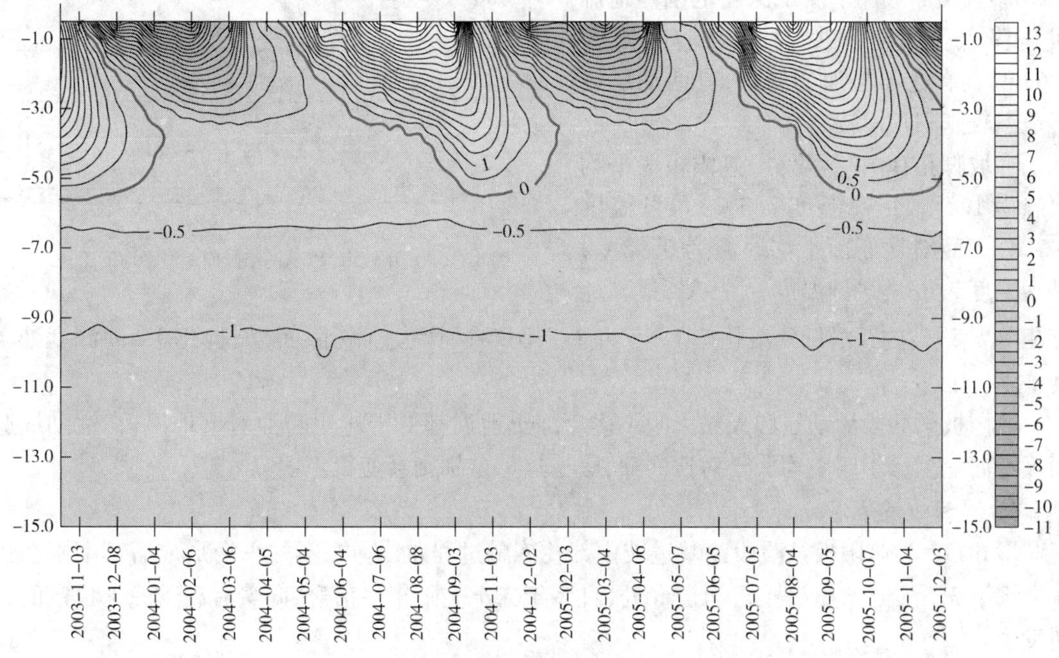

图 6-108 遮阳板段左路肩孔冻融过程曲线

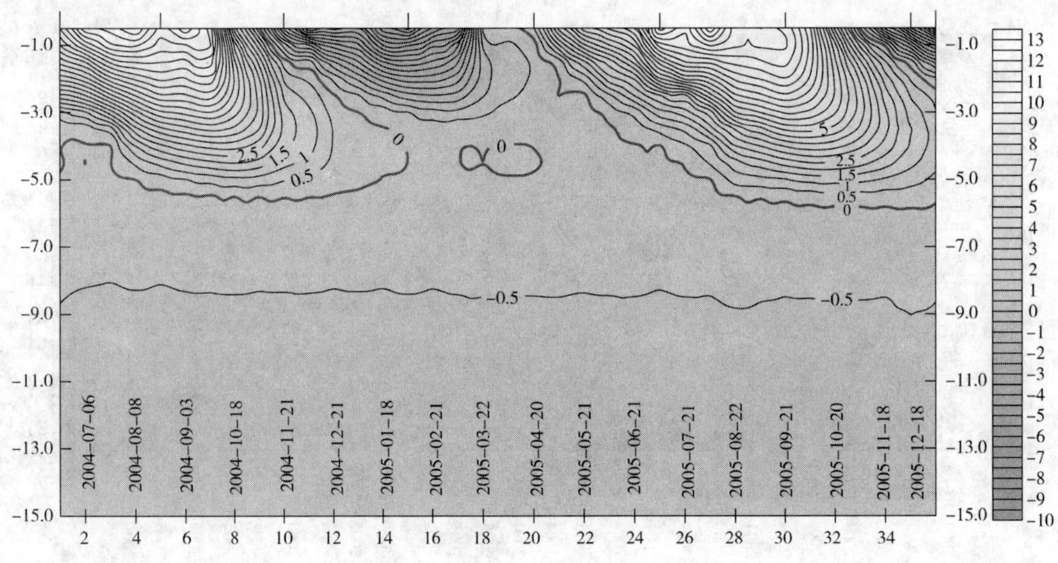

图 6-109　对比断面左路肩孔冻融过程曲线

3. 左坡脚孔冻融过程

图 6-111 和图 6-112 为试验段两个对比断面的左坡脚(阳面)的冻融过程。在遮阳板工程措施实施后第一个半年期人为上限为地面线以下约 2.4m,在逐渐稳定后两年的观测数据显示,人为上限抬升至 1.25m,且阳面坡脚下测试深度范围内地温明显降低。而对比断面人为上限则在 2.63m,且有逐年加深的趋势,且活动层以下地温较遮阳板段较高。

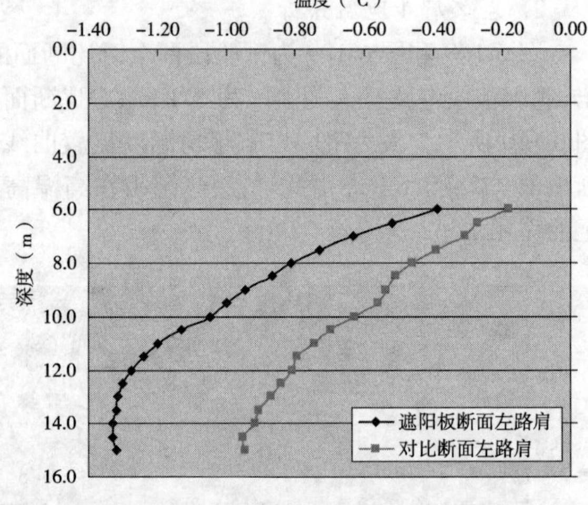

图 6-110　6.0m 深度以下两个断面地温平均值比较

在坡脚孔 0.5m 深度处,遮阳板段平均地温为-1.8℃,最高温度 2.3℃,最低温度 -7.4℃,而对比断面平均地温为 0.98℃,最高温度 7.8℃,最低温度 -5.9℃,最高地温相差 5.5℃左右,最低地温相差 1.5℃左右。图 6-113 为左侧(阳面)坡脚孔 0.5m 深度处温度-时间曲线。

遮阳板试验段活动层和天然上限下多年冻土地温都低于对比断面对应地温,在活动层遮阳板断面地温一年四季均低于对比断面,暖季这种差别则会变得更明显。

4. 阳面边坡地温分析

图 6-114 为遮阳板试验段路基边坡中部孔冻融过程曲线。在新的平衡形成后其上限在边坡中部下 3.5m 处,地面线以下 1.7m 处,且多年冻土上限年在抬升,向着有利于冻土稳定的方向发展。

在阳面边坡坡面下 0.5m 深度处采集到坡面下该深度地温,在 11 月至来年 6 月第一个半

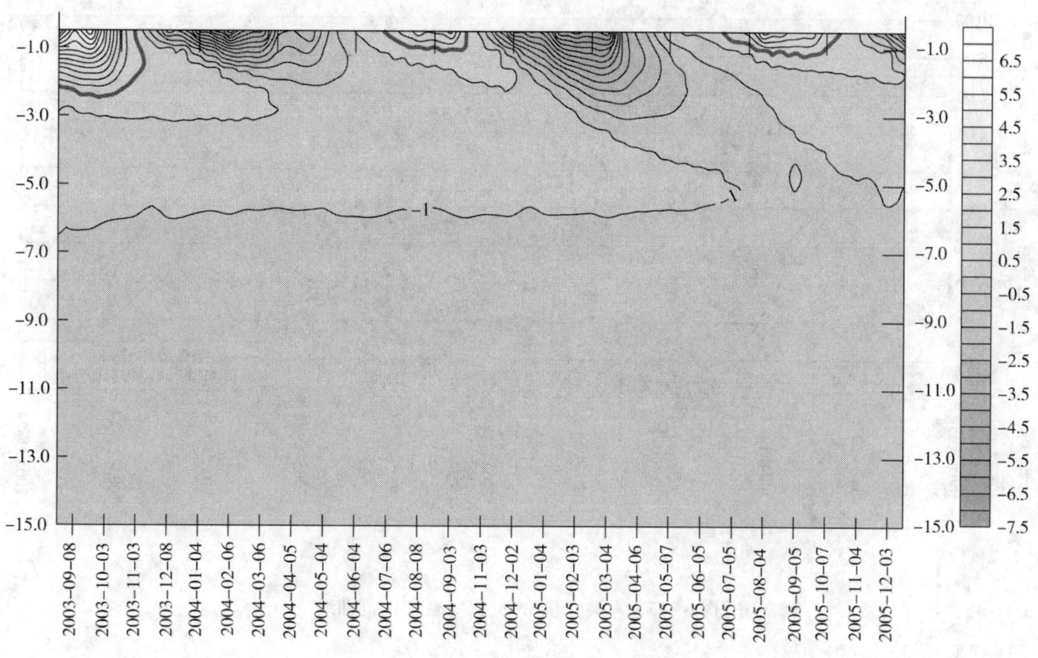

图6-111　遮阳板段左坡脚孔冻融过程曲线

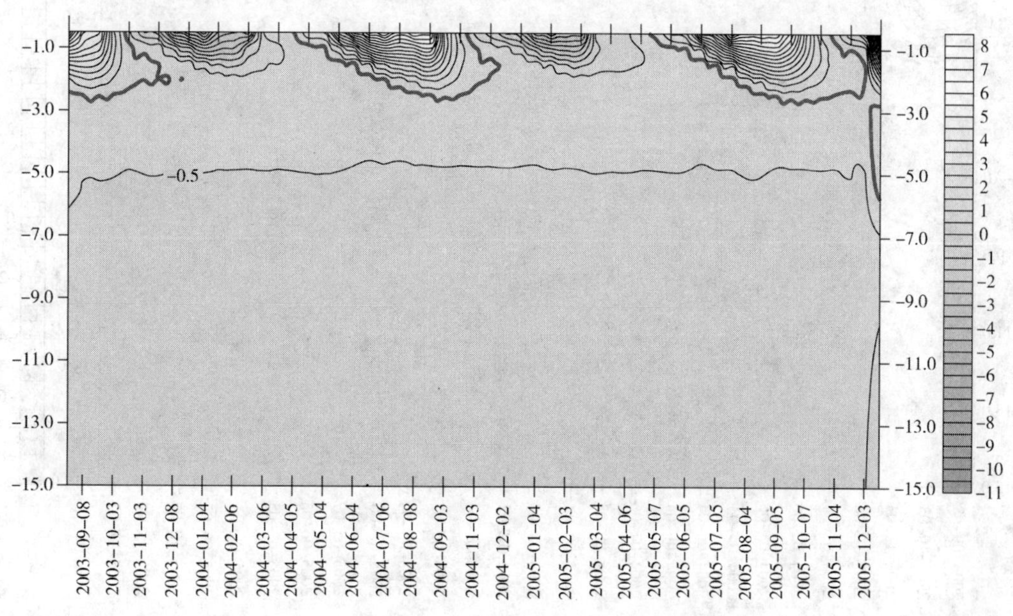

图6-112　对比断面左坡脚孔冻融过程曲线

年寒季观测周期内，遮阳板的效果已十分明显，在遮阳板内边坡平均温度比板外对比观测断面对应温度要低4℃左右，图6-115为路基边坡下0.5m深度有无遮阳板地温平均值比较图。暖季观测数据表明，遮阳板的应用效果更加明显，遮阳板内地面平均温度比板外会低出8℃

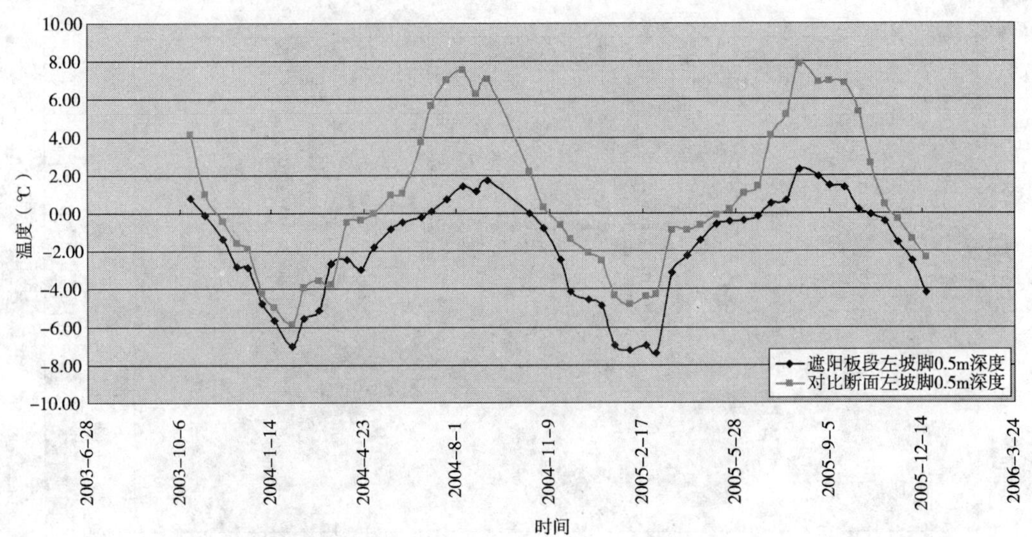

图 6-113　左坡脚孔 0.5m 深度温度-时间曲线

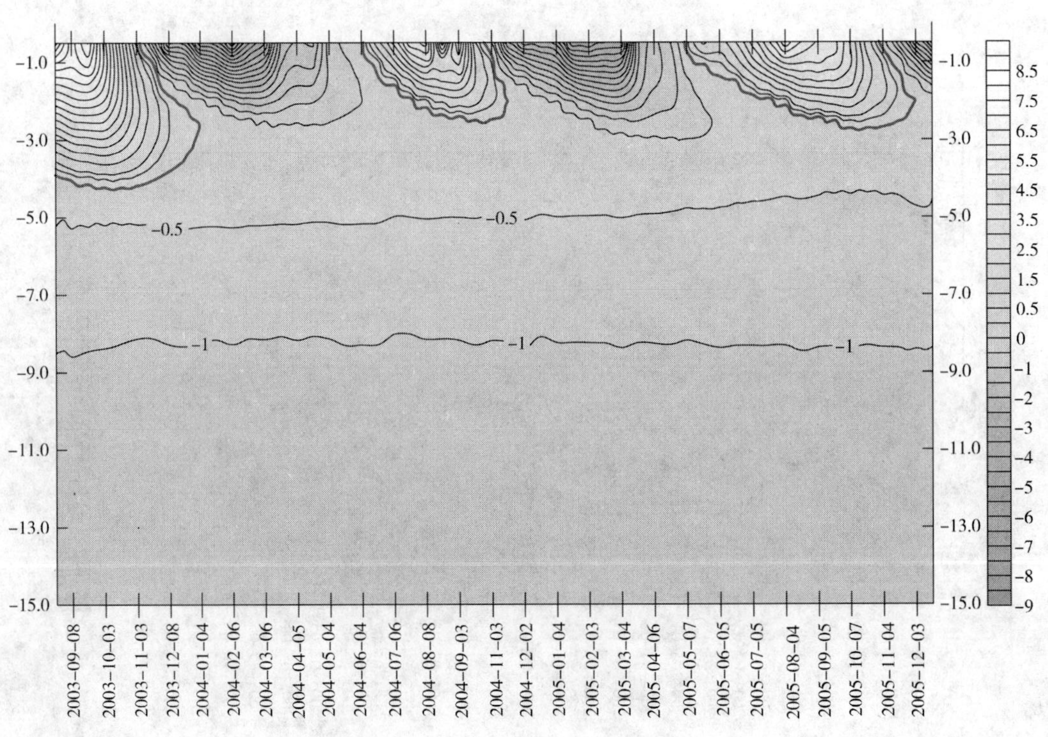

图 6-114　遮阳板段边坡中心孔冻融过程曲线

左右。

表 6-18 为有无遮阳板观测断面 2003 年与 2004 年冻土上限对比表，从中可以发现，无遮阳板观测断面的上限在下降，有遮阳板观测断面的冻土上限在抬升。

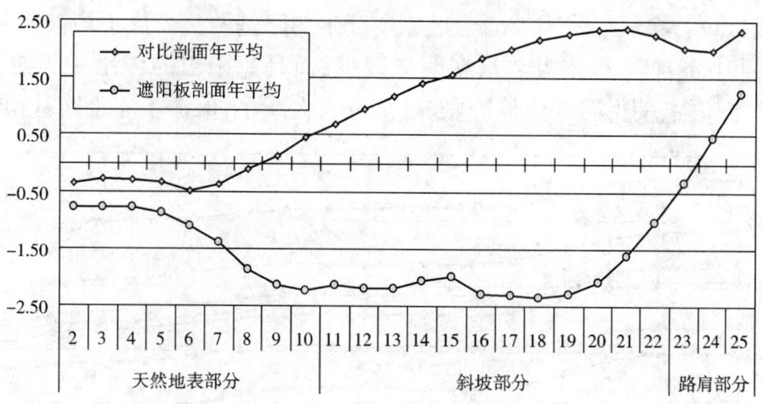

图 6-115　边坡下 0.5m 深度有无遮阳板地温平均值

路基土体最大融深及上限变化值

表 6-18

测温孔位置	2003 年上限(m)		2004 年上限(m)		普通路基段上限变化值(m)	遮阳板段上限变化值(m)
	对比路段	遮阳板段	对比路段	遮阳板段		
左坡脚	-2.5	-2.4	-2.5	-1.2	0	1.2
左路肩	-3.7	-4.3	-3.8	-4.1	-0.1	0.2
中心孔	-2.4	-2.2	-2.5	-2.0	-0.1	0.2

5. 路基变形分析

路基变形主要由以下几个部分组成:路基土体自身的压密变形;部分土体在冻结过程中发生的冻胀变形;路基基底下部多年冻土融化部分产生的融沉变形、融化后压密变形。变形监测在两个断面同时进行,遮阳板断面选在 K3057 + 080 断面,沿横断面布设 20 个测点,水准点设置在路基外侧;对比断面选在 K3057 + 180 断面,同样布设监测点,水准点取同一水准点。图 6-116 和图 6-117 为研究断面近两年的变形图,各点变形量虽然均很小,但变形主要表现为沉降变形,并且一直处于下沉阶段,特别是对比路基。在下沉变形过程中遮阳板护坡试验段路基下沉速度较对比断面平缓,下沉量也相对小得多。其差异主要原因是有遮阳板的作用,路基土

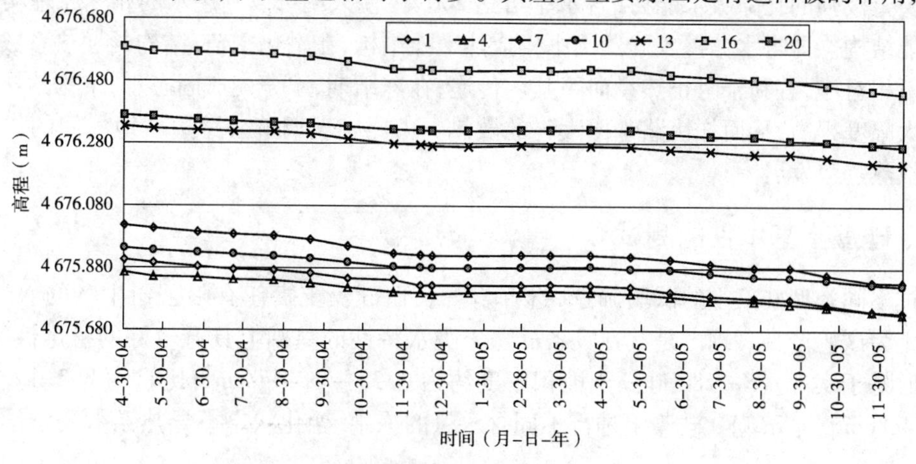

图 6-116　遮阳板段路基变形

体吸收太阳辐射热大大减少，阴阳坡面明显原本产生的路基两侧吸热不均被显著改善，向阳面上限有了较大回升，这个路基体吸热量在明显减少，而且遮阳板的作用一年四季是持续积极的，减小了地温年振幅，使得路基土体冻胀、融沉量大大减小，保护了冻土路基稳定。

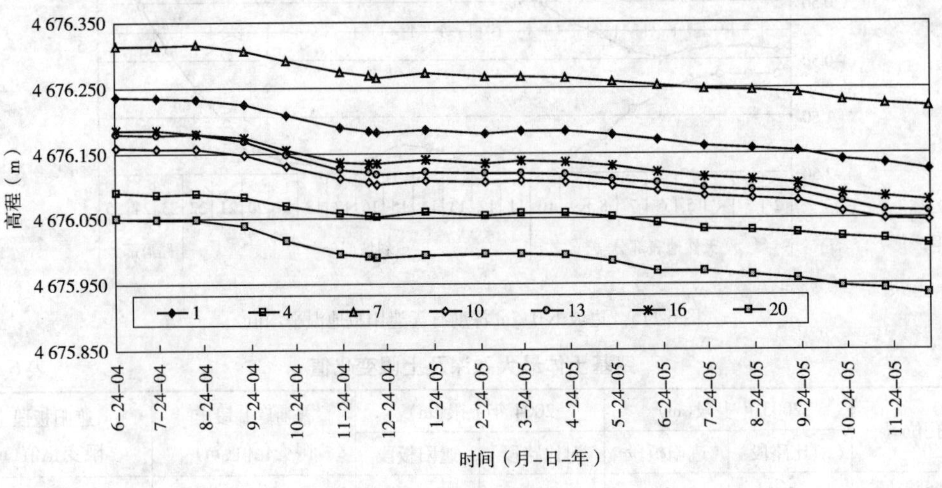

图 6-117　对比断面路基变形

第五节　硅藻土护道

一、硅藻土保护多年冻土的工作原理

硅藻土是以单细胞水生物植物硅藻遗骸为主的一种生物沉积岩，主要化学成分是 SiO2，还有少量的 Al_2O_3、Fe_2O_3、CaO、MgO 等。硅藻土具有多孔性、低密度、大比表面积、惰性化学成分，并具有相对的不可压缩性。硅藻土经过干燥、粉碎、分选、煅烧、再分级，以改变颗粒的形态，匹配颗粒粒径，提纯表面性质以适应过滤及填充需要。

硅藻土极强的孔隙吸水能力（含水率可达 200%）使人们可以利用水的相变原理实现其变导热性能结构。即将水分掺入硅藻土中构成热交换结构，在融化季节，结构的导热系数在液态水状态下相对小，有利于阻止热量向路基内传递；在冻结期，水分变成固态水，结构的导热系数会得到大幅度提高，从而加快路基向大气的散热。由此实现调节公路边坡地气间的热交换向着路基散热趋势发展。

二、硅藻土基本性能测试

通过不同类型硅藻土的试验筛选，选择吉林长白硅藻土责任有限公司生产的 No. 180 粗粒硅藻土为试验产品。理由是其在具备硅藻土吸水特性的基础上具有较好的稳定性，以便实际应用时易于实现。No. 180 硅藻土堆积密度约为 0. 35 ~ 0. 43g/cm^3，比重约为 2. 1。对干密度为 0. 4g/cm^3 的 No. 180 硅藻土进行不同含水量的冻结、融化状态下导热系数测定结果见表 6-19。

试验结果表明，含水率越大，硅藻土在冻结和融化状态下的导热系数差异就越大。含水率大于140%(饱和度达到70%以上)时,冻结和融化状态下导热系数的差异,就可以满足保持进入土层热收支平衡的要求。

硅藻土导热系数测定结果　　表6-19

含水率(%)		60	100	140	180	208
饱和度(%)		30	50	70	90	100
导热系数(W/m·K)	冻结	0.26	0.53	0.76	1.08	2.33
	融化	0.24	0.35	0.46	0.44	0.78
导热系数比		1.08	1.51	1.66	2.47	2.98

在实际运用中还需要了解硅藻土的蒸发失水性能。为此,分别对兰州黄土、兰州砂土、硅藻土、硅藻土上覆盖2cm厚砂土、硅藻土上覆盖海绵等5种结构的蒸发失水率的试验。试验结果见表6-20。可见,在无补水条件下,兰州黄土、兰州砂土的失水都较快,单纯硅藻土的失水次之。在硅藻土表层覆盖有砂土和海绵的情况下,失水速度明显降低,对于海绵盖层,最初失水较慢,而后逐渐增快,而砂土盖层下的硅藻土失水在相对长的时期内效果最佳。另一方面,砂土盖层在实际运用中易于实现,也有利于维持硅藻土结构层的稳定性。因此,选择有砂土盖层的硅藻土结构为变导热性能结构作为保护多年冻土的措施。

蒸发失水率测试结果　　表6-20

历时天数	失　水　率(%)				
	兰州黄土	兰州砂土	硅藻土	硅藻土+砂土	硅藻土+海绵
1	19.6	22.5	7.4	9.8	3.0
2	46.7	33.8	20.5	17.7	9.0
3	64.6	43.1	33.1	23.2	14.2
4	74.3	49.7	43.5	28.0	20.0
5	79.8	54.5	47.7	32.3	25.2
6	82.7	57.6	50.5	36.3	30.6
7	84.8	61.1	52.9	40.2	36.2
8	86.3	64.1	54.7	43.8	41.3
9	87.7	65.2	56.1	46.1	45.5
10	88.7	67.1	57.2	48.4	50.1
11	89.6	69.0	58.2	51.1	54.6
11	90.4	71.2	60.7	55.0	60.2

三、试验工程

1. 试验工程场地概况

试验工程选择214国道红土坡路北测上坡段的K391+000~K391+120范围。该路段公路沿着缓山坡铺设,公路走向SW10°。左侧山坡植被发育,覆盖率70%;右侧向河谷延伸,潮湿,覆盖率40%。左侧路基高度2.5m,右侧路基高度3.5m(新建路基在原老路基上加厚0.5m,图6-118)。

路段内地质条件较单一，地表下0.4m碎石亚砂土下部为0.8m厚的碎石土层，其下为青灰色、灰黑色强风化页岩。页岩裂隙中常见冰晶，冰晶颗粒粗大。整体含冰量约10%～20%，局部见冰层。富含冰深度多处于6.0m左右，属于多冰、富冰冻土路段。页岩融化后变软，成潮湿软塑状。

图6-118 硅藻土护坡试验段

多年冻土天然上限约为2.4m，路基下人为上限近8.0m，多年冻土年平均地温为-0.9℃，属于高温不稳定冻土。

2. *硅藻土护坡措施设计*

硅藻土护坡试验段布设在214国道里程K391+070～K391+120之间，累计50m长，路基两侧均采用0.4m厚硅藻土护坡。原方案是把硅藻土直接铺设在路基边坡坡面，但由于硅藻土密度较小，易于被风等外界自然和人为因素破坏。在实施试验工程的过程中，考虑到铺设完毕后硅藻土的稳定性，采用草袋子装好硅藻土后铺在路基的边坡上，然后再用0.1m的砂土覆盖的方案(图6-119、图6-120)。

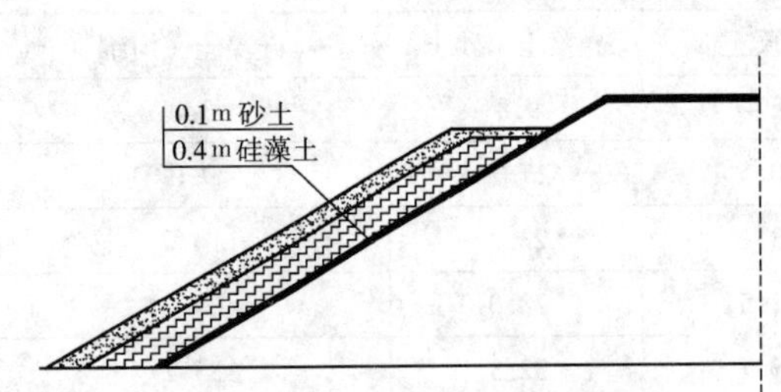

图6-119 硅藻土护坡施工设计图

图6-120 硅藻土护坡

在试验段内，共布设两个监测断面K391+085和K391+100。为了检验硅藻土在工程实际应用中的护坡效果，一方面在距离硅藻土护坡试验段不远处(约20m)的K391+050布设了没有采用措施的对比监测断面；另一方面在距离K391+085试验断面左坡脚约5m的天然地面设置了一个天然地温监测孔。

监测断面的分布位置参见表6-21和图6-121。

硅藻土观测断面位置一览 表6-21

里程范围	措施	观测断面	备注
K391+000～K391+070	—	K391+050	K391+050断面为没有采取护坡措施的对比断面
K391+070～K391+120	硅藻土护坡	K391+085 K391+100	

各监测断面的监测内容相同，每个断面布设4个监测孔，分别是：左坡脚孔，左路肩孔，路

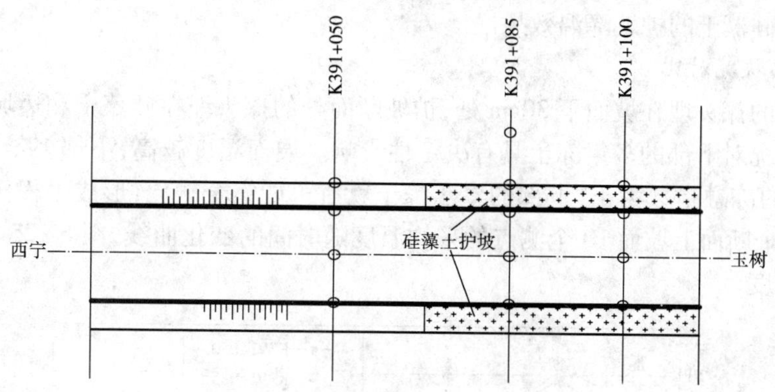

图 6-121　硅藻土试验断面沿着 214 国道的分布位置图

基中心孔和右路肩孔（见图 6-122）。另外，在 K391 +085 试验断面设置了一个天然地温监测孔，并在各监测断面还布设了左坡面温度监测线（图 6-123），监测线埋在坡面下 30cm，坡面上的探头也采用等间距布设，每个坡面 10 个测点。

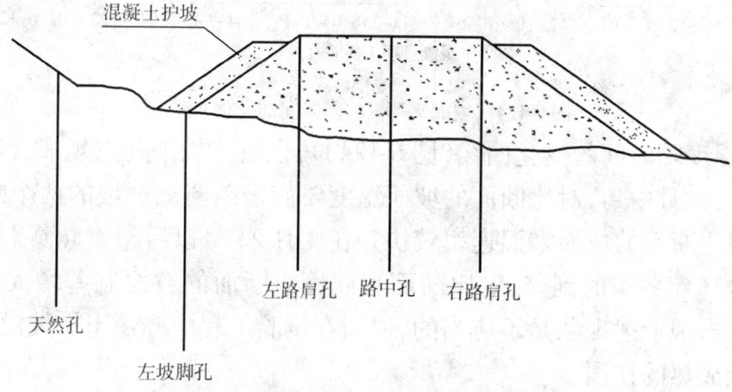

图 6-122　K391 +085 试验断面测温孔分布位置示意图

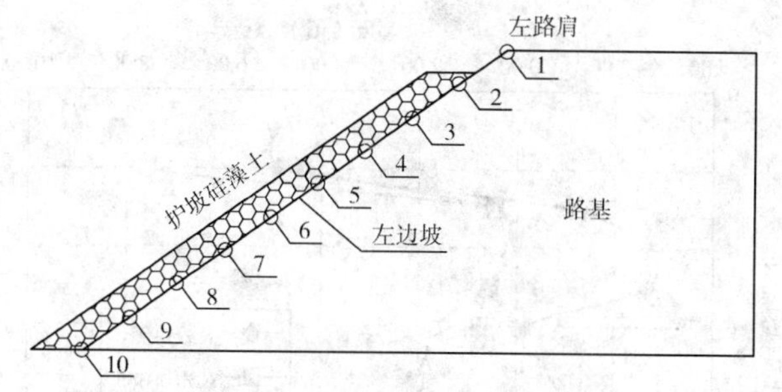

图 6-123　监测断面坡面温度监测示意图

四、硅藻土在红土坡试验段的护坡降温效果分析

由于各种原因造成各观测断面的测温资料均不到一个周期，这给资料分析带来了一定的难度。但是从相同的时间段上去比较采用硅藻土护坡和没有采用硅藻土护坡的监测断面仍然

可以定性分析硅藻土的护坡降温效果

1. 坡面热状况对比

对比断面的探头埋在坡面下 30cm 处，护坡断面处的探头埋在硅藻土和边坡的交界面上。坡面的温度状况对下部的多年冻土具有决定性影响。坡面温度越高，下部多年冻土的升温就越明显；坡面的冻融指数为正，下部的多年冻土就有可能完全融化，形成工程作用下的融区。图 6-124 为三个断面上坡面 10 个测点的平均温度随时间的变化曲线，图 6-125 为坡面上不同测点的平均温度。

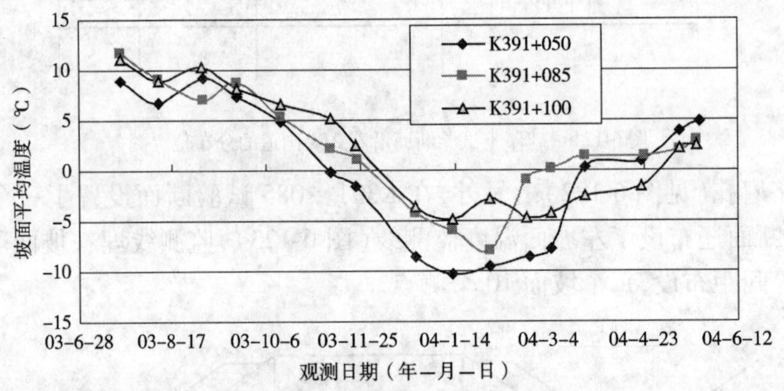

图 6-124　坡面平均温度随时间的变化曲线

从坡面平均温度随时间的变化曲线（图 6-124）可以看出以下几点规律：(1)在试验段观测初期直到第二年的三月中旬，对比断面的坡面温度要低于硅藻土护坡的两个断面；(2)第二年三月中旬以后，对比断面的坡面增温速率较快并在 4 月 23 号以后超过硅藻土护坡断面的坡面温度；(3)随着 2003 年冬季的到来，对比断面和硅藻土断面的坡面温差增大。根据对硅藻土护坡原理的分析，出现上述现象是不应当的，说明在试验工程中硅藻土护坡没有发挥出夏季阻热、冬季促进冻土放热的作用。

对比坡面上不同点位在观测期内的平均温度（图 6-125）可以发现，除个别点外，对比断面的平均温度均高于硅藻土护坡断面的平均温度。

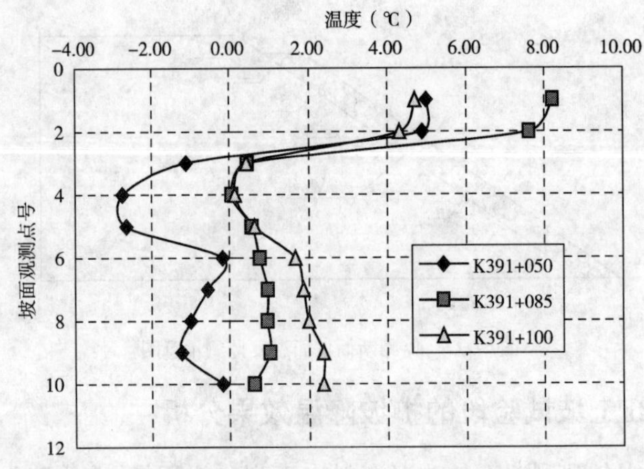

图 6-125　坡面上不同测点的平均温度比较

上述分析表明，从坡面的热状况变化规律看不出硅藻土在夏季和冬季的热二极管作用，硅藻土也没有起到护坡降温作用。

2．坡脚孔的热状况对比

(1)同一观测日期的坡脚孔温度对比。观测日期为2004年4月22号。三个断面坡脚孔在这一日的地温对比如图6-126。

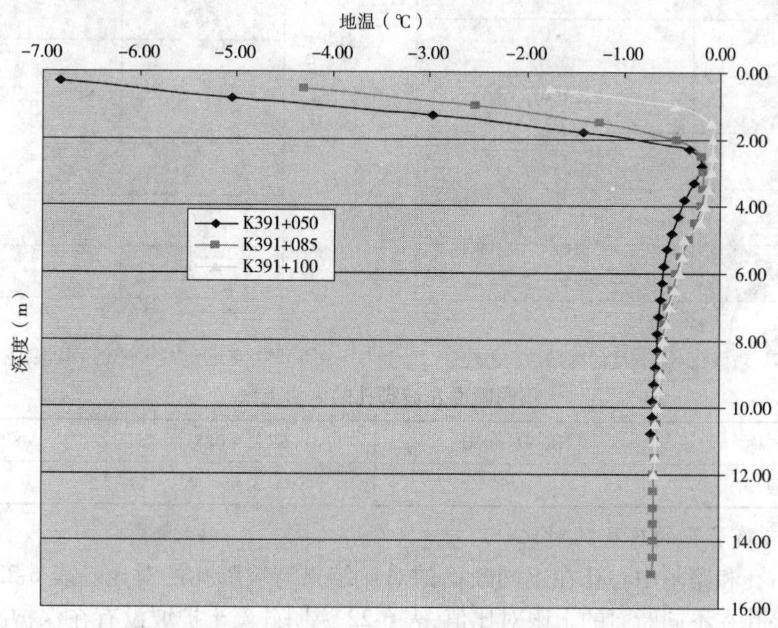

图6-126　三个断面坡脚孔2004年2月22日的温度对比

由图6-126可知，在2.5～8m间的地温，对比断面的温度比硅藻土护坡断面的温度低。

(2)观测期内，坡脚孔不同深度测点的冻融指数比较。图6-127为坡脚孔不同深度的冻融指数比较。

图6-127表明，孔深7m以下，三个断面的冻结指数基本相同；但是，在7m以上，对比断面坡脚测温孔的冻结指数要大于硅藻土护坡断面的冻结指数，而且在3.5m以上，硅藻土护坡断面的冻融指数为正。这也就意味着硅藻土护坡表面在观测期内的积温为正值，说明硅藻土护坡段多年冻土在观测期内所吸收的热量大于对比断面。

(3)观测期内，不同深度测点的平均温度比较。图6-128为坡脚孔在观测期内不同测点的平均温度随深度的变化曲线。图6-128表明，对比断面的平均温度低于护坡断面坡脚孔的温度。

(4)路基左坡脚人为上限对比。表6-22给出了不同断面左坡脚孔的人为上限。根据在硅藻土试验段天然地面的观测，该地区的天然上限为2.38m。随着路基的修建，路基左坡脚的上限下降，对比断面(K391+050)的人为上限为2.66m，而K391+085、K391+100两个护坡断面的上限分别为3.88m和4.21m。说明硅藻土护坡并没有在保护冻土中发挥应有的作用。

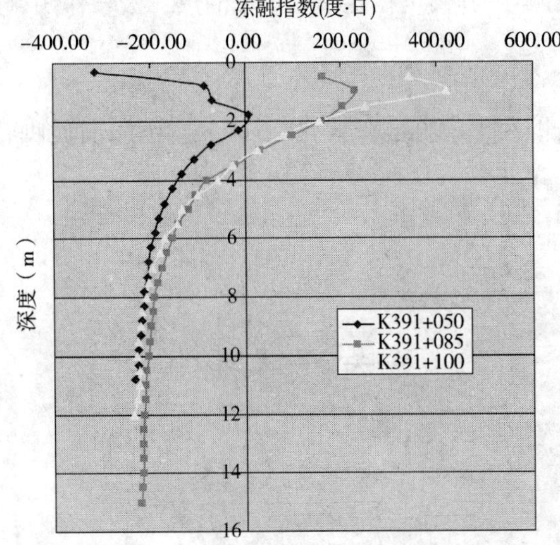

图 6-127　坡脚孔不同深度的冻融指数比较

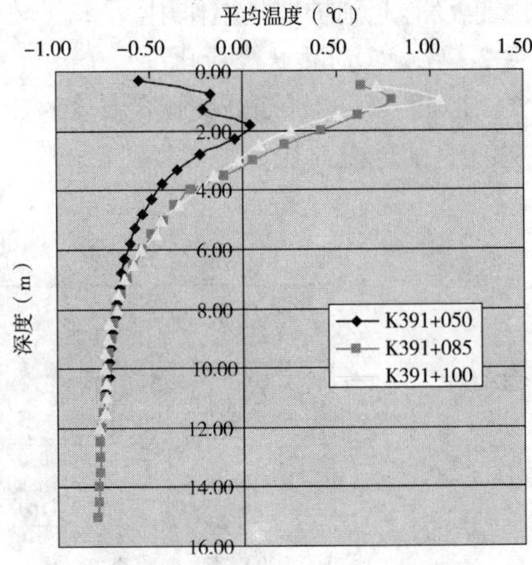

图 6-128　观测期内各测点的平均温度随深度的变化曲线

不同断面左坡脚孔的人为上限　表 6-22

断面名称	K391 +050	K391 +085	K391 +100
人为上限(m)	2.66	3.88	4.21

3. 路中与路肩孔的热状况对比

路肩左右孔和路基中心孔在不同断面的对比结果与坡脚孔的对比。表 6-22 给出了路肩孔和路基中心孔在不同断面的上限对比值，表 6-22 说明硅藻土护坡没有在保护冻土中发挥应有的作用。

路肩孔与路基中心孔的上限对比（单位：m）　表 6-23

断面名称	左路肩	路基中心	右路肩	天然孔
K391 +050	6.93	6.85	6.10	2.38
K391 +085	8.29	9.40	7.20	
K391 +100	8.22	8.17	6.71	

五、硅藻土护坡失效原因分析

按照理论分析以及室内试验结果，硅藻土是可以实现热二极管的作用，但是野外的工程实践并没有对硅藻土的工作效果给予积极的肯定。

图 6-129 是硅藻土的冻融导热系数比随含水率的变化曲线，表明随着含水率的下降，硅藻土的冻融导热系数比随之下降。当含水率降到 60% 时，冻融导热系数比仅为 1.08。由于硅藻土在冻结状态下较大的导热系数是通过水变成冰来实现的，可见随着含水率的继续下降，硅藻土的冻融导热系数比将趋近于 1，而不再具有理想中的热二极管性质，自然也就无法实现冬季导热系数增大、促进下伏土体放热的效果。

要保证硅藻土良好的热二极管性质，硅藻土的持水能力就显得至关重要。为了减缓硅藻土的失水速率，先后采用兰州黄土、兰州砂土、硅藻土、硅藻土上覆盖 2cm 厚砂土、硅藻土上覆盖海绵等5种材料进行室内试验,试验前硅藻土的初始含水率为140%,图6-130给出了硅藻土在覆盖不同材料作用下的失水速率。

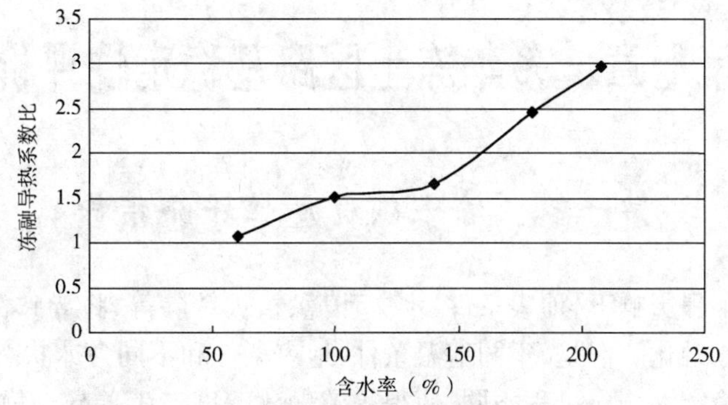

图6-129 硅藻土的冻融导热系数比随含水量的变化曲线

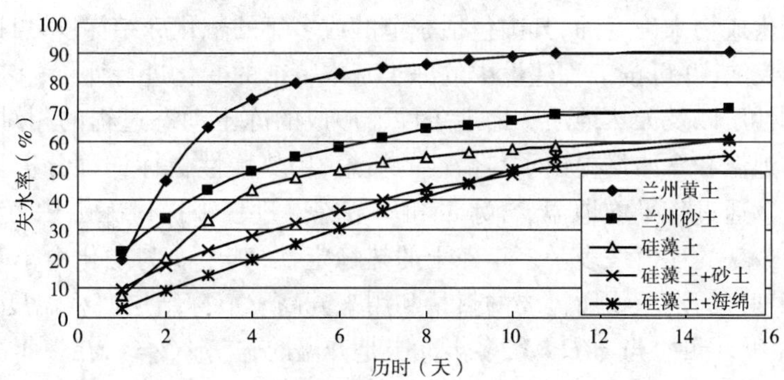

图6-130 硅藻土失水率随时间的变化关系

图6-130表明,尽管采用了覆盖材料的方式,硅藻土的失水速率仍然相当惊人。在试验15天后,硅藻土最小的失水率都达到了55%(上覆砂土),此时,硅藻土中的含水率仅为63%{计算公式为:(1-55%)×140%}。根据冻融导热系数比随时间的变化关系,含水率63%硅藻土的冻融导热系数比最多也就在1.1左右,也就是说在15天后,初始含水率为140%的硅藻土已经基本失去了对它预计中的工作效果。

在214国道红土坡试验段,虽然采用了草袋装硅藻土、上覆0.1m厚硅藻土的方式,但是由于214国道红土坡试验段地处青藏高原东部,其辐射大、蒸发强,硅藻土并不能够长期有效的具有持水能力。因此,硅藻土的热二极管作用也将不复存在。

第七章　多年冻土区路基稳定性评价

第一节　冻土热稳定性评价指标

在人为活动或工程影响下,地表条件、水文环境、植被铲除等,将导致活动层深度增大,多年冻土上限处地下冰融化。但是,不同地温条件、地表条件和不同含冰状态对人为活动或工程影响的敏感性与热稳定性响应过程不同,使得季节融化深度产生差异。敏感性可理解为在工程荷载和人为造成自然因素变化的相对敏感性。这种敏感性是根据外生工程地质作用和现象的强度变化或新生成物来确定的,其中包括季节的或多年的融化冻结深度,可以理解为冻土环境对外界影响的反映,并可按工程建设中的冻土基本特征的变化进行评价;多年冻土的稳定性是指土的状态和性质以及天然地质—地理条件下形成的冻土动态过程的相对稳定性,并依据多年冻土年平均地温和含冰量提出了热惰性的概念,用热惰性指标详细分析多年冻土融化和冻结速度或深度。通过年平均地温、含冰量和季节冻融过程来探讨冻土热力稳定性。Parmuzin1(1978)使用 g/Q 的比值来表示多年冻土的热稳定性,其中 g 为融化由季节融化层底板到潜在季节冻结深度区间沉积物所需要的热量和用来升高季节冻结层底板温度至0℃所需要的热量,Q 为年热量循环量。当 $g/Q<1$,多年冻土是升温的,当 $g/Q=1$,在多年冻土边缘地带可见到,当 $g/Q>1$,多年冻土处在进化过程。Galagulya and Parmuzin *(1980)提出了按冻土的年平均地温、相变热、年热量循环量与辐射平衡之比来评价热力稳定性(加拉古里亚,1992)。

一、冻土热融蚀敏感性定义

在多年冻土区,天然和工程活动下,多年冻土对人为活动的影响响应快慢程度,用季节融化深度与潜在季节冻结深度的比值来表示冻土热融蚀敏感性。多年冻土区人类活动下,季节融化深度与潜在季节冻结深度的比值越大,冻融过程平衡状态的变化对人类活动的影响响应越快;反之,则响应越慢。冻土热融蚀敏感性定义如下:

$$S_{Te}=\frac{X}{X_p} \tag{7-1}$$

式中:S_{Te}——冻土热融蚀敏感性;

X——季节融化深度(m);

X_p——潜在季节冻结深度(m)。

尽管求解季节融化深度的方法很多(吴紫汪等,1989,费里德曼,徐学祖等译,1982),采用kudryavtsev 方程(kudryavtsev,1974 郭东信等译,1992)计算季节融化深度。V. E. Romanovsky and T. E. Osterkamp(1997)详细地论述了 kudryavtsev 方程的适用性,认为该方程基本在所有条件下均可用来计算活动层厚度。Kudryavtsev 方程形式如下:

$$X(2\bar{A}C_t+Q_\varphi)=2(A_{gs}-|\bar{T}_{PS}|)\sqrt{\frac{K_tC_tP}{\pi}}+\frac{(2\bar{A}C_tX_{2C}+Q_\varphi X)Q_\varphi\sqrt{\frac{K_tp}{\pi C_t}}}{2\bar{A}C_tX_{2C}+Q_\varphi X+(2\bar{A}C_t+Q_\varphi)\sqrt{\frac{K_tP}{\pi C_t}}} \tag{7-2}$$

这里，$\bar{A}=\dfrac{A_{gs}-|\bar{T}_{PS}|}{Ln\dfrac{A_{gs}+\dfrac{Q_\varphi}{2C_t}}{|\bar{T}_{ps}|+\dfrac{Q_\varphi}{2C_t}}}-\dfrac{Q_\varphi}{2C_t}$，$X_{2C}=\dfrac{2(A_{gs}-|\bar{T}_{ps}|)\sqrt{\dfrac{K_tC_tP}{\pi}}}{2\bar{A}C_t+Q_\varphi}$

式中：C_t——融化时的体积热容量；

K_t——融化时导热系数；

P——时间（1 年）；

A_{gs}——地表温度年较差；

$\bar{T}_{ps}$——多年冻土顶板处年平均温度。

但是对于调查区，两层或三层土层是较为典型的。Kudryavtsev 提出用该方程来计算活动层深度是多年平均的，因此，$\bar{T}_{PS}$、A_{gs} 也应该是统一时间多年平均的，可以基于一年资料来使用（Romanovsky and Osterkamp，1997）。Romanovsky 通过引入类似于 Neumann 方程中 Stefan 数的无量纲变量，$\alpha=2C_tA_{gs}/Q_\varphi$ 和 $\beta=2C_t|\bar{T}_{PS}|/Q_\varphi$，经过代入变换后得到：

$$\bar{A}=\frac{Q_\varphi}{2C_t}\left(\frac{\alpha-\beta}{\ln\dfrac{\alpha+1}{\beta+1}}-1\right) \tag{7-3}$$

$$X_{2C}=\ln\frac{\alpha+1}{\beta+1}\sqrt{\frac{K_tp}{\pi C_t}} \tag{7-4}$$

经过代数变换，方程（7-2）成为：

$$X=X^*\sqrt{\left(\frac{K_tp}{\pi C_t}\right)} \tag{7-5}$$

式中 X^* 是静态方程的解。

$$X^*\frac{\alpha-\beta}{\ln\dfrac{\alpha+1}{\beta+1}}=\alpha-\beta+\frac{X^*+\alpha-\beta-\ln\dfrac{\alpha+1}{\beta+1}}{X^*+\alpha-\beta-\ln\dfrac{\alpha+1}{\beta+1}+\dfrac{\alpha-\beta}{\ln\dfrac{\alpha+1}{\beta+1}}} \tag{7-6}$$

变量 α 和 β 与 K_t 无关，X^* 也与 K_t 无关，因此在地表的温度波动情况下季节融化深度与热传导系数的平方根成正比。而对于剧烈温度变化也是一样的。式（7-5）与式（7-6）一个更大的优点就是式（7-6）中 X^* 解仅与两个变量有关，这样就可建立一个估计 X^* 的诺模图。X^* 从静态方程计算：

$$X^*=B+\sqrt{(B^2+D)} \tag{7-7}$$

其中：$B=\delta+\dfrac{\delta}{2\gamma}-\dfrac{\gamma}{2\delta}-\dfrac{\delta}{2}$；$D=\delta+\delta\gamma+\gamma-\delta^2-\dfrac{\delta^2}{\gamma}$；$\gamma=\alpha+\beta$；$\delta=\ln\dfrac{\alpha+1}{\beta+1}$

潜在季节冻结深度含义(Kudryavtsev 主编,1974,郭东信等译,1992)为:在土的年平均温度为负温条件的情况下,热半年的土中热量循环能最大地全部用于表层融化,而在冷半年的土中热量循环只有部分用于季节融化层的冻结,其余部分则用于零度以下土的降温。在这种情况下存在潜在季节冻结过程。潜在季节冻结深度的计算仍可采用 Kudryavtsev 方程,但式中需进行代换:

(1)用地面年平均温度与较差之和($A_{gs}+t_0$)代替地面的温度较差(A_{gs})。

(2)$\bar{T}_{ps}=0$ 。

根据上述条件,得到:

$$X_p(2\bar{A}C_t+Q_\varphi)=2(A_{gs}+t_{gs})\sqrt{\frac{K_tC_tp}{\pi}}+\frac{(2\bar{A}C_tX_{2C}+Q_\varphi X_p)Q_\varphi\sqrt{\dfrac{K_tp}{\pi C_t}}}{2\bar{A}C_tX_{2C}+Q_\varphi X_p+(2\bar{A}C_t+Q_\varphi)\sqrt{\dfrac{K_tp}{\pi C_t}}} \tag{7-8}$$

这里,

$$\bar{A}=\frac{A_{gs}+t_{gs}}{Ln\dfrac{A_{gs}+t_{gs}+\dfrac{Q_\varphi}{2C_t}}{\dfrac{Q_\varphi}{2C_t}}}-\frac{Q_\varphi}{2C_t},X_{2C}=\frac{2(A_{gs}+t_{gs})\sqrt{\dfrac{K_tC_tp}{\pi}}}{2\bar{A}C_t+Q_\varphi}$$

同样,引入无量刚变量,$\alpha=2C_t(A_{gs}+t_{gs})/Q_\varphi$ 和 $\beta=2C_t|\bar{T}_{ps}|/Q_\varphi=0$,经代数变换,上式(7-8)变为:

$$\bar{A}=\frac{Q_\varphi}{2C_t}\left(\frac{\alpha}{\ln(\alpha+1)}-1\right) \tag{7-9}$$

$$X_{2C}=\ln(\alpha+1)\sqrt{\frac{K_tp}{\pi C_t}} \tag{7-10}$$

经过代数变换,方程(7-5)成为:

$$X_p=X_p^*\sqrt{\left(\frac{K_tp}{\pi C_t}\right)} \tag{7-11}$$

其中 X_p^* 是静态方程的解。

$$X_p^*\frac{\alpha}{\ln(\alpha+1)}=\alpha+\frac{X_p^*+\alpha-\ln(\alpha+1)}{X_p^*+\alpha-\ln(\alpha+1)+\dfrac{\alpha}{\ln(\alpha+1)}} \tag{7-12}$$

$$X_p^*=B_p+\sqrt{(B_p^2+D_p)} \tag{7-13}$$

其中:$B_p=\delta+\frac{\delta}{2\gamma}-\frac{\gamma}{2\delta}-\frac{\delta}{2};D_p=\delta+\delta\gamma+\gamma-\delta^2-\frac{\delta^2}{\delta};\gamma=\alpha;\delta=\ln(\alpha+1)$

根据以上季节融化深度和潜在季节冻结深度计算公式(7-5)和式(7-11)得到冻土热融蚀敏感性的计算表达式:

$$S_{Te}=\frac{X^*}{X_p^*}\sqrt{\frac{K_tC_f}{K_fC_t}} \tag{7-14}$$

式中:K_t、K_f——分别为融土、冻土的导热系数(W/m · ℃);

C_t、C_f——分别为融土和冻土的热容量(kJ/m³ · ℃)。

二、冻土热稳定性定义

所谓稳定性是指一个结构受力后维持原有平衡位置或原有的变形状态的能力(黎绍敏,1989)。冻土在随外部热量而变化的过程中能够维持原有多年冻土的冻融过程和维持原有多年冻土的年平均地温变化的能力,称为冻土热稳定性。

Parmuzin 提出的定量评价冻土热稳定性的方法中,无法区分年热量循环量中吸收和放出的热量。实际上冬半年放出的热量和夏半年吸收的热量在年热量循环中所占比重是不同的。尽管年热量循环量很大,且 $g/Q<1$,若冬半年放出热量大于夏半年吸收的热量,那么多年冻土是不会升温的,因此该方法可能会导致评价冻土热稳定性的认识上产生较大的分岐。

在 Parmuzin 评价多年冻土热稳定性研究方法的基础上,对其进行修改,用融化由季节融化层底板到潜在季节冻结深度区间沉积物所需的热量与升高季节冻结层底板温度至0℃所需要的热量之和与夏半年土体吸收的热量的比值来描述冻土热稳定性,其定义式如下:

$$S_{\mathrm{T}}=\frac{Q_{\mathrm{t}}}{Q_{+}} \tag{7-15}$$

式中:S_{T}——冻土热稳定性;

Q_{t}——表示融化由季节融化层底板到潜在季节冻结深度区间沉积物所需要的热量和用来升高季节冻结层底板温度至0℃所需要的热量(kcal①/m^3)总和;

Q_{+}——夏半年土体吸收的热量(kcal/m^3)。

Zhigarew and Parmuzina(1983)为了判断北部自然综合体的多年冻土能量稳定性,提出了下列能量平衡方程来定量计算融化由季节融化层底板到潜在季节冻结深度区间沉积物所需要的热量和用来升高季节冻结层底板温度至0℃所需要的热量总和(Q_{t}):

$$Q_{\mathrm{t}}=\frac{K_{\mathrm{t}}|T_{\mathrm{pst}}|p}{X}+Q_{\varphi}(X_{\mathrm{p}}-X) \tag{7-16}$$

式中:Q_{t}——总热量(kcal/m^2·y);

K_{t}——导热系数(Kcal/m·h·℃);

T_{PSL}——多年冻土顶板年平均温度(℃);

P——时间周期;

X——季节融化深度(m);

X_{p}——潜在季节冻结深度(m);

Q_{φ}——相变热(kcal/m^3)。

土体年热循环量(Q)为土体夏半年吸收的热量(Q_{+})与冬半年放出的热量(Q_{-})之和,如下方程所示:

$$Q_{-}+Q_{+}=Q \tag{7-17}$$

土体夏半年吸收的热量和冬半年放出的热量可用以下方程作近似计算(程国栋等,1982):

$$\begin{aligned}Q_{-}&=X_{\mathrm{p}}Q_{\varphi}\\Q_{+}&=XQ_{\varphi}\end{aligned} \tag{7-18}$$

① 1kcal=4186.8J。

式中：X——季节融化深度；

X_p——潜在的季节冻结深度；

Q_φ——单位体积土的融化（冻结）潜热。

根据方程（7-17）和方程（7-18）得到：

$$Q_+ = \frac{\frac{X}{X_p}}{1+\frac{X}{X_p}}Q \tag{7-19}$$

根据冻土热融蚀敏感性定义，季节融化深度与潜在季节冻结深度比值为冻土热融蚀敏感性指标 S_{Te}，这样方程（7-19）可化为：

$$Q_+ = \frac{S_{Te}}{1+S_{Te}}Q \tag{7-20}$$

年热循环量可以用 Kudryavtsev 提出的方程来描述（kudryavtsev，1974，郭东信等译，1992）：

$$Q = \sqrt{2A}\sqrt{\frac{K_t C_t p}{\pi}} + \frac{(2\bar{A}C_t X_{2C} + Q_\varphi X)Q_\varphi\sqrt{\frac{K_t p}{\pi C_t}}}{2\bar{A}C_t X_{2C} + (2\bar{A}C_t + Q_\varphi)\sqrt{\frac{K_t p}{\pi C_t}}} \tag{7-21}$$

式中：$\bar{A} = \frac{A_{gs} - |\bar{T}_{ps}|}{\ln\frac{A_{gs} + \frac{Q_\varphi}{2C_t}}{|\bar{T}_{ps}| + \frac{Q_\varphi}{2C_t}}} - \frac{Q_\varphi}{2C_t}$，$X_{2C} = \frac{2(A_{gs} - |\bar{T}_{ps}|)\sqrt{\frac{K_t C_t p}{\pi}}}{2\bar{A}C_t + Q_\varphi}$；

X——季节融化深度，用式（7-2）~式（7-7）计算；

C_t——土体的体积热容量；

K_t——土体导热系数；

p——时间（1 年）；

A_{gs}——地表温度年较差；

$\bar{T}_{ps}$——多年冻土顶板处年平均温度；

Q_φ——水的相变潜热。

根据方程（7-17）得到描述冻土热稳定性方程为：

$$S_T = \frac{1+S_{Tet}}{S_{Te}} \cdot \frac{Q_t}{Q} \tag{7-22}$$

三、冻土热融蚀性敏感性及热稳定性的计算

冻土热融蚀敏感性计算，涉及到地表温度、地表温度年较差和多年冻土顶板温度资料。所利用的实测钻孔地温资料中，均取多年平均值，如表 7-5 所示。钻孔温度场测温资料中没有地表温度，仅有地表以下 0.5m 深度处地温，计算中依此为表面温度和较差值，在计算季节融化深度和潜在季节冻结深度的基础上再加上 0.5m。虽然这种处理上多少会给计算带来些误差，

但在青藏公路沿线钻孔资料，显示地表到 0.5m 的深度土层含水率较小，较为干燥（沼泽化湿地除外），这种处理应该可以满足计算的要求。

计算中所涉及冻土和融土的导热系数和热容量，主要依据钻孔资料中土质、含水率和干密度从表 7-1 至 7-4 中查取（徐学祖、邓友生，1991），并对照附录（黑龙江省寒地建筑科学研究院主编，中华人民共和国建设部批准，1998）查取。在处理大含水率（上限处的高含冰量情况）依据附录中大含水率土的导热系数（附表 0.1-5），而热容量则依据计算公式（式 4-10）计算。计算季节融化深度时取融土导热系数和热容量，计算潜在季节冻结深度时取冻土的导热系数和热容量。对不均匀土层，取不同深度上土体含水率、干密度、导热系数和热容量深度上的加权平均值。对未冻水含量的处理，主要依据下列公式进行计算：

草炭亚黏土计算热参数取值表　　表 7-1

ρ_d (kg/m³)	w (%)	C_μ	C_f	λ_μ	λ_f	$\alpha_\mu(10^3)$	$\alpha_f(10^3)$
		[kJ/(m³·℃)]		[W/(m²·h·℃)]		(m²/h)	
400	30	903.3	710.9	0.13	0.13	0.50	0.62
	50	1 237.9	878.2	0.19	0.22	0.52	0.92
	70	11 572.4	11 045.5	0.23	0.37	0.54	1.26
	90	11 907.0	11 212.8	0.29	0.53	0.56	1.59
	110	21 241.6	11 380.1	0.35	0.72	0.57	1.87
	130	21 576.1	11 547.3	0.41	0.88	0.57	2.06
500	30	11 129.1	890.8	0.17	0.17	0.54	0.69
	50	11 547.3	11 099.9	0.24	0.31	0.56	1.30
	70	11 965.5	11 309.0	0.32	0.51	0.59	1.40
	90	21 383.7	11 518.1	0.41	0.74	0.61	1.76
	110	21 801.9	11 727.2	0.49	1.00	0.52	2.08
	130	31 220.1	11 936.3	0.56	1.24	0.63	2.31
600	30	11 355.0	11 066.4	0.22	0.22	0.57	0.76
	50	11 856.8	11 317.3	0.31	0.42	0.61	1.15
	70	21 358.6	11 568.3	0.42	0.68	0.64	1.56
	90	21 860.5	11 819.2	0.53	0.99	0.67	1.95
	110	31 362.3	21 070.1	0.63	1.32	0.68	2.29
	130	31 864.2	1 321.0	0.75	1.61	0.68	2.51
700	30	11 580.8	11 246.2	0.27	0.30	0.61	0.87
	50	21 166.3	11 539.0	0.39	0.56	0.66	1.30
	70	21 375.4	11 831.7	0.53	0.88	0.60	1.74
	90	31 337.2	21 124.5	0.66	1.26	0.71	2.14
	110	31 922.7	21 417.2	0.79	1.67	0.73	2.50
	130	41 508.2	21 709.9	0.92	2.01	0.73	2.77

续上表

ρ_d (kg/m³)	w (%)	C_μ	C_f	λ_μ	λ_f	$\alpha_\mu(10^3)$	$\alpha_f(10^3)$
		[kJ/(m³·℃)]		[W/(m²·h·℃)]		(m²/h)	
800	30	11 806.6	11 421.9	0.32	0.37	0.65	0.94
	50	21 475.7	11 756.4	0.48	0.68	0.70	1.41
	70	31 144.9	21 091.0	0.64	1.09	0.73	1.67
	90	31 814.0	21 425.6	0.80	1.55	0.76	2.32
	110	41 483.1	21 760.1	0.96	2.05	0.77	2.68
	130	51 152.2	31 094.7	1.10	2.47	0.78	2.68
900	30	11 171.0	11 342.4	0.38	0.46	0.68	1.03
	50	21 785.2	11 978.1	0.57	0.85	0.73	1.53
	70	31 538.0	21 354.5	0.75	1.32	0.77	2.03
	90	41 290.7	21 370.8	0.95	1.63	0.80	2.49
	100	51 043.5	31 107.2	1.14	2.46	0.82	2.86
	130	51 796.3	31 483.6	1.32	2.92	0.82	3.02

注：ρ_d 为干密度；w 为含水率；λ 为导热系数；α 为导温系数；脚标 μ 为未冻土；f 为已冻土。

黏性土：
$$w_u = K(T)w_p \tag{7-23}$$
砂土：
$$w_u = w[1 - i_c(T)] \tag{7-24}$$

式中：w_u——未冻含水率；

w_P——塑限含水率；

w——砂土含水率；

$K(T)$——温度修正系数；

i_c——相对含冰率。

K 和 i 可按附录《中华人民共和国行业标准—JGJ 118—98，冻土地区建筑地基基础设计规范》表 0.2 来取值。

亚黏土计算热参数取值表 表 7-2

ρ_d (kg/m³)	w (%)	C_μ	C_f	λ_μ	λ_f	$\alpha_\mu(10^3)$	$\alpha_f(10^3)$
		[kJ/(m³·℃)]		[W/(m²·h·℃)]		(m²/h)	
1 200	5	1 254.6	1 179.3	0.26	0.26	0.73	0.76
	10	1 505.5	1 405.2	0.43	0.41	1.02	1.04
	15	1 750.4	1 530.6	0.58	0.58	1.19	1.37
	20	2 007.4	1 656.1	0.67	0.79	1.21	1.71
	25	2 258.3	1 781.5	0.72	1.04	1.14	2.10
	30	2 509.2	1 907.0	0.79	1.28	1.13	2.40
	35	2 760.1	2 032.5	0.86	1.45	1.12	2.57

续上表

ρ_d (kg/m^3)	w (%)	C_μ	C_f	λ_μ	λ_f	$\alpha_\mu(10^3)$	$\alpha_f(10^3)$
		[kJ/(m^3·℃)]		[W/(m^2·h·℃)]		(m^2/h)	
1 300	5	1 359.2	1 279.7	0.30	0.29	0.50	0.8
	10	1 631.0	1 522.2	0.50	0.48	1.11	1.12
	15	1 902.8	1 660.3	0.71	0.71	1.33	1.47
	20	2 174.6	1 794.1	0.79	0.92	1.31	1.85
	25	2 446.5	11 932.1	0.84	1.21	1.23	2.25
	30	2 718.3	21 065.9	0.90	1.46	1.19	2.55
	35	2 990.1	21 203.9	0.97	1.67	1.18	2.74
1 400	5	1 463.7	11 375.9	0.36	0.35	0.87	0.90
	10	1 756.4	1 639.3	0.59	0.57	1.22	1.22
	15	2 049.2	1 785.7	0.84	0.79	1.46	1.58
	20	2 341.9	1 932.1	0.94	1.06	1.44	1.96
	25	2 634.7	2 496.7	0.97	1.39	1.33	2.41
	30	2 927.4	2 224.8	1.06	1.68	1.32	2.73
	35	3 220.1	2 371.2	1.18	1.93	1.32	2.92
1 500	5	1 568.3	1 476.2	0.41	0.41	0.93	0.98
	10	1 881.9	1 756.4	0.67	0.65	1.28	1.32
	15	2 191.4	1 907.0	0.96	0.91	1.58	1.71
	20	2 509.2	2 070.1	1.09	1.22	1.57	2.12
	25	2 822.0	2 229.0	1.13	1.58	1.44	2.55
	30	3 136.5	2 383.7	1.24	1.89	1.43	2.85
	35	3 450.2	2 543.7	1.36	2.12	1.42	3.01
1 600	5	1 672.8	1 572.4	0.46	0.46	1.01	1.05
	10	2 425.6	1 873.5	0.78	0.74	1.40	1.42
	15	2 341.9	2 040.8	1.11	1.02	1.72	1.81
	20	2 676.5	2 208.1	1.24	1.38	1.67	2.25
	25	3 011.0	2 375.4	1.28	1.80	1.52	2.73
	30	3 345.6	2 542.7	1.42	2.12	1.52	3.01
	35	3 680.2	2 709.9	1.54	2.40	1.51	3.20

注:ρ_d 为干密度;w 为含水率;λ 为导热系数;α 为导温系数;脚标 μ 为未冻土;f 为已冻土。

碎石亚黏土计算热参数取值表 表 7-3

ρ_d (kg/m³)	w (%)	C_μ	C_f	λ_μ	λ_f	$\alpha_\mu(10^3)$	$\alpha_f(10^3)$
		[kJ/(m³·℃)]		[W/(m²·h·℃)]		(m²/h)	
1 200	3	1 154.2	1 053.9	0.23	0.22	0.72	0.77
	7	1 355.0	1 154.2	0.34	0.37	0.91	1.15
	10	1 505.5	2 229.5	0.43	0.52	1.03	1.52
	13	1 656.1	1 304.8	0.53	0.71	1.16	0.96
	15	1 756.4	1 335.0	0.59	0.85	1.21	2.26
	17	1 856.8	1 405.2	0.60	0.94	1.16	2.42
1 400	3	1 346.6	1 229.5	0.34	0.32	0.89	0.97
	7	1 568.3	1 346.6	0.50	0.53	1.15	1.44
	10	1 756.4	1 434.4	0.65	0.74	1.33	1.86
	13	1 932.1	1 522.2	0.79	0.97	1.48	2.30
	15	2 049.2	1 580.8	0.88	1.14	1.55	2.59
	17	2 166.3	1 636.3	0.92	1.24	1.53	2.73
1 600	3	1 539.0	1 405.2	0.46	0.45	1.07	1.17
	7	1 806.6	1 539.0	0.68	0.74	1.38	1.73
	10	2 007.4	1 639.3	0.89	1.00	1.61	2.20
	13	2 208.1	1 739.7	1.10	1.29	1.80	2.66
	15	2 341.9	1 806.6	1.28	1.45	1.87	2.90
	17	2 475.7	1 873.5	1.42	1.57	1.86	3.02
1 800	3	1 731.3	1 580.8	0.60	0.60	1.25	2.38
	7	2 032.5	1 731.3	0.92	0.97	1.62	2.03
	10	2 258.3	1 844.3	1.17	1.31	1.87	2.56
	13	2 295.9	1 957.2	1.45	1.65	2.10	3.03
	15	2 634.7	2 032.5	1.60	1.82	2.19	3.23
	17	2 785.2	2 107.7	1.71	1.93	2.21	3.28

注:ρ_d 为干密度;w 为含水率;λ 为导热系数;α 为导温系数;μ 脚标为未冻土;f 为已冻土。

砾砂计算热参数取值表 表 7-4

ρ_d (kg/m³)	w (%)	C_μ	C_f	λ_μ	λ_f	$\alpha_\mu(10^3)$	$\alpha_f(10^3)$
		[kJ/(m³·℃)]		[W/(m²·h·℃)]		(m²/h)	
1 400	2	1 229.5	1 083.1	0.42	0.49	1.23	1.62
	6	1 463.7	1 200.2	0.96	1.14	2.36	3.42
	10	1 697.9	1 317.3	1.17	1.43	2.40	3.91
	14	1 932.1	1 434.4	1.29	1.67	2.40	4.20
	18	2 166.3	1 551.5	1.39	1.86	2.27	4.31

续上表

ρ_d (kg/m³)	w (%)	C_μ	C_f	λ_μ	λ_f	α_μ (10^3)	α_f (10^3)
		[kJ/(m³·℃)]		[W/(m²·h·℃)]		(m²/h)	
1 500	2	1 317.3	1 162.6	0.50	0.59	1.36	1.84
	6	1 568.3	1 288.1	1.09	1.32	2.51	3.70
	10	1 819.2	1 413.5	1.30	1.60	2.58	4.08
	14	2 070.1	1 539.0	1.44	1.87	2.51	4.38
	18	2 321.0	1 664.4	1.52	2.08	2.37	4.50
1 600	2	1 405.2	1 237.9	0.61	0.73	1.56	2.13
	6	1 672.8	1 371.7	1.28	1.60	1.74	4.21
	10	1 940.4	1 505.5	1.48	1.86	2.75	4.44
	14	2 208.1	1 639.3	1.64	2.15	2.67	4.72
	18	4 173.6	1 773.2	1.69	2.35	2.47	4.79
1 700	2	1 493.0	1 317.3	0.77	0.94	1.85	2.52
	6	1 777.4	1 459.5	1.47	1.91	2.99	4.73
	10	2 061.7	1 601.7	1.68	2.20	2.94	4.96
	14	2 346.1	1 743.9	1.84	2.45	2.84	5.13
	18	2 630.5	1 886.1	1.95	2.69	2.66	5.14
1 800	2	1 580.8	1 392.6	0.95	1.19	2.17	3.09
	6	1 881.9	1 543.2	1.71	2.27	3.27	5.31
	10	2 183.0	1 693.7	1.91	2.61	3.17	5.56
	14	2 484.1	1 844.3	2.09	2.85	3.02	5.58
	18	2 785.2	1 994.8	2.18	3.05	2.82	5.51

注：ρ_d 为干密度；w 为含水率；λ 为导热系数；α 为导温系数；脚标 μ 为未冻土；f 为已冻土。

青藏公路实测地温资料

表 7-5

地　点	0.5m 深度平均温度 (℃)	0.5m 深度年平均较差 (℃)	多年冻土顶板温度 (℃)	年平均地温 (℃)	数据类型
K2898 +100	−1.05	16.30	−1.47	−2.41	路肩
K2898 +100	−0.51	17.19	−0.48	−2.28	中心
K2898 +800	−0.89	22.07	−1.05	−2.01	路肩
K2898 +800	1.05	29.42	−0.48	−1.98	中心
K2900 +980	−1.48	24.86	−1.60	−2.20	右路肩
K2900 +980	1.58	22.26	−0.72	−2.09	中心
K2900 +980	−0.53	23.75	−0.19	−1.10	左路肩
K2936 +400	2.69	29.08	−0.29	−0.84	路肩
K2936 +400	4.30	28.36	−0.27	−0.96	中心
K2959 +970	0.00	27.84	−0.17	−0.91	路肩

续上表

地　点	0.5m 深度平均温度（℃）	0.5m 深度年平均较差（℃）	多年冻土顶板温度（℃）	年平均地温（℃）	数据类型
K2959 +970	4.03	30.80	-0.17	-0.64	中心
K3006 +060	-0.51	25.20	-0.35	-0.88	路肩
K3006 +060	1.97	26.72	-0.15	-0.66	中心
K3017 +300	0.76	20.66	-0.26	-1.32	路肩
K3017 +300	1.97	25.77	-0.31	-1.70	中心
K3075 +700	-2.11	22.26	-2.13	-2.69	路肩
K3075 +700	0.67	25.19	-1.26	-2.68	中心
K3363 +800	0.66	22.43	-0.26	-0.75	右路肩
K3363 +800	-0.18	24.00	-0.18	-0.63	左路肩
K3363 +800	3.54	23.08	-0.22	-0.72	中心
K3393 +950	1.00	22.25	-0.10	-0.17	右路肩
K3393 +950	1.52	23.14	-0.09	-0.17	左路肩
K3393 +950	4.31	24.31	-0.11	-0.17	中心
K3411 +810	1.35	26.47	-0.09	-0.19	右路肩
K3411 +810	2.75	21.69	-0.10	-0.18	左路肩
K3411 +810	5.86	26.66	-0.12	-0.20	中心
K2898 +100	-2.53	14.70	-2.85	-3.10	天然
K2898 +800	-2.88	15.99	-3.17	-3.12	天然
K2936 +400	-0.65	15.77	-0.89	-0.98	天然
K2959 +970	-0.24	16.65	-0.52	-0.83	天然
K3006 +060	-1.45	21.09	-1.80	-1.16	天然
K3017 +300	-2.03	17.62	-2.08	-1.91	天然
K3075 +700	-3.47	16.56	-3.24	-3.64	天然
K3363 +800	-0.83	15.53	-1.03	-1.10	天然
K3393 +950	0.73	20.17	-0.20	-0.23	天然
K3411 +810	-0.16	17.50	-0.28	-0.35	天然
74 道班	-0.76	16.46	-0.82	-1.41	天然
K2898 +960	-1.88	19.06	-2.34	-2.92	天然
K2930	0.22	17.18	-0.52	-0.92	天然
K2947	-2.45	15.70	-0.69	-0.86	天然
K3005	0.50	15.56	-0.90	-0.98	天然
K3007	-0.28	16.90	-0.79	-0.87	天然
K3010	-0.72	23.57	-1.35	-0.99	天然
K3010	-0.47	17.04	-0.95	-0.99	天然

续上表

地　点	0.5m 深度平均温度（℃）	0.5m 深度年平均较差（℃）	多年冻土顶板温度（℃）	年平均地温（℃）	数据类型
K3018	-0.20	15.61	-1.88	-1.41	天然
K3018	-0.43	17.25	-1.49	-1.52	天然
K3068	-0.66	17.21	-1.38	-1.37	天然
K3075	-1.85	17.00	-2.72	-2.14	天然
开心岭	1.15	16.70	-0.50	-0.80	天然
可可西里	-0.68	17.40	-1.18	-1.35	天然
66 道班 1	-0.69	29.67	-0.37	-0.69	天然
66 道班 2	-0.78	28.07	-0.55	-0.78	天然

注：年平均温度系指青藏公路沿线观测深度最大处的年平均值，并用该值近似地代替年平均地温。

依据季节融化深度、潜在季节冻结深度方程、冻土热融蚀敏感性方程，取得计算所必需的土质参数和热学参数，得到的计算结果如表 7-6 所示。从表 7-6 可以看出，使用 Kudryavtsev 方程来计算季节融化深度，在高温区和多年冻土南界附近的结果，误差较大，实测融化深度愈大，误差愈大，如图 7-1 所示。

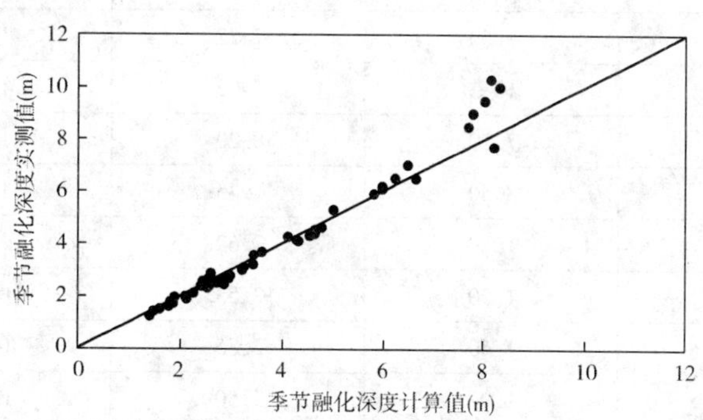

图 7-1　季节融化深度计算值与实测值比较

季节融化深度、替在季节冻结深度和冻土热融蚀敏感性计算结果　表 7-6

地　点	实测季节融化深度（m）	计算季节融化深度（m）	计算潜在季节冻结深度（m）	冻土热融蚀敏感性	数据类型
K2898 +100	2.58	2.5	3.37	0.77	路肩
K2898 +100	2.37	2.4	2.59	0.93	中心
K2898 +800	2.58	2.7	3.18	0.81	路肩
K2898 +800	3.2	3.0	3.52	0.91	中心
K2900 +980	3.6	3.7	4.94	0.73	右路肩
K2900 +980	4.12	4.3	4.93	0.84	中心
K2900 +980	4.8	4.6	4.95	0.96	左路肩
K2936 +400	6.24	6.5	6.36	0.98	路肩

续上表

地 点	实测季节融化深度(m)	计算季节融化深度(m)	计算潜在季节冻结深度(m)	冻土热融蚀敏感性	数据类型
K2936 +400	6.01	6.1	6.26	0.96	中心
K2959 +970	5.02	5.3	5.24	0.96	路肩
K2959 +970	6.67	6.5	6.84	0.96	中心
K3006 +060	4.3	4.2	4.78	0.89	路肩
K3006 +060	5.98	6.2	6.16	0.97	中心
K3017 +300	4.69	4.6	4.92	0.96	路肩
K3017 +300	4.61	4.5	5.04	0.91	中心
K3075 +700	3.25	3.1	4.10	0.76	路肩
K3075 +700	4.34	4.1	5.10	0.85	中心
K3363 +800	5.81	5.9	6.24	0.93	右路肩
K3363 +800	6.00	6.2	6.37	0.94	左路肩
K3363 +800	6.51	7.0	6.35	1.03	中心
K3393 +950	7.80	9.0	7.15	1.10	右路肩
K3393 +950	8.03	9.50	7.22	1.11	左路肩
K3393 +950	8.14	10.3	7.02	1.16	中心
K3411 +810	8.22	7.70	8.20	1.01	右路肩
K3411 +810	7.70	8.50	7.45	1.03	左路肩
K3411 +810	8.32	10.0	7.62	1.09	中心
K2898 +100	1.36	1.20	2.53	0.53	天然
K2898 +800	1.45	1.40	2.85	0.52	天然
K2936 +400	1.86	1.97	2.50	0.75	天然
K2959 +970	3.43	3.60	4.30	0.84	天然
K3006 +060	2.85	2.46	3.92	0.73	天然
K3017 +300	1.86	1.70	2.84	0.66	天然
K3075 +700	1.57	1.50	3.20	0.51	天然
K3363 +800	2.97	2.80	3.88	0.77	天然
K3393 +950	4.55	4.30	4.85	0.94	天然
K3411 +810	2.57	2.88	3.04	0.84	天然
74 道班	2.74	2.50	3.46	0.79	天然
K2898 +960	1.76	1.60	3.09	0.57	天然
K2930	3.23	3.00	4.01	0.81	天然
K2947	2.43	2.40	2.97	0.82	天然
K3005	2.81	2.60	3.46	0.81	天然
K3007	2.57	2.70	3.09	0.83	天然

续上表

地　点	实测季节融化深度（m）	计算季节融化深度（m）	计算潜在季节冻结深度（m）	冻土热融蚀敏感性	数据类型
K3010	2.52	2.30	3.20	0.79	天然
K3010	2.43	2.60	3.12	0.78	天然
K3018	2.09	2.00	2.81	0.76	天然
K3018	2.12	1.90	2.83	0.73	天然
K3068	2.65	2.50	3.56	0.74	天然
K3075	1.78	1.80	3.15	0.62	天然
开心岭	4.65	4.35	5.28	0.88	天然
可可西里	2.22	2.10	2.92	0.76	天然
66 道班 1	3.44	3.20	3.78	0.91	天然
66 道班 2	2.96	2.70	3.33	0.89	天然

计算冻土热稳定性所选取的参数和方法与计算冻土热融蚀敏感性一样，详细计算结果如表 7-7 所示。

冻土热稳定性计算结果　　表 7-7

地　点	实测季节融化深度（m）	计算季节融化深度（m）	多年冻土顶板温度（℃）	年平均地温（℃）	冻土热稳定性	数据类型
K2898 + 100	2.58	2.5	−1.47	−2.41	0.982	路肩
K2898 + 100	2.37	2.4	−0.48	−2.28	0.488	中心
K2898 + 800	2.58	2.7	−1.05	−2.01	0.492	路肩
K2898 + 800	3.2	3.0	−0.48	−1.98	0.231	中心
K2900 + 980	3.6	3.7	−1.60	−2.20	0.896	右路肩
K2900 + 980	4.12	4.3	−0.72	−2.09	0.401	中心
K2900 + 980	4.8	4.6	−0.19	−1.10	0.433	左路肩
K2936 + 400	6.24	6.5	−0.29	−0.84	0.192	路肩
K2936 + 400	6.01	6.1	−0.27	−0.96	0.468	中心
K2959 + 970	5.02	5.3	−0.17	−0.91	0.229	路肩
K2959 + 970	6.67	6.5	−0.17	−0.64	0.298	中心
K3006 + 060	4.3	4.2	−0.35	−0.88	0.410	路肩
K3006 + 060	5.98	6.2	−0.15	−0.66	0.089	中心
K3017 + 300	4.69	4.6	−0.26	−1.32	0.255	路肩
K3017 + 300	4.61	4.5	−0.31	−1.70	0.217	中心
K3075 + 700	3.25	3.1	−2.13	−269	1.042	路肩
K3075 + 700	4.34	4.1	−1.26	−2.68	0.788	中心
K3363 + 800	5.81	5.9	−0.26	−0.75	0.163	右路肩
K3363 + 800	6.00	6.2	−0.18	−0.63	0.129	左路肩

续上表

地　点	实测季节融化深度(m)	计算季节融化深度(m)	多年冻土顶板温度(℃)	年平均地温(℃)	冻土热稳定性	数据类型
K3363 +800	6.51	7.0	-0.22	-0.72	0.017	中心
K3393 +950	7.8	9.0	-0.10	-0.17	0.007	右路肩
K3393 +950	8.03	9.5	-0.09	-0.17	0.006	左路肩
K3393 +950	8.14	10.3	-0.11	-0.17	0.007	中心
K3411 +810	8.22	7.7	-0.09	-0.19	0.005	右路肩
K3411 +810	7.7	8.5	-0.10	-0.18	0.07	左路肩
K3411 +810	8.32	10	-0.12	-0.20	0.07	中心
K2898 +100	1.36	1.2	-2.85	-3.10	2.592	天然
K2898 +800	1.45	1.4	-3.17	-3.12	2.835	天然
K2936 +400	1.86	1.97	-0.89	-0.98	0.770	天然
K2959 +970	3.43	3.6	-0.52	-0.83	0.285	天然
K3006 +060	2.85	2.46	-1.80	-1.16	1.066	天然
K3017 +300	1.86	1.7	-2.08	-1.91	1.156	天然
K3075 +700	1.57	1.5	-3.24	-3.64	2.884	天然
K3363 +800	2.97	2.8	-1.03	-1.10	0.524	天然
K3393 +950	4.55	4.3	-0.20	-0.23	0.107	天然
K3411 +810	2.57	2.88	-0.28	-0.35	0.306	天然
74 道班	2.74	2.5	-0.82	-1.41	0.556	天然
K2898 +960	1.76	1.6	-2.34	-2.92	1.901	天然
K2930	3.23	3	-0.52	-0.92	0.494	天然
K2947	2.43	2.4	-0.69	-0.86	0.772	天然
K3005	2.81	2.6	-0.90	-0.98	0.559	天然
K3007	2.57	2.7	-0.79	-0.87	0.639	天然
K3010	2.52	2.3	-1.35	-0.99	0.664	天然
K3010	2.43	2.6	-0.95	-0.99	0.642	天然
K3018	2.09	2	-1.88	-1.41	1.050	天然
K3018	2.12	1.9	-1.49	-1.52	1.164	天然
K3068	2.65	2.5	-1.38	-1.37	0.811	天然
K3075	1.78	1.8	-2.72	-3.14	2.524	天然
开心岭	4.65	4.35	-0.50	-0.80	0.207	天然
可可西里	2.22	2.1	-1.18	-1.35	1.092	天然
66 道班 1	3.44	3.2	-0.37	-0.69	0.277	天然
66 道班 2	2.96	2.7	-0.55	-0.78	0.327	天然

第二节　冻土热稳定性影响因素

冻土热稳定性，反映冻土在人类活动下对外部热扰动影响下能够维持原有多年冻土的冻融过程和原有多年冻土年平均地温变化的能力，主要反映外部热量对多年冻土年平均地温的影响程度。

一、冻土热稳定性与土体温度间的关系

冻土热稳定性与土体多年冻土顶板温度、年平均地温、地表温度、地表年较差等温度指标有着相当密切的关系。因为冻土是地—气间热交换的产物，土体温度指标反映了多年冻土的能量水平和地—气间的热交换水平。图7-2、图7-3表明冻土热稳定性与多年冻土顶板温度及年平均地温呈较好线性相关关系。冻土温度越低，冻土对人为活动热扰动的影响就越稳定，反之，就越不稳定。冻土热稳定性大于1，说明用来融化由季节融化层底板到潜在季节冻结深度区间沉积物所需要的热量与升高季节冻结层底板温度至0℃所需要的热量(Q_t)越大。而夏半年土体吸收的热量较少，冬半年土体放出的热量越大，越有利于多年冻土降低地温，使多年冻土处于进化状态。冻土热稳定性小于1，表明夏半年土体吸收的热量大于Q_t，部分吸收的热量用于冻土体升温，使多年冻土处于退化过程。

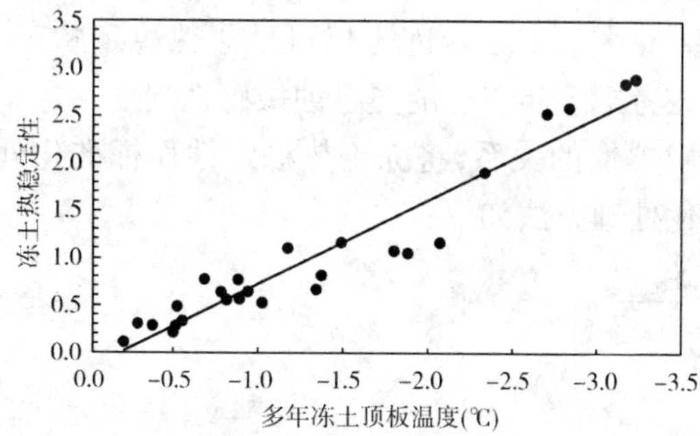

图7-2　冻土热稳定性与多年冻土顶板温度的关系

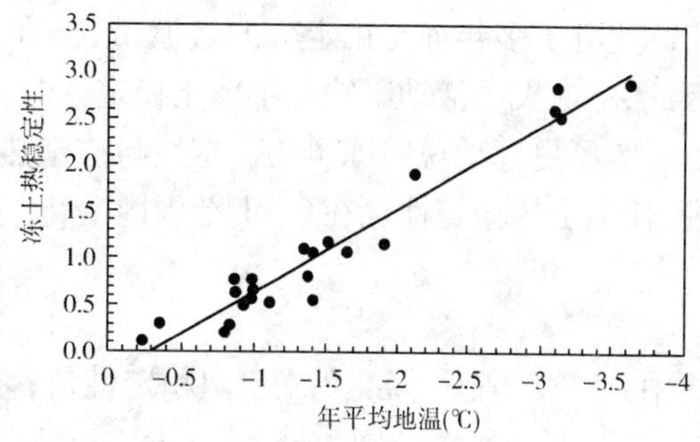

图7-3　冻土热稳定性与年平均地温的关系

二、冻土热稳定性与季节融化深度的关系

图7-4显示冻土热稳定性与季节融化深度呈幂函数相关关系。冻土热稳定性随季节融化深度变化可分为三种情况：(1)当冻土热稳定性S_T大于1.5时，冻土热稳定性剧烈减小仅导致季节融化深度微弱变化；(2)当$0.5 < S_T < 1.5$，冻土热稳定性随季节融化深度变化而逐渐变化；(3)当$S_T < 0.5$，季节融化深度剧烈变化，冻土热稳定性变化不大。这是因为冻土热稳定性较强时，夏季吸收的热量变化仅使季节融化层板到潜在季节冻结深度区间沉积物产生微弱的融化，且不足以使季节冻结层底板温度逐渐升高至0℃。而随着冻土热稳定性减弱，夏季吸收的热量变化可以使季节融化层底板到潜在季节冻结深度区间沉积物较大的融化，并可使季节冻结层底板温度逐渐升高至0℃。当冻土热稳定性差时，季节冻结层底板温度较高，夏季吸收的热量微弱变化，就使季节冻结层底板温度迅速升高至0℃，导致季节融化层底板到潜在季节冻结深度区间沉积物融化。

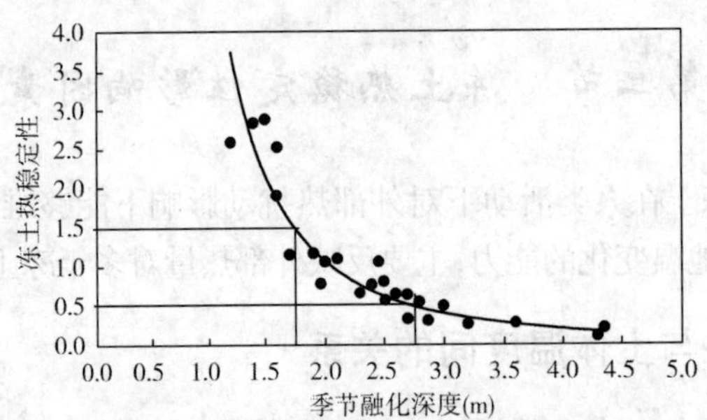

图 7-4　冻土热稳定性与季节融化深度的关系

三、冻土热稳定性与热融蚀敏感性间的关系

从冻土热稳定性定义来看，冻土热稳定性与冻土热融蚀敏感性有一定的关系，相互关系取决于融化由季节融化层底板到潜在季节冻结深度区间沉积物所需要的热量和用来升高季节冻结层底板温度至0℃所需要的热量总和(Q_t)与土体的年热循环量之间的比值(Q_t/Q)。若Q_t/Q比值趋于1，那么热融蚀敏感型的多年冻土，要保证人类活动下冻土处于热稳定，S_T最小应大于2.4，一般年平均地温为< -3.0℃；对于热不敏感型多年冻土，$2.1<S_T<2.4$，就可保证人类活动下多年冻土处于热稳定状态，年平均地温为 -3℃ ~ -1.5℃。尽管热不敏感型多年冻土处于多年冻土稳定带的过渡带，但在人类活动影响下多年冻土仍可处于热稳定状态。因此，考虑人类活动影响多年冻土稳定性时，还应该考虑多年冻土的热融蚀敏感性问题。

为了更好地说明冻土热稳定性与冻土热融蚀敏感性的关系，将冻土热稳定性作标准化处理，使冻土热稳定性也在0~1范围内变化。标准化处理方法如下：

$$S'_T = \frac{S_T - S_{Tmin}}{S_{Tmin} - S_{Tmax}} \tag{7-25}$$

式中：　S'_T——标准化冻土热稳定性值；

S_{Tmin}、S_{Tmax}——分别为最小、最大冻土热稳定性值。

将标准化冻土热稳定性指标、冻土热融蚀敏感性与季节融化深度、年平均地温的关系进行分析，如图7-5~图7-6所示。从图中看出，对于弱热融蚀感性的多年冻土，季节融化深度较小，年平均地温低，冻土处于热稳定状态。对于强热融蚀敏感性多年冻土，季节融化深度大，年平均地温高，冻土处于热极不稳定状态。对于低温多年冻土来说，冻融过程以冻结过程为主，

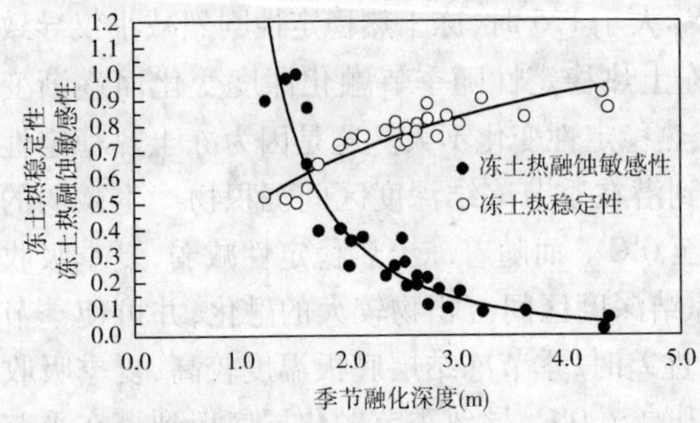

图 7-5　冻土热稳定性和热融蚀敏感性与季节融化深度关系

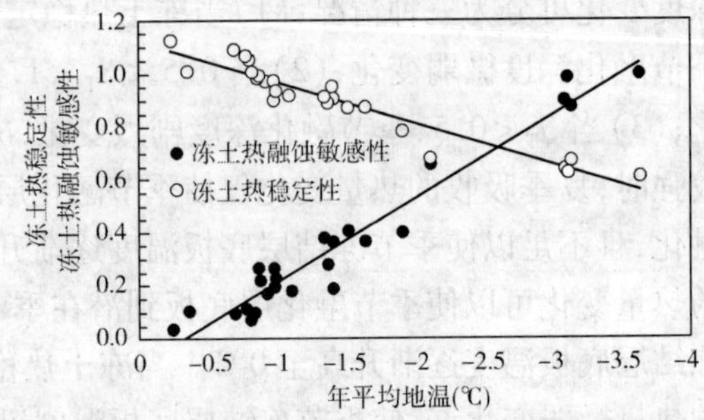

图 7-6　冻土热稳定性和热融蚀敏感性与年平均地温关系

冷半年热量循环部分用于融化土体的冻结,剩余的用于土体降温。此时潜在季节冻结深度远大于季节融化深度,使冻土热融蚀敏感性减弱,冻土热稳定性增强。对于高温多年冻土来说,冻融过程处于动平衡状态或融化过程,夏半年土体的热量循环与冬半年土体热量循环处于动平衡状态,这样季节融化深度在增大,潜在季节冻结深度减小,使冻土热融蚀敏感性增强,冻土热稳定性减弱。

对于高含冰量多年冻土来说,多年冻土年平均地温较高时,由于高含冰量冻土所需消耗的潜热较大,使得季节融化深度变化较小,冻土热融蚀敏感性比低含冰量多年冻土的热融蚀敏感性要弱,冻土热稳定性较低含冰量多年冻土强。然而,高含冰量冻土在外部热量的干扰下产生融化,将会产生较强的融化下沉破坏,破坏程度比低含冰量冻土要大。

第三节 冻土热稳定性分类

根据青藏公路多年冻土的稳定性分类(程国栋,1982;童长江、吴青柏,1996)以及多年冻土上限变化及地温变化特征(刘永智,2000;吴青柏等,2000),本文与程国栋提出的冻土稳定性分类相似,相对应的冻土热稳定性分类如表7-8和图7-7所示。

(Ⅰ)热稳定型多年冻土:多年冻土在人类活动或工程影响不会对冻土热稳定性产生较大的影响的,活动层深度会微弱增大,年平均地温略有升高的多年冻土。

(Ⅱ)热稳定过渡型多年冻土:人类活动或工程影响对冻土热稳定性产生较大的影响,活动层深度增大幅度较大,年平均地温会有较为明显升高的多年冻土。这类冻土伴随着多年冻土上限的变化,地下冰发生融化,将影响工程建筑物特别是公路工程的稳定性。

(Ⅲ)热不稳定型多年冻土:人为活动或工程影响极大地改变了多年冻土热稳定性,活动层深度会大幅度增大,年平均地温升高幅度较大,并会产生退化的多年冻土。这类冻土,公路工程路基不稳定,易产生不均变形,严重影响工程建筑物的稳定性。

(Ⅳ)热极不稳定型多年冻土:在较小人为活动或工程影响下冻土热稳定性会发生变化,多年冻土处于严重退化中,对工程建筑物将产生极大的影响的多年冻土。

冻土热稳定性分类　　表7-8

类　型	年平均地温(℃)	热稳定性指标	人类活动影响变化
热稳定型 Ⅰ	< -3.0	>2.4	人为活动不会对冻土热稳定性产生较大的影响
热稳定过渡型 Ⅱ	-3.0 ~ -1.5	2.4 ~ 1.1	人为活动将改变冻土热稳定性,导致建筑物失稳
热不稳定型 Ⅲ	-1.5 ~ -0.85	1.1 ~ 0.5	人为活动会极大地改变冻土热稳定性,会使冻土发生退化
热极不稳定型 Ⅳ	< -0.85	<0.5	人为活动下将导致冻土产生严重退化

根据热稳定性计算结果(表7-7)和热稳定性分类指标(表7-8)可知,在青藏公路目前所观测的路段(以表7-5为准)52个测点中,属于热稳定型(Ⅰ)的仅有4个点(天然状态),属于热稳定过渡型(Ⅱ)的仅有3个点(天然状态),属于热不稳定型(Ⅲ)有16个测点,属于热极不稳定型(Ⅳ)的有29个测点。热极不稳定型(Ⅳ)测点占观测点总数的56%。由此可见,在全球

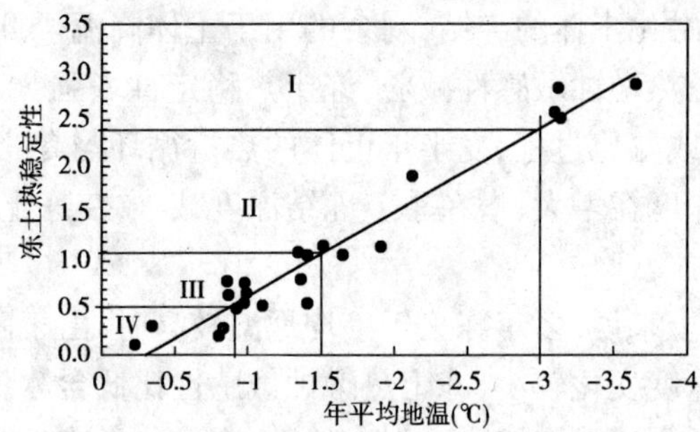

图 7-7 冻土热稳定性类型的分类

气候转暖的大背景条件下，青藏公路多年冻土区的路基热稳定性将处于非常严峻的状态。

第八章　多年冻土区路基设计与施工技术

第一节　路基设计原则

多年冻土路基设计，一般为保持冻结（保护冻土）和允许融化两种设计原则。但由于修筑沥青路面改变了路基下卧多年冻土的水热条件，并使多年冻土的生存状态发生了变化。多年冻土上部的公路路基是否稳定，最终要以路基底部的地温变化，并结合冻土工程地质条件来进行评价。根据多年来对青藏公路沿线的地温观测和大量冻土工程地质勘测与调查工作，青藏公路沿线多年冻土年平均地温高于 -1.5℃的地区，占整个公路跨越多年冻土地区的50%～60%，而且有相当一部分公路路基处在冻土年平均地温高于 -1.0℃的高温和岛状多年冻土地区。这些高温多年冻土地区，冻土正处于退化状态，多年冻土特性十分脆弱。并且这些地区有相当一部分是属于：地下与地表水发育、冻土中含冰量较高的冻土，工程地质条件极差的地区。地表的轻微扰动，会加剧冻土的升温与退化，从而造成公路路基的较大下沉变形与一系列冻土路基病害的发生发展。掌握多年冻土地区冻土路基中地温变化过程与冻土特性之间的联系，按照不同的冻土温度，采用不同的路基设计原则，对保证公路路基的稳定性与设计的可靠性以及病害的防治与治理都具相当重要的意义。

一、多年冻土地区路基设计原则

多年冻土地区路基设计，应遵守保护冻土的原则，尽量避免“零”填、浅挖，在此前提下根据高原多年冻土的特性，确定路基设计高度（喻文学、武敬民，1986）。但随着青藏公路沥青路面的修建及其人类活动的影响，使路面下卧多年冻土发生了根本变化。由于冻土路基温度状态是当地气候环境条件与路基结构、路面材料、路基内部水分状态等诸多因素响应过程的产物，而且对这些因素的依赖和敏感性很强，上部条件的轻微改变，将会引起下部温度的较大变化。

由于，多年冻土融化引起的道路路基不均匀下沉是影响路基设计的主要因素；因此，路基设计首先考虑的是如何控制多年冻土层的融化，正确评估冻土发生融化后的变形值。在这一指导思想下，结合冻土类型（综合冻土工程分类）及年平均地温分别采用以下设计原则：保护冻土的设计原则，即保持多年冻土上限不下降或略有上升；控制冻土融化速率的设计原则，即保持多年冻土融化引起的路基下沉变形不影响路面的正常使用，或在一定时期内多年冻土融化引起的路基下沉变形不降低公路的服务水平；预融的设计原则，即让多年冻土预先融化，直至稳定到一定深度为止，再按一般地区路基设计；按季节冻土区处理的原则。各类设计原则的适用范围见表8-1。依据多年冻土地区地温特征值、冻土含水率、路基病害调查资料以及路面类型，同时考虑到全球气候周期性波动对冻土路基的影响，采用不同的设计原则。

多年冻土区路基设计原则 表 8-1

设计原则	应用范围
保护冻土	年平均地温低于 α℃的低温相对稳定多年冻土区； 经过热学计算研究确信在施工和运营过程中可以保持土的冻结状态和稳定性,冻土人为上限较浅的多年冻土路段
控制融化速率、综合治理	年平均地温高于 α℃的高温多年冻土与岛状冻土区(高温冻土区)； 高温多年冻土和岛状多年冻土区中高含冰量分布地段(高温高含冰量区段)； 冻土含冰量虽低,但区域路基病害严重区段(改建、整治工程)； 不良冻土地质病害区段(新建工程)
预融冻土	地温较高、冻土厚度较薄的少冰冻土、多冰冻土区地段； 路基挖方路段
按季节冻土区设计	冻土区内的融区

注:表中 α℃系指不同冻土区域,高温区和低温区的分界温度值。

1. 保护冻土的设计原则

在多年冻土地区修筑公路,由于人为地改变了原来天然地表的传热条件,破坏了天然条件下的热平衡状态,多年冻土的天然上限位置必然会发生相应的变化。这种经人为活动影响而变化了的多年冻土上限就是人为上限。保护冻土的设计原则,就是采取有效的综合工程措施,并使路基保持其最小临界高度(又称路基最小填土高度),使路基建成后其基底的多年冻土人为上限能控制在一定的深度内,保持路基下的多年冻土不被融化,以确保路基的稳定性。

2. 控制融化速率、综合治理的原则

控制融化速率的设计原则,就是指多年冻土区的路基,在路面设计使用年限内路基下卧多年冻土的人为上限不下降,或由于人为上限的下降导致冻土路基产生的融沉变形在设计容许变形范围以内的原则。在高温高含冰量多年冻土地区路基病害严重区段,一般的保护措施已不能解决问题,也就是说,仅依路基填土高度的保护已不能解决冻土上限下降问题,必须采取相应的工程措施,控制融化速率,综合治理。为此,可按实际情况选用调控冻土地温的工程措施进行方案设计,可采用单一的工程措施,如热棒路基、通风管路基、片(块)石碎石路基、遮阳板路基、隔热层路基等。冻土地质灾害特别严重的地段亦可采用旱桥通过;高温高含冰量冻土区病害特别严重段,则应采取组合的工程措施。

根据冻土类型、地形、地貌及路基高度和坡脚积水情况,不仅在路基高度方向保护冻土,而且也在路基的纵、横方向采取一定的工程措施,如设置防水保温护道、回填路基坡脚 10m 范围内积水坑,以及使路基纵、横向形成排水系统等保护冻土,以达到综合治理的目的。

3. 不保护多年冻土的设计原则

该原则就是在路基建成后的运营期间,允许路基下地基中的多年冻土全部或部分融化,或在筑路时预先使路基下的多年冻土融化,路基设计按非多年冻土地区的技术标准进行。

具体应用时,对基底地质良好,为少冰冻土及多冰冻土的低温多年冻土地段,可按一般多年冻土地区的路基设计,尽可能少扰动路基下多年冻土,设置合理偏安全的路基高度,因为冻土融化后不会产生大的融沉及冻胀病害。对含冰量大的薄层冻土,若埋藏较浅,或地下冰层下不深处即为少冰冻土、多冰冻土或基岩且无地下水的路段，根据线形设计路堤高度小于临界高度时，可全部挖除含冰量大的冻土层，换填渗水性土，并碾压密实。含冰量大的冻土层厚度较薄，但埋藏稍深，冻土层以下的土层中饱含承压地下水，挖除换填施工难度大的情况，可采取上部挖除以渗水土换填，下部松动爆破，将冻土层振碎破裂，在施工过程中利用地下水温，加速碎裂冻土的融化，使冻土层完全消失。上部部分挖除的深度应视施工期限、冻土层厚度等综合考虑决定，一般应占整个冻土层厚度的1/2~2/3。设计中应考虑适当预留沉落量及加宽路肩。

零星岛状多年冻土带地段，由于多年冻土层已处在退化状态中，修筑公路势必加速多年冻土的融化，保护多年冻土难以取得成效，应采取允许多年冻土融化的原则设计，或采取工程措施，设置过渡区间，控制融化速率。

4. 冻土区的融区与冻土岛的设计原则

连续多年冻土区中的融区及其冻土岛，该类多年冻土地温最高，主要分布于大的河流两岸、湖泊盆地及河谷阶地等处。对于修筑路基导致冻土环境条件改变形成的融区、河谷融区的路段，按最高地下水位、地表积水、最大冻结深度和土质等确定路基高度；对于较小的冻土岛，则采用保护冻土或控制融化速率的设计原则，从经济、技术和线形顺适等条件综合考虑、比选，也可采用浅色路面或XPS板隔热层路基、通风管路基、热棒路基等工程结构，确定路基高度。

二、选择设计原则的主要依据

根据多年来对青藏公路沿线的地温观测和大量冻土工程地质勘察及调查工作，发现道路病害隐患和路基病害与冻土的含冰量、冻土地温等有直接关系。

1. 冻土地温特征值

冻土地温特征值系指年平均地温、地温年变化深度、年最高地温和年最低地温、地温梯度等参数的总称。它们是反映冻土热稳定性的物理参数，地表以下的温度随季节而变化，其变化幅度随深度的增加而衰减，在某一深度以下地温在一年内相对不变，该深度处的地温称为冻土的年平均地温。它反映了在一定地质、地理条件下冻土层的热量状况，是评价多年冻土热稳定状态的主要指标之一，也是冻土分类的重要指标，还是选择路基设计原则的重要依据。

以多年冻土区地温特征值为依据，结合多年冻土区域内冻土工程地质条件的实际情况，从目前冻土路基的稳定情况与地温的关系出发，将多年冻土地区公路路基温度分布状态划分为高温多年冻土区和低温多年冻土区两大类。

高温区和低温区要根据冻土地温特征值，结合其所在区域路基由于冻土引起的病害程度等综合决定。例如在青藏公路，由多年的地温调查和路基病害统计分析，可将多年冻土年平均地温低于或等于-1.5℃的地区定为低温区，而把年平均地温高于-1.5℃的地区定为高温区；在东北岛状多年冻土区，根据实际地温测试大部分地区冻土地温高于-1.5℃，但路基病害调查显示在冻土地温高于-0.5℃的地区病害才较严重，故此，在该地区将多年冻土年平均地温低于或等于-0.5℃的地区定为低温区，高于-0.5℃的地区定为高温区。

分析多年冻土地区冻土路基中地温变化过程与冻土特性之间的联系，按照不同的冻土温度，采用不同的路基设计原则，对保证公路路基的稳定性与设计的可靠性以及病害的防治与治理都具相当重要的意义。

2. 冻土含水(冰)率

冻土含水率是指冻土中所含冰和未冻水的总质量与土骨架质量之比,用百分数表示。水分是冻土的重要组成部分和最活跃的因素。冻土含水率的大小与冻土的物理、力学、物理化学、热学等一系列性质有密切关系。在冻土地区的工程实践中,往往直接用这一指标,对冻土进行冻胀性和融沉性的评价与分类(表8-2)。冻土的含水(冰)率是决定冻土性质的最主要因素之一。

多年冻土分类

表8-2

冻土名称	土的类别	总含水率 w(%)	融化后的湿度或稠度状态	融沉性评价	符号
少冰冻土	粉黏粒含量≤15%(或粒径<0.1mm的颗粒含量≤25%,下同)的粗颗粒土(其中包括碎石类土、砾砂、粗砂和中砂,下同)	$w \le 12$	潮湿	不融沉	SH
	粉黏粒含量>15%的粗颗粒土、细砂、粉砂		稍湿		
	黏性土		半干硬		
多冰冻土	粉黏粒含量≤15%的粗颗粒土	$12 < w \le 18$	饱和	弱融沉	D
	粉黏粒含量>15%的粗颗粒土、细砂、粉砂		潮湿		
	黏性土		硬塑		
富冰冻土	粉黏粒含量≤15%的粗颗粒土	$18 < w \le 25$	饱和出水(出水量<10%)	融沉	F
	粉黏粒含量>15%的粗颗粒土、细砂、粉砂		饱和		
	黏性土	$w_p + 7 < w \le w_p + 15$	软塑		
饱冰冻土	粉黏粒含量≤15%的粗颗粒土	$25 < w \le 44$	饱和出水(出水量10%~20%)	强融沉	B
	粉黏粒含量>15%的粗颗粒土、细砂、粉砂		饱和出水(出水量<10%)		
	黏性土	$w_p + 15 < w \le w_p + 36 \sim 48$	流塑		
含土冰层	粉黏粒含量≤15%的粗颗粒土	$w > 44$	饱和出水(出水量>20%)	融陷	H
	粉黏粒含量>15%的粗颗粒土、细砂、粉砂		饱和出水(出水量>10%)		
	黏性土	$w > w_p + 36 \sim 48$	流动		

注:①w_p 为塑限含水率。②碎石类土及砂类土的总含水率界限为该两类土的中间值。含粉黏粒少的粗颗粒土比表列数字小,细砂、粉砂比表列数字大。③黏性土总含水率界限中的+7、+15两值为不同类别黏性土的中间值。黏砂土比该值小,黏土比该值大。

3. 路基病害调查与工程地质勘察资料

多年冻土区路基病害主要由冻胀和融沉引起，表现为不均匀沉陷、翻浆，局部路基开裂、滑移等。由于工程等人为干扰而形成不同程度不同类型的冻土路基病害。在路基病害调查时，要将各类路基病害进行分类统计，将病害和所处路段地质情况、冻土地温情况、冻土含水(冰)率等情况一一对应，详细调研对比调查区段路侧原来取土、积水情况，路基高度，路基走向，冻土地质病害发育情况，以前处置措施结构，运营状况和使用效果等等。

工程地质勘察的主要内容为：多年冻土的分布范围、冻土类型、冻土地温、冻土上限等；多年冻土地区的冰椎、冰丘、热融湖塘、热融滑塌等出现的位置、规模以及与地下冰的关系等；并对多年冻土区冻土对工程的影响进行综合评价。

详实的路基病害调查与工程地质勘察资料，有助于设计者归类分析，总结提炼病害成因，判定原有工程措施使用效果，确定设计原则，选定设计或处理措施的技术方案。

第二节　一般路堤结构设计

冻土路堤设计，除应符合公路建设的基本原则、《公路工程技术标准》和《公路工程路基设计规范》规定的具体要求外，还应针对冻土的病害特点，贯彻以防为主，防治结合的原则，进行多年冻土区路基工程设计。

一、路基高度设计

路基高度设计中，有路基临界高度、路基合理高度和路基设计高度三个高度值，这些高度值是从保护冻土的角度进行热力等效计算得出的。由于多年冻土中水、热、力耦合计算的复杂性，路基稳定性设计时，除根据变形及强度指标进行冻土路基设计外，还应针对冻土路基中温度分布的特点，对温度传递和影响进行有效控制设计。在这种设计思想指导下，路基临界高度和设计高度已成为多年冻土地区公路路基设计中的一个控制指标，合理的路基高度对于冻土路基的稳定、安全有着十分重要的意义。

不同的冻土地质情况，不同的设计原则，有不同的路基设计高度计算方法。

(1)按保护冻土的设计原则，其路基设计高度采用路基临界填土高度再加安全高度的方法确定。

其中，路基临界填土高度 $H_{临}$ 用下式计算

$$H_{临} = A - Bh_{天} \tag{8-1}$$

$$H_{临} = K_2(K_1h_{融} - h_{天}) \tag{8-2}$$

式中：A,B——在不同地温带是不同的，随气温、地温升高而增加，其具体值应由观测资料回归得到。

路基设计高度($H_{设}$)可用下式确定：

$$H_{设} = mH_{临} + S \tag{8-3}$$

式中：$H_{临}$——路基填土临界高度(m)；

$h_{天}$——多年冻土的天然上限(m)；

$H_{设}$——路基设计高度(m)；

m——综合修正系数，依据冻土类型及上限深浅选定（表8-3）；

S——季节融化层压缩沉降量（m）；

h——融一标准地基的路基融深（m）；

K_1——利用标准地基路基融深计算当地路基融深的换算系数；

K_2——填料换算系数。

综合修正系数 m 表8-3

冻土类型	多冰冻土	富冰冻土	饱冰冻土	含土冰层
m 值	0.6~0.7	0.9~1.0	1.1~1.2	1.15~1.25

利用标准地基路基融深计算当地路基融深的换算系数 K_1，按下式计算：

$$K_1 = \frac{\sqrt{\frac{2\lambda\tau t}{Q_1}}}{\sqrt{\frac{2\lambda\tau t}{Q}}} = \sqrt{\frac{\lambda_1}{Q_1}\cdot\frac{Q}{\lambda}} \tag{8-4}$$

填料换算系数 K_2，按下式计算：

$$K_2 = \sqrt{\frac{\lambda_2}{Q_2}\cdot\frac{Q_1}{\lambda_1}} \tag{8-5}$$

式(8-4)、式(8-5)中的符号意义：

λ、Q——标准地基土的导热系数和相变热（kcal/m·h·℃及kcal/m^3）；

λ_1、Q_1——当地天然上限以内土的平均导热系数和平均相变热（单位同上）；

λ_2、Q_2——代换填料的导热系数和相变热（单位同上）。

相变热的计算公式为 $Q=80(w-w_n)\rho_d$

式中：w——总含水率（%）；

w_n——末冻土含水率（%）；

p_d——土干密度（g / cm^3）。

标准地基的热参数取全断面的加权平均值 $\sqrt{\frac{Q}{\lambda}}$ 79.000~73.000。如果计算路段钻探时间在寒季则取低值，在最大融季时取高值，用于填料换算系数时均取高值。K_2 也可近似地按表8-4比较取值。

填料换算系数（K_2）表 表8-4

土名	粉黏性土	亚砂土	砾质细砂砂土	砂、砂土质砾石砂砾土	干燥密实砂砾
K_2	0.6~0.65	0.7~0.75	0.8~0.85	1.0	1.1~1.2

季节融化层压缩沉降量 S 可按下式计算：

在最大融深季节施工时：

$$S = \sum_1^N a_{0i}\delta_{0i} \tag{8-6}$$

在冻结期施工时：

$$S = \sum_1^N A_{0i}h_i + \sum_1^N \alpha_{0i}\delta_{0i}h_i \tag{8-7}$$

式中：N——路基填土基底以上季节融化层层数；

h_i——第 i 层土层厚；

δ_{0i}——第 i 层平均总应力等于平均附加应力＋重量应力；

A_{0i}——第 i 层融沉系数；

α_{0i}——第 i 层压缩系数。

当 A_0 用解冻前冻土含水率(w)确定时，对于Ⅰ、Ⅱ、Ⅲ、Ⅳ类冻土：

$$A_0 = K_1(w - w_c) \tag{8-8}$$

式中：w_c——起始融沉含水率(%)，从表8-5取值；

K_1——经验系数。从表8-5取值。

K_1、w_c 值　　表8-5

土　质	砾(碎)石土*	砂类土	黏性土	重黏土
K_1	0.50	0.60	0.70	0.60
w_c(%)	11.0	14.0	18.0	23.0

* 粉黏粒含量<12%者，K_1 取0.40

对于Ⅴ类土：

$$A_0 = 3\sqrt{w - w_c + A'_0} \tag{8-9}$$

式中：A'_0——系数，从表8-6中查得。

w_c、A'_0 值　　表8-6

土　质	砾(碎)石土*	砂类土	黏性土	重黏土
w_c(%)	46	49	52	58
A'_0(%)	18.0	20.0	25.0	20.0

注：* 粉粒含量<12者，w_c 取44，A'_0 取14.0。

当用冻土干密度 ρ_d 确定 A_0 时，对于Ⅱ～Ⅳ类冻土：

$$A_0 = k_2 \frac{\rho_{d0} - \rho_d}{\rho_d} \tag{8-10}$$

式中：k_2——经验系数，由表8-7确定；

ρ_{d0}——起始融沉的干密度(g/cm³)，即最佳干密度，由表8-7取值。

k_2、ρ_{d0} 值　　表8-7

土　质	砾(砾)石土*	砂类土	黏性土	重黏土
K_2	25	30	40	30
ρ_{d0}(g/cm³)	2.00	1.80	1.70	1.65

注：* 粉、黏粒含量<12%者，K_2 取20，ρ_{d0}：取2.05g/cm³。

对Ⅴ种冻土：

$$A_0 = 60(\rho_{dc} - \rho_d) + A'_0$$

式中：ρ_{dc}——对应于 $w = w_c$ 之冻土干密度(g/cm³)，见表8-8。

ρ_{dc} 值 表 8-8

土　质	砾(碎)石土	砂类土	黏性土	重黏土
ρ_{dc}(g/cm^3)	1.16	1.10	1.05	1.00

注：* 粉黏粒含量 <12% 者，ρ_{dc} 取 1.2 g/cm^3。

(2)按控制多年冻土融化速率的原则，其路基设计高度按满足路面设计使用年限内路基变形量不大于允许变形量的设计方法进行设计。

根据综合工程地质勘察资料，在允许变形量指标下，按不同冻土地质条件分段采用不同的多年冻土人为上限下降允许值(表 8-9)。

不同冻土类型的上限下降允许值 表 8-9

地基多年冻土类型	上限下降允许值(m)
含土冰层	0.15～0.20
饱冰冻土	0.50～0.75
富冰冻土	1.00～1.50

新建公路路基设计高度以式(8-11)计算：

$$H_{设} = MH_{临} + KP\phi tm + S \tag{8-11}$$

式中：K——气温修正系数(青藏路可取 $K = 1.075$)；

P——平均融化速率，借鉴原有沥青路面下多年冻土融化速率；

ϕ——融化速度衰减系数，$\phi = 1/\ln t$；

t——路面设计使用年限，以年计；

m——填土当量换算经验系数，由表 8-10 查取；

其余符号意义同前。

改建、整治工程原有沥青路面路段，路基增加高度采用式(8-12)计算：

$$\Delta H = KP\phi tm \tag{8-12}$$

式中：ΔH——沥青路面路堤增加高度，以 m 计；

K——气温修正系数，取 $K = 1.075$；

P——历年平均融化速率 $P = \Delta h/\Delta T$；

Δh——勘探年沥青路面下多年冻土人为上限下降值(m)，$\Delta h = h_1 - h - h_t$；

h——计算断面的天然上限(m)；

h_t——勘探年路基高度(m)；

h_1——勘探年路基下多年冻土人为上限(m)；

ΔT——沥青路面竣工至勘探的时间(a)；

ϕ——融化速度衰减系数($\phi = 1/\ln t$)；

t——路面设计使用年限(a)；

m——填土当量换算经验系数，由表 8-10 查取。

填土当量换算经验系数 m 取值表　　表 8-10

冻土类型	适用条件		m^*
	路基现高(m)	上限下降值 Δh(m)	
含土冰层	$h<3.8\sim3.0$	$0.4\sim1.2$	$1.0\sim5.0$
饱冰冻土	$h<2.4\sim2.8$	$0.8\sim1.6$	$1.0\sim2.5$
富冰冻土	$h<1.8\sim2.0$	$0.8\sim1.8$	$1.0\sim2.0$

注：* 在设计时，现路基低者，上限下降值大者，m 取大值。

在进行路基高度计算时还应注意以下几点：

①在计算沥青路面下人为上限时，首先应分析历年勘探资料，进行冻土地质分段，分段时要注意照顾不利冻土路段。当沥青面下人为上限资料缺乏时，可采用沥青面铺筑前砂砾路面的人为上限或天然上限进行计算。

②当采用保护冻土或控制融化速率设计原则时，多年冻土层上的植被与草炭(泥炭)层不宜清除，而应采取有效措施，首先将地表软基处理，使其在路基施工阶段完成沉降变形，再修正计算路基高度。

③除基岩路段外，路基最小高度一般不宜低于 1.5m，非纵坡或构造物控制段路基高度不宜超过 3.5m。当多年冻土特别发育或冻土路基病害严重时，仅靠填土路基已无法解决冻土路基稳定性问题，除设计合理的路基高度外，还必须采用热棒制冷路基、碎(片)石路基、通风管路基等主动调控措施或隔热层路基和遮阳板路基等被动调控措施进行处理。这些技术措施可以单独使用，也可进行组合使用。

④当路基设计高度经计算确定后，路基设计高度的起算点也是一个很重要的设计参数，由于地形条件不同，其起算点若选择不合适，同样可能引起路基失去其稳定性。因此，路基设计高度的起算点应以设计最安全为目标，也就是以地表至路基设计高程的最小距离的位置为路基设计高程的起算点。即，路基通过地形平缓时地表时，路基设计高程以路中心为起算点；路基通过地形横坡较大时，则应以地形较高一侧路面边缘所对应的地面点为起算点(如图 8-1，图 8-2)。

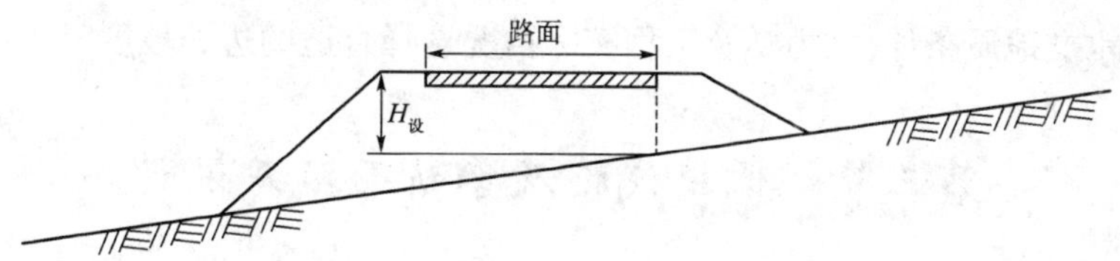

图 8-1　路基通过地形横坡较大时路基设计高度示意图

二、路堤横断面形式设计

多年冻土区路堤横断面形式与一般地区路堤横断面形式基本相同。为改善路基两侧的冻土地质环境，可在路基两侧或一侧增设防水保温护道。

修建防水保温护道对路基及其边坡的稳定性非常有利。但相对于天然地表而言防水护道

改变了天然表面的水热交换条件。因此,多年冻土防水护道的设置原则如下:

(1)考虑到青藏公路建设过程中就地取土填筑路堤的历史,修筑保温护道在一定程度上是恢复了路基两侧冻土环境,对防止融化盘的扩大,减少与减缓路基病害的发生起到了十分积极的作用;

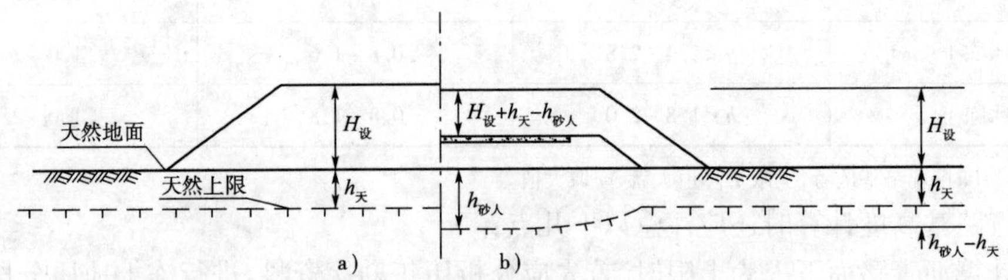

图8-2 旧砂砾石路面路基设计高度示意图
a)新建路基设计断面;b)旧沙砾路面提高路基设计断面

(2)在高温多年冻土区,如果是新修路堤或路堤两侧地表环境未遭到严重破坏的情况下,可不设保温护道;

(3)在低温高含冰量多年冻土区,路基高度大于临界高度,路基内形成较为明显的冻结核时,可以修筑保温护道;

(4)如果在修建护道后尽可能恢复护道与边坡的植被,则其保温效果会更好,这样处理不仅能有利于保护冻土,有利于美化道路沿线生态环境。

路堤边坡设计,包括边坡形式和边坡坡度设计。边坡形式可根据路基力学稳定性确定,边坡坡度一般根据当地的工程地质与水文地质条件,路基高度,填料或当地土质的物理力学性质,施工方法,地貌形态等因素,并结合自然稳定山坡形式及力学分析方法综合确定。

我国行业标准规定,实际工程中道路边坡坡度一般取1:1.5~1:1.75。在多年冻土区富冰冻土、饱冰冻土和含土冰层上修筑路堤时,若细粒土层中天然含水率较高,从力学稳定性来考虑,一般将边坡坡度放缓到1:1.5~1:2.0。

但对于寒区道路工程而言,边坡坡度不应作为考虑路基热稳定性的影响因素,应根据当地的工程地质及水文地质条件,从力学及工程实际情况选择合适的边坡坡度。

第三节　低填浅挖及零断面路基设计

低填、浅挖及零断面系指填土高度小于0.5m的路堤和开挖深度小于0.5m的路堑段。多年冻土地区的低填、浅挖及零断面地段是最容易产生热融下沉、冻胀及冰害的地段。为保护冻土,应尽量避免低填、浅挖及零断面设计。但为满足公路工程路线技术标准的要求,此类路段仍会出现。因此,在路线设计时应尽量减少和缩短该类路段的处数及长度。低填、浅挖及零断面路基的设计,应根据路段的水文、地质条件和多年冻土的含冰量条件等进行,对不同的设计方案应进行经济技术比较。

对低填、浅挖及零断面路基的设计,主要的技术方案有以下几种:

1. 按破坏多年冻土的原则设计

当路基下多年冻土中的富冰冻土、饱冰冻土、含土冰层等高含冰量冻土厚度不大，且埋藏较浅时，宜全部清除换填。换填底部应填筑不少于 60cm 厚的水稳定性好的渗水性土，或全部换填成水稳定性好的渗水性土，并做好基底的纵向排水和边坡防护等，以防基底积水和边坡滑塌等影响路基的稳定性。

2. 按保护多年冻土的原则设计

当路基下多年冻土中的富冰冻土、饱冰冻土、含土冰层等高含冰量冻土厚度较大，埋藏较深，全部清除换填困难且不经济时，一般可采取部分换填或不换填并选用有效的调控冻土路基稳定的工程措施进行治理。当需要换填时，其换填厚度，既与地基土的类型有关，还与所选择工程措施的强弱有关。当地基深层土透水性较好且强度高，表层粉黏粒和矿物质含量适合做路基时，根据地质地貌、水文情况、多年冻土的含冰量等条件采取调控路基稳定的工程措施可按工前处理进行及时换填，减少对路基下土体的热扰动；当地基深层土透水性能差，表层易透水时，将表层 50 ~ 150cm 深度换填，换填材料应选用保温和隔水性能好的黏性土或增设 XPS 板隔热层，并做好基底的纵向排水和边坡防护等，以防基底积水和边坡滑塌等影响路基的稳定性。当换填材料采用保温和隔水性能好的黏性土时，其上层应采用厚度不小于 0.6m 厚的水稳定性好的渗水性土填筑路基，以防冻害。

3. 按预融多年冻土设计

当路基下多年冻土层中的含冰量较小，但埋藏较深时，采取部分换填设计方案无法保持路基稳定性时，可采用预融多年冻土的方案进行路基设计。具体作法是：大断面开挖，其深度应大于设计开挖深度（超挖深度由计算确定），然后铺设简易路面开放交通 1 ~ 2 年，让多年冻土自行融化至预计深度后再回填至设计高程，最后加铺路面。此种方案用于高原多年冻土地区，较之其它（如保温换填、设置隔热层、安装人工降温设施等）方案要经济合理。但该方案仅适用于低含冰量冻土路段，同时在未回填前的暖季通车期间，会出现严重翻浆而影响车辆畅通，对此需要及时处理或另开辟便道通车。

低填、浅挖及零断面路基的预融回填设计，首先需查明路段的冻土地质情况，然后再根据所选用的路面类型计算路基下人为上限的深度，确定超挖深度和换填深度。沥青路面的超挖深度以式(8-13)计算，回填高度以式(8-14)计算

$$H_{超} = h_{人} - h_{预} \tag{8-13}$$

$$H_{回} = H_{超} + S - D \tag{8-14}$$

式中：$H_{超}$——超挖深度(m)；

$H_{回}$——估算预融深度(m)；

D——路面结构总厚度(m)；

$h_{预}$——预计自行融化深度(m)；

S——季节融化层压缩沉降量(m)；

其余符号意义同前。

当多年冻土为低温冻土时，对于沥青路面，路基下人为上限的深度以式(8-15)式计算；当多年冻土为高温冻土时，对于沥青路面，路基下人为上限的深度以(8-16)式计算。

$$h_{人} = 2.14 + 0.56h_{天} \tag{8-15}$$

$$h_{人} = 2.14 + 0.56h_{天} + KP\phi tm \tag{8-16}$$

式中符号意义同前。

估算预融深度是指路基按照设计换填土层厚度开挖后，停置一段时间，使换填基底以下冻土层自然融化，达到设计所要求的深度。预融深度可以通过热工计算确定，预融期按一个气象年计算。工程实测，融期为一年时对高含冰量冻土可融化 40 ~ 60cm，对含冰量小的冻土为 60 ~ 120cm。

低填浅挖及零断面路基的预融回填设计路基横断面形式见图（图 8-3、图 8-4）。

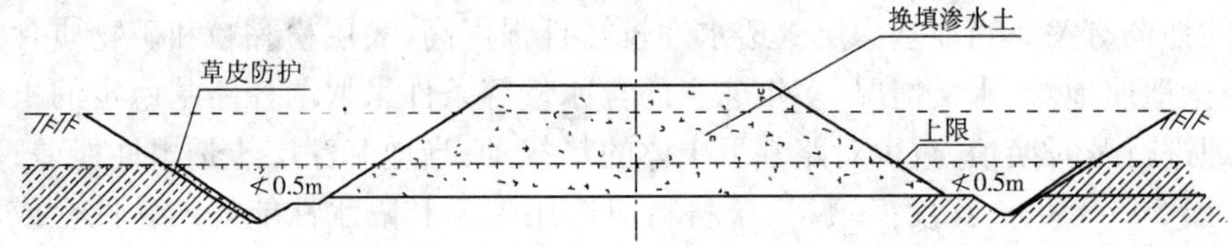

图 8-3　全部换填断面形式

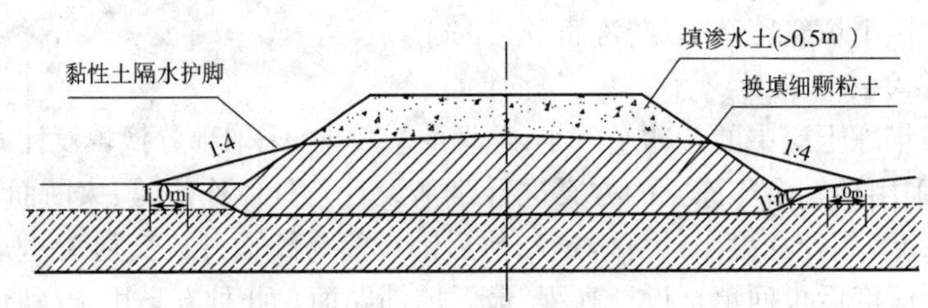

图 8-4　基底部分换填断面形式

第四节　多年冻土地区路堑设计

多年冻土地区的路线纵断面设计时，应采用地表的自然坡度，尽量以路堤通过，避免挖方。但有时完全避免挖方会增加工程费用和恶化路线技术条件，因此，少数位于多年冻土区地段的路堑仍属难免。

高含冰量冻土与地下冰是多年冻土地区修筑路堑工程的最大难题。施工开挖后暴露于边坡和基底的高含冰量冻土与地下冰，将引起边坡滑坍、基底融沉等病害，冬季路基路面冻胀，当有地下水存在时，还会边坡挂冰、涎流冰体上路等病害。为使路堑工程具有良好的稳定性与耐久性，就需要解决好设计、施工中存在的一些问题。

路堑设计时，应按保护多年冻土的原则进行，着重解决工程处理措施和断面形式等方面的问题。

多年冻土区的地下冰、高含冰量冻土无论其成因如何，冰层、多年冻土层与其上的季节融化层经过长久以来的环境作用，已经形成了比较稳定的平衡状态（温度场、物理和热物理性质，热量的存贮、传递、周转力系平衡等）。路堑的开挖则不可避免地将要改变这种平衡。按照工程类比的观点，欲使新的体系得到稳定，即要求工程的变形控制在稳定性与耐久性充许的范围之内，这就必须使新体系的热学、力学状态在一定限度内恢复到与原有状态相似的水平，或是使之能够适应状态改变所引起的变化。这就是确定工程处理措施的基本出发点，并由此产生了保护冻土原则的两大类设计方案：①以热力相似原理为基础的换填隔热方案，②以局部融化排水自埋稳定原理为基础的支挡结构防护方案。

一、换填隔热处理方案设计

其主要内容有：断面形式和处理措施的确定；隔热换填厚度的计算；边坡稳定性及基底强度检算等。

1．断面形式和处理措施

合理的断面形式和处理措施应满足：尽量减少对多年冻土的扰动和破坏，以利于平衡状态的恢复；尽量减少大气降水的浸湿、渗入，及层上水的危害；尽量减少工程量，便于施工和保养。

对断面形式要求：

1）采用一般断面：开挖断面应相对于确定的隔热层厚度，预留适当的超挖量（尤其是地下冰部分），使季节最大融深停留在换填交界面以上（图 8-5）。

2）由堑顶挡水埝和埝外天沟组成坡顶排水系统，以防止上方横坡的层上水危害边坡（图 8-6）。

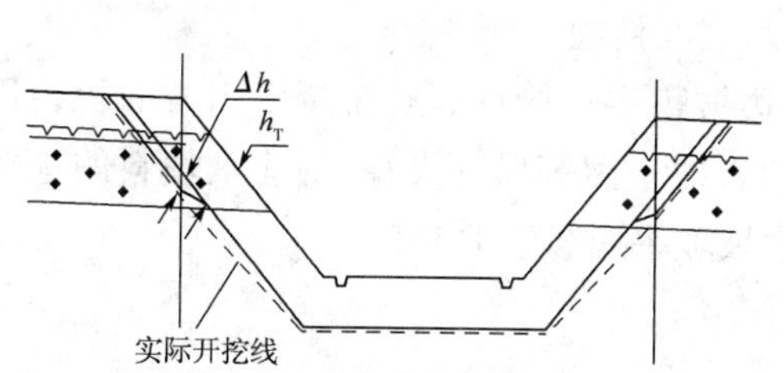

图 8-5　开挖断面示意图

h_T-计算隔热层厚度；Δh-坡顶折角处隔热层加大值，$\Delta h=(0.06-0.10)h_T$

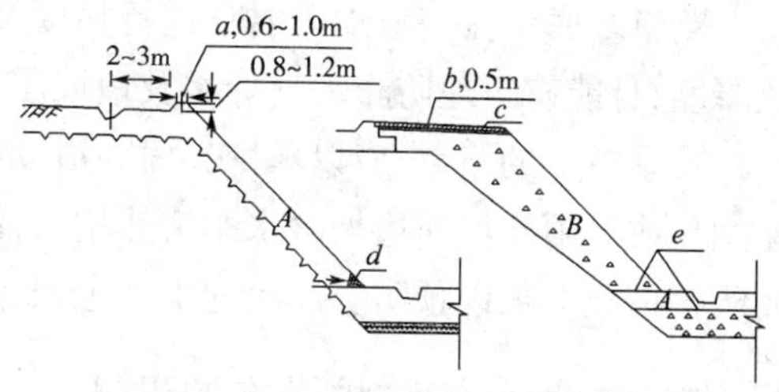

图 8-6　边坡基底截、排、隔水设施示意图

a-挡水埝；b-黏性土隔层；c-倒铺草皮；d-干砌片石垛；e-隔水层；

A-回填黏性土；B-回填粗颗粒土

3）采用浅宽侧沟断面，沟底用柔性隔水材料，如加筋复合防水土工膜铺砌，以便于维修和保持侧沟的通畅。

4）用设置侧沟上方平台的方式增强边坡的稳定，或用设置平台并配置坡脚干砌片石支垛的方式，加强边坡水分的排泄，促使边坡稳定（图 8-6）。

对于处理措施，则应考虑以下因素：

（1）换填材料应以当地材料（碎石、卵砾石、黏性土、草皮等）为主。黏性土换填并在表层铺砌草皮的边坡防护形式更适合于路堑边坡防护，对减少边坡吸热促使融深衰减确保边坡稳定性有利。路堑基底换填料宜选用一定粒径范围内的碎砾石并用不透水的黏性土封层。

（2）为减少开挖换填量，可考虑在边坡及基底分层错缝铺设工业隔热材料。铺时应在隔热板底部设置一定厚度的粗砂隔断层。当隔热板设于边坡表面时,应适当预留泄水孔(图8-7)。

(3)为防止浸入的水分危害基底,应在边坡、基底适当部位设置防渗隔断层,并要控制填料含水率及夯实密度。

(4)当不在堑顶设置挡水埝时,由于堑顶变坡点受双向热源影响,融深约比坡中大6%~10%,故应根据地下冰厚度适当加大坡面上半部隔热层厚度(图8-7)。

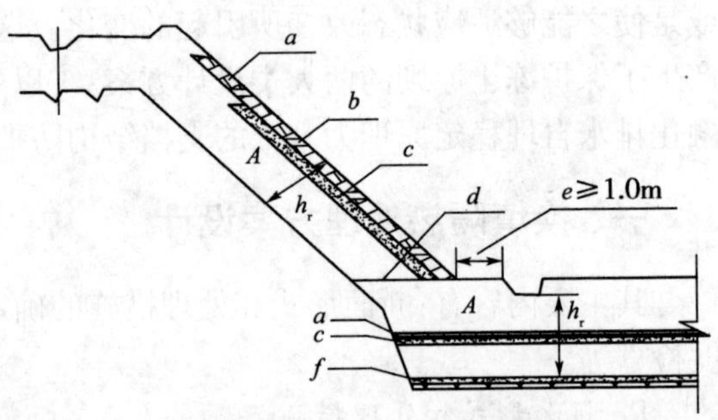

图8-7 铺设隔热材料断面示意图

a-隔热材料;b-泄水孔;c-隔水层;d-隔水层;e-侧沟平台;f-碎石.粗砂垫层;h_T-隔热层厚度;A-换填黏性土

2. 换填隔热厚度的确定

换填隔热措施是以热力相似原理为依据,因此,确定隔热换填厚度的各类计算与试验方法,都应在边界条件、介质性质等方面与当地天然地层的平衡状态保持一定的内在联系,并应反映路堑断面形态的特点。侧面隔热材料设计厚度和换填地基隔热层厚度用等效热阻的方法计算确定,计算时则应考虑修正系数。

3. 边坡、基底稳定性检算

路堑基底可按一般地区要求进行强度检算,但要求热工计算可靠,季节最大融深不超过换填厚度,且能有效地防止大气降水及边坡层上水对基底的侵蚀。

暖季施工的路堑,应以填挖界面为滑动面进行边坡稳定性检算。对于暖季因坡面积雪迅速融化或暴雨作用使边坡含水率突然增大而造成的表层土溜等局部失稳,则应从填料的选择或防护措施上加以预防。厚层地下冰地段路堑其边坡坡率应缓于1:1.5。

二、支挡结构防护措施的设计

该措施是以自埋稳定原理为基础,因此除要求结构本身具有构造稳定性外,还要求场地条件允许被局部破坏的山坡通过季节融化层再造作用恢复平衡状态。其优点是可以减小开挖断面(只要求满足施工需要的最小断面),节省开挖和换填土方量,但它一般只适用于低路堑或与隔热措施相结合的深堑(图8-8),设计时主要考虑:

(1)尽量用在地表横坡小的路段;

(2)挡墙基础应埋置于人为上限以下0.3~0.5m,或落在基岩上;

(3)依据土体含冰量,天然上限位置及稳定斜坡坡率,估算坍落范围和墙后坍落物的堆积高度,按墙后堆土土压力为主的原则设计挡墙断面;

(4)要在墙身不同高度设置泄水孔,并加强路堑纵向排水。

对于深路堑,采用下挡上保的断面可减少开挖换填量,但要求墙后回填足够厚度的填料。设计时要考虑挡墙在水平冻胀力作用下的稳定性,隔热层厚度等结构防护措施。以钢筋混凝土L形挡墙或锚杆锚定板的结构形式为优,如图8-9。

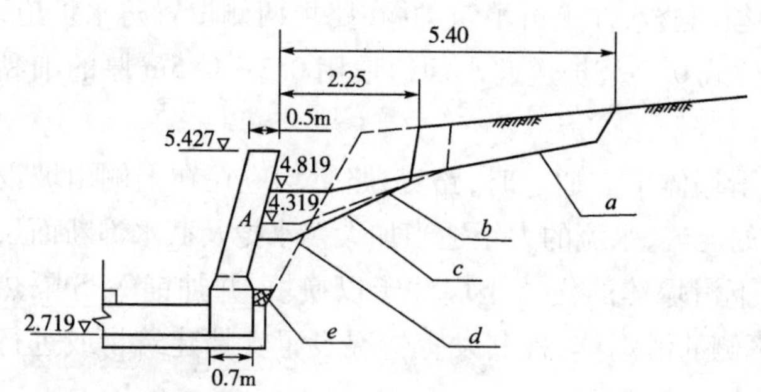

图 8-8　路堑挡墙结构和背部坍落自埋情况(尺寸单位:m)
a-1971.9.实测坍落线;b-1970.9.实测坍落线;c-1969.9.竣工时坍落线;d-1969.8.开挖边坡线;e-50*合层0.1~0.2m;A-100*浆砌片石挡墙。

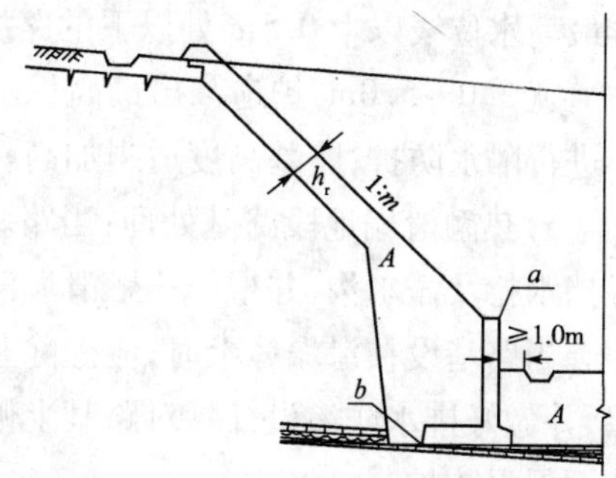

图 8-9　路堑边坡上保下挡防护示意图
a-预制拼装式钢筋混凝土 L 形挡墙;b-0.1m 砂垫层;A-回填黏性土。

第五节　不良地质地段路基设计

多年冻土地区,在一定气候、地形、岩性、水分等自然因素综合作用下,会出现厚层地下冰、水椎、冰丘、温泉及断裂带等不良工程地质现象。

对不良工程地质区段的设计必须遵循“以防为主,防治结合”的原则。

1)断裂带处理:青藏公路穿越不同的构造体系和构造带。这些构造体系和构造带在晚近时期继续活动。活动断裂带众多,水热活动强烈。一般在张性断裂带上,尤其是在张性断裂通过脆性岩石并与压性断面交汇部分,构造裂隙极为发育,地下水的迳流条件良好,往往有冷泉的成群分布,并可提高多年冻土温度,减少其厚度,甚至形成带状融区。采用冻融循环指标好、强度和透水性好的块石碎石路基,底部块石尺寸要求最小边长度不小于 20cm,厚度 100 ~ 150cm,中间层和上层粒径依次减小分别取 10 ~ 20cm 和 5 ~ 10cm,厚度根据需要调整;顶面用最大粒径 5cm 的级配碎石处理,其上再填筑路基土基和面层结构。

2)冰椎、冰丘等处理:它们对路基的破坏力相当大,在新建和改建公路时,应全面进行地质和水文地质调查,在选线中应注意避让不良冻土地质病害严重的路段。对冰丘规模较小必须通过时,路线宜在其下方以路堤通过,首先应考虑采用填方路堤或零断面路基通过,尽量不切割含水层,并控制路基两侧各 50m 范围内地表水与地下水的补给和传输,采取排、挡、截等防治措施进行治理。当含水层不厚,埋藏又浅,其下又为不透水层,则可在路堤上方设置冻结沟以截断地下水,在路基外侧适当位置修筑挡水墙、挡冰墙、聚冰坑、保温盲沟以及渗井等做好疏排水设计。

3)厚层地下冰段处理:可采取以桥代路或综合调控路基稳定的工程措施进行治理,综合措施可选用隔热板 - 热棒路基等。

4)冻土沼泽地段路基处理:根据水源特点及补给情况,在路基一侧或两侧设置排水沟或挡水捻,将上游水源截断,必要时增设桥涵,排除地表积水。可采取以桥代路、片块石路基或其它调控路基稳定的工程措施,并适当增加路基高度。

5)热融湖(塘)地段路基处理:无论是通过季节性有水或常年有水的热融湖(塘)的路堤,其最高水位线以上0.5m处以下的路堤必须用透水性土石填筑,并在路堤两侧设置防水护道,护道宽3.0~5.0m,护道高出最高积水水位线0.5m,护道迎水面边坡用0.3~0.5m厚的细黏土进行隔水防护,路基高度适当加高。

6)热融滑塌地段路基处理:当路基在滑塌体下方通过时,路堤、路堑均应在在上侧山坡设置挡水捻及截水沟,并根据热融滑塌体上的泥流、水流的大小适当加大挡水捻及截水沟断面尺寸。当路基设在滑塌体上时,应挖除基底下滑塌体的松软土层并予以换填,并加铺XPS隔热层,并做好排水防渗设计。对路基上侧、下侧的滑塌体,视其发育情况设置支挡建筑物或进行坡面保温防护。

第六节　多年冻土地区过渡段路基设计

多年冻土地区过渡段路基设计,主要包括:①填、挖过渡段路基设计;②路基与桥(涵)过渡段路基设计;③融区与多年冻土区过渡段路基设计。

一、填、挖过渡段路基设计

填挖路基过渡段设计分为路基纵向过渡段设计和路基横向过渡段设计。

路基纵向过渡段设计:应考虑路基设计方案的连续性。当路基最小填土高度等于路基临界高度(或150cm)时,则认为该点为填挖过渡段路基的填方段过渡段起点(终点),当路基开挖深度等于50cm时,则认为该点为填挖过渡段路基挖方段过渡段的终点(起点),路基纵向过渡段设计,应以挖方路段设计方案延伸为宜,在路基设计填挖高度等于"零"的断面至填方段过渡段起点(终点),路基中宜设置XPS隔热层。

路基横向过渡设计:当地表横坡大于1∶3时,路基基底横断面方向以开挖台阶给予解决(见图8-10),纵向台阶长度应大于或等于200cm,水平宽度不小于100 cm,台阶深度大于或等于30 cm,台阶深度不小于30 cm,并设置2%向内倾斜的横坡。最小路基填土高度应满足路基临界高度要求,当路基最小填土高度不能满足路基临界高度要求时,可设置XPS隔热层。XPS隔热层的最小厚度不宜小于6cm,埋深宜设置于路面结构层下,也可以采用其它调控措施以达到保持路基稳定的目的。

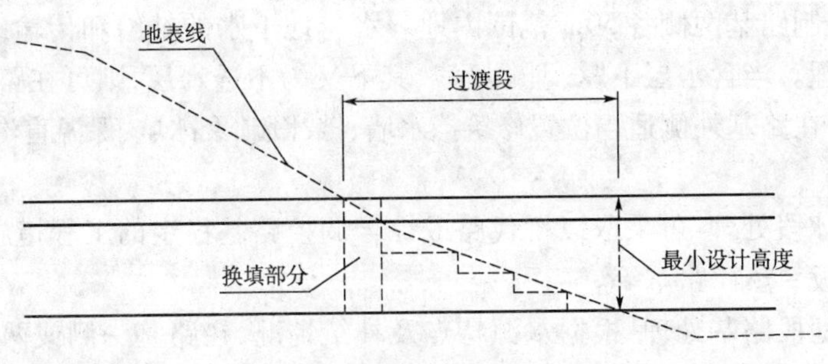

图8-10　路堤与路堑过渡段的形式

二、路基与桥(涵)过渡段路基设计

路基与桥(涵)连接处的路基设计称为路基与桥(涵)过渡段路基设计(见图 8-11,图 8-12)。路基与桥(涵)过渡段路基设计长度不小于 200cm,路基设计高程按填方路基高程设计,若路基设计高程不能满足路基临界高度时,则应采取保温隔热工程措施,或设计 XPS 隔热层。当桥(涵)基础深度较大时,路基与桥(涵)过渡段路基设计时,应采取换填或设置保温隔热层,以保护多年冻土地基。除设置保温隔热层外,路基与桥(涵)过渡段路基应采用砂砾土回填,且砂砾土粉黏粒含量不大于 5%。

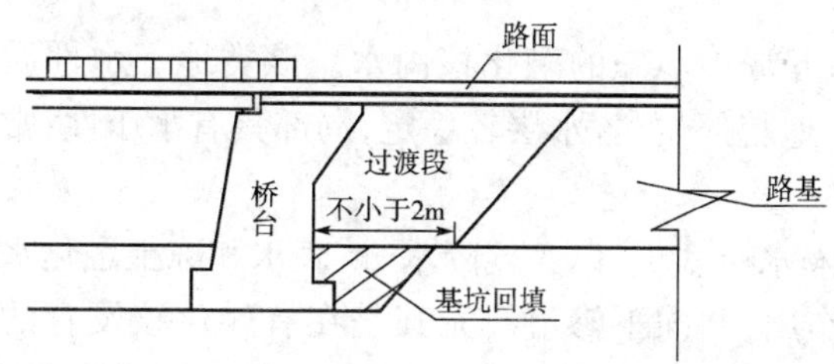

图 8-11　路堤与桥台过渡段的形式

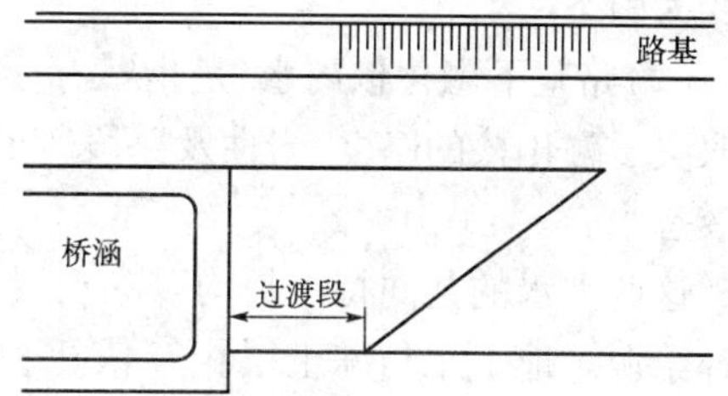

图 8-12　路堤与横向结构物过渡段形式

三、融区与多年冻土区过渡段路基设计

融区与多年冻土区的分界限一般很难确定,根据融区(季节冻土区)、多年冻土区对路基稳定性的影响,在融区(季节冻土区)路基设计主要以防治冻胀为主,而在多年冻土区则主要以防治融沉为主。因此,在融区与多年冻土区过渡段路基设计时,既要防治冻胀,也要防治融沉。从这一原则出发进行路基设计,路基最小填土高度不宜小于 150cm,如果公路沿线石料丰富,路基结构采用片块石路基为宜,如果公路沿线石料匮乏,则以在填土路基中设置防水隔热层为宜。

第七节　冻土路基防排水设计

公路路基病害与水密切相关,水稳定性也必然成为路基稳定性的主要评价指标之一。公路路基的修建,改变了地表水流的自然状态,当公路工程排水设施不良(如地表排水不畅,排水沟堵塞,沟壁及沟底渗漏等)时,往往造成路堤坡脚或路堑天沟侧沟积水,产生沿基底的横向渗透、路堑边坡渗水及路基土过渡潮湿等现象。由于多年冻土地区的降水集中在气温较高的 6 ~9 月,水中积储了较多的热量,当渗入和透过路基路面及基底时,因其放热和基底冻土的吸热而产生的热交换作用,促使冻土融化。冬季又因气候严寒,地基土中的水冻结成冰体积膨胀,路基产生融沉、冻胀及边坡滑塌等病害。在多年冻土区路基基底下的冰和地下水是导致路基产生病害的直接原因,相对于地表水,地下水(冰)的危害更严重,了解路基下地表水的分布规律、类型、径流和排泄条件,地下水与地表水的补给关系等,对于分析路基病害机理,进行防排水设计有至关重要的作用。

一、路基地下水分布规律与类型

钻探资料显示,原有公路沿线多年冻土路段,冻土在垂向的发育状况可分为衔接状和不衔接状(有融化夹层)。多年冻土的分布制约着地下水的发育,因此,路基下地下水按其赋存方式基本上分两类。

(1)季节融化层(或季节冻结层)内水:是指路基下的多年冻土在垂向上衔接路段的季节融化层内水或在不衔接路段的季节冻结层内水。该类水埋藏浅,含水层底板即为冻土融化的界面,含水层不稳定,随季节融化深度而变化,每年 9~10 月含水层最厚,此时地下水最丰富。该类水多具有潜水性质,水量小,不稳定,水的相态随气温而发生变化,每年 12 月至翌年 4 月则变为固态。

(2)路基下融化核内水:是指赋存于路基下常年不冻的融化核内水。该类地下水性质主要取决于融化核的厚度、岩性及路段所处的微地貌部位,含水层较稳定,局部具有承压性,常年为液态水。

这两类水的共同特点是均以冻土层作为隔水层底板,以大气降水、地表水和冻土融化水作为补给源。地下水与冻土层相互依托、互相作用,并向下渗流。尤其是在有融化核发育的路段,当每年暖季来临,随着气温逐渐升高,路基上部季节冻结层开始向下融化,含水层厚度不断增加,至最大融深时含水层厚度亦达最大;在季节冻结层向下融化过程中,路基下垂向剖面上可同时出现两个含水层,即季节冻结层内水和路基融化核内水并存阶段;当季节冻结层全部融完后,季节冻结层内水可补充于融化核内水。

二、路基地下水对路基稳定性的影响

路基内地下水的存在,制约多年冻土的分布和发育,同时也直接影响路基稳定。由于路基内水的冻融作用,产生冻胀和融化下沉,导致路基不均匀沉陷及路面破损。公路冻害现象的实质是土层中水的相变造成的,其物理过程是地下水直接参与的。调查表明,很多严重冻害路段都与路基两侧地表积水及路基下地下水有关。

道路翻浆:在山间沟谷及山间洼地的细粒土堆积的路段,路基下的地下水位较高,两侧地表水排泄不畅的地段,每年融冻期(4~6 月),由路面开始向下融化,当融化层内的地下水使土层变为塑性状态时,在动荷载反复作用下,道路开始翻浆,严重路段则造成路面波浪状起伏甚至完全破损,产生积水坑,使大量的地表水渗入路基内造成路基变形。

冻胀破坏:积存在路基内的地下水在冻结过程中发生聚冰作用,导致路基产生不均匀冻胀;融化季节又产生热融下沉变形,路基在反复冻融循环作用下,最终造成路面起伏和破损。在地势相对低洼的路段处,由于季节冻结层增厚,使路基下的地下水具有很大的承压性,当暖季来临,季节冻结层由上向下融化到一定厚度时,剩余未融化的冻土层承受不住下伏含水层的巨大压力,则在个别路段的路面上形成爆炸性充水鼓丘,严重威胁行车安全。

热融下沉:由于黑色沥青路面的强烈吸热,加之路基内地下水的直接作用,使地下冰融化,造成路基不均匀下沉、局部凹陷严重,甚至出现纵横向断裂面形成大的沉陷。这种热融破坏的路段中,很多严重破坏路段都与路基处地下水及两侧积水有关。

三、地表水对冻土路基的影响

地表水主要有雨(雪)水、冰雪融化水、泉水等,对路基稳定性影响较大的是地表径流,路侧积水和路基处降水(雪)。根据青藏公路、中尼公路、新藏公路等有代表性的多年冻土区道路使用技术状况调查与工程实践,发现路基病害主要分布在多年冻土区路基排水不畅或路基侧向人为热干扰严重的路段。当路基处地表水、冻结层上水丰富,由于路基地表排水设施简陋,排水不畅,雨季路基容易被冲毁,冬季冻结层上水出露地表,随流随冻,形成涎流冰或冰坎,随着水流量的增多和气温的下降,冰层越来越厚,冰坎越来越高,涎流冰区域越来越大,造成桥涵堵塞,冰流涌上路。路侧积水和雨水,一方面通过对地下水补给影响路基稳定;另一方面通过反复冻融循环使得路堤变得松散,诱发路基病害。加强路基排水与侧向保护可以保护路基及其附近的生态环境不被破坏,促使路基人为上限稳定,防止地表水危害路基,从而起到减少路基变形,保持路基稳定的作用。

四、路基防排水设计

多年冻土区的路基排水与侧向保护设计,除应排水设施布置合理,与桥涵等排水设施衔接配合,并有足够的过水能力外,还应考虑多年冻土地区的特殊情况,切实做好地表排水与侧向保护设施,加强地表水的排泄与挤挡,以防止路基坡脚积水而造成的基底横向渗透,保证路基基底和路堑边坡的稳定。

1. 路基防排水设计原则

(1)排水设计要因地制宜、全面规划、因势利导、综合治理、讲究实效、注意经济并充分利用地形和自然水系。

(2)多年冻土地区的排水设施,应尽量远离路基坡脚,并力求排水畅通,不得在路基附近形成积水洼地,更不得在路基坡脚积水,以免引起路基基底多年冻土衰退和融化,影响路基稳定。

(3)排水沟宜采用浅宽形式,不宜深挖,必须采取防渗保温措施,以减少对多年冻土的热干扰。

(4)对路基两侧排水无出路的地段不宜设置涵洞,宜以加宽护坡道将积水挤至路基边坡5m以外为好,否则路基两面边侧积水,对路基稳定性有害无益。

(5) 排水沟应与附近桥涵、天然河沟和原有排水沟相通,以形成有效的排水系统。

(6)当路基地形较高或挖方边坡一侧的山坡汇水面积较大时,应设置截水沟,截水沟距挖方边坡的距离不得小于5m,为防止冻结层上水渗入路基,在截水沟靠路基一侧应设置挡水墙。挡水墙的顶宽不宜小于1.0m,高度不小于0.8m。

(7)路侧取土坑底,应平整,并成一定坡度的平顺沟槽,与附近河沟连接,以利排水,不得造成取土坑积水。

(8)在含土冰层分布地段,以设置挡水墙为宜,尽量避免设置截水沟和排水沟。

(9)在斜坡地的上坡翼侧护坡道外地下水汇集处,宜设置疏水设施,将地下水疏导向另一侧,以免汇入路基,疏水设施可以采用保温渗沟或盲沟,并作好出水口防塞,防冻工作。

(10)应尽量维持天然地面排水系统,避免改河、改沟。路堤通过天然沟谷时,宜"逢沟设涵、设桥”,原则上不得两沟合并设涵、设桥,更不得让一条沟的水沿路堤流入另一条沟,造成冻土环境的破坏,影响路基稳定。

(11)道路范围内的水和因施工带来的生活废水不得随意排放。

2. 路基地表排水与侧向保护设施设计

多年冻土区的路基地表排水与侧向保护设施,需根据地表水文条件、地形、冻土类型进行设计,排水设施尽量远离路基坡脚,并力求排水畅通,不得在路基附近形成积水洼地,更不得在路基坡脚积水,以免引起路基基底多年冻土融化,影响路基稳定。

(1)边沟设计

边沟断面形式及尺寸,应根据地形地质条件、边坡高度及汇水面积等确定,边沟沟底纵坡宜与路线纵坡保持一致,并不宜小于0.3%。在结构形式上,垭口路堑和冻胀严重路段,宜采用柔性干砌边沟或“U”形预制拼装边沟,其下增设防水加筋复合土工膜防止下渗,土工膜设置在20cm厚的细砂砾层中间,断面宜采用宽浅形式,以减少对多年冻土的热干扰。土质边沟反复冻融循环和冻胀往往引起边沟两侧塌崩,雨季冲刷严重且存在严重的下渗问题。刚性浆砌边沟冻胀和不均匀沉降易引起开裂和严重的损毁 。

(2)排水沟设计

多年冻土区路基地表排水沟,一般可采用梯形断面或“三角形”断面,排水沟断面尺寸,除按地表泾流进行设计确定者外,排水沟宜采用宽浅形式,以减少对多年冻土的热干扰。排水沟的底宽一般不得小于0.6m,深度一般不大于0.4m,水沟边坡坡度当为未腐朽及半腐朽的泥炭时用1:0.5~1:1,对软塑及流塑状的黏性土、含一定数量黏性土的粗粒土则放缓为1:1.5~1:2。排水沟应设计较大纵坡,以利排水通畅。当排沟纵坡过大时,应对其进行加固。排水沟宜采用草皮或干砌片石加固,采用干砌片石加固时,其两侧与底部应铺设防水土工布或防水土工膜,以防止排水沟渗漏,使排水沟过早破坏。排水沟应与附近桥涵或天然河沟相通,以形成有效的排水系统。

(3)挡水埝的设计

当路基地形一侧较高或挖方边坡一侧的山坡汇水面积较大时,为防止冻结层上水渗入路基,在路基上方一侧10m以外应设置当水埝(截水沟)。挡水埝的顶宽不宜小于1.0m,高度不宜小于0.8m。挡水埝的边坡坡率内侧一般为1:0.5~1:1,外侧一般为1:1.5~1:2。

山坡地段,当土质松散,并夹有较多的碎(砾)石,常常因截水沟(侧沟及天沟)或挡水埝的渗漏而基底冻胀、涎流冰、边坡坍(滑)塌等病害时,排水设计应做好地表防渗漏(流)和防冲刷处理。对土层松软易渗漏及流速较大可能引起冲刷的地段,可加大挡水捻尺寸并进行铺砌加固。碎石屑等未风化碎砾石坡面,坡面雨(雪)水多在地表碎石层流动,除设置挡水捻外,可以在挡水捻外侧坡面下一定深度增设一层防水土工膜,用于阻挡坡面层间水向路基下汇集、渗透。

在路基两侧地势相对平坦,路线纵、横坡不大的地段,路线线位相对走低时,可设置大弧度连续挡水捻,并使挡水捻与涵洞和排水沟相顺接,阻止路基以外的地表水靠近并侵蚀损毁冻土路基。

(4)防水护道的设计

路基设计填土高度,应能保证深度方向达到保持冻土的要求,如果在路基附近一定范围内生态环境遭到破坏(如沿路基坡脚取土等)和路侧积水,路基及附近多年冻土被融化,也会导致路基产生热融变形。工程实践表明,当路基侧沿坡脚的积水无法与排水沟连通排离时,应回填积水坑,或设置一定高度、宽度的防水护道,将积水挤至路基坡脚 5 ~ 10m 以外。路基坡面外侧设置防水护道,一方面减少了路侧积水对路基下水的的补给,另一方面对路基边坡有反压作用,有利于路基力学稳定。路基通过平坦、低凹地表有临时积水、冻结层上水发育及高含冰量冻土的路段时,可在路基两侧设置护坡道,护坡道的宽度一般路段 2 ~ 3m,较长期积水路段宽度不宜小于 5m。护坡坡道高度一般路段 0.8 ~ 1.5m,积水路段应高出最高积水位 0.5m;护道应设置向外的 4% 的横坡。冻结层上水特别发育的路段,应根据地形、层上水流向、水位等确定护道高度。热力学计算表明,在路基两侧原有地表植被较好,自然疏、排水条件顺畅,辐射强烈碎砾石填筑的护道处,因设置护道改变了原有地表吸收热辐射和雨水补给的途径,路中多年冻土上限反而有所增加,但由于其对减少向路基下补给水分(量)没有测试,对于减少路基由于水的原因引起的破坏没有深入研究,实体试验路段调查表明设置护道对于路基稳定有积极作用,故设置护道对于路基热稳定性的影响还不能进行简单的评价。可以从热力学角度出发,对护道顶层土类进行选择,或在其上面进行铺设、种植草皮,进行植物防护和处理,减少护道吸收辐射热和雨水下渗,改良护道的热学性能,使护道在热力学方面对路基都产生积极影响。

(5)涵洞设计

在排水困难地段,虽然地表水流量不大,亦应增设涵洞将水引走。这些地段从水文条件考虑可能不需设置涵洞,但路基上方或路基坡脚的积水又无法通过排水沟排走时,为防止路基坡脚长年积水,仍应考虑设置涵洞将水排走。在涵洞结构形式上,当路基高度等有条件时,推荐使用波纹管涵洞。因为波纹管涵洞有抵抗变形能力强,地基处理相对容易,拼装施工,路基开挖时间短,对路基下冻土干扰相对较少等优势。

第八节　调控冻土路基热状况的工程措施设计

结合青藏公路整治改建工程和青藏铁路建设经验,采用了一系列调控多年冻土路基稳定的工程措施,依据传热理论和施工技术方案可分为以下几类。

(1)太阳辐射调控:其主要工程措施是浅色路面、遮阳板路基、边坡植物防护等;

(2)对流调控:其主要工程措施有片块(碎)石路基、片块(碎)石坡面、通风管路基、热棒路基等。

(3)传导调控:其主要工程措施有提高路基高度、铺设 EPS 板、XPS 板保温层路基等。

不同的调控措施适用于不同的冻土地质条件,其调控效果也各异。在实际使用中这些措施可以单独使用,也可以组合使用。

一、隔热层路基设计

1. 设计要点与过程控制

(1)材料基本性质参数的获取

工业隔热材料的隔热性能取决于材料自身的性质,在选用时要对材料性能进行室内试验确认,如抗压强度(kPa)、导热系数(W/m·℃)、体积吸水率(%)、表观密度(kg/m^3)以及冻融循环后材料的稳定性等。从EPS、XPS两种材料对比试验看,冻融循环后导热系数、体积吸水率、抗压强度等性能XPS都远远优于EPS隔热材料。

(2)隔热层设置厚度的确定

修筑保温隔热层和抬高路基都是通过调控传热热阻达到保护多年冻土的目的,其基本原理是一致的,因此从热阻等效原理(以EPS板为例),则有:

$$\frac{d_e}{k_e}=\frac{d_s}{k_s}\text{即 } d_s=\frac{d_e\cdot k_s}{k_e}\text{或 } d_e=\frac{d_s\cdot k_e}{k_s} \tag{8-17}$$

式中:d_e,d_s——分别为EPS板与等效土体的厚度;

k_e,k_s——分别为EPS板与等效土体的导热系数。

根据路基合理高度的概念和表达式(8-17)可提出保温隔热材料的合理厚度为:

$$d_{合}=0.0542\cdot\frac{k_e\cdot\Delta t}{k_s}-1.1045\cdot\frac{k_e\cdot h^0_{天}}{k_s}+4.7876\cdot\frac{k_e}{k_s}-\frac{k_e}{k_s}(h_u+h_d) \tag{8-18}$$

$$h^0_{天}=0.0232\cdot(t_0-1999)+2.01 \tag{8-19}$$

式中:$d_{合}$——保温隔热材料合理厚度;

h_u——从隔热材料上伏土体厚度;

h_d——隔热材料下垫土层厚度;

式(8-19)中t_0应大于1999

(3)隔热层埋设深度的计算

根据车辆荷载的特点和路面下应力扩散原理,以及隔热层板材容许承载力等条件,可按下式计算隔热层合理埋设深度。

$$\frac{2Pd}{d+2h\tan\Phi}+hr\leqslant\sigma \tag{8-20}$$

式中:p——轮胎压强(MPa);

d——单轮传压面当量圆直径(m);

r——隔热层以上各结构层容重加权平均(MN/m^3);

Φ——隔热层以上和结构层应力扩散角加权平均值(°);

h——隔热层合理埋深(m);

6——隔热层容许压应力(MPa)。

不同隔热材料,有着不同的(σ)容许压应力,隔热层上不同填料对应计算出不同的(Φ)应力扩散角加权平均值和(r)结构层容重加权平均值。

(4)隔热层上结构层最小压实厚度的确定

依据圆柱体与平面挤压理论,圆柱体与平面挤压产生的最大接触应力为:

$$\sigma_{\max}=\sqrt{\frac{q}{\pi^2R(\theta_1+\theta_2)}} \tag{8-21}$$

式中：q——线压力；

R——压路机滚轮半径；

θ_1、θ_2——分别为土基、压轮刚度。

结合试验，并经过简化，对滚轮最大接触应力 σ_{max} 可以由下式计算：

$$\sigma_{max} = \sqrt{\frac{qE_0}{R}} \tag{8-22}$$

式中：E_0——土基（结构层）形变模量（MPa）。

2. 适用状况及优缺点

在路基中加铺工业隔热材料，能在不过高增加路基高度的情况下增大路基热阻，大大减少传入路基中隔热层下土体的热量，减少路堤下最大季节融化深度 1 ~2m，对提高冻土路基下人为上限具有明显的作用，有利于寒区道路路基的稳定。隔热材料的这种作用，在年平均气温较低地区比年平均气温较高地区，更为明显。另外，当计算压缩沉降量超过路基容许沉降量，路基设计高度由于路线纵坡控制不满足临界高度或不经济时，路堑处或翻越垭口处需要进行换填保护下伏多年冻土等区段，可以考虑选用隔热层路基。

隔热层路基，减少路基体吸热的积极效应，不是全年持续作用的，它只在外界温度大于路基体内温度，温度梯度趋于使路基体温度升高的暖季，才发挥积极效应。也就是说，在多年冻土区这种措施的时效性很强。在冷季，隔热层路基不利于路基体和外界进行热量交换，不利于冷季路基体自上而下的回冻，不利于隔热层下土体冷季吸收外界冷量而降温。

二、遮阳板路基设计

1. 设计要点与过程控制

(1) 面板的选择

为了提高遮阳板对太阳辐射的反射率，增加其防辐射效果，遮阳板外表面要有比较大的反射率，宜为白色或银色金属表面，或在其上涂上白色或银白色油漆材料。

(2) 骨架及连接方式

试验工程遮阳板骨架制作，整体骨架依面板尺寸大小及铆固要求进行了设计，角钢骨架设计线为骨架成型后各棱、边的中线。骨架的连接方式采用现场依尺寸焊接，每个焊点应焊接良好，合格有效焊缝长度不少于 3cm 长。面板与骨架之间的连接采用铆钉铆接的方式，铆钉采用 Φ5mm 的抽芯铆钉，铆钉间距不大于 20cm。

(3) 设置与锚固

遮阳板面板过高，风阻较大，对骨架和锚固要求较高，且防止路基体吸收短波辐射的效果稍差；过低，冷季空气对流效果不好。遮阳板与坡面之间的距离为 40cm 左右较好。

考虑高原上空旷，刮风强度大，遮阳板作好后整体迎风面较大，设计时沿遮阳板纵向间距一定距离应进行锚固，以稳固坡面的钢骨架。

2. 适用状况及优缺点

在路基较低时（低于 1.5m），阴阳面的差异对冻土路基的影响不十分明显，路基底部融化盘最大深度在路基中心，而且融化盘形态在横方向上，基本对称于路基中心。而提高路基以

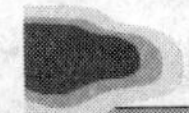

后,阴阳面的差别就表现的十分明显。一般地,在路基边坡的阳坡,冻土的融化盘较路基中心深,即路基底部融化盘形态发生了改变,向阳面的公路左侧偏移。由于高路堤左右路肩、边坡的太阳辐射、地表湍流等地表与大气之间的热交换条件的不同,使路基左右路肩下地温分布状态有较大的差异,左路肩下地温明显的高于右路肩下地温。左右路肩地温年平均相对差值在2℃左右。其差值主要受公路走向和路基高低的控制。左右路肩温度场的不对称,引起了路基底部最大融深位置向公路左侧偏移,偏移量的大小在路线相同走向下,主要受路基高低的控制。一般而言,太阳辐射热流分量的强度与向阳坡面和背阳坡面有差异,边坡吸收太阳辐射热的多少受边坡长度、边坡方向直接影响。

在太阳辐射十分强烈的青藏高原,高路基路段明显的阴阳坡面两侧吸热不均,导致融化盘产生偏移,利用遮阳板能大大降低板下温度的特点,在路基吸收辐射较多的一侧设置这样板,该工程措施可调控阴阳面吸热不均,治理融化盘偏移,不均匀沉陷,路基纵向裂缝等病害。既可用于新建路段,也可用于旧路潜在病害路段的早期治理与防控。

遮阳板遮蔽太阳对路基直接辐射的时效性是常年的,在暖季表现得更突出一些,在冷季遮阳板又具有棚室效应,使得板下土体温度极值变小,地温年振幅减小。在雨水补给减少等综合作用下路基冻胀量和融沉量大大减小,特别是冻害减弱明显,有利于冻土路基稳定。

但在多年冻土区遮阳板的板材本身热胀冷缩严重,面板易变形、损坏,骨架应加强;在路测设置,一些板材人为损坏也比较严重。

三、热棒路基设计

1. 设计要点与过程控制

(1)热棒自身参数的确定(工质、工质充装量、各部尺寸等)

热棒主要由工质和管壳组成。热棒制作的任务主要是根据使用要求和工作条件选择工质和管壳材料,设计合理的管壳尺寸,计算工质的充装数量,以及合理设计冷凝器的尺寸。

工质的选择,应根据要求的热棒工作温度范围和管壳的耐压性能,以及工质与管壳材料的相容性来确定。另外,工质的选择还应考虑工质与管壳材料不能起化学变化,否则在化学作用过程中生成的气体和其他物质将可能使热棒不能工作。工质的品质越高,热棒的热传输性能越好,因此在条件允许时,尽可能选用高品质因素的工质。

管壳材料的选择主要考虑热棒的使用条件和工程造价。管壳设计的任务是确定管壳的尺寸和壳壁的厚度。

工质的充灌数量是随热棒的总长度而变的,它等于热棒运行时,棒中蒸汽工质与壳壁上液膜数量与棒底部液池中液体工质质量之和。

冷凝器的设计主要应考虑两点:一是冷凝器要有足够的冷凝面积,以确保蒸发段吸收的热量能及时的散发到大气中去;二是冷凝器与管壳的连接最好不要有变径,这样可防止在变径段蒸汽流速加大,而过早出现淹没现象。

(2)合理埋深的确定

热棒的埋设深度,主要以被处治的构造物的基础埋深和地基弱化深度为依据。设置热棒的目的是在负温期有效制冷,明显降低土体温度,提升冻土上限,提高冻土地基的稳定性。所以只有当冻土的蒸发端埋置在多年冻土层以下时,才能起到对冻土层以上土体进行冷却,提高冻土上限的作用。因此热棒的埋深必须要在多年冻土层以下,埋深为多年冻土人为上限以下1.0~2.5m为宜。

(3)有效作用半径的确定

热棒的作用半径大小是热棒降温效果的主要表征之一。所谓热棒的作用半径是指热棒在工作期间所带入的外界冷量在地中所传递的最大距离。热棒的作用半径与其蒸发段外壁面的温度及周围土体的导温系数(热扩散率)有关,热棒的作用半径也是动态变化的,在不同的季节与不同的冻土条件下其作用半径是不同的。

(4)设置间距和方式

热棒的间距主要是根据其制冷的有效半径确定的。目前我国生产的热棒功率基本相等,根据在青藏公路、青藏铁路的使用情况,其有效半径在2m左右,依据对地基处治的要求不同,热棒的间距一般为有效半径的1.5至2.5倍。

2. 适用状况及优缺点

在实际应用中,应根据地温特点、工程造价等斟情选择:第一,在施工条件允许并不损失热棒致冷效果的情况下,应尽可能斜置热棒;第二,在极高温冻土区及冻土退化区,应尽可能埋置双向热棒,并保持适当的路基填土高度;第三,在中高温冻土区,如果人为上限较大,可选用双向热棒冷却路基,如果融化盘因阴阳坡的影响而偏移,应考虑在阳坡设置单向热棒;第四,在低温冻土区,应优先考虑抬高路基高度。

热棒每年冬季开始工作,工作周期为5个月,从每年10月上旬到次年3月中上旬。工作方式是波动式而不是连续的。在其工作周期内,热棒并不是始终连续工作的,实际工作时间约为工作周期的2/3。

暖季热棒基本上不工作(只在气温波动出现负温,热棒两端的温差超过启动温差时才工作),这种工程措施的时效性也是比较强的。如果冻结期短、融化期长,热棒形成的冻结核可能会在负温期来临之前融化而不能在路基中有效储存冷量来消除融化夹层,则热棒的长期效果不能得到保证。

四、碎、块石路基设计

1. 设计要点与过程控制

(1)碎、块石粒径的选择

要达到良好的对流效果,碎石路基中空隙率是一个关键参数,即要解决粒径问题;为使碎石空隙率保持在一定范围,防止施工期间将碎石碾压成粉碎,因此,碎石的压碎值也是一个关键参数。

选择合理的碎、块石粒径是碎、块石路基材料设计重要的内容。选择碎、块石的粒径时要考虑两个方面,首先从碎、块石路基通风对流要求考虑,要有利于碎、块石路基的通风对流,从而保护路基下的多年冻土,就要使冷空气在碎、块石中易进难出,其核心是最佳孔径的问题。

孔径过大，冷空气易进也易出，起通风作用，其降温效果取决于通风量及碎、块石层温度要高于环境温度；反之，孔径过小，冷空气难进也难出，几乎没有降温效果。另外碎、块石体中的空隙大小将会影响气流速度，碎、块石体中的空隙大小和碎、块石的比表面积有关，碎、块石的比表面积随碎、块石粒径减小呈几何级数增大，这二者均直接影响降温效果。

(2)碎、块石层的铺筑厚度

作为多孔介质的碎、块石路基，其中的对流换热是由于气体和碎、块石表面的温度差所导致的热量交换现象。对流换热中，气体与碎石壁面必须直接接触，且导热和对流同时起作用。气体流动是由外部动力源引起的强制对流换热和温度差异造成其中气体的密度差引起的自然对流换热。对于青藏高原的碎、块石路基，导热、强制对流换热和自然对流换热这三种机理可能同时存在。

碎、块石层中，自然对流是由于温度场的不均匀性从而引起密度的不均匀性并在重力作用下产生浮力而引起流动。因此，在自然对流中，没有温度差就意味着没有热交换，就没有流体的流动。但不均匀的温度场并不一定引起自然对流，只有顶面温度低于底面温度时，会产生自然对流。因此，自然对流只有在秋冬季节，当碎石层顶面温度低于其底面温度是才能形成，由于地温按指数规律随深度递减，为增强降温效果，碎石层在路堤中铺设的位置应当在满足力学的前提下，尽量靠上，即尽量减少上覆土层的厚度。强制对流与自然对流换热不同，只要有风压差存在且碎石层温度与环境温度间存在温差就可以产生强制对流，降温效果只有在碎石层温度高于环境温度时才能出现。

(3)碎、块石层的铺筑位置

从强化自然对流传热机制的出发，寒区路堤的碎石层铺设方式采用单一结构要比复合结构和混合结构好，碎石铺于上层的试样温度差异比碎石铺于下层的试样温度差异略大。这是由于铺设于试样上部的碎石表面温度波动要大于铺设于试样下部的碎石表面温度波动。

(4)辅助防护结构设计

为了使碎石路基达到设计的空隙率，保证其对流效果，空隙率不宜小于25%，压碎值不大于25%，并在碎石层上顶面和下底面设置一层双向土工格栅或透水土工布。碎石层应全断面宽度铺筑，且路基边坡进行防护，保证碎石空隙与大气联通良好，必要时边坡可进行防护处理，防止细粒土等填满碎石空隙，堵塞对流通道。片、块石路基其空隙内不得充填碎石或其它杂物，要求下层粒径大，上层粒径小，并在上顶面设置一层双向土工格栅或透水土工布，块石路基边坡进行必要防护，路基两侧排水顺畅不产生淤积。

2. 适用状况及优缺点

高温冻土区，地质断裂带地下泉水发育区段；松散堆积层，地面横坡较大，路基冻结层上水和地表径流较发育的区段，片块石路基调控措施效果是积极良好的。另外，片块石路基在需增加路基高度，且具有地下水或冻结层上水横穿路基的路基病害路段，用于病害治理。

碎石、片块石路堤冷季或暖季昼夜温差较大夜间出现负温时对流热交换明显，暖季有热屏蔽作用。冬季自然对流降温效应从路堤边坡最先开始形成，并随着路表温度的不断下降逐渐向路堤中间区域发展，根据碎石层不同厚度，甚至可在整个路堤碎石层中都形成自然对流运动。对于相同碎石层填筑厚度，路面宽度、高度对碎石路堤的冬季自然对流降温效应有一定的影响。

碎石、片块石路基对石料需求较大,附近有无适合开采的,满足强度等各方面性能的石料是设计时应考虑的问题。

另外,碎石路基施工压实控制等标准现在还不完善;空隙率控制现在存在如何简易监测的问题;全断面施工过程中振捣压实时碎石向两侧滑移,压实较难达到设计要求等是需要进一步研究解决的问题。

碎石路基边坡容易被扬沙等填充,使得它的对流降温效果大大降低,在具体选用时加强边坡防护,保证碎石空隙与大气有较好联通,也是需要解决的重点问题之一。

五、以桥代路结构

以桥代路结构在结构形式上与一般地区桥梁结构并没有本质的区别。在冻土区非河流地段,当路线通过地段地表水、地下水(泉水或冻土沼泽)发育又是高含冰量路段,冻土地质病害特别严重,如热融湖塘、洼地,冻胀丘发育,且时常移动等等的地段,冻土温度和水分特征决定了如果采取路基通过,现有路基结构形式在热传导特性、冻土的热稳定性和整体稳定性上不能满足和保证设计要求时,如果采取合适的桩基类型的桥梁通过该类地段,则在技术上有更大的可靠性。例如青藏铁路清水河高温冻土区高含冰量地段有10多公里以桥代路结构,它的特点是桥梁墩台较低,基础大多都是混凝土灌注桩,施工时要采用对冻土扰动较少的设备(选挖钻)和工艺(干钻)。

六、组合式路基设计

单一工程措施在具体使用时,大多数都有较强的时效性,或主要暖季工作,或在冷季能发挥积极作用。当富冰、饱冰多年冻土区路段,含土冰层与厚层地下冰路段,路基以填土路基为主,路基理论设计高度不经济或单凭提高路基高度不能处理路基病害时,可按照不同措施的优缺点采用组合式路基进行综合处理。

隔热层—热棒组合式路基,隔热层暖季能明显减少路基下伏土体吸热,冷季却不利于外界冷量传入路基体,对路基体散热有不利影响;暖季外界气温比地温高,工质气体充满热棒上端,热棒基本不发挥作用,冷季却可因地温比气温高,在满足启动温差时发生对流换热作用,有利于路基体降温。将隔热层有较大热阻能减少路基体暖季吸热,热棒冷季对流换热强烈能主动冷却路基的各自的积极因素进行综合利用,以达到综合治理路基病害的目的。

设计时,隔热层在路基中路面宽度范围内设置,并在路肩外侧设置热棒,热棒设计间距以病害严重程度决定,可取3.0m或4.0m,若两侧均布设热棒,在纵向排列上左右两侧应进行错位布设。其路基设计图式见图8-13;

当公路路基通过地表横坡较大、地表水发育,且公路沿线石料丰富时,路基可设计为碎(片)石路基,碎(片)石层厚1.2~1.5m,并根据公路通过地带的冻土类型增设XPS板隔热层(图8-14)或热棒路基(图8-15)等。

在组合式路基中,重点是要考虑结合病害路段冻土工程实际,驱利避弊选用能尽可能调控路基地温的最优组合措施,具体如何组合可根据实际选用。

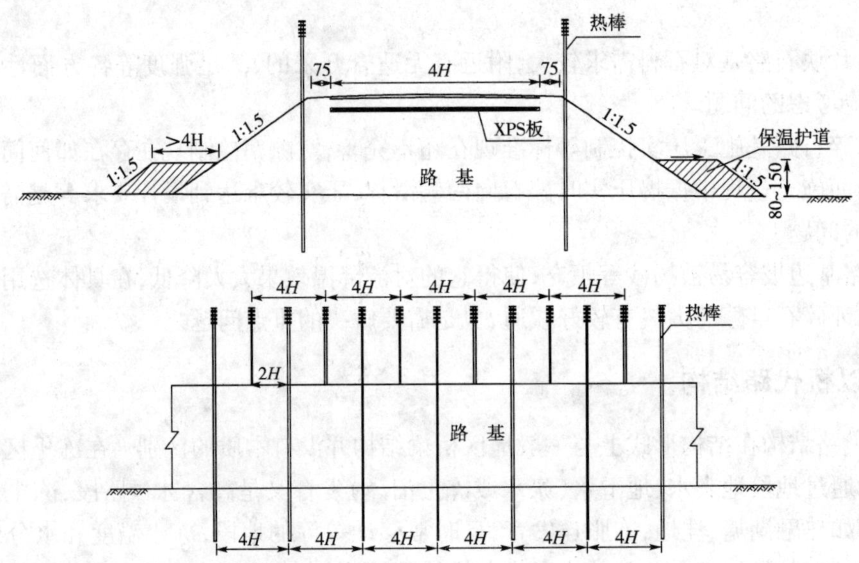

图8-13 XPS板隔热层——热棒组合式路基设计图(尺寸单位:cm)

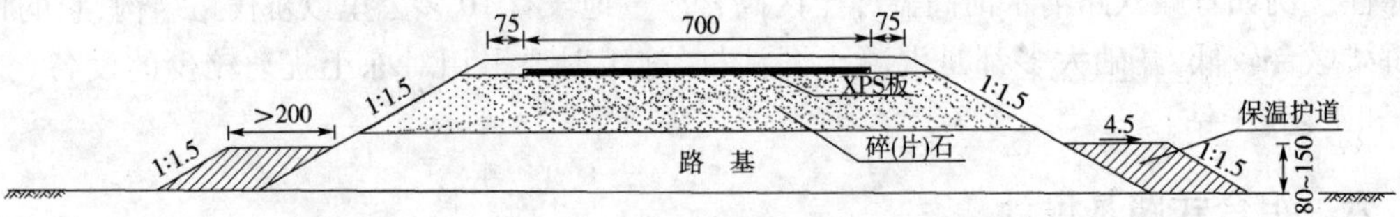

图8-14 碎(片)石与XPS板隔热层路基设计图(尺寸单位:cm)

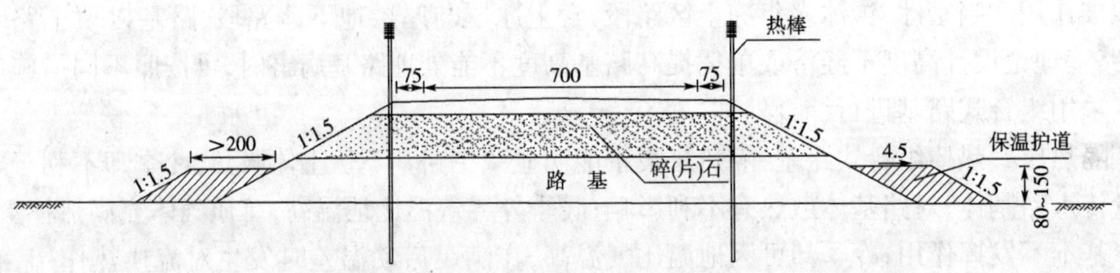

图8-15 碎(片)石与热棒路基设计图(尺寸单位:cm)

第九节 路堤施工技术

我国的多年冻土以青藏高原高海拔多年冻土为代表,在全球具有无可替代的地位。青藏高原平均海拔4500m以上,大气含氧量只有内地(海平面)的50%,冰冻期长(一年约8个月),年平均气温低(-2~-7℃左右),工程施工期短(一年仅有150天左右)。高原气候变化无常,紫外线强烈,被世人称为“地球第三极”。青藏高原大片连续、岛状多年冻土及季节冻土,以及多年冻土区特有的地下冰、冰椎、冰丘、热融湖塘等不良地质条件,形成了青藏高原独特的地质地貌。

多年冻土地区公路工程施工条件特殊性主要表现在以下方面。

(1)施工期短

多年冻土地区公路的最佳施工时间为每年的5~9月份,而路面工程的基层与面层的适宜施工时间为6~9月份。其中,水泥类结构物和沥青面层可以施工的时间为7~9月。即使在这几个月,多年冻土地区气温仍较低,日温差也较大,夜间往往出现负温,有效施工时间短。同时,降水又集中在7~9月,且雨雪无常,明显影响路面施工的连续性。因此,多年冻土地区沥青路面的施工期明显短于一般地区。

(2)施工温度低

多年冻土地区常年低温,即使在路面的可施工季节,气温也较低。如五道梁地区6~9月份的月平均气温在0~6℃之间,其中气温最高的7~8月日最高气温仅为11~20℃,且夜间经常出现负温。因此,多年冻土地区公路工程施工温度明显低于一般地区,满足现行规范规定的施工温度要求较为困难。

(3)养生困难

在多年冻土地区特殊的自然条件下,水泥类材料保温保湿养生难度,明显大于一般地区,水分蒸发损失容易引起干缩裂缝,大温差使结构物体内产生较大温缩应力,频繁冻融循环易致混凝土产生早期损伤。

一、填料的选择与路基借土

在多年冻土区路段,路基填料选择一定要慎重,如果单纯从保温性能考虑,则黏性土较好,砂性土次之,砂砾石土较差。但综合分析气候、水文工程质量及保通和工程造价等各类条件,并结合青藏公路和东北地区部分公路的实际施工情况,填料应该有一个合理选择,即为增大热阻保护冻土宜选择导热系数小的黏性土;为了主动冷却路基增强气冷效果宜选用一定粒径范围内的碎石填筑,并保证边界开放有利于对流发生等。总之,要考虑各种控制因素,合理有效地选择填料,对填料的相关指标要具体限定,不适宜的填料要严格禁用。以粗粒土作填料,施工季节不受限制;以细粒土作填料应在春融后进行。填土质量及压实标准均应符合有关规定。

多年冻土区筑路,应尽量减少对冻土区环境的破坏,应合理设计路基取土坑,不得在路基两侧随意取土,取土坑的位置依照地形、地质、地表排水条件确定,尽量采用集中取土,以减少对多年冻土的热干扰。不论在何种条件下,严禁用推土机大面积推土填筑路基。取土坑的位置和开采深度应严格控制。取土前将表面的腐殖土集中堆积一处,然后划分取土坑,集中深挖取土,当取土完毕后,整平取土坑,再把腐殖土退回覆盖在取土坑上,并在上面种植适宜的抗寒植物。

在融沉和强融沉多年冻土分布地段填筑路堤时,如果路基位于倾斜地形上,取土坑只允许设在路堤上侧山坡,取土坑与路堤坡脚间天然护坡道的宽度不得小于100m,在地面横坡不明显的平坦地段,可在路堤两侧取土,其天然护道的宽度仍不得小于200m。含土冰层、厚层地下冰冻土分布地段,不得在路堤两侧取土。

从取土坑(场)到施工现场应设专用便道,不允许施工单位乱开便道,更不允许运料车辆随意超出专用便道。

二、施工季节的选择

多年冻土区修筑和提高路堤的施工季节根据气温可分为寒季(10月中下旬至翌年3月下旬)和暖季(4月上旬至10月中旬)。寒区道路工程建设的理论研究和工程实践使人们对施工季节对冻土路基热状况的影响已经有了较全面的定性认识。夏季施工条件较好,施工效率较高,工程质量较易控制,多年冻土区的道路工程一般都在夏季进行。但夏季施工也存在着明显的缺点,由于夏季雨雪相对较多,路堤填土质量较难控制,填土的蓄热对保护冻土十分不利。当夏季施工的路堤其高度超过一定值时,还会在路堤堤身内形成残留融土核,使路堤路面变形和下沉。冬季施工条件较差,施工作效率较低,路堤填土呈冻结状况,质量也很难控制。但对一些特殊的地段,如暖季取土和运输困难的沼泽化地段,地表水易聚集地段,和基本不能承受大的地表扰动的低填且地基含冰量大的极不稳定多年冻土区,在预先备好较干燥填料的条件下,寒季施工条件反而较好,且可使堤体土层在施工过程中得到预冷,这对保护冻土极为有利。因此,合理选择施工季节对冻土路基工程非常重要。

三、施工工艺与施工要点

多年冻土地区路堤等的施工大部分与一般地区基本相同,这里仅介绍由于多年冻土的存在,与一般地区不相同的一些特点。

(1)地表排水系统的施工

由于地表水的渗透是造成冻土融化、路基下沉的主要原因之一。因此整个排水系统应在施工过程中尽早开始,在路基主体完成的同时尽快完成。如有困难亦要先做好临时排水设施,以防雨季地表水对路基坡脚和边坡的浸泡、渗透及冲刷,造成融化下沉和堑坡溜坍等病害。从以往经验来看,施工过程中往往只注意路基的主体工程的进度,而忽视对排水系统的及早施工和施工场地的排水,以致使地表水和雨水流入基坑内,增加施工困难,或路基成型而排水沟还未开挖,雨季或春融地表水顺路基坡面和坡脚形成急流,渗入坡面和基底,结果线路尚未交付运营而病害已经产生。另外,在运营中如对排水沟、侧沟、天沟等不注意养护维修,天长日久造成排水沟边坡堆坍,沟底淤积堵塞,致使排水系统失效,坡脚积水,堑坡渗水,从而会产生或加重路基病害。

(2)护道的施工

护道材料如与路堤填料相同时,应与路堤主体工程同时施工并一体完成。如系草皮泥炭护道亦应在路堤主体完成后尽快施工完成。这样对保护冻土有利。在护道上应禁止车、马行走和开垦耕种,表面黏性土防火层如有损坏应及时修补回填好,以防泥炭失火燃烧;护道如被水冲成沟壑应及时将其修复填平。

(3)厚层地下冰地段的施工

厚层地下冰地段,如填料为砂卵石等粗粒土,最好于秋季冻结前运到工点附近,于冬季施工填筑。这样低温填筑材料及基底一定深度内的负温能较长时间保持下来,对保护冻土及地下冰层有利。堆积的高于地面的砂卵石,由于已疏干了水分,冬季不会冻结。

施工期间在厚层地下冰地段路基两侧应设有标志,距离路基坡脚20m范围内,应禁止进行任何人为活动,以免破坏地表后使冰层融化,危害路基。

(4)挡土墙的施工

由于在多年冻土地区施工挡土墙会给多年冻土地基带来热量,含冰冻土的融化给施工造成很多困难。因此,为保证施工顺利进行,宜避开炎热的夏天,并应不间断作业,连续施工基坑应避免积水;在暖季施工,一定要防止基坑暴露时间过长。从青藏公路第二期改建工程和整治工程修筑挡土墙的调查结果看,基坑暴露时间一般不宜超过15天。而整个挡土墙施工时间不宜超过50天;只有当基础所用建筑材料、机具和垫层所用砂砾全部备齐后,才可开挖基坑;基础完成后,应立即回填夯实;基坑开挖后,如果发现基础全部或部分埋在纯冰或含土冰层上,应立即找设计单位修改设计,抬高基础埋置深度。

在施工砂砾垫层前,将降雪、降雪融化水或降雨水以及基坑内淤泥和松软湿土彻底清除,而不应受基底高程的限制。

(5)渗水暗沟的施工

渗水暗沟施工的有利季节在春融至雨季开始以前(约4~6月),在这段时间施工可以减少冬季施工时的排水困难,避免雨季施工时可能产生的坍塌事故。在施工安排上,应组织力量,快速施工各个工序全面展开,协调平衡,干一段完一段,力争在较短时间内一气呵成,切忌拖延过久,使基坑长期暴露,影响堑坡稳定,不但增加施工中的困难,而且可能给日后的养护维修工作造成不应有的隐患。如必须在冬季施工时,应特别注意抽水机械的维修保养,一旦机械出现故障,基坑积水不能排除,逐渐冻结于坑内,复工时将增加大量刨冰工作。

四、调控措施路堤段施工技术

由于冻土区路基施工技术中的调控路基热稳定性的工程措施是近几年取得的研究成果,各工程措施其施工工艺还没有纳入路基施工技术规程,这里仅根据在不同地区试验工程的施工工艺提出相应的技术要点,供参考。

在片块(碎)石路基工程施工中,主要存在整个片块(碎)石层强度的控制问题,在选定片块(碎)石粒径与级配要满足自然对流条件下,施工质量易引起路基强度不足,过度碾压片块(碎)石部分片块(碎)易被压碎,细颗粒过多填充片块(碎)石孔隙,达不到气冷对流通风冷却冻土路基的目的。因此,对于片块(碎)路基可以通过检测片块(碎)石的空隙率与测定碾压前后的相对高差来控制碎石路基的施工压实质量。

隔热层路基施工,应注意以下几点,隔热材料施工前土基的平整度、曲线段隔热材料接缝的方法与其上填料的压实厚度等。隔热层层上填料一般采用自卸汽车倒退卸料的施工方法。在隔热层层上填料填筑前,任何施工机械与施工车辆不得在隔热层行驶。

遮阳板路基施工,应注意以下几点,遮阳板设置高度与固定问题,面板锚固时对热胀冷缩引起的拉裂与隆起的处理问题,面板接缝的处理问题等。

热棒路基施工,应注意以下几点,热棒的设置与吊装,异型热棒在路基结构层中的保护与其周围土体与上部土层的压实控制问题等。

通风管路基施工,应注意以下几点,下承层与通风管层的压实检验问题,测量放样与沟槽开挖成型问题,通风管的安装、拼接与沟槽回填夯实问题等。

第十节　路堑施工技术

厚层地下冰地段路堑施工的最大威胁是融冻泥流,它不仅严重影响施工的进度,甚至使断面无法成型。青藏高原就曾有由于在施工中未注意防护而使试验路堑的60%段,因热融破坏而废弃的实例。因此,避免或最大限度地减少热融干扰,是地下冰地段路堑施工的重要原则。

一、施工季节

在多年冻土地区,寒季易开挖成型;暖季则宜于换填作业。

(1)以粗颗粒土为换填材料并采用集中取土时,应尽可能在寒季施工,以利于提高施工质量和避免遗留病害。

(2)若需在暖季施工,应尽量避开降雨集中、热融作用最活跃的七、八月份,而安排在夏初或秋初,并作好防护。

(3)跨年作业有利于路堑稳定,即秋末开挖成型,来年暖季回填。这样可兼顾挖、填的不同要求。

二、施工工艺

施工工艺的好坏是路堑施工成败的关键。各工序应统筹安排,前后衔接,连续进行,包括:准备工作——开挖——回填——整平4个环节。

(1)施工前的准备

施工前的准备工作包括:施工组织设计、设立施工标记、修施工便道、划定取土地点和运土路线、机具材料队伍的准备等。

①准备工作完成之前,要保护好施工场地及其周围的天然植被,切不可盲目动土。

②注意施工场地的排水,凡在正式施工前可进行永久性排水设施施工的,应提前做好。

(2)路堑的开挖

路堑开挖宜采用机械化快速施工方法,集中力量迅速完成。其程序包括松土(连同弃土通道部分)和弃土两大部分。

1)松土作业

①松土机松土开挖法,省力省工,成本低,并能有效地控制开挖断面,是有效实用的开挖方法。但需配备马力大(184kW以上)且适于冻土开挖要求的松齿结构的松土机。

②钻孔爆破松土开挖法,是当前比较灵活适用的开挖方法,可用各种成孔方式。但为加快开挖进度,应选用钻进速度快、功率大、又便于搬运的钻机,用深孔爆破或深孔药壶爆破方式均可。该作业应注意以下问题:

a.根据少超不欠的原则布置钻孔。尽量做到一次爆破成型,最大限度地缩短补欠时间,以减少热融影响。

b.开展钻孔与清方的平行作业。长堑应分段施工(根据钻进速度,每段为50~100m),爆破后的清方与后段钻孔同时进行。

c. 切实注意炸药的防水防冻。尽量使用抗冻防水性能好的炸药,如聚-2 号浆状炸药等。

d. 钻孔前严禁破坏地表植被。

e. 开挖方式:对浅堑可先基底后边坡;对深堑,宜先边坡后基底。但无论何种开挖方式,均应在基面位置拉出一定宽度的排水槽,以防融化泥流淤积堑内。

2)弃土作业

经爆破松动和或松土机松动后的松方,采用推土法或装运法清方。

地表部分可用的松方,横向推置于堑侧开挖界限 30m 外;上限以下含土冰层或饱冰冻土,视路堑长度,采用纵向一次推出或横向通道(锁口)分段推出的方法,推弃于堑外适当地点。弃土时应注意不影响回填时排淤作业和不留隐患。

锁口的设置,应与路堑开挖的松土作业同时进行,间距以 100m 左右为宜。200m 以下的路堑,宜两端相向开挖,并在堑口下方设锁口;200m 以上的长堑,可分段开挖,增设中部横向锁口。推土应由高往低拉槽推送。

开挖至换填阶段,应对暴露的冰层作昼盖夜开的简易遮挡防护,以减少热融影响。

(3)回填作业 暖季开挖的路堑在清方成型后,应全段尽快一次回填,避免开挖堑面的长时间暴露。

①要保证填料的供应。回填料尽量从两测边坡顺坡铺散,再逐层运送到基底,以利于边坡的保温。填料抛散后要及时夯(压)实(尤其是在有降水征兆时)。

②回填顺序为由里到外,由高到低逐段填筑,以便于依次向外清理下一回填段的热融泥水。

③注意边坡的回填和夯实,在没有边坡夯拍机具时,可分层夯实,用刷坡方式调整坡率。

(4)整平作业 包括清除刷坡后的余土,清出侧沟,基面与侧沟平台的整平,路堑成型等。

作为特殊不良地质的地下冰地段,其路堑工程的设计与施工是一项复杂而艰难的工作,需根据当地的气候条件和冻土条件,以及地形、植被、路堑走向、地层性质等因素综合考虑,不可能有统一的设计断面和施工方法。

三、路堑弃土

路堑弃土应弃在下方,并不应弃于堑顶边缘,人为的加高路堑边坡高度,造成边坡不稳,加剧病害,使病害处理难度增加。例如青藏公路有的冻土路堑,施工时为图省事,将部分弃土置于上方侧的堑顶边缘上,人为的加高了堑坡高度 1 ~ 2m,春融后路堑边坡溜坍,堑顶弃土亦跟随堆塌,整治中增加了清除的土方量及堑坡的刷坡高度。

四、路堑边坡保温层的施工

冻土路堑边坡保温层的稳定与否,除厚度因素外,施工质量关系较大。铺设草皮泥炭层时,边坡挖除部分应整平。每块草皮泥炭厚 0. 25m 左右,切平根部,铺砌时上下错缝互相嵌住。如不注意施工质量,例如草皮泥炭块不修整,结构不紧密;铺砌时未将空隙填实,造成空气对流,降低了保温性能;堑顶排水不好,地表迳流和冻结层上水渗流入保温层内等等,均会导致护坡工程失败。

第十一节　路基设计与施工中应注意的问题

路基是公路的重要组成部分,路基的强度和稳定性是保证公路正常使用的基本条件,在多年冻土区进行路基设计与施工时应注意以下问题。

一、冻土路基设计外业调查

多年冻土区的路基是一条横亘于多年冻土上的一种线形结构物,具有距离长、与大自然接触面广的特点,其稳定性在很大程度上由当地的自然条件决定。因此,需要深入调查公路沿线的自然条件,从整体(地区)和局部(具体路段)去分析研究,掌握各有关自然因素的变化规律及水文情况、人为因素对路基稳定性的影响,从而因地制宜地采取有效工程技术措施,以达到正确地进行冻土路基设计、施工和养护的目的。

多年冻土区公路路基设计,应以完善、准确、可靠的外业调查和工程地质勘察资料为依据,充分考虑冻土条件,并尽量减少对多年冻土的热干扰,采取有效的工程措施,确保路基的稳定。冻土路基设计外业调查分为资料调查与环境工程地质调查。

1. 既有资料调查

资料调查:公路沿线气象、气候资料,包括气温、降水量、蒸发量、风向、风速、日照、辐射、地温、覆盖层厚度与密度,一年内暖期和寒期的起讫及持续时间,冰冻及融化深度等;沿线已有的地形、地貌、工程地质、水文地质,多年冻土以及环境保护等资料;已做过的有关区域冻土条件,如,多年冻土的分布、厚度、成分、冰冻构造,年平均地温,年地温振幅为零的深度,冻土的物理、热物理及土力学性质,季节融化层和季节冻结层的深度,冻融过程和形成规律以及用于评价冻土工程地质条件变化特征的等资料;已有的公路改建工程、整治工程的设计、施工及科研和试验工程等资料。

2. 环境工程地质调查

环境工程地质调查:详细调查了解影响冻土分布的因素,包括地形、纬度、海拔高度、地形、地貌,地表水体(湖塘、河流等)、植被,地质构造,岩土情况及分布规律;冻土天然上限,冻土人为上限等。对于复杂地段,应进行详细工程地质调绘、勘察和相应的试验工作。调查人为活动对冻土环境的影响情况,详细记录(或填图)已有取土坑的位置,取土范围,取土深度,并通过挖探等手段,查明取土坑的冻土上限和天然上限。调查路基病害(已建路),从外观特征(现象)上用简练文字,规范化语言,概括描述所调查对象产生病害现象和特征,在广度和深度上用定量指标(数字)加以综述。

3. 路基填料料场调查

路基设计还应进行必要的路基填料料场调查,查明料场位置,填料的物理性质和指标,地表水、地下水(冻结层上水)的状况,冻土天然上限,地下水可供开采的范围、开采季节、深度及应用的路段,并评估开采后对公路建筑和冻土环境的影响程度,提出保护公路建筑和恢复冻土环境的措施。

二、环境保护问题

多年冻土区环境要素有:生态环境,水环境,大气环境,声环境,社会环境等。生态环境方面应注意:① 植被保护:施工营地和施工便道、路基和桥涵施工、施工机械作业等均可能对地表植被造成破坏,在多年冻土区,植被的好坏直接关系到道路通过地区冻土地温的演化,故该地区设计、施工,应尽量采取措施保护地面植被。②水土保持:施工人员活动、路基施工以及工程临时占地均会加剧水土沙化和水土流失,破坏土壤形态。③自然保护区:当路基通过自然保护区时桥涵施工、施工营地与便道、材料运输等活动应尽可能减少对保护区动植物及生态平衡的影响。④珍稀野生动物:施工人员的活动范围应尽量小,以减少对动物生存环境和栖息地的干扰和影响。⑤冻土地质环境:施工和保通运营过程中,人为活动不可避免的加剧了对冻土环境造成的破坏,路基施工对多年冻土季节融化层深度、地温等性状产生影响。⑥湿地和景观:路基施工直接侵占湿地面积、破坏湿地地表及改变湿地水流条件;取土、挖砂、料场和施工营地与便道对当地的景观会产生直接影响,对这些应尽量做到工后恢复处理。⑦水环境方面,应注意施工生产、生活废水的处理,保护水源地。其它环境要素,参照有关规定执行。

多年冻土地区道路工程建设,一定要重视对环境的保护与资源的合理利用:从设计阶段就要有保护生态环境的理念,施工阶段则更应切实落实。这是因为,多年冻土生存环境条件脆弱而敏感,扰动与破坏后不易恢复。这不仅要引起多年冻土的升温与退化,而且直接威胁工程本身的稳定。

三、施工便道位置与设计标准

新修筑公路期间一般无道路,需修筑施工便道。这种便道仅供施工期间车辆行驶使用,一般标准很低,多为低填浅挖。加之车辆频繁行驶,在这些人为活动影响下,极易使基底及附近冻土融化。如便道距路基过近,冻土融化会影响路基的稳定。因此,施工便道的位置距离路基坡脚应在 20m 以外,不宜太近。

对于整治或改建工程,便道不仅要满足工期间车辆行驶使用,还需要满足社会运输车辆的通行,并尽量减少施工车辆与社会运输车辆相互干扰,因而确保施工期内的交通畅通是实施便道路的先决条件之一。根据要求,项目对整个施工期限内保通便道应做专门的勘察设计。

保通便道以满足整个施工期内公路正常的运输车辆的安全、畅通为目标,以整体安排施工保通工程,做好便道工程、落实保通措施,明确保通责任为原则。

保通便道(包括便桥、便涵),还应包括交通管制措施、特重型车辆保障措施、交通突发事故抢救措施。

对于可能导致交通阻塞、中断的路基整治路段和桥涵整治工点,均应修筑保通便道。便道技术标准可参考现行《公路工程技术标准》设计车速 40km/h 的四级公路标准执行,个别地形困难路段技术标准可略有降低,便道路基宽 7.0m,路面宽 6.0m。

在多年冻土区路段,对于路基整治时设置保温护道的路段,可利用保温护道(部分区段加宽)作为便道路基,铺筑砂砾路面作为保通便道,施工期未整修后留作各保温护道,其平面设计同相临公路,相应的纵面设计以同时满足护道和便道的路基填土高度、宽度和技术指标为原则。其余路段则视地形、地质、冻土等条件重新选线进行专门设计。路基设计原则,一般按多年冻土区公路路基设计原则,路基高度不宜小于 0.7m。所有便道均视需要设置便桥、便涵,便桥采用装配式钢便桥,便涵采用 φ50 钢筋混凝土圆管涵。

四、加强后续服务

加强设计的后续服务,进行信息化动态设计,对确保路基设计与施工质量具有重大意义。动态设计可避免地质勘察资料的失误,预测冻土发展,通过较长时间的观测资料可取得可靠准确的资料;动态设计可根据施工信息完善设计;动态设计可结合实际情况合理确定某些工序施工季节和时间,确保施工质量。

冻土成分差异大、不稳定、相变复杂等,对它的认识深度有限,动态设计是弥补勘察设计资料不够完善的最好方法之一,但进行动态设计必须以完整的现场调查资料与经济合理的设计方案为基础,严禁打着"动态设计"的旗号,进行边施工边设计。

第九章　多年冻土区路基稳定性研究展望

第一节　多年冻土区路基稳定性研究存在的问题

青藏公路建成通车已有50多年,全线黑色化修筑沥青路面也有20多年,目前青藏公路多年冻土区的路基仍处在热动平衡状态。随着全球气候转暖,路基内部热量的积累,路基下多年冻土上限仍在下移,路基将会产生热融沉降,以及由于热融沉降而引起的路基纵向裂缝,再加上路面使用期的影响,其路基趋于稳定是非常困难的。因此,青藏公路多年冻土区路基稳定性问题,在全球气候转暖的条件下,是一个长期需要不断创新研究的问题。

一、路基稳定性的评价体系问题

这个问题可分解为两个问题,首先是冻土热稳定性的评价指标问题,再次则是冻土路基力学稳定性的评价指标问题。如果前一个问题能够解决,将有可能进一步完善关于低温冻土区与高温冻土区经验性的划分标准,将两者统一到冻土热稳定性的评价标准上来;第二个问题的关键技术则是要寻找冻土变化与各冻土路基结构层变形之间的关系,冻土路基的强度及路基路面的容许变形等。

二、调控路基稳定性工程措施的适应性问题

目前调控路基稳定性的工程措施可分为调控传导、调控对流与调控辐射三大类。这三类工程措施都有它们各自的优点和缺点。该问题的研究包含两个层次,首先是它们各自适应的区域及条件,其次是根据它们的适应条件及作用机理与优化选择不同的组合形式的综合调控工程措施。

三、高原多年冻土区公路路基高度问题

该问题是自青藏公路科研组成立之初就开始研究的路基临界高度与合理高度问题,但至今仍停留在经验水平,并只研究了填土路基的高度问题。随着新技术、新材料的出现,保护冻土的工程措施也在相继被应用,因此路基高度研究的外延也应扩大、内涵应更深入。该问题的关键技术归纳为三个方面:第一,填土路堤作为保护冻土的工程措施的适应性条件;第二,路基临界高度与合理高度的理论表达式,路基最大填筑厚度的判断标准及其表达式;第三,不同工程措施条件下的路堤合理的填筑高度。

四、数字试验研究边界条件的取定问题

对路基稳定性评价、调控路基稳定性工程措施的适应性和路基高度等问题进行充分的研

究,仅靠修筑试验工程是远远不够的,必需在工程试验的基础上,利用现代计算机仿真技术,对各类问题进行大量的数字试验,从中总结出一般规律。目前数字试验有两大难点,第一是冻土路基内水－热－力间的相互耦合机制问题;第二则是统一边界条件的取定问题。对于前者是属于理论问题,国内外众多学者都在研究,虽然没有较为完善的耦合模型,但可以总结前人的成果选择适合青藏公路的理论模型,不必从基础开始研究;对于后者,目前几乎所有的数值模拟都是以地温作为上、下边界条件,这样做虽然理论上是完整的,但由于青藏公路沿线同一地段的地温差异较大,模拟的结果不具备普遍的推广价值,难以根据模拟结果提炼出一般规律。因此,很有必要寻找统一的数字试验的边界条件,其研究思路为:从研究太阳辐射平衡方程入手,研究青藏高原太阳辐射、水分蒸发、气温、地表性状与地温之间的关系,编制相关程序模拟它们之间的相互影响,从而达到在一定的区域内统一边界条件的目的。

第二节　研　究　展　望

在我国,多年冻土分布面积约占全国面积的21.5%,约占世界多年冻土分布面积的10%,是全球第三冻土大国。我国广袤的多年冻土区大多处于经济欠发达地区,道路等级普遍偏低,交通基础设施已成为制约广大农牧民群众提高生活水平的瓶颈问题。西部大开发,实现西部经济的跨越式发展,交通基础设施要先行。目前,青、藏两地区间公路,两地与周边省区及口岸公路,特别是青藏境内西部大通道和国道的改造升级正在加快进程,北京至拉萨高速公路也已纳入国家高速公路网规划。在振兴东北的战略中,交通建设同样具有举足轻重的作用。在一系列寒区开发的战略计划中,冻土问题将仍然是工程建设不可回避的难点。交通行业"寒区公路建设与养护技术"重点实验室作为寒区道路工程研究的专业机构,本着"精心研发,开拓创新,研产结合,服务第一"的工作方针,以"攻克寒冷地区公路建、养关键技术,推广应用新结构、新技术、新工艺及新材料,为寒冷地区的公路勘察设计、施工、管理及养护、改建等提供技术支撑,提高寒区交通设施的使用品质和使用寿命"为目标,开展研究。

在充分分析寒区道路工程研究现状的基础上,考虑寒区现有大量道路需改建以及众多高等级公路需建设和全球气候转暖的特点,研究应以在以下四方面进行。

一、现场工程测试技术研究

快速测试手段的研究,先进测试设备的应用,测试数据的分析总结、合理利用,对及时掌握工程应用状态,制订下一步工作计划是非常必要的。为提高寒区道路科研水平,制订更加合理可行的寒区道路的建养标准,工程测试的工作范围应扩大,应组织研究不同的冻土区划、不同的气候条件下的工程应用特点的差异性。工程测试的项目也应从单一的地温观测转化为以地温观测为主,辅助观测气候、土壤水、路基路面分层变形与应力分布等的立体观测模式。

二、旧路改扩建及养护技术研究

我国寒区交通基础设施建设,在相当长的一段时间内可能仍然以旧路改扩建为主,其中需要重点研究的关键技术主要包括:

- 路基路面病害治理与预警

- 路基路面稳定性评价
- 旧路改扩建对路基路面病害发展的影响与评价
- 特殊工程与气候条件下的养护方式与养护体制
- 路面的快速养护体系

三、新建高等级公路的关键技术研究

国家战略计划与国家公路网规划均表明,在寒区建设高等级公路的任务还相当艰巨。在总结过去、科研先行的原则,新建高等级公路需重点研究的问题如下:

- 寒区高等级公路建设的技术标准的研究
- 不同冻土区划内的路基合理结构与断面形式的研究
- 各类工程措施应用的量化、优化及强化研究
- 合理路面结构与材料的研究
- 桥涵基础与结构形式研究
- 寒区环境的保护对策

四、多年冻土区工程理论基础的研究

开展多年冻土区相关工程理论研究对于提高工程应用研究的品质,提升科研应用水平,提高科研成果推广应用的优势具有十分重要的意义。对多年冻土区工程理论研究主要包括以下几个方面:

- 公路路面效应对工程地质环境的影响机理
- 路基(地基)内水的作用与运移规律
- 气候变化(降水、气象、植被、辐射等)对公路工程的影响规律
- 路基路面的变形机理
- 数字仿真技术的应用与拓展

附录一　冻土、未冻土热物理指标的计算(值)

0.1　根据土的类别、天然含水率及干密度测定数值,冻土和未冻土的容积热容量、导热系数和导温系数可分别按表0.1-1～表0.1-4取值。大含水(冰)率土的导热系数在无实测资料时可按表0.1-5取值。

草炭粉质黏土计算热参数值　　表0.1-1

ρ_d (kg/m³)	w (%)	C_μ	C_f	λ_μ	λ_f	$\alpha_\mu(10^3)$	$\alpha_f(10^3)$
		[kJ/(m³·℃)]		[W/(m²·h·℃)]		(m²/h)	
400	30	903.3	710.9	0.13	0.13	0.50	0.62
	50	1 237.9	878.2	0.19	0.22	0.52	0.92
	70	1 572.4	1 045.5	0.23	0.37	0.54	1.26
	90	1 907.0	1 212.8	0.29	0.53	0.56	1.59
	110	2 241.6	1 380.1	0.35	0.72	0.57	1.87
	130	2 576.1	1 547.3	0.41	0.88	0.57	2.06
500	30	1 129.1	890.8	0.17	0.17	0.54	0.69
	50	1 547.3	1 099.9	0.24	0.31	0.56	1.30
	70	1 965.5	1 309.0	0.32	0.51	0.59	1.40
	90	2 383.7	1 518.1	0.41	0.74	0.61	1.75
	110	2 801.9	1 727.2	0.49	1.00	0.62	2.08
	130	3 220.1	1 936.3	0.56	1.24	0.63	2.31
600	30	1 355.0	1 066.4	0.22	0.22	0.57	0.76
	50	1 856.8	1 317.3	0.31	0.42	0.61	1.15
	70	2 358.6	1 568.3	0.42	0.66	0.64	1.56
	90	2 860.5	1 819.2	0.53	0.99	0.67	1.95
	110	3 362.3	2 070.1	0.63	1.32	0.68	2.29
	130	3 864.2	2 321.0	0.75	1.61	0.68	2.51
700	30	1 580.8	1 246.2	0.27	0.30	0.61	0.87
	50	2 166.3	1 539.0	0.39	0.56	0.66	1.30
	70	2 375.4	1 831.7	0.53	0.88	0.70	1.74
	90	3 337.2	2 124.5	0.66	1.26	0.71	2.14
	110	3 922.7	2 417.2	0.79	1.67	0.73	2.50
	130	4 508.2	2 709.9	0.92	2.01	0.73	2.77

续上表

ρ_d (kg/m³)	w (%)	C_μ	C_f	λ_μ	λ_f	$\alpha_\mu(10^3)$	$\alpha_f(10^3)$
		[kJ/(m³·℃)]		[W/(m²·h·℃)]		(m²/h)	
800	30	1 806.6	1 421.9	0.32	0.37	0.65	0.94
	50	2 475.7	1 756.4	0.48	0.68	0.70	1.41
	70	3 144.9	2 091.0	0.64	1.09	0.73	1.67
	90	3 814.0	2 425.6	0.80	1.55	0.76	2.32
	110	4 483.1	2 760.1	0.96	2.05	0.77	2.68
	130	5 152.2	3 094.7	1.10	2.47	0.78	2.88
900	30	1 171.0	1 342.4	0.38	0.40	0.68	1.03
	50	2 785.2	1 978.1	0.57	0.73	0.73	1.53
	70	3 538.0	2 354.5	0.75	1.14	0.77	2.03
	90	4 290.7	2 370.8	0.95	1.03	0.80	2.49
	100	5 043.5	3 107.2	1.14	2.12	0.82	2.86
	130	5 796.3	3 483.6	1.32	2.52	0.82	3.02

注:①表中符号:ρ_d-干密度;w-含水率;λ-导热系数;C-容积热容量;α -导温系数;脚标:μ-未冻土;f-已冻土,下同。②表列数值可直线内插。

粉土、粉质黏土计算热参数值　　表0.1-2

ρ_d (kg/m³)	w (%)	C_μ	C_f	λ_μ	λ_f	$\alpha_\mu(10^3)$	$\alpha_f(10^3)$
		[kJ/(m³·℃)]		[W/(m²·h·℃)]		(m²/h)	
1200	5	1 254.6	1 179.3	0.26	0.25	0.73	0.76
	10	1 505.5	1 405.2	0.43	0.41	1.02	1.04
	15	1 756.4	1 530.5	0.58	0.58	1.19	1.37
	20	2 007.4	1 656.1	0.57	0.79	1.21	1.71
	25	2 258.3	1 781.5	0.72	1.04	1.14	2.10
	30	2 509.2	1 907.0	0.79	1.28	1.13	2.40
	35	2 760.1	2 032.5	0.86	.45	1.12	2.57
1300	5	1 359.2	1 279.7	0.30	0.29	0.80	0.80
	10	1 631.0	1 522.2	0.50	0.48	1.11	1.12
	15	1 902.8	1 660.3	0.71	0.71	1.33	1.47
	20	2 174.6	1 794.1	0.79	0.92	1.31	1.85
	25	2 446.5	1 932.1	0.84	1.21	1.23	2.25
	30	2 718.3	2 065.9	0.90	1.46	1.19	2.55
	35	2 990.1	2 203.9	0.97	1.67	1.18	2.74

续上表

ρ_d (kg/m³)	w (%)	C_μ	C_f	λ_μ	λ_f	$\alpha_\mu(10^3)$	$\alpha_f(10^3)$
		[kJ/(m³·℃)]		[W/(m²·h·℃)]		(m²/h)	
1400	5	1 453.7	1 375.9	0.36	0.35	0.87	0.90
	10	1 756.4	1 639.3	0.59	0.57	1.22	1.22
	15	2 049.2	1 785.7	0.84	0.79	1.46	1.58
	20	2 341.9	1 932.1	0.94	1.06	1.44	1.96
	25	2 634.7	2 496.7	0.97	1.39	1.33	2.41
	30	2 927.4	2 224.3	1.06	1.68	1.32	2.73
	35	3 220.1	2 371.2	1.18	1.93	1.32	2.92
1500	5	1 568.3	1 476.2	0.41	0.41	0.93	0.98
	10	1 881.9	1 756.4	0.67	0.65	1.28	1.32
	15	2 191.4	1 907.0	0.96	0.91	1.58	1.71
	20	2 509.2	2 070.1	1.09	1.22	1.57	2.12
	25	2 822.9	2 229.0	1.13	1.58	1.44	2.55
	30	3 136.5	2 383.7	1.24	1.89	1.43	2.85
	35	3 450.2	2 542.7	1.36	2.12	1.42	3.01
1600	5	1 672.8	1 572.4	0.46	0.46	1.01	1.05
	10	2 425.6	1 873.5	0.78	0.74	1.40	1.42
	15	2 541.9	2 040.8	1.11	1.02	1.72	1.81
	20	2 676.5	2 208.1	1.24	1.38	1.67	2.25
	25	3 011.0	2 375.4	1.28	1.80	1.52	2.73
	30	3 345.6	2 542.7	1.42	2.12	1.52	3.01
	35	3 680.2	2 709.9	1.54	2.40	1.51	3.20

碎石粉质黏土计算热参数值 表 0.1-3

ρ_d (kg/m³)	w (%)	C_μ	C_f	λ_μ	λ_f	$\alpha_\mu(10^3)$	$\alpha_f(10^3)$
		[kJ/(m³·℃)]		[W/(m²·h·℃)]		(m²/h)	
1200	3	1 154.2	1 053.9	0.23	0.22	0.72	0.77
	7	1 355.0	1 154.2	0.34	0.37	0.91	1.15
	10	1 505.5	1 229.5	0.43	0.52	1.03	1.52
	13	1 656.1	1 304.8	0.53	0.71	1.16	1.96
	15	1 756.4	1 355.0	0.59	0.85	1.21	2.26
	17	1 856.8	1 405.2	0.60	0.94	1.26	2.42

续上表

ρ_d (kg/m³)	w (%)	C_μ	C_f	λ_μ	λ_f	$\alpha_\mu(10^3)$	$\alpha_f(10^3)$
		[kJ/(m³·℃)]		[W/(m²·h·℃)]		(m²/h)	
1400	3	1 346.6	1 229.5	0.34	0.32	0.89	0.97
	7	1 568.3	1 346.6	0.50	0.53	1.15	1.44
	10	1 756.4	1 432.4	0.65	0.74	1.33	1.86
	13	1 932.1	1 522.2	0.79	0.97	1.48	2.30
	15	2 049.2	1 580.8	0.88	1.14	1.55	2.59
	17	2 166.3	1 639.3	0.92	1.24	1.53	2.73
1600	3	1 539.0	1 405.2	0.46	0.45	1.07	1.17
	7	1 806.6	1 539.0	0.68	0.74	1.38	1.73
	10	2 007.4	1 639.3	0.89	1.00	1.61	2.20
	13	2 208.1	1 739.7	1.10	1.29	1.80	2.66
	15	2 341.9	1 806.6	1.28	1.45	1.87	2.90
	17	2 475.7	1 873.5	1.42	1.57	1.96	3.02
1800	3	1 731.3	1 580.8	0.60	0.60	1.25	2.38
	7	2 032.5	1 731.3	0.92	0.97	1.62	2.43
	10	2 258.3	1 844.3	1.17	1.31	1.87	2.56
	13	2 295.9	1 957.2	1.45	1.65	2.10	3.03
	15	2 634.7	2 032.5	1.60	1.82	2.19	3.23
	17	2 785.2	2 107.7	1.71	1.93	2.21	3.28

砾砂计算热参数值　　表 0.1-4

ρ_d (kg/m³)	w (%)	C_μ	C_f	λ_μ	λ_f	$\alpha_\mu(10^3)$	$\alpha_f(10^3)$
		[kJ/(m³·℃)]		[W/(m²·h·℃)]		(m²/h)	
1400	2	1 229.5	1 083.1	0.42	0.49	1.23	1.62
	6	1 463.7	1 200.2	0.96	1.14	2.36	3.42
	10	1 697.9	1 317.3	1.17	1.43	2.40	3.91
	14	1 932.1	1 434.4	1.29	1.67	2.40	4.20
	18	2 166.3	1 551.5	1.39	1.86	2.27	4.31
1500	2	1 317.3	1 162.6	0.50	0.59	1.36	1.84
	6	1 568.3	1 288.1	1.09	1.32	2.51	3.70
	10	1 819.2	1 413.5	1.30	1.60	2.58	4.08
	14	2 070.1	1 539.0	1.44	1.87	2.51	4.38
	18	2 321.0	1 664.4	1.52	2.08	2.37	4.50

续上表

ρ_d (kg/m^3)	w (%)	C_μ	C_f	λ_μ	λ_f	$\alpha_\mu(10^3)$	$\alpha_f(10^3)$
		[kJ/(m^3·℃)]		[W/(m^2·h·℃)]		(m^2/h)	
1600	2	1 405.2	1 237.9	0.61	0.73	1.66	2.13
	6	1 672.8	1 371.7	1.28	1.60	1.74	4.21
	10	1 940.4	1 505.5	1.48	1.86	2.75	4.41
	14	2 208.1	1 639.3	1.64	2.15	2.57	4.72
	18	4 173.6	1 773.2	1.60	2.35	2.47	4.79
1700	2	1 493.0	1 317.3	0.77	0.94	1.85	2.52
	6	1 777.4	1 459.5	1.47	1.91	2.99	4.73
	10	2 061.7	1 601.7	1.58	2.20	2.94	4.96
	14	2 346.1	1 743.9	1.84	2.48	2.84	5.13
	18	2 630.5	1 886.1	1.95	2.59	2.66	5.14
1800	2	1 580.8	1 392.6	0.95	1.19	2.17	3.09
	6	1 881.9	1 543.2	1.71	2.27	3.27	5.31
	10	2 183.0	1 693.7	1.91	2.61	3.17	5.56
	14	2 484.1	1 844.3	2.09	2.65	3.02	5.58
	18	2 785.2	1 994.8	2.18	3.05	2.82	5.51

大含水(冰)率土的导热系数 表0.1-5

红色粉质黏土				黄 色 粉 土			
青 海 风 火 山				兰 州			
ρ_d (kg/m^3)	w (%)	λ_μ	(W/m·℃)	ρ_d (kg/m^3)	w (%)	λ_f	
		λ_f				λ_μ	(W/m·℃)
380	202.4	0.73	2.15	400	260.0	—	2.13
680	109.2	0.94	2.06	700	100.0	—	2.08
900	78.2	1.03	1.97	1000	55.8	—	2.05
1 000	60.0	1.08	1.95	1200	40.0	1.94	2.02
1 100	50.0	1.08	1.95	1400	35.0	1.86	1.91
1 200	44.9	1.09	1.88	1400	30.0	1.72	1.81
1 200	34.3	1.09	1.67	—	—	—	—

草炭粉土				草根(皮)			
西藏两道河				西藏两道河			
ρ_d (kg/m³)	w (%)	λ_μ (W/m·℃)	λ_f	(kg/m³) ρ_d	(%) w	λ_μ (W/m·℃)	λ_f
100	960.0	—	1.86	100	840	—	1.62
200	428.9	—	2.16	200	400	0.68	1.86
300	309.0	—	2.25	200	300	0.57	1.32
300	284.4	—	1.98	200	250	0.45	0.86
400	185.5	—	2.03	200	200	0.59	0.65
500	143.3	—	2.06	200	150	0.27	0.46
700	138.1	—	2.13	200	100	0.23	0.26
—	—	—	—	300	250	0.65	1.65
—	—	—	—	300	180	0.45	1.07
—	—	—	—	300	150	0.41	0.93
—	—	—	—	300	130	0.36	0.68
—	—	—	—	300	110	0.36	0.57

草炭粉质黏土			
东北满归			
ρ_d (kg/m³)	w (%)	λ_μ (W/m·℃)	λ_f
100	884.0	—	1.68
200	423.2	—	1.91
300	260.3	0.51	1.90
350	213.5	0.45	1.46
350	200.0	0.43	1.30
350	119.3	0.31	0.57
400	175.2	0.55	1.58
400	100.0	0.36	0.80

0.2　单位土体的相变热和未冻水含水率

0.2.1　相变热(单位体积土中由水分的相态改变所放出和吸收的热量)可按下式计算:

$$Q = L\rho_d(w - w_n) \quad (\mathrm{kJ/m^3}) \tag{0.2-1}$$

式中:Q——相变热;

L——水的结晶或冰的融化潜热,一般工程热工计算中取334.56kJ/kg;

ρ_d——土的干密度(kg/m³);

w——土的天然含水率(总含水率),以小数计(取小数点后两位);

w_n——冻土中的未冻水含水率。

0.2.2　冻土中的未冻水含水率应通过试验确定,当无试验条件时可用下列方法估算:

黏性土 $$w_u = K(T)w_p \quad (0.2\text{-}2)$$

砂土 $$w_u = w[1 - i_c(T)] \quad (0.2\text{-}3)$$

式中：w_u——塑限含水率，以小数计（取小数点后两位）；

K——温度修正系数，以小数计（取小数点后两位），可按表0.2选用；

i_c相对含冰率，以小数计（取小数点后两位），可按表0.2选用；

T——计算土的温度。

不同温度下的温度修正系数和相对含冰量数值 表0.2

土　名	塑性指数		温　度（℃）						
			-0.2	-0.5	-3.0	-2.0	-3.0	-5.0	-10
砂土	—	i_c	0.65	0.78	0.85	0.92	0.93	0.95	0.98
粉土	$I_p \leq 10$	K	0.70	0.50	0.30	0.20	0.15	0.15	0.10
粉质黏土	$10 < I_p \leq 13$	K	0.90	0.65	0.50	0.40	0.35	0.30	0.25
	$13 < I_p \leq 17$	K	1.00	0.80	0.70	0.60	0.50	0.45	0.40
黏土	$17 < I_p$	K	1.10	0.90	0.80	0.70	0.60	0.55	0.50
草炭粉质黏土	$15 < I_p \leq 17$	K	0.50	0.40	0.35	0.30	0.25	0.25	0.20

注：表中粉质黏土 I_p 大于13及粘土 I_p 大于17两档数据仅作参考。

0.3 根据土的物理指标选取计算热参数时应符合下列要求：

0.3.1 在计算天然冻结或融化深度和地基温度场时，应计入总含水率的瞬时测定值与平均值的离散关系。计算相变热时所用的总含水率指标，应按春融前的测定值确定，未冻含水率应按冻结期土体达到的最低温度确定；

0.3.2 在确定衔接多年冻土区采暖建筑的基础埋置深度时，应计入土体融化后结构破坏的影响；

0.3.3 在确定保温层厚度时，应计入所选用保温材料（如干草炭砌块或炉渣等）长期使用后受潮的影响，同时尚应计入所选用大孔隙保温材料由于对流和辐射热交换对热参数的影响。

附录二　公路土工试验规程(JTG E40—2007)新老土名对照表

老土组	老土名	颗粒组成（按质量%计）		塑性指数 I_P	液限（%）w_L	新土名		土名代号	砂粒含量（%）
		砂粒（2~0.074mm）	黏粒（<0.002mm）						
砂土	砂土	>80	0~3				砂含细粒土砂	SSF	
砂性土	粉质砂土 粗亚砂土 细亚砂土	50~80 >50 粗砂 多于细砂 >50 细砂 多于粗砂	0~3 3~10 3~10			细粒土质砂	粉土质砂	SM	
粉性土	粉质亚砂土 粉土	20~50 <20	0~10 0~10	>2 >2	<50	粉质土	含砂低液限粉土 低液限粉土	MLS ML	
粉性土	粉质轻亚黏土 粉质重亚黏土	<45 <40	10~20 20~30	>10 >18	<50	粉质土	含砂低液限粉土 低液限黏土	MIS CL	>25
黏性土	轻亚黏土 重亚黏土	>45 >40	10~20 20~30	>10 >18	<50	黏质土	黏土质砂 含砂低液限黏土	SC CLS	>50 >25
黏性土	轻黏土 重黏土	<70 <45	30~50 >50	>26 >50	>50	黏质土	高液限黏土质砂 含砂高液限黏土 高液限黏土	SCH CHSCH	>50 >25

参考文献

[1] 中交第一公路勘察设计研究院. 多年冻土区路基稳定性技术研究[R]. 西安:中交第一公路勘察设计研究院,2006.

[2] 章金钊. 青藏公路多年冻土区路基病害机理探讨[J]. 公路交通科技,2004,21(4):52-54.

[3] 汪双杰,陈建兵,章金钊. 保温护道对冻土路基地温特征的影响[J]. 中国公路学报,2006, 19(1):13-16.

[4] 汪双杰,陈建兵,黄晓明. 冻土路基护道地温特征研究[J]. 岩石力学与工程学报,2006, 25(1):147-150.

[5] 汪双杰,陈建兵,黄晓明. 热棒路基降温效应的数值模拟[J]. 交通运输工程学报,2005,5(3):42-46.

[6] 喻文学, 武憨民. 青藏公路多年冻土区沥青路面路基高度问题[J],西安公路学院学报, 1986(1):25-42.

[7] 交通部第一公路勘察设计院. 青藏公路整治工程科研设计文献汇编[C]. 西安:交通部第一公路勘察设计院,1996.

[8] 交通部第一公路勘察设计院. 高原多年冻土地区公路修筑技术研究[R]. 西安:交通部第一公路勘察设计院,1999.

[9] 汪双杰,李祝龙,武憨民. 多年冻土地区公路筑路技术研究现状与新课题[J]. 冰川冻土, 2003,25(4):471-475.

[10] 朱林楠,吴紫汪,臧恩穆. 冻土退化与道路工程[J]. 第五届全国冰川冻土学大会论文集[C]. 兰州:甘肃文化出版社,1996,333-340.

[11] 吴青柏,李新,李文君. 全球气候变化下青藏公路沿线冻土变化响应模型的研究[J]. 冰川冻土,2001,23(1):001-005.

[12] 潘卫东,赵肃昌,等. 热棒技术加强高原冻土区路基热稳定性的应用研究[J]. 冰川冻土, 2003,25(4):433-438.

[13] 汪双杰,章金钊,等. 青藏公路沿线多年冻土分布及影响因素分析[A]. 2004 年道路工程学术交流会论文集[C]. 北京:人民交通出版社,2004,133-139.

[14] 汪双杰,霍明,等. 青藏公路多年冻土路基病害[J]. 公路,2004(5):22-26.

[15] 汪双杰,吴青柏,刘永智. 沥青路面下冻土热稳定性和热融敏感性的变化[J]. 公路交通科技,2003,20(4):20-22.

[16] 陈建兵,章金钊. 国际冻土研究动态 - 第八届国际冻土大会综述[J]. 公路,2004(1):94-98.

[17] 吴中海,赵希涛,吴珍汉,等. 西藏纳木错及邻区全新世气候与环境变化的地质记录[J]. 冰川冻土,2004,26(3):275-282.

[18] 杨海学,姚檀栋. 近 2000a 来古里雅冰芯记录及 19—20 世纪的气候变暖[J]. 冰川冻土, 2004, 26(3):289-293.

[19] 汤懋苍,程国栋,林振耀. 青藏高原近代气候变化及对环境的影响[M]. 广州:广东科技出

版社,1998.
[20] 姚檀栋,等.青藏高原中部冰冻圈动态特征[M].北京:地质出版社,2002.
[21] 秦大河.中国西部环境演变评估综合报告[M].北京:科学出版社,2002.
[22] 丁一汇.中国西部环境演变评估第二卷[M].北京:科学出版社,2002.
[23] 代寒松,盛煜,陈继.青藏公路路基纵向裂缝病害及其发生规律[J].公路,2006,No.1:86-88.
[24] 宾明建,胡长顺,何子文,等.青藏公路多年冻土段路基病害分布规律[J].冰川冻土,2002,24(6).
[25] 金会军,李述训.气候变化对中国多年冻土和寒区环境的影响[J].地理学报,2000,55(2):161-170.
[26] 长安大学,等.高原多年冻土地区路基路面典型结构研究总报告[R].西安:长安大学,2000.
[27] 周幼吾,郭东信,邱国庆,等.中国冻土[M].北京:科学出版社,2000.
[28] 周幼吾,郭东信.我国多年冻土的主要特征[J].冰川冻土,1982,4(1):1-19.
[29] 苏联科学院西伯利亚分院冻土研究所.普通冻土学(郭东信,刘铁良等译)(M).北京:科学出版社,1988.
[30] 徐学祖,王家澄,张立新.冻土物理学(M).北京:科学出版社,2001.
[31] 崔托维奇.冻土力学(张长庆,朱文林译)(M).北京:科学出版社,1985.
[32] G. H. Johnson. Permafrost Engineering Design and Construction. 1981, Henter Rose Company, Canada. 346--349, 251-255.
[33] J. F. Nixon. Geothermal aspects of ventilated pad design. Proceedings of the 3rd Int. Conf. On Permafrost Edmonton. 1978, Alberta, Canada. 841-846.
[34] John P. Zarling, P. E. Billy Connor and Douglus J. Goering. Air duct systems for Stabilization over permafrost area. Proceeding of the 4th Int. Conf. On Permafrost. 1983, Fairbanks. 1463-1468.
[35] 铁道部第一勘测设计院,新建铁路青藏线格尔木至拉萨段预可行性研究[R].兰州:铁道部第一勘测设计院,2000:158-159.
[36] 吴青柏.人类工程活动下环境变化和工程适应性研究[D].[博士学位论文].兰州:中国科学院寒区旱区环境与工程研究所,2000.
[37] 王绍令,赵林,等.青藏公路多年冻土段沥青路面热量平衡记录及稳定性研究[J].冰川冻土,2001,23(2):111-118.
[38] 路勋,王绍令.青藏公路多年冻土区内路基下的地下水调查[A].第五届全国冰川冻土学大会论文集[C],兰州:甘肃文化出版社,1996,1179-1184.
[39] 李述训,吴紫汪.青藏高原多年冻土区沥青路面下融化盘形成变化特征[J].冰川冻土,1997,19(2):133-140.
[40] 刘永峰,丁靖康,郝贵生,等.聚苯乙稀隔热层在多年冻土区路基工程中的应用[J].冰川冻土,2000,22(Suppl):26-32.
[41] 温智,盛煜,马巍.保温材料在青藏铁路路基工程中应用的数值分析[J].冰川冻土,2004,

26(增刊):83-89.

[42] B. A. 库德里亚夫主编. 工程地质研究中的冻土预报原理(郭东信,马世敏,丁德文等译)[M]. 兰州:兰州大学出版社,1992.

[43] 童伯良,李树德. 青藏高原多年冻土的某些特征及其影响因素[A]. 青藏冻土研究论文集[C],北京:科学出版社,1982.

[44] 吴紫汪. 高原多年冻土区地温曲线的基本类型及工程应用地温参数的计算方法[A]. 青藏冻土研究论文集[C],北京:科学出版社,1982.

[45] 童长江,吴青柏,刘永智,章金钊. 青藏公路沿线冻土环境工程地质评价及冻土工程处理[A]. 第五届全国冰川冻土学大会论文集[C],兰州:甘肃文化出版社,1996.

[46] 程国栋,王绍令. 论中国高海拔多年冻土带的划分[J]. 冰川冻土,1982,Vol. 4, No. 2:1-17.

[47] 李树德. 青藏高原多年冻土年平均地温和厚度[A]. 中国地理学会冰川冻土学术会议论文集[C],北京:科学出版社,1982.

[48] 徐学祖,王家澄. 中国冻土分布及其地带性规律的初步探讨[A]. 第二届全国冻土学术会议论文选集(冻土学)[C],北京:科学出版社,1982:3-12.

[49] 袁筱林. 冻土路基监界高度二组数值计算. 冻土路基工程. 1988,兰州:兰州大学出版社. 100-106.

[50] 吴紫汪,程国栋,朱林楠,等. 冻土路基工程[M]. 兰州:兰州大学出版社,1988.

[51] B. A. 库德里亚夫主编. 工程地质研究中的冻土预报原理(郭东信,马世敏,丁德文等译)[M]. 兰州:兰州大学出版社,1992.

[52] 黄小铭. 青藏高原多年冻土区铁路路基监界高度的确定. 第二届全国冻土学术会议论文选集. 1983,兰州:甘肃出版社. 391-397.

[53] Kontraluev, V. G., 1996, New methods of strengthing roadbed bases on very icy permafrost soils, Proc. of Int. Symp. on Cold Regions Engineering, China:7-10.

[54] Liu Jiankun, Wu Ziwang, MaWei, 1997 , Prediction of temperature region of roadbed on permafrost considering water fitration, Ground Freezing and Frost Action in Soil,

[55] Gandahl, R., 1978, Some aspects of the design of roads with boards of plastic foam, Proc. of 3th Int. Conf. on Permafrost, Canada:792-797.

[56] Johnson, G. H., 1983, Performance of an insulated roadway on permafrost, Proc. of 4th Int. Conf. on Permafrost, Alaska:548-555.

[57] 德德什科. 应用聚合材料消除土质路基冷生变形(童伯良译)[A]. 多年冻土区交通建设和环保的工程冻土译文[C]. 兰州:中国科学院寒区旱区环境与工程研究所,2001,7-14.

[58] Zarling, John P., Bill Connor, P. E., Goering, D. J., 1983, Air duct systems for stabilization over permafrost area, Proc. of 4th Int. Conf. on Permafrost, Fairbanks: 1463-1468.

[59] Odom, William B., 1983, Practical applieation of under slab ventilation system: Prudhoe Bay case study, Proc. of 4th Int. Conf. on Permafrot, Washington D. C.: 940-944.

[60] Cheng K. T., Tung P. L., Lo H. B., 1978, Experimental research on an area with massive ground ice at the lower limit of alpine permafrost, Proc. of 3th Int. Conf. on Permafrost,

Canada: 199-222 .

[61] Nixon, J. F. , 1978, Geothermal aspects of ventilation pad design, proc. of 3th Int. Conf. on Permafrost, Canadla:841-846.

[62] Goering, D. J. , 2003, Thermal respons of air convectin embankments to ambient temperature fluctuations, Proc. of 8th lnt. Conf. on permafrost, Switzerland: 291-296.

[63] Goering, D. J. , 1998, Experimental investigation of air convection embankment for permafrost-resistant roadway design, Proc. 7th Int. Conf. on Permafrost, Canada:319-326.

[64] Goering, D. J. , 2002, Convective cooling in open rock embankments, Proc. 11th Int. Conf. on Cold Regions Engineering, Alaska:629-644.

[65] Jahns, W. O. , Miller, T. W. , Power, L. D. , et al, 1973, Permafrost protection for pipeline. Proc. of 1th Int. Conf. on Permafrost, U. S. S. R. :673-684.

[66] Wayne Tobiasson, 1973, Permafrost of the Thule hangar soil cooling systems. Proc. of 1th Int. Conf. on Permafrost, U. S. S. R. :752-758.

[67] Grechishchev, S. E. , Kazarnovsky, V. D. , et al, 2003, Experimental road structures for permafrost regions, Proc. of 8th Int. Conf. on Permafrost, Switzerland:309-311.

[68] 吴紫汪,刘永智,石勤生等. 青藏公路多年冻土区登高沥青路面路基高度的确定. 第二届全国冻土学术会议论文选集. 1983,兰州:甘肃人民出版社. 364-371.

[69] 李东庆. 青海省214国道(青康公路)多年冻土退化与路基稳定性分析研究[D]. [博士学位论文]. 兰州:中科院寒区旱区环境与工程研究所,1999.

[70] 令锋. 冻土路基热状况动态特征的数值模拟与预报研究[D]. [博士学位论文]. 兰州:中科院寒区旱区环境与工程研究所,1999.

[71] 丁靖康,赫贵生. 年平均气温临界值—设计青藏高原多年冻土区路堤临界高度的一个重要因素[J]. 冰川冻土,2000,22(4):353-358.

[72] 吴紫汪,朱林楠,郭兴民,等. 青康公路多年冻土路堤的临界高度[J]. 冰川冻土,1998,20(1):36-41.

[73] 原喜忠. 大兴安岭北部多年冻土地区路基沉陷研究[J]. 冰川冻土,1999,21(2):158-162.

[74] 马巍,程国栋,吴青柏. 多年冻土地区主动冷却地基方法研究[J]. 冰川冻土,2002,24(5):579-586.

[75] Lai, Y. M. , et al, 1999, Nonlinear analysis for the coupled problem of temperature and seepage fields in Cold regions tunnels, Cold Regions Science and Technology, Vol. 29:89-96.

[76] 陈飞雄. 饱和正冻土温度场、水分场和变形场三场耦合理论构架[D]. [博士学位论文]. 西安: 西安理工大学岩土工程研究所,2001.

[77] 冯文杰,马巍,等. 碎块石护坡在寒区道路工程中的应用[J]. 冰川冻土,2003,25(6):628-631.

[78] 喻文兵,赖远明,等. 块石层与碎石层降温效果室内试验研究[J]. 冰川冻土,2003,25(6):638-643.

[79] 孙志忠,马巍,李东庆. 多年冻土区块、碎石护坡冷却作用的对比研究[J]. 冰川冻土,2004,26(4):435-439.

[80] 牛富俊,俞祁浩,赖远明.青藏铁路管道通风试验路基地温变化及热状况分析[J].冰川冻土,2003,25(6):621-627.

[81] 潘卫东,赵肃昌,等.热棒技术加强高原冻土区路基热稳定性的应用研究[J].冰川冻土,2003,25(4):433-438.

[82] Taylor, G. S., Luthin, J. N., 1978, A model for coupled heat and misture transfer during soil freezing, Canadian Geotech 15:548-555.

[83] 臧恩穆,吴紫汪.多年冻土退化与道路工程[M].兰州:兰州大学出版社,1999.